Combates pela Revolução Francesa

FUNDAÇÃO EDITORA DA UNESP

Presidente do Conselho Curador
Mário Sérgio Vasconcelos

Diretor-Presidente / Publisher
Jézio Hernani Bomfim Gutierre

Superintendente Administrativo e Financeiro
William de Souza Agostinho

Conselho Editorial Acadêmico
Divino José da Silva
Luís Antônio Francisco de Souza
Marcelo dos Santos Pereira
Patricia Porchat Pereira da Silva Knudsen
Paulo Celso Moura
Ricardo D'Elia Matheus
Sandra Aparecida Ferreira
Tatiana Noronha de Souza
Trajano Sardenberg
Valéria dos Santos Guimarães

Editores-Adjuntos
Anderson Nobara
Leandro Rodrigues

Michel Vovelle

Combates pela Revolução Francesa

Tradução
Jorge Coli

© 1993, 2001, Éditions LA DÉCOUVERTE, Paris, France
© 2022 Editora Unesp

Título original: *Combats pour la Révolution française*

Direitos de publicação reservados à:
Fundação Editora da Unesp (FEU)
Praça da Sé, 108
01001-900 – São Paulo – SP
Tel.: (0xx11) 3242-7171
Fax: (0xx11) 3242-7172
www.editoraunesp.com.br
www.livrariaunesp.com.br
atendimento.editora@unesp.br

Dados Internacionais de Catalogação na Publicação (CIP) de acordo com ISBD
Elaborado por Vagner Rodolfo da Silva - CRB-8/941

V973c	Vovelle, Michel
	Combates pela Revolução Francesa / Michel Vovelle; tradução e notas por Jorge Coli. – São Paulo: Editora Unesp, 2022.
	Tradução de: *Combats pour la Révolution française*
	Inclui bibliografia.
	ISBN: 978-65-5711-078-2
	1. História. 2. França. 3. Revolução Francesa. I. Coli, Jorge. II. Título.
	CDD 940.04
2021-3087	CDU 94(4)"1789/1799"

Editora afiliada:

Asociación de Editoriales Universitarias
de América Latina y el Caribe

Associação Brasileira de
Editoras Universitárias

Sumário

Combates pela Revolução   7

I. Historiografia

A galeria dos ancestrais   15
Alphonse Aulard (1849-1928)   31
Georges Lefebvre   43
A memória de Ernest Labrousse   61
Albert Soboul, historiador da sociedade   75
A historiografia da Revolução Francesa às vésperas
   do bicentenário (I)   85
A historiografia da Revolução Francesa às vésperas
   do centenário (II)   105
A Revolução terminou?   121
Reflexões sobre a interpretação revisionista da
   Revolução Francesa   131

II. As grandes oficinas

Revolta e Revolução   141
A Revolução Francesa e a cultura   149

A Revolução Francesa e o mundo rural   161
Revolução, liberdade, Europa   171
A Revolução Francesa e seu eco   191
1789-1917   221

III. Mentalidades

O acontecimento   269
Identidade e temperamento, a formação das opções
    coletivas na França moderna: o diálogo entre
    antropólogos e historiadores   279
A mentalidade revolucionária   297
O medo na Revolução Francesa   313
Razão e violência na descristianização
    do ano II   331
Os Azuis da Bretanha   347
A infância e a família na Revolução Francesa   361
A infância heroica sob a Revolução Francesa   373
Da razão ao Ser Supremo   387

IV. Imagens

Saint-Denis, ou O juízo final dos reis   409
Os autos de fé das pessoas reais nas mascaradas
    do ano II   417
A simbologia da República no mundo das alegorias
    revolucionárias   429
A alteração da imagem real através da estampa e
    da canção (1788-1794)   437

V. Tomando partido

Sobre o "Danton" de Wajda: a Revolução não é
    um "delírio"   463
Por que ainda somos robespierristas?   473
10 de agosto a 21 de setembro: da queda da
    monarquia ao nascimento da República   489
A morte do rei   495

Combates pela Revolução

Não foi sem escrúpulos, nem sem hesitação, que cedi à demanda de meus colegas, desejosos de marcar por meio de uma publicação os dez anos que eu consagrei à direção do Instituto de História da Revolução [Institut d'Histoire de la Révolution], compondo esta coletânea de textos que, além disso, foram escritos por mim. Pois, para ser sincero, não me agradam as comemorações – ainda mais quando podem passar por uma autocelebração ou, no mínimo, por uma apologia.

Quiseram os acasos da História que essa década coincidisse com a preparação, seguida do desenrolar e do corolário, do bicentenário da Revolução, investindo-me tanto em minha atividade pedagógica quanto no papel que fui levado a assumir frente à comissão de pesquisa científica para o bicentenário, de considerável responsabilidade. Se me mostrei, como se dizia em 1793, "à altura das circunstâncias", não sei – e não cabe a mim dizê-lo. Mas sei que esses dez anos foram de combate por certa ideia de História, por certa ideia da Revolução. Como meus predecessores nesta cátedra, mas com uma particular exasperação devido às circunstâncias, tive de enfrentar um emaranhado de contradições: historiador, com minhas ideias, gestionário e coordenador, levado – sem que fosse constrito – a ser duplamente pluralista, porta-voz, pela ocasião, de um discurso cívico tal qual o foram Aulard ou Lefebvre em conjuntura comparável.

Rude disciplina para um pesquisador que tem seu ritmo peculiar, suas empreitadas pessoais, que nem sempre convergem para o objeto "Revolução". "Fulano escreveu, e Vovelle disse": o veredito, de mais a mais proferido com simpatia por um colega anglo-saxão, é severo, mesmo que corresponda apenas a uma parte da realidade. Pude, nessa década, me exprimir em uma dúzia de obras, ainda que em colaboração, e em mais de oitenta artigos, prefácios ou introduções.

Mas é verdade que corri muito, mesmo fazendo questão de sempre preservar a integralidade de minhas tarefas pedagógicas: "missionário patriota" ou "apóstolo cívico", percorri a França, de colóquio em colóquio, e o mundo inteiro – quase cinquenta missões no estrangeiro em 1989 – para falar da Revolução. Dei entrevistas; publiquei nos órgãos de imprensa que aceitaram acolher ou que solicitaram minha prosa, compensando o espaço bastante reduzido que a mídia em geral reservava a um discurso que nada tinha de midiático; participei de aberturas de colóquios e ocasionalmente de seus encerramentos, apresentando no calor da hora a síntese daqueles debates. Tanto na França como fora dela, falei para audiências muito diversas a respeito dos temas que se impunham, preocupado em responder a uma demanda coletiva cuja amplidão surpreendeu a todos aqueles que quiseram lhe dar atenção. Mas, no nível propriamente científico (onde se define a fronteira?), não raro fui levado também a relatar os avanços, a tentar estabelecer o estado de coisas, com o maior rigor quanto à objetividade e à clarividência, no seio de um debate historiográfico e ideológico constantemente enviesado pela dilatação midiática, com um fundo de segundas intenções políticas, em uma conjuntura incerta, fluida, tanto na França quanto além, bastante apropriada para fazer esquecer os objetivos

Combates pela Revolução Francesa

essencialmente científicos de um debate que amiúde deu lugar à polêmica. Quantas vezes – entre 1988 e 1990 – não revisei meu manuscrito, esse "balanço do bicentenário", reescrito sem cessar para adaptá-lo às realidades movediças do momento?

No mais, concordo que não fui uma testemunha passiva. Persuadido de que a historiografia da Revolução Francesa deve mudar para responder a novas interrogações, parte pessoalmente interessada nas empreitadas de minha pesquisa como nas daquelas que pude instigar, contribuí com meu ponto de vista, recusando todo dogmatismo, mas cioso em dizer onde se encontram, para mim, os caminhos do futuro, assim como em assinalar seus impasses, em denunciar os empreendimentos aventureiros em um contexto em que não eram poucos os que sonhavam em dar um fim, de uma vez por todas, à inoportuna lembrança da Revolução. O testemunho que trago é engajado – portanto, recusável – e é, sem dúvida, a isso que se deve, em parte, o fato de o primeiro esboço desta coletânea, proposta em 1989 à Liga da Educação [Ligue d'Enseignement] e à Liga dos Direitos Humanos [Ligue des Droits de l'homme], não ter produzido resultado editorial imediato: e certamente foi melhor assim. Superado aquele momento, e aparentemente pacificadas as polêmicas, é a ocasião oportuna para uma história mais serena, de um testemunho mais distanciado que se torna, ele próprio, objeto da história, documento para aqueles que hão de redigir a crônica do bicentenário.

Restava uma escolha a fazer para responder à solicitação que me foi dirigida. Não foi sem apreensão que retomei os arquivos dessas dezenas de escritos, elaborados no calor da pesquisa. A visão que se tem de si próprio é indubitavelmente a mais cruel. Uma vez que se incorporaram ao debate reflexões elaboradas e contestações abrangentes, não teria eu apenas repetido uma velha canção, como um último combatente em retirada de uma batalha já perdida? Alguns destes textos parecerão simples, demasiado simples em sua própria pedagogia, àqueles que se eximem de enfrentar a realidade do terreno, de uma Revolução a ser compreendida... E acrescentava o velho Aulard, há quase um século, "para compreendê-la, é preciso amá-la". Que arcaísmo! Assim, descartamos os escritos que encontraram justificação no contexto em que foram produzidos. A conferência sobre "A Revolução Francesa e os direitos do homem" foi pronunciada em Seul, em 1988, em uma universidade em que se entrava por uma porta nos fundos, enquanto estudantes e policiais se enfrentavam no câmpus e na cidade. A tal texto teria faltado esse ruído de fundo para corrigir a banalidade aparente. E o mesmo vale para outra conferência, sobre Revolução e Contrarrevolução, proferida em Luçon, diante de 350 ouvintes, no coração da Vendeia patriota. Essa montagem aqui apresentada deve ser lida em vários níveis: sob o tema da "Historiografia", apresenta minha participação no debate de ideias que tão profundamente marcou o período. Dirão que deixei o melhor para a tradição, para a herança daqueles que, há um século, fundaram as bases da história universitária da Revolução. Mas essa herança, eu não a recuso, essa historiografia da qual hoje muitos gostam de debochar, que, mesmo tendo reexumados os estratos mais antigos, ainda não proferiu suas últimas palavras e conserva valor operatório. Por sinal, evocá-la hoje, sem complacência e sem condescendência, significa apreciar aquilo que mudou, avaliar a amplitude e os limites dos questionamentos, mas, sobretudo, mensurar o quanto se alargaram os territórios da pesquisa, da abundância das interrogações que resulta do fato que hoje não existe mais um discurso hegemônico sobre a Revolução, e que isso é bom. Passadas as turbulências de um debate polêmico, no breve instante do bicentenário, poderemos apreciar o lado bom das coisas, uma estimulação, uma lufada de ar fresco, a reclassificação também ao fim de um combate sem vencedores nem vencidos, mas do qual ninguém saiu ileso. Sob o título "Canteiros em construção", não pretendi trazer os elementos de um balanço científico, cujos eixos mais importantes tentamos esboçar em outra obra,[1] mas apresentar ao menos algumas

---

1 M. Vovelle; A. Debaecque (orgs.). *Recherches sur la Révolution: un bilan des travaux scientifiques du Bicentenaire*. Paris: La Découverte, 1991.

das sínteses em andamento, sobre as quais minha participação nos diferentes colóquios possibilitaram discorrer tanto no que se refere a temas gerais – A Revolução e o mundo rural, os ecos da Revolução – quanto a pontos mais particulares que inauguram novas perspectivas, como a criança e a família. Apresento-me como testemunha, comentador, às vezes também pedagogo, quando se tratava de revelar para um público não universitário os aspectos desconhecidos de uma historiografia diferente. Espero que me perdoem por ter reservado um lugar privilegiado aos domínios aos quais consagrei minha pesquisa e em particular ao da história das mentalidades, com uma atenção especialmente voltada à imagem, à iconografia, suporte privilegiado de novas abordagens. São contribuições pessoais que trago aqui, mais pontuais, ora em resposta às solicitações do tema imposto por um colóquio, ora como fruto de entressafra de uma pesquisa que eu nunca quis interromper.

Além disso, era preciso, no fim das contas, arriscar o escândalo ao apresentar reações brotadas no calor da hora, ou profissões de fé de um historiador que afirma, desavergonhadamente, suas preferências, assim como suas convicções, a respeito de uma história que não tolera a tibieza. Um escândalo muito pequenino, por sinal, se nos referimos àquilo que poderíamos chamar, em poucas palavras, de tradição republicana! Espantar-se com o escamoteio do aniversário do 10 de agosto de 1792, com a discrição na celebração da República, ou com a operação midiática em torno da execução de Luís XVI... Voltar a Danton e Robespierre, para lembrar – sem dúvida, ingenuamente – algumas evidências, e que a história é coisa séria, e não o reflexo dos humores em voga. Lendo meu comedido elogio a Robespierre, alguns – os mais indulgentes – não disfarçarão sua compaixão, outros encontrarão a confirmação de um juízo esperado, e uns poucos, espero, se reconhecerão nele.

Nesse ponto, assumo meu arcaísmo e o duplo personagem de um historiador que jamais desejou dissociar a exigência de escrúpulo, de abertura e de recusa a todo dogmatismo, do senso de responsabilidade diante de certos valores dos quais a Revolução foi o cadinho. Hoje, mais do que nunca, esses valores precisam ser defendidos. Ao travar um combate por certa ideia de história, pretendi travar um combate também pela Revolução.

I
Historiografia

A galeria dos ancestrais[1]

Há um pouco de lenda na história da cátedra da Sorbonne consagrada à Revolução Francesa. Ou, pelo menos, do que dela subsiste, já que outra revolução, mais modesta, em maio de 1968, teve, entre suas consequências, a abolição das "cátedras" da antiga universidade.

Ela é frequentemente apresentada como uma espécie de fortaleza do jacobinismo, guardiã de uma tradição estabelecida há um século, pela transmissão da tocha de um mestre a outro: Aulard, Mathiez, Lefebvre, Soboul. Imaginamos esses guardiões do templo como rabugentos, batalhadores, zelosos. Parecem ser os depositários de uma ortodoxia, transmitindo, sobre a Grande Revolução, uma leitura que chamamos de clássica, quando somos prudentes, ou de "jacobina", quando buscamos designar sem qualquer ambiguidade o objeto do debate. Esse esquema tolera variantes, como na genealogia reconstituída: alguns a fazem começar com Mathiez, seja porque, muito injustamente,

---

1 Publicado originalmente em *Magazine Littéraire*, out. 1988.

esquecem Aulard, o patrono fundador – ainda que ele tenha sido titular dessa cátedra ao longo de 36 anos (mais de um terço de sua duração) –, seja, ao contrário, por querer afastar esse defensor de Danton do grupo dos robespierristas, jacobinos marxizantes, de Mathiez a Soboul. Encontrei recentemente outros autores que, em contraposição, encerram a ilustre linhagem em Georges Lefebvre, considerando que, depois de1945, a árvore se tornou estéril: o que é uma deselegância para com Soboul e alguns outros, passados, presentes ou futuros. Uma injustiça, notemos, que não poupa a leitura recebida em comum, pois também se esquece, sem cerimônia, de Philippe Sagnac, Maurice Dunan ou Marcel Reinhard... A história é cruel, e mais ainda a historiografia, quando avançamos sobre um campo sensível da pesquisa, mesmo que se argumente tratar-se do preço cobrado pela particular atenção consagrada a esse ensino.

Perdoem-me, então, por, sem mais delongas, começar recapitulando, em linhas bem gerais, as etapas de uma aventura iniciada há pouco mais de um século, em 1886. É quando se aproxima o primeiro centenário[2] que, de acordo com o relato de Alexandre Millerand, a cidade de Paris cria, na Sorbonne, um ensino de história da Revolução Francesa, o qual é confiado a Alphonse Aulard, na condição de *chargé de cours*.[3] Esse ensino, cinco anos mais tarde, erigir-se-á em cátedra magistral, da qual Aulard permanecerá como titular até sua aposentadoria, em 1922. Esse professor concursado de línguas para o ensino médio, autor de uma tese sobre Leopardi, chegou aos estudos revolucionários, aos 37 anos, por conta de uma publicação sobre os oradores da Revolução (1882).

Foi Gabetta que o fez amar Danton; Clemenceau assistiu à sua aula inaugural. Aulard é um fervoroso democrata: sabe que, em sua batalha pela República, seu posto é de combate: "Se você for sábio", dizem-lhe, "vai desagradar ao conselho municipal; se

---

2 Da Revolução Francesa. (N. T.)

3 Professor do ensino superior, contratado sem estabilidade. (N. T.)

não o for, vai desagradar à administração: nos dois casos, você será suprimido". Aulard conseguiu não apenas sobreviver, mas se impor e conservar-se em uma Sorbonne que ele pretendia moderna, zombando dos tradicionalistas e dos "ignorantinos".[4]

Quando se aposentou, em 1920, para dar lugar a Sagnac, apresentou o balanço de seu magistério: "Honrei a Revolução como queria o conselho municipal, ou seja, com a verdade. Pela aplicação do método histórico, contribuí para a inserção da Revolução Francesa na história. Na Sorbonne, tive alunos. Eles, por sua vez, foram professores... Não se ousa mais escrever sobre a Revolução, mesmo que para condená-la, sem apresentar textos e sem citar suas fontes". Dupla, ou mesmo tripla profissão de fé pela qual define a si próprio, com bastante justeza, como um pedagogo, um erudito, um republicano.

Deixou a lembrança de um grande professor, tal como então se imaginava, de barba e lornhão, "extremamente exigente", como se diz, mas acolhendo a todos, desde o abade Giraud, cujo trabalho versa sobre a vida religiosa em Sarthe, até Albert Mathiez, que quase nunca o poupa, mas que o defende em 1903, ao arguir sua tempestuosa tese. Porém, se Aulard conseguiu impor respeitabilidade, é porque foi também, antes de tudo, um pesquisador e um erudito. Contribuiu enormemente na organização dos estudos revolucionários, então em plena expansão, desempenhando com diligência seu papel na Sociedade de História da Revolução Francesa [Société d'Histoire de la Révolution française], dando renovado vigor, a partir de 1887, à revista *La Révolution Française*, da qual é editor e cuja hegemonia só será contestada em 1908, com o nascimento dos *Annales Révolutionnaires*, uma iniciativa de Albert Mathiez, aluno que se tornou rival.

"Leremos, analisaremos documentos", escreveu Aulard, representante da grande tradição positivista, recomendando aos alunos que sempre se fiassem às fontes, evitando ceder ao

---

4 No original, *ignorantins*: termo jocoso usado no século XVIII para se referir aos frades dos colégios cristãos. (N. T.)

espírito "tudesco". Nesse sentido, contribuiu vigorosamente para o imenso trabalho de publicação de textos que ocorre então, por iniciativa do Estado ou da Cidade de Paris: 26 volumes do *Recueil des Actes du Comité du Salut Public* [Coleção das Atas do Comitê da Salvação Pública], 6 para os autos da Sociedade dos Jacobinos, 5 de documentos a respeito de *Paris pendant le Directoire*, 4 sobre o Consulado e 2 sobre o Primeiro Império... Balanço impressionante de uma atividade de coordenação (mesmo que tenha sido, ocasionalmente, recriminado por deixar nas sombras seus colaboradores).

Depois do erudito e do professor, o historiador. Uma atividade indissociável das precedentes, pois seus cursos forneceram a matéria dos nove volumes dos *Études et le cours sur la Révolution française*, publicados de 1898 a 1924. Mais precisamente, ele se interessou pela história religiosa – tema incandescente na época do "combismo"[5] – publicando *Le culte de la Raison et le culte de l'Être Suprême*, *La Révolution française et les congrégations*, publicando ainda, no fim de sua vida, uma última síntese sobre o assunto: *Le Christianisme et la Révolution*. Aulard, que prefere o título de livre-pensador ao de racionalista, não disfarça sua posição. "Não digamos mais 'não queremos destruir a religião'. Digamos, ao contrário: queremos destruir a religião", acrescentando, porém, que quer fazê-lo pela paz e pela persuasão.

No entanto, Aulard se impôs antes de tudo como historiador da política: sua *Histoire politique de la Révolution française*, publicada em 1901, permanece, segundo a expressão do próprio Albert Mathiez, um "monumento de imensa erudição e de serena imparcialidade". Seus modelos? Michelet, mas sobretudo Quinet, que soube julgar "com inteira independência"... Seu antagonista? Taine, a quem consagra um ensaio em 1907 e que permanece, para ele, "aquele que tudo vê, tudo compreende, nada questiona,

---

5 Movimento de laicização das instituições defendido por Émile Combes, político, ministro, artesão importante da lei francesa de 1905 que decretava a separação entre igrejas e Estado naquele país. (N. T.)

e que se distingue como explicador soberano, como juiz soberano e incontestável". Aulard conhece os limites da objetividade à qual ele, por sua vez, se inclina, assumindo suas contradições, combinando rigor e fervor. "Não pretendemos dissimular de todo nossa preferência pelo povo, do qual viemos, e pela ciência, à qual servimos." Objetividade e fervor não são incompatíveis: "Para compreender a Revolução Francesa, é preciso a amá-la".

Declarações que podem nos ajudar a compreender como essa visão da política não escapará à personalização dos desafios, a uma leitura da Revolução com heróis interpostos, fazendo de Aulard – em contraposição a Mathiez e os robespierristas – o defensor de Danton. A polêmica, persistente durante anos, foi tão impetuosa que contribuiu para criar a imagem caricatural de Aulard que foi transmitida à posteridade. Ele, no entanto, nada tinha de incondicional, considerando "ridículo dizer-se dantonista ou robespierrista". Mas, para ele, Danton personifica, pelo próprio temperamento, o povo em Revolução, da qual ele é o representante emblemático, aquele que sentiu a "magnitude generosa do patriotismo revolucionário".

Para além do personagem de Danton se esboça uma leitura global da Revolução que a escola "jacobina", longe de repudiar, retomará em larga medida. A Revolução era necessária, preparada pelos erros da monarquia, mas também pelos filósofos que lhe forneceram "a bússola do ideal". Tinha se realizado com violência justificada, pois era "a resposta à violência de um passado que se negava a morrer". É assim que Aulard justifica o próprio terror, mesmo que reprovasse seus excessos; a ideia de distinguir uma boa revolução de uma má – 1789 e 1793 – lhe é estranha: "O despotismo só podia cair sob os golpes da força".

Pouco atraído pela história social, Aulard não a desconhece; publica, em 1919, *A Revolução Francesa e o regime feudal*, em que se pergunta se "a libertação total da propriedade camponesa não é o resultado essencial de nossa Revolução". Reconhecemos aí sua admiração por Jaurès, "reformista, e não revolucionário", que ele prefere a Marx, o qual considera "um pouco alemão [demais]".

Michel Vovelle

Aulard inaugura uma tradição de historiadores engajados: republicano fervoroso desde sua juventude na École Normale, foi perseguido pelas invectivas de uma imprensa reacionária que o qualificava de "professor de Revolução, jacobino sectário, devorador de padres, maçom, energúmeno, demagogo, bebedor de sangue". Maçom ele não era, mas foi radical a vida toda, sonhando com uma aliança entre os radicais e os socialistas reformistas. A República é, para ele, o meio para consumar a democracia. Justificando a violência de ontem, ele a reprova hoje, denunciando Guesde e, às vezes, mesmo Jaurès; hostil à Revolução Russa – ainda que a houvesse saudado em seus primórdios –, mas recusando qualquer "antibolchevismo" sectário.

Humanista militante, patriota internacionalista, se podemos arriscar a expressão, Aulard não hesitou em se engajar desde o caso Dreyfus. Foi vice-presidente da Liga dos Direitos Humanos, apóstolo da missão laica, um dos que conclamaram a fundação da Sociedade das Nações. Quando observamos essa carreira, temos a medida exata da injustiça enredada pelas ideias prontas: Aulard foi classificado como antiquado, ao passo que foi um dos que mais contribuiu para a construção de uma história científica; quanto à imagem caricatural de seu duelo com Mathiez, classificaram-no, se não à direita, ao menos na direção de um centro frouxo, um militante engajado na causa da Revolução. Guardadas as proporções, reencontraremos esses mesmos paradoxos ao falar de seus sucessores.

Philippe Sagnac, que sucede a Aulard em 1922, nos confronta, neste esboço de tipologia, com outra categoria: os esquecidos, os que não foram incorporados pela lenda. Não era fácil substituir o mestre. Entre os candidatos, uma personalidade se impunha, a de Albert Mathiez, especialista reconhecido, professor na Faculdade de Letras de Dijon e que, aos 48 anos, não era mais um garoto conhecido apenas por suas teses defendidas em 1904, sobre *La Théophilantropie* [A teofilantropia] e *Les Origines des cultes révolutionnaires* [As origens dos cultos revolucionários], mas como o coordenador dos *Annales Révolutionnaires*

[Anais Revolucionários] da Sociedade de Estudos Robespierristas, que se tornarão, em 1924, os *Annales Historiques de la Révolution Française*. Dessa maneira, rival de Aulard, mas talvez ainda mais defensor da causa robespierrista, que lhe inspirou uns vinte artigos importantes entre 1910 e 1920. Acrescentemos a esse conjunto oito obras, às quais retornaremos mais tarde: é compreensível que Mathiez, sentindo-se confinado na província, aspire legitimamente a um cargo invejável em Paris, algo que ele já havia perseguido em 1920, quando da abertura de uma outra vaga. Na ocasião, os historiadores da Sorbonne deram preferência a Sagnac, do qual se diz, de maneira elegante, que possuía a dupla vantagem de ser "mais velho e de bom temperamento". De fato, Mathiez não tinha bom temperamento, embora a lenda de sua irascibilidade devesse, ela própria, ser reexaminada. Sobretudo em 1922, quando colaborava no jornal *L'Humanité*, já tinha a reputação de historiador que trazia a faca entre os dentes: uma personalidade tão inquietante quanto a de Aulard conseguira se tornar apaziguadora.

Sagnac, que ocupa a cátedra de 1922 a 1932, não é um personagem de segunda ordem: suas teses, sobre a legislação civil da Revolução e sobre a abolição do regime feudal, permanecem como referências mais do que estimáveis. Ele abordou – como os outros, alguém dirá – o campo dos estudos religiosos, nos mesmos anos de 1905, com a publicação de um artigo na revista de história moderna, em que propunha – novidade revolucionária – uma estatística em escala nacional, acompanhada de um mapa dos sucessos e fracassos do juramento constitucional prestado pelo clero em 1791. Documento fundamental, do qual até ontem nos servimos. Da mesma maneira, redige, em parceria com Guyot, a primeira versão do volume *Révolution Française* da coleção de grandes manuais que ele coordena junto com Halphen, e que até nossos dias é conhecida como coleção "Halphen & Sagnac". Mas Sagnac, se posso colocar dessa forma, ocupou o cargo com descontinuidades: de 1926 a 1929, integrou uma comitiva enviada ao Cairo. Nesse meio-tempo, Albert Mathiez, que então publicava (1921-1927) os tomos de sua *Histoire de la Révolution*, o substituiu na cátedra. Com a volta de Sagnac, um arranjo permitiu ao substituto prosseguir na docência como encarregado de curso. Em 1931, Mathiez adquire estabilidade no cargo de encarregado de cursos complementares de história moderna, mas usufrui pouco da posição, pois vai a óbito em 25 de fevereiro de 1932, ao sofrer um ataque fulminante de apoplexia em seu anfiteatro.

De um paradoxo a outro – os dois últimos, porém, são complementares. Depois de Sagnac, o mestre esquecido, chega-se então à extraordinária personalidade de Albert Mathiez, para muitos – os renomados – a própria ilustração dessa cátedra de História da Revolução, ainda que ele nunca a tenha ocupado e que tenha ensinado por um período bem curto na Sorbonne. Tempo o suficiente, porém, para marcar toda uma memória coletiva de alunos que vieram a se tornar colegas, velhos professores aposentados que falam dele ainda hoje, como falava Albert Troux: "Ele lançava suas convicções como marteladas". Lenda forjada já antes de sua chegada a Paris – de Besançon a Dijon –, do Mathiez brutal, irascível e generoso, homem que prezava o dever acima de tudo, que escreveu: "O historiador tem responsabilidades para consigo mesmo e com seus leitores. Até certo ponto, ele se encarrega das almas. Aquele que aufere a reputação dos grandes mortos que ele evoca e retrata". Mathiez se encontra de todo aí: historiador responsável, moralista, zeloso ao assumir a arriscada e delicada associação de honestidade escrupulosa com empenho total. Esse modelo, menos diferente do que já se disse do exemplo fornecido por Aulard, fixa as características dos representantes da tradição histórica jacobina que permanecerão as mesmas por muito tempo, de Mathiez a Georges Lefebvre e, depois, a Alberto Soboul – com cada um dando a elas o colorido do próprio temperamento.

Pois já era um grande personagem aquele que entrou pela pequena porta da Sorbonne: produto da ascensão social da Terceira República, normalista, doutorou-se aos 30 anos, em 1904;

Combates pela Revolução Francesa

passou de seu campo inicial, a história religiosa (na onda de entusiasmo que se seguiu à sua tese, publicara em 1910 *La Révolution et l'Église* [A Revolução e a Igreja] e, em 1911, *Rome et le clergé français sous la Constituante* [Roma e o clero francês sob a Constituinte]), à história política marcada pelo grande embate em torno de Robespierre – uma série de artigos importantes, algumas sínteses em forma de conferências e ensaios (*Autour de Robespierre*, 1926) –, fazendo-o adiar a biografia do incorruptível, a qual a morte o impedirá de terminar. Mas, para além dessa história tão intensamente personalizada, que hoje é percebida como datada e que pode mesmo parecer um tipo de história "que não é mais a nossa", para plagiar a fórmula de Lucien Febvre, revela-se o autor da síntese sobre a Revolução Francesa, os três pequenos manuais que cobrem o período de 1789 ao Termidor, com os quais a minha geração aprendeu, ainda, a Revolução. Uma história dominada, que apresenta determinada imagem da Revolução, decerto burguesa em suas origens, mas que culmina na Revolução democrática do ano II, quando essa fração da burguesia montanhesa,[6] da qual Robespierre é o representante, compreendeu que apenas a união com as forças populares dos *sans-culotte* poderia assegurar a vitória, mesmo que o preço desse sucesso fosse o Terror. Mathiez, como lembrou Georges Lefebvre, encontra-se também entre aqueles que compreenderam a importância dos fatores econômicos e sociais, dando-lhes um lugar especial na explicação global da Revolução. Ele explicava a si mesmo pela experiência da guerra, que vivenciou entre 1914 e 1918, da inflação e da carestia, ao que se pode acrescentar, com Lefebvre, a influência de Jaurès e de sua história socialista, bem como o impacto da Revolução Soviética de 1917, que se torna, para Mathiez, um poderoso campo de comparações no estudo da luta de classes como motor essencial da Revolução. Discretas na

---

6 No original em francês, "*bourgeoisie montagnarde*": partidária da Montagne, grupo político que abrigava os revolucionários mais radicais, em oposição aos girondinos (moderados). (N. T.)

obra de Mathiez, as referências marxistas não deixam de revelar uma chave inédita nesse novo curso de seu pensamento, afirmado, desde a guerra, por obras que denunciam uma plutocracia cosmopolita (*La Révolution et les étrangers* [A Revolução e os estrangeiros], de 1918, e *L'Affaire de la Companhie des Indes* [A questão da Companhia das Índias], de1920), até chegar a *Mouvement social et vie chère* [Movimento social e carestia].

Georges Lefebvre, sucessor e admirador de Mathiez, não escondia uma pontada de irritação quando era apresentado como seu pupilo. Lembrava que eram contemporâneos: nascido em 1874 no Norte, de família modesta, Lefebvre seguiu seu próprio caminho, esforçando-se mais em sua carreira do que o fizera Mathiez, que só encontrou obstáculos, de fato, às portas da Sorbonne. Aluno do ensino secundário especial (moderno),[7] menos "nobre", se assim podemos dizer, de monitor de classe a "coordenador de escola", como diríamos hoje, Georges Lefebvre tinha passado com mérito no concurso para professores, em 1898, ensinando, em seguida, durante um quarto de século, em diferentes liceus, de Cherbourg a estabelecimentos de ensino de sua província natal – Lille, Saint-Omer –, lecionando, logo depois da guerra, um curso clássico em liceus parisienses (no Montaigne e no Pasteur). A defesa de sua tese, em 1925, sobre *Les Paysans du Nord sous la Révolution Française* [Os camponeses do Norte sob a Revolução Francesa], lhe abriu as portas do ensino superior: professor em Clermont-Ferrand, depois em Strasbourg, onde foi colega de Marc Bloch, entrou na Sorbonne em 1932 e assumiu, a partir de 1935, a cátedra de História da Revolução, sucedendo, pode-se dizer, ao mesmo tempo a Sagnac e Mathiez.

Aos 58 anos, Lefebvre já tinha produzido o suficiente para que fosse avaliado o lugar de sua obra na historiografia revolucionária. Onde Aulard tinha assentado as bases da história política da Revolução, onde Mathiez tinha entreaberto – ainda

---

7 Ensino médio, diverso do assim chamado "clássico", destinado a formações mais técnicas e científicas. (N. T.)

que tardiamente – os caminhos de uma história social, é ali que Georges Lefebvre centrará deliberadamente seus esforços, a partir do estudo do campesinato em sua província natal, no Norte (*Documents relatifs à l'histoire des subsistances dans le district de Bergues* [Documentos relacionados à história das subsistências no distrito de Bergues] e, sobretudo, *Les Paysans du Nord sous la Révolution Française*, em 1925). Grande divisor de águas na história agrária, pela exploração sistemática e quantificada das fontes cadastrais, fiscais, ou da venda dos bens nacionais: nesse ponto, a influência de Georges Lefebvre se lançará muito além do domínio dos estudos revolucionários, alcançando toda a escola francesa até recentemente. Mas Lefebvre inova também em outro campo, que podemos definir, *avant la lettre*, como o da história das mentalidades: em 1931 ele publicou um artigo de método sobre "As massas revolucionárias", mas, principalmente, um ensaio sobre "O Grande Medo", cuja modernidade é ainda hoje estonteante. Se, em seu período de docência na Sorbonne, ele se volta para a produção de grandes sínteses – que se tornariam manuais do ensino superior (*Les Thermidoriens, Le Directoire, La Révolution Française, Napoléon*) –, não se desvia da pesquisa que, a partir de agora, ele dirige e coordena: sentia necessidade de, depois do campesinato, voltar-se para as sociedades urbanas durante a Revolução. Era esse programa que ele havia proposto aos comitês da comissão de História da Revolução em 1939, e que ele retomará, depois da guerra, em colaboração com Ernest Labrousse (que investe então na pesquisa sobre as *Voies nouvelles pour l'étude des bourgeoisies occidentales* [Novos caminhos para o estudo das burguesias ocidentais]), organizando, em 1955, alguns anos antes de sua morte, um colóquio sobre esse tema na Sorbonne. Essa capacidade de se renovar, de explorar novos campos, é, sem dúvida, uma das maiores razões da influência durável de Georges Lefebvre, que inspirou toda a geração de historiadores dos anos 1950. Ele tinha publicado, em 1939, por ocasião do aniversário dos 150 anos da Revolução, uma obra destinada a um público vasto, *1789*, que seria proscrita pelo regime de Vichy, mas que permanece uma obra-prima e que poderia ter sido o testamento de seu autor. A guerra lhe tinha sido cruel – seu irmão, Théodore Lefebvre, foi decapitado pelos alemães por ter participado da resistência. Aposentado aos 71 anos, em 1945, poder-se-ia dizer que Georges Lefebvre inicia então uma nova carreira. Sob sua égide, próxima ou distante (mas sempre atenciosa), pesquisadores do mundo inteiro desenvolvem, em Paris, trabalhos sobre a Revolução – franceses: Soboul, Suratteau e muitos outros; estrangeiros: Cobb, Saïtta, Tønesson, Takahashi. Se é possível falar, em um dado momento, de uma hegemonia (ainda) quase inconteste da escola jacobina francesa, ela ocorre durante esses anos, de 1945 até a morte de Georges Lefebvre, em 1959.

Assim, é compreensível que os sucessores imediatos de Georges Lefebvre possam ter sofrido com o prestígio do mestre: Maurice Dunan, que o substituiu, era especialista nos aspectos internacionais da história revolucionária. Discreto e afável, ele não conseguiu marcar a geração de pesquisadores que se dividia, naqueles anos, entre Georges Lefebvre e a orientação de pesquisas de Ernest Labrousse, titular da cátedra de História Econômica da Sorbonne, autor de uma tese magistral sobre *La Crise de l'économie française à la veille de la Révolution* [A crise da economia francesa às vésperas da Revolução], então coordenador de toda uma série de pesquisas em história social sobre a França dos séculos XVIII e XIX. Foi na direção do estudo das estruturas sociais, pelos métodos de análise quantitativos, que maciçamente se voltaram, então, muitos pesquisadores, para quem o curto período da década revolucionária se mostrava um tanto restritivo.

Marcel Reinhard, que em 1958 sucedeu a Marcel Dunan na cátedra de História da Revolução, empenhou-se em restituir a essa área um pouco da influência que ela havia perdido. Depois de se impor por meio de uma importante tese sobre o departamento da Sarthe sob o Diretório, soube, também ele, diversificar os campos de sua pesquisa. Autor de uma biografia sobre Lazare Carnot que se tornou referência, ele foi um orientador de pesquisas exigente, atento e preciso. Desenvolveu um terreno até então pouco prospectado no domínio dos estudos revolucionários, o da demografia, uma das grandes novidades da historiografia francesa do pós-guerra. Sob sua direção, uma série (quatro volumes) de "Contribuições para a história demográfica da Revolução" reuniu monografias que abordavam Paris e a província. Coautor, com J. Dupâquier, de *Histoire de la population*, Reinhard contribuiu assim para o alargamento do campo de estudos. Outra área lhe foi cara (na realidade, muito ligada à precedente): a da história da Paris revolucionária, sobre a qual publicou uma síntese notável. Ao coordenar uma pesquisa de seus alunos sobre a origem das *"cartes de sûreté"*,[8] esses passaportes domésticos da época revolucionária e cujos registros foram conservados, encontrou elementos para um estudo ao mesmo tempo demográfico e sociológico. Mas sua curiosidade ia mais longe: católico, sem por isso renegar o que se pode chamar de tradição jacobina, Marcel Reinhard deu novo impulso aos estudos de história religiosa. Em uma época em que a sociologia da religião inspirada por Gabriel Lebras exercia uma influência revigorante sobre as pesquisas nesse domínio, ele teve a audácia de inaugurar campos de estudo sobre temas que permaneciam (ou que tinham voltado a ser) tabu desde o início do século – em especial, sobre o problema da descristianização no ano II, para cuja redescoberta ele contribuiu ao dar início a uma grande pesquisa coletiva sobre os padres abdicatários do ano II, assentando as bases de uma sociologia e de uma geografia diferenciada que teve grande futuro. Pode-se lamentar que Marcel Reinhard, que se aposentou em 1968 e veio a morrer alguns anos mais tarde, não tenha o lugar merecido na genealogia dos mestres que ilustraram essa cátedra. Pois esse católico republicano era sem

---

8 Literalmente, "cartões de segurança": espécie de carteira de identidade instaurada durante o Terror e que permitia ao cidadão parisiense (do sexo masculino e com mais de 15 anos) circular livremente. (N. T.)

Com Albert Soboul, que acede a essa vaga em 1968, tem-se a impressão de que se reata não apenas uma continuidade ideológica, reforçada pelo respeito filial que o aluno consagrava ao velho mestre Georges Lefebvre, mas também um perfil de carreira já observado. Nascido na Argélia, órfão de guerra, criado em Nîmes por uma tia pedagoga que lhe inspira o culto das virtudes laicas, Albert Soboul se torna professor concursado de história às vésperas da segunda guerra mundial. Comunista, destituído pelo regime de Vichy, ele vive na clandestinidade durante parte da guerra, até ocupar, depois da liberação, vagas de docência no secundário, em liceus de província, depois em Paris, no liceu Henri IV. Como Georges Lefebvre, ele conservará o orgulho dessa vasta prática pedagógica e da tese longamente amadurecida, defendida em 1958, sobre o movimento popular parisiense no ano II, que se afirma como um acontecimento na historiografia da Revolução. Ela lhe abre as portas da universidade: ele ensina primeiro na Faculdade de Letras de Clermont-Ferrand, na qual funda, junto com outros, o Centro de Estudos Revolucionários e Românticos; com a aposentadoria de Marcel Reinhard, vai para a Sorbonne, onde lecionará até sua morte brutal, em setembro de 1982. Há, nessa carreira, traços que lembram Mathiez, ou Lefebvre. Albert Soboul assume, como os demais, um dever tanto cívico quanto científico; é um combatente da causa da Revolução Francesa, uma vocação intimamente ligada a seu engajamento pessoal. Mas esse aspecto indiscutível, ao qual por vezes se tendeu – com ou sem simpatia – a restringir sua personalidade, não deve mascarar a importância do cientista e do pedagogo. Soboul satisfez uma das expectativas de Georges Lefebvre, desenvolvendo, assim como o próprio Lefebvre, uma história da Revolução que fosse ao mesmo tempo política e social e que abordasse as realidades urbanas do movimento popular, visando o essencial e tendo como objeto o movimento dos *sans-culotte* parisienses. Soboul apresenta uma definição desse grupo, analisado por ele em termos de ideologia, sociabilidade e mentalidade: não se trata de uma estrutura de classe, mas de um misto, um encontro histórico em que um núcleo central, oriundo do grupo de produtores independentes de bazares e de lojas, se associa de um lado a elementos burgueses e, de outro, a assalariados. Análise que associa uma erudição escrupulosa ao ineditismo da abordagem, desmentindo todas as acusações de dogmatismo levantadas contra o autor.

Com essa tese, Soboul conquistou um lugar indiscutível nas fileiras dos grandes historiadores da Revolução. Acusaram--no de nunca ter saído verdadeiramente delas, diferentemente de um Georges Lefebvre, apto a se renovar. Essa imputação tem algo de injusto: Soboul sempre cultivou – desde sua tese secundária sobre "Os campos de Montpellier sob a Revolução" – uma dimensão de historiador do mundo rural, apto também a se debruçar sobre os problemas da grande propriedade rural da Île-de-France, dirigindo, até sua morte, uma pesquisa coletiva sobre as formas e modalidades da erradicação do regime senhorial. Foi requisitado em outras áreas – a religiosidade revolucionária, que ele abordou em artigos sobre as Santas Patriotas... Contribuições que deram origem a coletâneas de artigos (*Jacobins, sans-culottes et paysans, Comprendre la Révolution*). Mas é verdade, da mesma forma, que o campo de estudos parisiense continuou a ser essencial para ele, que o fez prosperar por meio de toda uma série de estudos sobre o movimento sectarista. Permanecerá como o autor de manuais que substituíram os de Mathiez: o *Précis d'Histoire de la Révolution Française*, reeditado e atualizado, permanece a síntese mais completa, representativa de determinado momento da pesquisa. Teve como desdobramento a série de três tomos consagrados à *Civilisation de la Révolution Française*, atento ao quadro geral da sociedade.

Ao zelar heroicamente pelo patrimônio transmitido por seus predecessores – o Instituto da História da Revolução (com um orçamento anual de 4 mil francos), a revista dos *Annales Historiques de la Révolution* – Soboul, apesar das realizações pedagógicas e científicas, não foi um historiador feliz. Coube a ele, se é possível pôr dessa maneira, fazer a gestão da crise desencadeada no fim dos anos 1950, e mais ainda a partir de 1965, pela corrente que foi chamada de "revisionista" da história da Revolução Francesa, contestando o modelo explicativo dessa leitura social da Revolução, elaborado de Jaurès a Mathiez, Lefebvre ou ao próprio Soboul. Em uma polêmica voraz, em que, tanto de um lado quanto do outro, nem sempre se fez uso da cortesia, forjou-se o estereótipo de uma história e de um historiador dogmáticos, engessados em uma "vulgata" ultrapassada. A verdadeira história, como a verdadeira vida, se encontra em outro lugar...

Será mesmo? A história imediata é, de todas, a mais difícil de escrever. Herdeiro dessa linhagem da qual não renego ninguém, seria difícil para mim me inserir nessa galeria de retratos. Digamos, entretanto, que, às vésperas do bicentenário, mesmo me esforçando, não sinto que controlo todas as frentes da pedagogia e da pesquisa e, nesse sentido, que respondo a uma imensa demanda, que sou o último gestionário da casa dos mortos; muito ao contrário.

Há heranças que restringem, e outras que obrigam. Rememorando esta saga de ancestrais tão dedicados, voltados não para o passado, mas para o futuro, encontro razões para continuar. Fidelidade e renovação não são incompatíveis.

Alphonse Aulard (1849-1928)[1]

Aquele que pode ser considerado o pré-fundador da historiografia científica e erudita sobre a Revolução Francesa é, com frequência, visto apenas de acordo com a imagem um tanto caricatural do debate que o opôs a Albert Mathiez, a respeito de Danton: confronto em decorrência da interposição de heróis de uma historiografia "radical" e de uma historiografia "socialista", dantonistas contra robespierristas. Significa lançar, muito injustamente, ao campo de um conservadorismo, ao menos relativo, um historiador que não recusava a pecha de jacobino e que batalhou, nos tempos heroicos da Terceira República, para impor, a partir de uma abordagem rigorosa e erudita, uma imagem positiva da Revolução Francesa.

Alphonse Aulard nasceu em 19 de julho de 1849 em Montbron, Charente. Seu pai, professor de filosofia, tornou-se mais tarde inspetor-geral. Nas poucas ocasiões em que Aulard se referiu às suas raízes, enfatizou mais a história que a geografia. Ele

---

1 Publicado originalmente na *Enciclopédia Einaudi* (1989).

gostava de evocar um bisavô tenente no exército do Reno sob a Revolução, mas do avô, prefeito de Nohant nos tempos em que George Sand era ali a castelã, mencionava apenas a biblioteca libertina que o pai do historiador teria queimado. De acordo com a mudança de cargos do pai, o jovem Aulard passa da escola ao liceu em Tours, depois em Lons-le-Saunier, para concluir os estudos em Paris, no colégio Sainte-Barbe e no liceu Louis-le--Grand. Aluno brilhante, entra na École Normale Supérieure em 1867, de onde sai em 1870 como professor concursado de letras. De sua formação e de suas preferências, sabe-se apenas aquilo que ele próprio revelou – falava da obra de Michelet como "a bíblia de sua juventude"; evocava o encontro, certo dia, ao dobrar uma esquina, com o antigo *conventionnel* Thibaudeau.[2] Menos próxima que a de Michelet, a geração de Aulard ainda teve uma ligação direta com os homens da Revolução.

A passagem pela École Normale, durante os últimos anos do Segundo Império, marcou-o por muito tempo: ele recordava que entre todos os alunos de uma mesma série, que se contavam em uma centena na escola, havia dois ou três orleanistas[3] – únicas exceções a um republicanismo efusivo, que se alimentava dos artigos de Delescluze, do jornal de Rochefort *La Lanterne*, ou dos discursos de Gambetta. Alistado desde o início da guerra de 1870, Aulard serve na guarda móvel durante o Cerco de Paris, participando da batalha de Buzenval. Descrevia sua alegria e a de seus companheiros quando durante

---

2 *"Conventionnel"* (literalmente, "convencional", no sentido de participante de uma convenção) era a denominação dos membros da Convenção Nacional – ao mesmo tempo regime político e parlamento responsável pelo governo francês entre 1792 e 1795, sucedendo à Assembleia Legislativa e fundando a Primeira República. Antoine Claire Thibaudeau foi o representante do departamento de Vienne na Convenção Nacional, a qual chegou a presidir em 1795. Mais tarde, tornou-se governador [*préfet*] do departamento de Bouches-du-Rhône sob Napoleão I. (N. E.)

3 Monarquistas partidários da casa de Orléans, considerada por eles herdeira direta dos reis da França. Nesse campo, opunham-se aos apoiadores dos Bourbon e aos dos Bonaparte. (N. E.)

a proclamação da República, as esperanças e os posteriores desenganos, quando seus heróis – como, naquele momento, Gambetta – entraram na politicagem. Se acreditarmos em Aulard (e não há razão de duvidarmos de sua palavra), teria sido ele quem cunhou a frase "Ah, como a República era bela sob o Império!", em seguida patenteada por outros. Mas permanece um republicano fervoroso, ainda que prefira se classificar como "republicano à moda do ano II".

Naquele momento, parece seguir a tradição paterna, ocupando postos de professor de letras e línguas românicas em liceus de província, depois em Paris, no liceu Janson-de-Sailly. Mas não deixa de ter ambição. Em 1877, defende uma tese sobre Giacomo Leopardi. Esse literário "puro" entra na história por conta de sua eloquência revolucionária. Gambetta o fez amar Danton; ele descobre e publica *Les Orateurs de la Révolution* (1882).

É essa publicação que o qualifica para ser nomeado, em 9 de fevereiro de 1886, encarregado das aulas de História da Revolução Francesa, na Sorbonne, um curso criado pela cidade de Paris, em resposta a uma demanda do presidente Alexandre Millerand. Essa disciplina será erigida, cinco anos mais tarde, em cátedra magistral. Eis, portanto, Aulard professor da Sorbonne, a imagem do normalista cabeludo se apaga para dar lugar à do professor, com lornhão e barba, que seus alunos transmitirão, sensíveis às qualidades pedagógicas de um professor nada complacente (ele é "rígido" na nota), mas atento e generoso. A imagem convencional, complementada pela de bom esposo, bom pai e bom avô, não deve ocultar as realidades, mais duras, de um cargo que permanece um posto de combate. Às vésperas do primeiro centenário, a Revolução Francesa permanece, para muitos, objeto de escândalo. Se a aula inaugural de Alphonse Aulard (12 de março de 1886) foi honrada com a presença de Clemenceau, o professor, ainda assim, não deixa de temer manifestações hostis. Certos colegas o consideram um intruso – no geral, "um político" –, ainda que alguns, como Ernest Lavisse, o acolham com simpatia. "Se se portar bem", disseram-lhe, "desagradará ao conselho municipal; se não se portar bem, desagradará à administração: nos dois casos, será suprimido." Alphonse Aulard conseguiu não apenas sobreviver, mas se impor e conservar-se em uma Sorbonne que ele pretendia moderna, zombando dos tradicionalistas e dos "ignorantinos", aqueles que gritavam: "A Sorbonne para os franceses, abaixo os estrangeiros!"

Quando se aposentou, aos 71 anos, em março de 1920, para dar lugar a Sagnac, ele próprio apresentou o balanço de quase trinta e cinco anos de ensino, escrevendo: "Honrei a Revolução como queria o conselho municipal, ou seja, com a verdade. Pela aplicação do método histórico, contribuí para a inserção da Revolução Francesa na História. Na Sorbonne, tive alunos. Eles, por sua vez, foram professores... Não se ousa mais escrever sobre a Revolução, mesmo que para condená-la, sem apresentar textos e sem citar suas fontes". O conselho municipal de Paris, destinatário desse testamento pedagógico, responderá a tal apelo mal disfarçado, votando uma moção de agradecimentos (27 de novembro de 1922). "O conselho expressa ao senhor Aulard o reconhecimento da Paris republicana e o felicita pelo longo e consciencioso esforço empreendido na Sorbonne para a difusão dos princípios da grande Revolução."

Pedagogo, orientador de pesquisas flexível e sem sectarismo (acolhe o abade Giraud e seu estudo sobre a história religiosa da Sarthe, como defende Albert Mathiez quando de sua tempestuosa defesa de tese em 1903), sem por isso omitir suas opiniões: Alphonse Aulard deixa, em primeiro lugar, a imagem de um grande professor a serviço da República.

Contudo, se assim impôs sua respeitabilidade, é porque foi também, antes de tudo, um pesquisador, um editor e um erudito. A meio caminho entre a pedagogia e a pesquisa, contribuiu intensamente para coordenar os estudos revolucionários, então em plena expansão. Teve papel ativo na Sociedade de História da Revolução Francesa, que tinha acolhido Hippolyte Carnot ou Jules Claretie. Ele a preside em 1904, associando, como então se gostava de fazer, às atividades eruditas as expressões de sociabilidade republicana dos banquetes anuais, presididos tanto por Barthou como por Jaurès ou por Anatole France. Sobretudo, encarregou-se, a partir de 1887, da revista *La Révolution Française* fundada por Charavay, da qual é editor e cuja hegemonia será contestada somente em 1908, com o nascimento dos *Annales Révolutionnaires*, iniciativa de Albert Mathiez, o aluno que se tornou rival.

"Nossa ambição será menos a de julgar do que a de dar a conhecer... Leremos, analisaremos documentos", escreveu Aulard, representante da erudição positivista daqueles anos. No alto dos dez mandamentos que ele transmite a seus alunos estão as recomendações de "sempre buscar [as informações] nas fontes", de "trabalhar a partir dos textos", de "apresentá-los de maneira imparcial e inteiramente objetiva"... E, se por isso lhe acusam de "germanizar" o espírito francês, ele responde que prefere o "zelo evidente ao espírito tedesco". Pois ele se quer erudito, prudente e seletivo: "É sobretudo pela escolha e pelo uso das fontes que se é historiador", e denuncia certa erudição (que se pode reconhecer como a de Taine) que é capaz de "aliar-se à paixão mais cega e aos preconceitos mais despóticos".

Permanece o fato de que, se por um lado ele demonstra hesitação quanto à "mixórdia" de publicações integrais, por outro, contribuiu intensamente com o trabalho descomunal de edição textos e documentos a respeito da Revolução Francesa que então se produzia. Para tanto, dispõe de importantes apoios financeiros do Estados e de certas estruturas institucionais (a cidade de Paris). Da mesma forma, conta com equipes de colaboradores e auxiliares, que ocasionalmente o acusaram de tê-los deixado nas sombras. Somente desse modo é possível compreender o volume de publicações realizadas sob sua direção: os 26 volumes do *Recueil des Actes du Comité du Salut Public* (1889-1923), os 6 de *Procès-verbeaux de la Société des Jacobins* (1889-1897), os 5 de documentos a respeito de *Paris pendant la réaction thermidorienne et sous le Directoire* (1898-1902), ao que se seguiram 4 acerca de *Paris sous le Consulat* (1903-1909) e 2 sobre *Paris sous le Premier Empire* (1912-1914).

O historiador não deve ser ofuscado pelo pedagogo, tampouco pelo erudito: um autor profícuo – cujos cursos e numerosos artigos forneceram material para os nove volumes dos *Études et leçons sur la Révolution Française*, lançados entre 1898 e 1924 –, contava, ainda, com a habilidade de separar os domínios. Como ocorrido com muitos de seus contemporâneos (tal qual o próprio Mathiez), a curiosidade de Aulard se volta primeiro para a história religiosa, em um ensaio sobre *Le Culte de la Raison et le culte de l'Être Suprême* [O culto da Razão e o culto do Ser Supremo]. Retomará esses temas ao longo de toda a sua carreira, escrevendo em 1903, em pleno auge do "combismo" e do conflito religioso, sobre a *La Révolution Française et les Congrégations*, para lançar, em 1925, ao fim da vida, uma última síntese sobre *Le Christianisme et la Révolution*. Essas reflexões atualizadas de tempos em tempos revelam, tanto em sua constância como em sua evolução, um dos aspectos da personalidade de Aulard: livre-pensador, denominação que ele prefere a "racionalista", afirma: "Não digamos mais 'não queremos destruir a religião'. Digamos, ao contrário: queremos destruir a religião" – apressando-se em acrescentar, porém, que quer fazê-lo pela paz e pela persuasão. Por essa perspectiva, compreende-se o que o atrai no culto revolucionário da razão – essa razão que é, diz ele, seu "Deus espiritual" –, bem como, inversamente, sua reticência quanto ao culto do Ser Supremo de homens das Luzes que se reconhecem melhor em Voltaire do que em Rousseau. Se suas certezas permanecem firmes, a análise – nutrida em *Le Culte de la Raison et le culte de l'Être Suprême* de uma pesquisa de campo que soube deixar as fontes parisienses para questionar-se a respeito das realidades provinciais – conheceu fases sucessivas. No primeiro período, Aulard, homem de seu tempo, vê nos cultos revolucionários um expediente de defesa nacional, um complemento ao patriotismo da França agredida de 1793. Conclusão um tanto rasa, que contrasta com a riqueza do material compilado. Mais tarde, no fim da vida, Aulard vai se interrogar sobre a possibilidade de a descristianização ter se materializado, caso não tivesse sido bruscamente interrompida.

Contudo, se a história religiosa constituiu um tema recorrente em sua obra, foi como historiador da política que Alphonse Aulard se impôs, com *L'Histoire politique de la Révolution Française*, que ele publicou em 1901. Um monumento, para retomar a expressão do próprio Albert Mathiez, que, deixando de lado o conhecido julgamento crítico, saudou o estudo como "movimento de imensa erudição e de alta e serena imparcialidade".

É aí, sem dúvida, que se desenvolvem melhor tanto a abordagem quanto a filosofia da história do autor. Uma exigência, a objetividade: "Não ver nem pelos olhos de Marat nem pelos de madame Roland, e tampouco tornar-se o apologista apaixonado e exclusivo de um dos partidos revolucionários, qualquer que seja". Nesse percurso, ele se refere a alguns modelos: Michelet, mas sobretudo Quinet, que soube julgar "com total independência", o próprio Thiers, que "traçou um quadro completo", ou Louis Blanc, nada "genial; porém, exato". O exemplo que não se deve seguir é o de Taine – predecessor e adversário que ele não subestima – consagrando-lhe, em 1907, o ensaio *Taine historien de la Révolution* –, mas que, para Aulard, é aquele que "tudo vê, tudo compreende, nada questiona, e que se distingue como explicador soberano, como juiz soberano e incontestável". De seu lado, Aulard conhece os limites da objetividade à qual aspira, e os assume. "Não pretendemos dissimular de todo nossa preferência pelo povo, do qual viemos, e pela ciência, à qual servimos." "Quis, ao mesmo tempo, ensinar e praticar a Revolução Francesa, servindo à ciência e à República... A Revolução Francesa, para compreendê-la, é preciso amá-la." Mesmo que se corrija em seguida: "Nossa ambição será menos a de julgar do que a de dar a conhecer... Leremos, analisaremos documentos".

Tais contradições assumidas, ao iluminarem certo temperamento e sensibilidade, podem ajudar a compreender uma visão da política que não escapará à personalização dos temas, a uma leitura da Revolução por meio de heróis interpostos, fazendo de Aulard, em oposição a Mathiez e aos robespierristas, o defensor de Danton. Uma vez que a querela, entre partes grandes e menores, sobre a venalidade e a traição de Danton atraiu toda a atenção, ela contribuiu, como dissemos, para forjar a imagem um pouco caricatural de Aulard que ficou para a posteridade. Ele próprio, porém, tinha tomado suas precauções, lembrando que nada possuía de incondicional e que se tornara desafeto daqueles que, como Robinet, herdeiro da tradição de Auguste Comte, tinham "mandato para canonizar Danton". Aceita, porém, assumir sua escolha. "Decerto, seria ridículo dizer-se, hoje, dantonista ou robespierrista... mas talvez não haja alguém que tenha, de maneira tão eminente, personificado o espírito [da Revolução] naquilo que ele tem de mais francês, naquilo que tem de mais humano." Para ele, Danton é um daqueles que melhor compreenderam que a Revolução significa mudar o homem interior. Aulard enxerga nele profusões de bondade, de alegria: em uma palavra, o contrário de um fanático. É por esse motivo que Danton é popular, representativo desse povo que permanece o verdadeiro herói coletivo, com a condição, porém, acrescenta ele, "de ver o povo francês não no estado de multidão, mas no estado de grupos organizados". Representante emblemático do povo em Revolução, Danton também é, para Aulard, aquele que sentiu "a amplidão generosa do patriotismo revolucionário".

Por meio de Danton, Aulard esboça uma leitura global da Revolução, criando uma tradição que a escola "jacobina" da historiografia revolucionária, longe de repudiar, em grande parte retomará. A Revolução era necessária, Aulard não duvida que ela tenha sido ocasionada pelos erros da monarquia. Foi preparada pelos filósofos, e foi bom que tenha sido assim, pois eles lhe forneceram "a bússola do ideal", evitando que ela soçobrasse em uma "selvageria egoísta". Essa Revolução se fez pela violência, mas uma violência necessária e justificada, pois é "sempre a resposta à violência de um passado que se negava a morrer". A teoria dita das circunstâncias, que justifica o endurecimento da marcha da Revolução pelas lutas que ela teve de travar, não é, de modo algum, invenção de Aulard, mas é ele quem lhe confere a definição mais clara: "Se tivéssemos, como eles [os homens da Revolução], de combater não apenas os prussianos e os austríacos, mas também os emigrados franceses armados contra a pátria e, no interior, os cúmplices mascarados desses emigrados, também nós não hesitaríamos em estabelecer contra os franceses traidores um verdadeiro Terror". Aulard, um apologista do Terror? Ele, porém, toma sua distância: "Nossos avós queriam defender a França invadida, a República apunhalada nas costas pelos monarquistas... mas negaram-se frontalmente quando tomaram conhecimento do conjunto, das crueldades inúteis e delirantes de Carrier e seus cúmplices". Em uma palavra, a ideia de distinguir uma boa Revolução de outra, má, a de 1789 e a de 1793, é estranha a Aulard: "O despotismo só poderia tombar sob os golpes da força". Jacobino, mas contido; apologista do povo, mas do povo organizado, Aulard teria medido o que estava em jogo do ponto de vista social no abalo revolucionário? Ele recusa o materialismo histórico e, se pensa conhecer Marx, não deixa de tratar com termos prudentes o que chama tradicionalmente de "questão social": "Nossos pais resolveram *sua* questão social, que não era aquela que temos de resolver, mas tratava-se de uma questão social. E, quando se atacavam os direitos feudais, fazia-se o socialismo". O radical Aulard não é indiferente à questão. E não significa procurar por um paradoxo comparar sua descoberta progressiva do social com o trajeto sincrônico de seu pupilo Albert Mathiez, para quem a guerra de 1914-1918 trouxe a descoberta do movimento social e da carestia: é em 1919 que Aulard publica *La Révolution Française et le régime féodal,* e que chega a se perguntar se "a libertação total da propriedade camponesa não é o resultado essencial de nossa Revolução, o fundo sólido da história dessa Revolução". Conversão tardia? Sim e não. Podemos lembrar a longa frequentação e a estima recíproca que unem Aulard e Jaurès. Ele participou da banca de tese deste último, sobre as origens alemãs do socialismo (1892), e, apesar

Michel Vovelle

de algumas críticas, saudou *L'Histoire socialiste de la Révolution Française*, quando de seu lançamento. Prefere, evidentemente, o tribuno francês "reformista, e não revolucionário", a Marx, que acha um tanto alemão demais. Indissociável do historiador, é o político de Aulard que transparece aqui. Por mais que se preocupasse, em nome de certo ideal de laicidade, em evitar a mistura de gêneros, Aulard não deixou de ser, a vida toda, um homem engajado. Ele o foi desde sua juventude: normalista leitor de *La Lanterne*, de Rochefort, colaborou no periódico de Clemenceau, *La Justice*, publicando a coluna "Lundis révolutionnaires" ["Segundas-feiras revolucionárias"]. Compreende-se que a imprensa conservadora não o tenha poupado, qualificando-o de "professor de Revolução, jacobino sectário, devorador de padres, maçom, energúmeno, demagogo, bebedor de sangue".

Maçom Aulard não foi, mesmo que não escondesse sua simpatia pelo grupo. Quanto às outras críticas, adota a linha, por mais difícil que fosse mantê-la, de afirmar que faz história, e não política... ao mesmo tempo que proclama suas opiniões, apoiado, e como que justificado, por seu amigo Édouard Herriot, que escreveu "que ele [Aulard] tinha o direito de afirmar opiniões demoradamente elaboradas. Tinha o dever de proclamar sua fé cívica".

Será radical a vida toda. É ele quem propõe, em 1922, a simplificação do título do partido, de "radical e radical socialista" para "radical socialista": "Radicais, meus amigos, justifiquemos o epíteto de socialistas". Colaborou em jornais radicais: *La Dépêche de Toulouse, Le Progrès Civique, L'Ére Nouvelle*... Não hesitou em se apresentar como candidato a deputado, sem sucesso, em 1919, sob o lema "Nem bolchevismo, nem reação"; depois, como candidato de união no departamento da Seine, em 1920. Ele é daqueles que sempre sonharam com uma aliança entre os radicais e os socialistas reformistas. A visão política de Aulard é a de um radicalismo aberto, organizado em torno de algumas ideias fortes. A República, é claro, seria o meio de construir a democracia e de completar a obra da Revolução: "A consequência lógica do princípio de igualdade é a democracia. A consequência lógica do princípio de soberania nacional é a República". Ele deseja uma reforma constitucional em nome de mais democracia, chegando mesmo – grande audácia – a uma abertura comedida e progressiva do direito de voto das mulheres.

Se justifica a violência revolucionária de ontem, e se enviou, em 1917, em nome da Liga dos Direitos Humanos e da Sociedade de História da Revolução, uma mensagem de encorajamento a São Petersburgo ("Lettre aux citoyens de la libre Russie" ["Carta aos cidadãos da Rússia livre"]), não deixa de ser hostil ao recurso à violência nas sociedades de hoje: não gosta de Georges Sorel, critica Vaillant e Guesde, e mesmo Jaurès, por conta de seus "conselhos de violência" (1908). Se censurou o bolchevismo, que julga "russo" demais, não o fez sem nuances. Em polêmica com Henri Béraud, escreveu: "Não, deixar de caluniar os bolchevistas, ou não desejar que sejam caluniados, não é o mesmo que ser bolchevista". Hostil à política do arame farpado, ao defender os motins do mar Negro (André Marty e Badina), ele se interroga sobre a política de Lênin e sobre o problema da passagem a uma outra sociedade.

Em seus últimos anos, o problema da ascensão do fascismo fere o enamorado pela Itália, que ele não deixou de ser; denuncia seu perigo internacional. O que nos apresenta uma última faceta do personagem, o humanista militante e, se podemos arriscar a expressão, o patriota internacionalista. Humanista militante ele foi desde muito cedo, desde seu engajamento no caso Dreyfus, seguindo o exemplo de Anatole France. A partir de 1898, milita ativamente na Liga dos Direitos Humanos, da qual será vice-presidente de 1921 até morrer, em 1928. Esse humanismo transparecerá particularmente nos problemas da pedagogia: ele ingressou na Missão Laica Francesa, meio de difusão da cultura do país no estrangeiro (mas também de combater a influência das congregações). "Sou patriota à moda do ano II", ele escreve, definindo-se como patriota e internacionalista: porém, hostil tanto ao patriotismo chauvinista da direita quanto ao internacionalismo de um Gustave Hervé, ele se simpatiza nesse ponto com Jaurès, a despeito de aliar-se a Clemenceau no início de um combate que ele define como "a guerra dos povos livres". Mas a partir de 1918 ele se empenhará para que a Sociedade de História da Revolução Francesa conclame a criação da Sociedade das Nações. Eleito para o conselho internacional que reúne todas as federações nacionais para essa associação, ele presidirá, em 1927, no Reichstag, em Berlim, o Congresso para a Sociedade das Nações, defendendo uma aproximação franco-alemã. Uma das últimas alegrias que teve ao fim da vida, para aquele que se proclamava "francês e europeu".

Nos diferentes aspectos do personagem se descobre, assim, uma unidade real. Erudito e estudioso, republicano, democrata, radical, humanista como se podia ser na virada do século XIX para o XX, Alphonse Aulard encontra-se entre aqueles que puderam viver uma visão do mundo, sem excessivas tensões interiores, da qual a Revolução Francesa fornecia a referência e a matriz.

Georges Lefebvre[1]

A historiografia da Revolução Francesa embalsamou seus heróis míticos e personagens emblemáticos. Mais ainda, dedicou-se a produzir uma espécie de genealogia, em que se sucedem os pares de antagonistas (Aulard-Mathiez, vulgo Danton-Robespierre) e as filiações espirituais: Mathiez-Lefebvre-Soboul. Essa "lenda", evocada – em termos respeitosos por alguns, depreciativos por outros – para caracterizar a continuidade da história jacobina da Revolução, não deixa de ter fundamento real, mas, ao uniformizá-la, ele apaga a contribuição específica de cada um, os traços de personalidades marcadamente distintas. Ela também toma certas liberdades com a cronologia.

---

1 Publicado originalmente como introdução à tradução italiana de *Les Foules révolutionnaires* [As massas revolucionárias]: Lefebvre, Georges. *Folle rivoluzionarie. Aspetti della Rivoluzione francese e questioni di metodo storico.* Roma: Riuniti, 1989.

Michel Vovelle

O percurso de um historiador

Uma das grandes figuras dessa galeria de retratos, Georges Lefebvre por vezes se queixou de ser apresentado como aluno e discípulo de Albert Mathiez, por quem, no entanto, não escondia sua admiração, retraçando, em 1956, na introdução que escreveu para os *Études robespierristes*, daquele defensor do "Incorruptível", as etapas da carreira do autor. Tinha razão, se considerarmos que era, com diferença de poucos meses, seu contemporâneo, para não dizer mais velho: nascido em 1873 (Mathiez veio ao mundo em 1874), Lefebvre foi favorecido por uma carreira bem mais longa, uma vez que morreu em 1959, aos 86 anos, ao passo que Mathiez desaparecera de forma brutal, e prematura, em 1931.

Poderíamos dizer, carregando nas tintas, que as carreiras desses dois contemporâneos sucederam-se uma à outra. E não se trata de ceder às facilidades de um exercício de estilo acadêmico quando evocamos o percurso biográfico de Georges Lefebvre em paralelo com o de Mathiez. Filho – Lefebvre lembrava – de um hoteleiro abastado, Mathiez teve, no final das contas, um início de carreira brilhante e relativamente fácil: aluno da École Normale Supérieure, jovem professor concursado de ensino médio e bolsista da fundação Thiers, ele se tornou doutor aos 30 anos e logo se tornou professor universitário titular. Apenas a consagração final, na Sorbonne, tinha sido longamente recusada a esse homem de esquerda, mais temido do que respeitado, e que teve de adentrar a instituição pela pequena porta de uma substituição, em 1926, antes de assumir brevemente um curso de História Moderna, ao termo de uma ascensão brutalmente interrompida pela morte, em 1931.

Enquanto isso, a carreira de Georges Lefebvre se desenrola com muito mais labor. Ele tinha origens bem mais modestas: havia nascido no Norte, e o pai fora empregado de comércio; gostava de evocar o avô cardador, que o vinculava a suas origens populares. Foi como bolsista que estudou no liceu e depois

Combates pela Revolução Francesa

na universidade. Ali, onde Mathiez seguia o caminho real dos humanistas clássicos, rumo à École Normale, Georges Lefebvre, ao deixar a escola laica, à qual gostava de render homenagens calorosas, tinha recebido o ensino especial dos liceus, transcurso "moderno" (e também mais popular) do qual ele conservava o reconhecimento por tê-lo iniciado nas disciplinas científicas e na economia. Em seguida, teve de exercer as funções de monitor de classe no liceu de Tourcoing, depois de docente no colégio de Boulogne-sur-Mer, antes de ser aprovado no concurso de professor de história e geografia do ensino médio, em 1899. Enquanto Mathiez transpõe com facilidade o obstáculo da tese de doutorado, Georges Lefebvre levou um quarto de século para preparar a sua. Doutorou-se em 1924, aos 51 anos. Nesse meio-tempo, trabalhou como professor concursado em diversos liceus: primeiro em Cherbourg; depois, de volta à sua região natal, em Tourcoing, Lille e Saint-Omer, antes de alcançar, logo após o fim da guerra, em 1918, a promoção representada então pela nomeação para os grandes liceus parisienses – Pasteur, Montaigne e, mais tarde, Henri IV. A tese lhe abriu as portas do ensino universitário: em 1924, em Clermont-Ferrand; em 1928, em Strasbourg; em seguida, em 1935, na Sorbonne, onde ocupa, de 1937 até a aposentadoria, em 1945, a cátedra de História da Revolução Francesa. Assinala-se sua passagem por Strasbourg, da qual a universidade francesa havia feito sua vitrine de prestígio, nas províncias recuperadas diante da Alemanha: é ali que ele se aproxima de Marc Bloch, do qual se recordará da influência sobre sua visão da história. Iniciada tardiamente – quando ele já contava seus 62 anos –, a carreira de Lefebvre na Sorbonne pode parecer breve em relação à influência por ele ali exercida, mas convém corrigir tal perspectiva. Ele havia participado ativamente dos estudos revolucionários antes mesmo de "emergir" em Paris, tendo sido o responsável, no Norte, pelos trabalhos do comitê departamental da "Comissão Jaurès" de história econômica e social da Revolução. E, principalmente: tinha assumido,

45

em 1931, quando da morte de Mathiez, a presidência da Sociedade de Estudos Robespierristas e a direção de sua revista, os *Annales Historiques de la Révolution Française*. Responsabilidade que assumiu, como escreveu: "Pela admiração que tinha pela memória de Robespierre". Em 1933, coube-lhe, por isso, inaugurar em Arras o busto do Incorruptível, oferecido pela sociedade a uma municipalidade que se apressou em esconder em uma sala discreta a comprometedora efígie daquele filho da cidade. Docente na Sorbonne, conseguiu criar o Instituto de História da Revolução, às vésperas da celebração do 150º aniversário dos eventos de 1789, que decerto seria prejudicado pela guerra, mas cuja importância, no plano científico, não deve ser subestimada: por iniciativa de Lefebvre, foi redigida uma circular, endereçada aos comitês departamentais, que inaugurava novos campos de pesquisa no domínio da história social e que originou uma importante publicação. E não seria paradoxo afirmar que a influência de Georges Lefebvre jamais foi tão grande como depois de sua aposentadoria. Longe de se pôr à margem da corrente que se punha, então, pelo impulso de Ernest Labrousse, na direção de uma história social renovada da Revolução, Lefebvre aceita, em 1955, dirigir o grupo fundado por Labrousse para o estudo das estruturas sociais das épocas moderna e contemporânea, e, a esse respeito, preside em 1957 um colóquio na Sorbonne. Seus discípulos, em especial, testemunham a irradiação mundial de seu pensamento. Ao lado dos pesquisadores franceses que lhe são mais próximos – Bouloiseau, Suratteau, Soboul, que foi, antes de tudo, seu herdeiro espiritual –, universitários do mundo inteiro – anglo-saxões como Cobb ou Rudé, o italiano Saïtta, o norueguês Tønesson, o japonês Takahashi – convergem para os trabalhos parisienses de história revolucionária. Se podemos falar de hegemonia dessa escola "jacobina", da qual Georges Lefebvre se tornou então o personagem emblemático mais representativo, trata-se exatamente desse momento: notas desafinadas e contestações ficarão para amanhã.

A elaboração de uma obra

Lefebvre deve essa autoridade a uma obra vasta, inovadora desde o princípio, mas que soube, ainda, se renovar constantemente.

Logo após a aposentadoria, em 1946, ele confidenciou seu itinerário espiritual em um artigo nos *Annales Historiques de la Révolution Française*, sob o título de "Pro Domo". Ali, conta como nasceu sua vocação de historiador da Revolução. Essa retrospectiva não é destituída de certa simplificação: sabemos que o jovem Lefebvre trabalhou em Lille com o medievalista Petit--Dutaillis, e que, em seguida, aceitou colaborar com ele na tradução francesa de *Constitutional History of England*, de W. Stubbs, um trabalho que será publicado ao longo do período de 1907 a 1929, quando do lançamento do último volume de anexos. Enquanto isso, porém, o interesse pela revolução não tardou em prevalecer: Georges Lefebvre via nessa vocação o fruto da educação republicana e "moderna" recebida da escola pública ao colégio, e também aquele de um enraizamento geográfico ao qual permanecerá profundamente ligado, evocando sua "Flandres valona, na qual Jules Guesde fundou, assentado em bases marxistas, o Partido Operário Francês". É significativo que, para ele, a inserção sociogeográfica não esteja apartada de uma cultura, e uma espécie de opção ideológica que remete a Marx, que ele conheceu através de Guesde: Marx lido, relido, criticado, tornado a referência incontornável para compreender o movimento da história. Mas, dentre todos, o mestre permanece sendo Jaurès. O que não tem nada de original, poder-se-á dizer; sabemos também o que representou Jaurès para Mathiez, e sem dúvida menos que a simpatia que Aulard, como amigo, lhe confere – um tanto mesclada a certas reservas. Quando Georges Lefebvre dá início à sua carreira, nos anos 1900, Jaurès se impunha, tanto para os antecessores como para os contemporâneos de Lefebvre, como o autor da *Histoire socialiste de la Révolution Française*, cujos volumes tinham começado a ser publicados em 1901. "Eu o vi

apenas duas vezes", confessa Lefebvre, "em meio à massa...".
Mas, acrescenta, se tivesse de reconhecer um mestre, seria decerto ele o designado.

Essa devoção não é nem um pouco cega, ou exclusiva. Entre os mentores aos quais Lefebvre se refere com predileção, Tocqueville tem um lugar particular, o que pode surpreender. Mas o caso é que ele aprecia nesse aristocrata o distanciamento de suas visões, a aptidão em compreender as questões sociais da Revolução e, exatamente por conta de suas origens, a importância que dava às fontes do abalo revolucionário, que ele próprio não hesitará em intitular a "Revolução aristocrática". No fundo, o mérito de Tocqueville, para Lefebvre, permanece o de ter aspirado a essa história social da Revolução cujas bases e premissas se encontram na *Histoire socialiste* de Jaurès. Lefebvre também reconheceu que foi Jaurès quem assentou as bases dessa nova história ao fazer que se criasse em 1903, por iniciativa das câmeras parlamentares, a "Comissão de pesquisa e de publicação de textos e documentos relacionados à história econômica e social da Revolução", à qual deixará seu nome: como dissemos, Georges Lefebvre figurará entre os responsáveis locais por uma estrutura que se irradia por todos os departamentos franceses.

Não personalizemos, porém, em excesso: se a influência de Jaurès é evidente, Lefebvre, nesses anos da virada do século, quando se dedica à pesquisa, não podia permanecer indiferente aos trabalhos dos grandes pioneiros da história agrária revolucionária e pré-revolucionária, tais como Loutchisky, que publica, em 1897, sua pesquisa sobre *La Petite Propriété en France avant la Révolution et la vente des biens nationaux* [A pequena propriedade na França antes da Revolução e a venda dos bens nacionais]. Carregado pela corrente de interesse – que o faz descobrir, então, a Revolução social a partir da dimensão agrária –, Georges Lefebvre empreende suas pesquisas sobre o campesinato do Norte da França.

A obra de Georges Lefebvre se articula em torno de algumas produções maiores que escandem as etapas do trabalho, em termos tanto de composição – da tese erudita às grandes sínteses de vocação pedagógica – quanto de temas, testemunhando uma problemática que se renova sem cessar. Mas é necessário associar esses "monumentos" a ensaios muito mais concisos – Lefebvre sabia ser sucinto –, mas não menos decisivos, como *La Grande Peur* [O Grande Medo] e toda uma série de artigos ao longo da qual o autor, desde 1930, propôs sínteses nas quais trabalhava ou reflexões metodológicas; virão, mais tarde, depois da aposentadoria, as meditações distanciadas sobre a história e sua pedagogia.

O historiador do campesinato revolucionário

Em 1914, Lefebvre publica, na coleção de textos da comissão Jaurès, seus *Documents relatifs à l'histoire des subsistances dans le district de Bergues pendant la Révolution (1788-an IV)* [Documentos relativos à história das subsistências no distrito de Bergues durante a Revolução (1788-ano IV)], obra importante cujo segundo tomo será lançado em 1921, e que constituirá sua tese secundária. Obra na grande tradição positivista dos *corpora* de textos e documentos, é um ponto de articulação entre o antigo e o novo: fiel à erudição tal como era concebida então, mas aberta às novas curiosidades de uma história social que se interessa pelo comércio e pela circulação de grãos, pela aplicação, ou pelos entraves, do *maximum*.[2]

---

2 Referência à Lei do Máximo [*Loi du Maximum*], promulgada pela Convenção Nacional em 4 de maio de 1793 e que estipulava o preço máximo dos grãos, além de impor outras regulações a esse segmento (em julho, surgiria ainda uma lei que condenava à morte aqueles que acumulassem ou retivessem a produção de grãos). Foi sucedida pela Lei do Máximo Geral, promulgada em 29 de setembro daquele ano como extensão da Lei dos Suspeitos, de 17 de setembro, e que tinha objetivo semelhante. (N. E.)

A grande obra virá dez anos mais tarde: a tese sobre *Les Paysans du Nord pendant la Révolution Française* [Os camponeses do Norte durante a Revolução Francesa], que foi saudada imediatamente, tanto por Mathiez quanto por Pirenne, não apenas pela amplidão da pesquisa, mas pela inovação metodológica da abordagem. E é exatamente isso que nos impressiona ainda hoje. O autor definiu como recorte do objeto o departamento do Norte, o qual ele conhece e analisa em toda sua diversidade. Num momento em que a geografia regional francesa se afirmava com fulgor, o procedimento não espanta. Mas, longe de nos encerrar em um enquadramento restritivo, trata-se de uma demonstração que nos é proposta a partir de fontes quantitativas – fiscal, cadastral, os dossiês dos bens nacionais pela primeira vez examinados e analisados sistematicamente –, chegando a uma divisão social e geográfica, expandindo o quadro com um estudo evolutivo para chegar ao balanço do impacto da Revolução sobre um campesinato: exclusão da propriedade clerical (um quinto do território em 1789), redução da parte nobiliária (de 22% a 12%), importante conquista burguesa (de 16% a 28%), mas ganhos camponeses nada insignificantes (de 30% a 42%), embora tenham sido repartidos de modo muito desigual. Demonstração exemplar que iria fornecer a matriz e servir de referência a todas as grandes teses de história agrária durante meio século.

O mérito de Lefebvre foi o de não se repetir, sempre expandindo os campos que tinha aberto. Ao mesmo tempo que se dedica, em toda uma série de artigos nos anos seguintes, a extrapolar a partir do modelo experimentado no Norte da França – propondo sínteses em escala nacional sobre a repartição do solo no final do Antigo Regime, ou sobre a venda dos bens nacionais –, ele alarga consideravelmente a problemática ao publicar, em 1932, suas *Questions agraires au temps de la Terreur* [Questões agrárias no tempo do Terror], que passam em revista os diferentes aspectos da questão camponesa, não apenas do ano II, mas do fim do Antigo Regime até o da Revolução. Dossiê inaugurado e retrabalhado sem cessar até sua morte.

O historiador das mentalidades

Historiador das estruturas agrárias e das sociedades rurais, Lefebvre faz, nesses mesmos anos, uma aposta decisiva na história que se move, na dinâmica social dos movimentos camponeses. *La Grande Peur de 1789*, publicado no mesmo ano que as *Questions agraires*, permanece – se me é permitido emitir um juízo pessoal (sem pretensão alguma à originalidade) – uma das obras do historiador que menos sofreu os abalos do tempo, impressionando ainda hoje por sua notável modernidade. Escolher estudar o último grande pânico da antiga França, reconstituindo por meio de uma investigação quase policial os trajetos de sua propagação em todo o espaço nacional e, depois de estabelecido o quadro, questionar-se sobre o porquê, reconstituindo as condições não apenas sociais, mas também mentais, nas quais se inscreve o fenômeno... Georges Lefebvre oferece aqui uma demonstração insuperável daquilo que a Escola dos Annales difundirá mais tarde sob o tema da "história-problema". Apresenta, assim, uma das primeiras grandes obras da história das mentalidades. O campo – ainda virgem, ou quase – o atrai nesses anos em que redige para um dos eventos do Centre International de Synthèse (1932) seu célebre ensaio sobre as "massas revolucionárias", o qual retomaremos mais adiante. Mas ele próprio voltará ao objeto, ainda que passe a impressão de que sempre retorna aos temas de história social que lhe são mais familiares, propondo, em 1941, um "estudo de caso" exemplar (como diríamos hoje) sobre "Le Meurtre du comte de Dampierre" ["O assassinato do conde de Dampierre"], morto nas reações de massa que acompanharam o episódio da fuga de Varennes.

Os anos da maturidade que se seguem à sua nomeação na Sorbonne o veem – simplificando um pouco – orientar sua produção em duas direções: de um lado, obras de síntese com viés pedagógico; de outro, inauguração de novos campos de estudos de história social.

Os grandes manuais universitários

No primeiro eixo, ele se inscreve, de início, em continuidade imediata a Albert Mathiez, cuja morte havia deixado inacabada a série dos manuais consagrados à história da Revolução, publicados pela editora Armand Colin: retomando o fio da história em 9 termidor, Lefebvre redige sucessivamente *Les Thermidoriens*, de 1937, e *Le Directoire*, que será lançado logo após o fim da guerra, em 1946. Para outra coleção de grandes manuais universitários ("Peuples et Civilisations" ["Povos e Civilizações"]), ele lançou, em 1936, um *Napoléon*, ao qual sucederá, em 1951, *La Révolution Française* [A Revolução Francesa], uma visada geral. Mas a obra-prima dessa pedagogia erudita e proficiente talvez seja a obra que, às vésperas do 150º aniversário da Revolução, ele destinou a um público mais amplo, sob o título de *1789* – cuja difusão o regime de Vichy, após ser derrotado, impedirá. Extraordinária demonstração, a história de um ano crucial, em que Lefebvre põe em cena, sucessivamente, os atores do drama coletivo: aristocracia, burguesia, grupos populares urbanos e então massas camponesas, entrelaçando essas sequências de história social com a narração dos episódios que se encadeiam, em que cada grupo impõe sua marca. O gênio de Lefebvre jamais se adaptara tão bem à sua visão pessoal da história quanto nesse encontro da análise com a narrativa.

Orientador de pesquisas

A passagem à síntese não extingue o ardor do pesquisador, ainda que, a partir de então, ele esteja incumbido de propor e coordenar pesquisas: em 1939, como dissemos, e mais tarde, em 1955 (aos 82 anos!), ele é daqueles que, como Ernest Labrousse, almejam impelir a história social da Revolução em direção a novas vias, as da história urbana, das burguesias, mas também das massas, estudadas tanto em suas estruturas como na dinâmica revolucionária que as mobiliza. Os trabalhos de Soboul, de Rudé, de Cobb, de Tønesson, e de outros mais, se elaboram sob essa inspiração. Georges Lefebvre, por sua vez, sonhava em levar a termo o estudo de um desses domínios urbanos, Orléans, sobre o qual havia trabalhado em sua juventude. Conservamos a lembrança do ancião que ainda visitava, em seus últimos anos, as prefeituras do Loiret, em busca de documentos fiscais – matrizes da contribuição mobiliária ou de propriedades. Esse último projeto – inacabado, mas que originou a publicação póstuma *Études orléanaises* [Estudos orleanenses] (1962-1963) – constitui um derradeiro testemunho de sua atividade.

Balanço de uma vida

No final desse duplo percurso – uma vida, uma obra –, podemos compreender melhor a composição de artigos significativos, agrupados em torno da contribuição a respeito das massas revolucionárias [*Les Foules revolutionnaires*]: eles possibilitam, ao variarem os enfoques, um esforço de avaliação sobre o que representa hoje, para nós, Georges Lefebvre. Seria essa tarefa mais fácil de ser realizada hoje do que o fora há alguns anos para Albert Soboul, que redigiu a primeira introdução dessa coletânea? Falta-nos aqui a familiaridade do discípulo direto – encontrei Georges Lefebvre apenas brevemente em seus últimos anos, mas talvez o recuo no tempo permita uma apreciação mais distanciada.

Uns curtos, outros longos; às vezes eruditos e, em outras, peças acadêmicas, esses artigos, em sua diversidade, revelam vários aspectos de um historiador ao qual a longevidade, decerto, mas também um espírito sempre alerta, permitiu renovar-se, inventar e descobrir, sem cessar, novos campos de trabalho. De tal maneira que se descobrem, ao realizar a arqueologia desses textos, várias estratificações (sem que elas correspondam sempre a uma cronologia estrita).

Na grande tradição...

Encontraremos aí os traços de uma herança que liga Georges Lefebvre à grande tradição do início do século, a de Mathiez e, acrescentaria eu, de Aulard – particularmente nos artigos biográficos. Robespierrista, Lefebvre, no discurso que pronuncia em Arras em homenagem ao Incorruptível, assegura uma continuidade. Decerto, ele o diz com um recuo, uma apreciação comedida que faltava a Mathiez. Da mesma maneira, quando retoma, inversamente, o esmagador dossiê a respeito da venalidade de Danton, objeto de disputas históricas no período precedente, o faz com uma erudição exigente, mas também com o escrúpulo de evitar o requisitório sistemático, acerca de um personagem cujos temperamento e personalidade não o deixam indiferente.

Herança, mas uma herança plenamente reivindicada, sem reticências, é também aquela de uma história precisa, próxima das fontes, e que não hesita em se dizer erudita. Lefebvre assume aqui o lado bom da tradição positivista, inscreve-se em continuidade à comissão Jaurès, para a qual ele contribuiu com notável entusiasmo. Diríamos que a experiência o marcou historicamente, posto que nossa relação com os textos se modificou, para o bem e para o mal? Um de seus últimos projetos, a publicação de *Recueil de documents relatifs aux séances des Etats généraux* [Coleção de documentos relativos às sessões dos Estados gerais], de 1953 a 1962, não teve hesito em decorrência da desmedida das proporções e da falta de financiamento. Não esqueçamos, porém – ainda que possamos nos surpreender com o paradoxo de uma conferência sobre *La Synthèse en histoire*, que se articula, em termos gerais, em torno de um vibrante elogio à erudição –, que Georges Lefebvre, de sua parte, soube segurar com maestria as duas pontas da corrente: passar a uma história-problema, que as críticas dos Annales com relação à história "historicista" (que não o agradam nem um pouco) não identificam, e apresentar, em *1789*, um exemplo de síntese dominada.

Então, convém ainda – para verificar o que abarca, em Lefebvre, a noção de erudição – lembrar que ele foi um dos grandes descobridores de novas fontes que nosso século aprendeu a solicitar: fiscais, cadastrais, tais como vemos aparecer em seus estudos de história agrária, sempre quantificadas. Lefebvre não está entre os que se assustam com a nova história quantitativa: ele o demonstra no relatório copioso, detalhista e preciso que apresenta sobre os trabalhos de Simiand e Labrousse acerca da história dos salários e dos preços.

Pedagogo e historiador engajado

A terceira herança que sou tentado a reconhecer na prática histórica de Georges Lefebvre (mas que ele teria reivindicado com ainda mais vigor do que a precedente), é uma defesa do pedagógico e o cuidado constante de vincular a pesquisa ao ensino, para não afastá-lo de sua dimensão cívica. Talvez a própria natureza de certas conferências aqui reproduzidas acentue os traços: mas acreditamos reconhecer, nesse ponto, o próprio mestre, e a lembrança que ele deixou de um pedagogo excepcional, incluindo a afetação de não ler as poucas notas que dispunha diante de si. Quando fala do ensino de história, com convicção, realismo e comedimento, sentimos reviver também o professor que, durante um quarto de século, ensinou aos alunos dos liceus e dos colégios. Compreendemos melhor, então, o tema caro ao mestre, em suas últimas meditações, da complementaridade necessária de uma abordagem científica e da narração. Essa história-narração, que o vincula a toda uma tradição jauresiana, permanece para ele intimamente ligada a uma dimensão que podemos chamar de cívica.

Nesse plano, Lefebvre não fala diferentemente de Mathiez, nem de Aulard (mesmo que seja para explicar "Por que somos robespierristas?"[3]). A história da Revolução, aquela de seus grandes homens, deve ser uma escola de democracia, um apelo por um mundo diferente. Com maior reserva que Aulard ou Mathiez, cada um a seu modo, Georges Lefebvre, ainda assim, não esconde suas convicções, sua fidelidade ao ideal de uma sociedade socialista que ele aprendeu na escola de Jaurès e de Guesde, revigorado por uma prática livre, mas acolhedora, da leitura de Marx, e, sem dúvida, pela experiência das lutas do século XX, do antifascismo à resistência. Meu primeiro encontro com Georges Lefebvre – conservo muito viva a lembrança do estudante tímido que eu era – se deu por ocasião de uma feira de livros marxistas organizada no frio glacial do antigo velódromo de inverno, em Paris. Agasalhado e com um grande chapéu, o velho mestre se jubilava, ao me dedicar o exemplar de *La Grande Peur*, de encontrar-se em companhia tão comprometedora, companheiro de estrada[4] fiel a todos os engajamentos revolucionários.

O verdadeiro fundador de uma história social da Revolução

Mas é também em função desses engajamentos e dessas fidelidades que o historiador abriu novos caminhos para a história da Revolução. É, em grande medida, graças a ele que prevaleceu uma abordagem social do fenômeno revolucionário. Jaurès tivera a intuição, os pioneiros do início do século – Braesch, Bourgin, Loutchisky – tinham aberto clareiras, Mathiez, em *La Vie chère et le mouvement social* [A carestia e o movimento social],

---

3 "Pourquoi nous sommes robespierristes?", conferência de Albert Mathiez proferida na École des Hautes Études en Sciences Sociales em 14 de janeiro de 1920 e publicada na *Grande Revue* de abril do mesmo ano. (N. E.)

4 *Compagnon de route*: expressão utilizada para designar os simpatizantes próximos, ou muito próximos, do Partido Comunista, mas não inscritos em suas fileiras. (N. T.)

tinha se voltado de forma deliberada, ainda que tardiamente, para essa direção. Georges Lefebvre logo de início assenta as bases de uma abordagem, define seu método, por enfoques sucessivos, da tese de doutorado até as sínteses ulteriores, das quais o artigo sobre *La Révolution et les paysans* [A Revolução e os camponeses] é representativo, baliza o terreno e aprofunda os problemas da Revolução camponesa.

Além disso, teve a preocupação de uma abordagem conquistadora, que anexava novos territórios: ainda que não se possa dizer que ele tenha de fato conseguido se apossar do imenso domínio dos estudos urbanos, deixando essa tarefa para a geração seguinte, ele teve a ideia e lançou as intuições fundadoras.

O modelo de leitura da Revolução como fenômeno social, proposto por Lefebvre, não é um modelo fechado, encerrado em si mesmo: a atenção que ele consagra desde 1937 aos trabalhos de Labrousse e de Simiand o mostra aberto à novidade, com o espírito crítico necessário para lembrar que nem tudo se resume à história dos preços. Podemos ter reservas quanto a algumas de suas fórmulas. Empenhado em sublinhar a originalidade de uma Revolução camponesa que ele, mais do que ninguém, havia contribuído para valorizar, retorna com insistência à multiplicidade das revoluções que, para ele, são quatro: aristocrática, burguesa, popular urbana e camponesa. Deixando-se levar por Tocqueville, que lança o tema de uma *Revolução aristocrática*, ele dá munição para que o alvejem aqueles que hoje se sentem tentados a desviar o modelo para outros fins.

Pioneiro das mentalidades

Nessa escalada criadora, Georges Lefebvre aparece incontestavelmente como um dos pioneiros da história das mentalidades. Seu mérito é tanto maior, se me perdoarem o paradoxo, já que o território não estava desocupado. De Taine ao doutor Lebon, cuja última obra sobre as massas apareceu em 1912, uma filiação se estabelecera, uma leitura pseudocientífica havia adaptado essa redução antropomórfica da multidão a um ser infantil, ao homem bêbado, e mesmo ao "macaco lúbrico e malvado" que devemos ao autor de *Les Origines de la France contemporaine* [As origens da França contemporânea]... Calmamente, Georges Lefebvre desmonta o mecanismo de formação das massas, analisa suas condições iniciais, sua composição, seus comportamentos. Foram estabelecidas as bases de estudos posteriores, não somente sobre esse tema, mas mais largamente sobre a mentalidade revolucionária que ele evoca, dividida entre as duas pulsões contraditórias da esperança e do medo. Esse medo, do qual analisou, em outro momento, uma das últimas intrusões maciças em julho de 1789, no quadro do Grande Medo.

A abordagem das mentalidades se vincula, para ele, a outro projeto, mais amplo, que aproximaria a história às ciências da vida, conduzindo a atenção sobre os fatores biológicos, sobre uma caracterologia dos temperamentos em diferentes manifestações. Por esse desvio, ele reencontra o lugar dos indivíduos, mesmo das personalidades excepcionais, cujo papel parecia ser relativizado pelo comportamento no campo da história social. Ainda nesse domínio, podemos exprimir reservas a respeito de uma pista que, sem dúvida, denuncia sua idade, e que a história não valorizou.

Para dizer a verdade, isso não deveria diminuir a estatura de um historiador cujo lugar se confirma no período que nos precedeu. Georges Lefebvre teve contato direto com Marc Bloch, pelo qual não escondia sua admiração, tomando por modelo a obra *Société féodale*. Como ele, é representativo de uma geração de grandes descobridores, pela qual se elaborou uma história social, talhada generosamente, enraizada na econômica, mas que abarcava o mental para se identificar com a dessas civilizações sobre as quais Lefebvre se interroga, sem rejeitar o conceito, conservando o projeto de uma história total. Em um tempo em que a "história em migalhas" parece hoje refletir o fim das grandes sínteses explicativas, a atitude prudente, mas segura, de Georges Lefebvre, rejeitando o conceito das leis históricas, conservando o de "constantes", não é certamente tão obsoleta quanto sugere a historiografia dita revisionista.

O tempo dos grandes ancestrais talvez tenha passado, mas eles têm ainda muito a nos ensinar.

A memória de Ernest Labrousse[1]

Cabia aos *Anais Históricos da revolução Francesa* evocar a memória de Ernest Labrousse, no qual honram não apenas um dos presidentes da Sociedade de Estudos Robespierristas, ou o presidente de honra da Comissão de Pesquisa Histórica para o Bicentenário da Revolução, mas um dos imensos mestres da ciência histórica francesa, aquele que lançou, sobre todo o campo de estudos da história econômica e social, uma nova luz.

Esse grande sábio partiu discretamente, ignorado pela maioria da mídia. Não nos voltemos para o paralelo, evidente demais, dos destinos cruzados de Labrousse e Braudel, sendo que este último soube organizar uma segunda vida, que ele deixou nos triunfos de uma celebridade merecida, enquanto seu companheiro, que foi o mestre de toda uma geração, já tinha deixado, havia algum tempo, o posto e as honras oficiais.

---

1 Publicado originalmente no periódico *Annales Historiques de la Révolution Française*, n.276, abr.-jul. 1989.

Michel Vovelle

É preciso dizer, sem aguardar o esquecimento, o que representou Ernest Labrousse para toda uma geração de historiadores franceses, quais tenham sido os caminhos que tomaram em seguida.

Foi por meio dele que coortes inteiras de pesquisadores aprenderam seus ofícios nos campos da história social; Labrousse era um professor: acompanhamos seu curso de graduação e, mais tarde, na École des hautes études, sob o encanto desses períodos oratórios, desses voos persuasivos, desse entusiasmo não fingido. Conservei a lembrança – e mesmo a impressão em papel – da curva de nascimentos, casamentos e falecimentos de Auneuil, que lhe havia permitido, em um desses cursos, anunciar as promissoras pesquisas de um jovem chamado Pierre Goubert.

Era com ele que íamos ter, quando buscávamos um tema para o diploma de estudos superiores, sobretudo quando se tinha – o caso então era frequente – uma sensibilidade de esquerda. Era a ele que o velho comunista Émile Tersen, meu professor em Saint-Cloud, me enviou buscar um tema de diploma de estudos superiores sobre a Comuna de Paris, está claro. Ele sorria maliciosamente: "Labrousse voltou da URSS; ele me disse que foi recebido lá como um príncipe. E nós nos dispomos a atirar nele com balas de canhão...!". Fazia alusão a um artigo no qual, ao denunciar "o revisionismo bajulador dos sociais-democratas formados na escola de Blum", designava-se "o sr. Labrousse, grande mestre da escola de economia da Sorbonne, em comunhão de pensamento com os doutrinários dos *Annales*"? Social-democrata ou não, ele nos acolhia com benevolência de onde quer que viéssemos: saí de minha primeira entrevista com Ernest Labrousse, em junho de 1954, provido não de um tema sobre a Comuna, mas de uma pesquisa sobre as estruturas sociais em Chartres no final do Antigo Regime e sob a Revolução. "O senhor vai participar do grande afresco de história social que estamos pintando", disse-me ele.

O grande afresco: quantas vezes essa construção reapareceu mais tarde! Nós acreditávamos nela, e ela exprimia o empenho

Combates pela Revolução Francesa

apaixonado de dezenas de pesquisadores que foram à conquista do espaço francês em um largo período, do século XVIII, mesmo do século XVII, até a metade do XIX, para analisar as estruturas de uma sociedade em mutação. Era a época do "todo social": entre nós, quem o teria questionado? A observação de Labrousse em 1964, tal como a narra Pierre Vilar, "Como se toda a história não fosse social!", se impunha a nós como uma evidência. Havia reticências, decerto, senão em relação ao "social", pelo menos em relação às "estruturas": Albert Soboul, em suas conversas, manifestava alguma inquietação de historiador da década revolucionária a respeito desse tempo alargado das continuidades e do tempo longo das estruturas. "Não sociologize demais", ele murmurava; tanto quanto das estruturas, era da quantificação sistemática que ele não gostava nem um pouco, e que tomava a contrapelo. O objeto Revolução não se perderia aí? Erro de apreciação, talvez: protegendo-se contra Labrousse, ele subestimava a vaga braudeliana que irrompia. Mas nós não nos enganávamos. Nesses anos de 1950, Labrousse não havia definido sua leitura do fato revolucionário? Tínhamos lido, respeitosamente, sua *Crise de l'économie française à la fin de l'Ancien régime* – para nós, demonstração irrefreável da nova história; talvez mais ainda: estávamos todos sob o encanto de um desses grandes discursos-programas que ritmavam as expressões sucessivas do discurso labroussiano. *Comment naissent les Révolutions* [Como nascem as Revoluções], proferido por ocasião do centenário de 1848, havia substituído, posto em perspectiva, a crise convulsiva (para falar em termos braudelianos) no contexto das evoluções de longa duração. Talvez mais próximos de Lefebvre que de Soboul, víamos aí a aurora de um novo fôlego para a história revolucionária.

É assim que Labrousse escancarava a porta do laboratório. Alargando as perspectivas percebidas desde 1939 por Georges Lefebvre, propunha uma braçada de fontes, senão totalmente novas, pelo menos pouco prospectadas. Um verdadeiro Eldorado de projetos novos, de terras virgens a serem descobertas, oferecia-se aos pesquisadores por meio do fiscal, do cartorial, dos registros, da estatística consular e imperial dos cartórios e dos quinhentos mais submetidos ao imposto. A esse título, e mais ainda do que *Comment naissent les Révolutions*, foi sem dúvida o grande relatório para o congresso de Roma, em 1955, *Voies nouvelles pour une histoire des bourgeoisies occidentales* [Novos caminhos para uma história das burguesias ocidentais], que foi a referência maior para toda uma historiografia então desbravadora e cujo entusiasmo não poderíamos subestimar. Foi mais tarde que se sorriu desse corte regrado do espaço francês, as cidades, as regiões, os departamentos... Maestro decidido e resoluto, Labrousse podia contar com as numerosas coortes de estudantes, depois com as de pesquisadores, que sua atividade pedagógica reunia na Sorbonne ao redor da cátedra de História Econômica e Social.

Com ele começa o gigantismo dessas equipes de 50 a 60 estudantes de "ensino superior", que continuará sob outras direções de pesquisa, constituindo a força da universidade, dá Sorbonne, em relação a outras estruturas mais elitistas. A irresistível ascensão da Maison des Sciences de l'Homme e, mais tarde, da École des Hautes Études en Sciences Sociales, não era ainda previsível, e tampouco o triunfo de Braudel, melhor gestor, sem dúvida, acima tanto das misérias e limitações quanto das estreitezas da carreira universitária.

O voluntarismo labroussiano se apoiava na associação íntima entre pedagogia e pesquisa. Pierre Vilar insiste, com razão, sobre a importância de seus cavalos de batalha, de suas grandes demonstrações públicas em congressos internacionais. Jovem demais, e pesquisador modesto, tive ainda, no entanto, a demonstração no congresso de história econômica reunido em Aix-en-Provence, em 1961, por Georges Duby. Mas creio também na eficácia desse curso, e do seminário da École des Hautes Études en Sciences Sociales, no qual Ernest Labrousse reunia pesquisadores franceses e estrangeiros, retomando os temas que lhe eram caros sobre a política social da Revolução – esse *leitmotiv* longamente meditado.

Depois, ele nos mandava, todo ano, pregar a boa palavra no Congrès des Societés Savantes [Congresso das Sociedades Científicas], venerável instituição que mantinha então uma real vitalidade... Apóstolos cívicos, ou missionários patriotas, como se dizia em 1793? Jovens pesquisadores interessados em apresentar uma pesquisa diferente, mais moderna e mais aberta do que aquela cujos eruditos tinham o costume: e alguns deles seguiam o movimento.

Tive a experiência direta, da qual guardo a mais viva lembrança, desse voluntarismo labroussiano, preocupado em ancorar solidamente a pesquisa nas direções que ele havia definido. A prova probatória que ele confiou ao jovem pesquisador que então eu era foi árdua: na lista das fontes que *Voies nouvelles pour une histoire des bourgeoisies occidentales* havia proposto, as dos registros das escrituras (a partir da Revolução), assim como as das "insinuações"[2] e do imposto do *"centième denier"*[3] do Antigo Regime que lhes haviam precedido, permaneciam pouco conhecidas. Apenas o trabalho pioneiro da senhora Vilar-Berrogain dava uma apresentação geral, e em campo; os inventários de Tont-Réaulx, no departamento da Drôme, e de Prouzat, no departamento de Puy-de-Dôme, eram as únicas referências. Ernest Labrousse tinha um grande projeto: retomar o cálculo da anuidade das heranças tal como haviam tentado, no fim do século passado, os primeiros precursores, como de Foville, para seguir em uma longa duração – do século XVIII ao XIX – a formação do capital, mas, mais ainda, a evolução de suas estruturas no quadro de uma cidade ou de uma região. Enviado como batedor, nesse projeto, guardo a lembrança desse enorme hangar de arquivos departamentais de Eure-et-Loir, onde se acumulavam os registros entregues pelas administrações, e do qual o arquivista me abriu a porta com um sorriso dubitativo, dizendo: "É aqui". Eram bons tempos.

---

2 Chamava-se assim o registro das escrituras, ou *actes*. (N. T.)

3 Imposto real sobre as transações imobiliárias. (N. T.)

Mergulhei nesse oceano documental. Não correspondi às expectativas de Ernest Labrousse, pois a destruição regulamentar, ao fim de dez ou vinte anos, dos quadros recapitulativos da administração tornava ilusória a restituição da anuidade das heranças. Mas, nesse percurso, analisei, angariei, experimentei fontes que apresentei sob o título desprovido de elegância de *Problemas metodológicos propostos pela utilização das fontes do registro em um estudo de história social*... um longo texto, perscrutado, remanejado com o mais extremo escrúpulo por Ernest Labrousse, exigente tanto com os outros quanto consigo mesmo.

Outros, na mesma época ou mais tarde, abordaram esse trabalho, aprofundaram-no, fizeram, sem dúvida, melhor do que fiz – penso no que Adeline Daumard ou André Tudesq extraíram do quadro parisiense –, mas evoco essa experiência como uma ilustração daquela avidez pela descoberta que marcou esse momento da pesquisa coletiva. O cartorial tinha seus prospectores, nessa época em que François Furet e Adeline Daumard debruçavam-se sobre a análise dos contratos de casamento parisienses para seu estudo das *Estruturas e relações sociais em Paris no século XVIII*, Maurice Agulhon, na Provença, demonstrava – entre outras descobertas – tudo o que se podia obter das listas de tabeliões napoleônicos. Uma abordagem quantitativa, que transpunha da economia para o social a fórmula de Simiand de que "a história conta, mede e pesa", se impunha com precisão e segurança. As grandes teses de inspiração labroussiana que ilustraram o período – de Goubert a Deyon, Darden, Daumard, Tudesq, Perrot, Agulhon (uma lista inevitavelmente incompleta) – trazem em larga medida o brilhante testemunho de um momento fasto da historiografia francesa, sob a insígnia do "todo social".

Como se toda história não fosse social, murmurava Ernest Labrousse em 1964... A evidência já é contestada. Será mesmo necessário debruçar-se sobre a virada que se inscreve então. Seria fácil demais datar da aposentadoria de Ernest Labrousse, e da diáspora dos pesquisadores e alunos que a ela se seguiu, o início de uma crise cuja amplidão ultrapassa largamente o caso de

Combates pela Revolução Francesa

uma personalidade, por mais forte que tenha sido sua marca. Ela já era perceptível, para dizer a verdade, a partir de 1964, e mais ainda após 1965, quando ocorreu, na École Normale Supérieure de Saint-Cloud, o colóquio organizado por Daniel Roche sobre "a História social, fontes e métodos". Apoteose fracassada para toda uma corrente que vinha trabalhando havia uns dez anos.

Já Roland Mousnier tinha desencadeado seu grande ataque em 1964, com seus *Problèmes de méthode dans l'étude des structures sociales des XVI, XVII et XVIII siècles* [Problemas de método no estudo das estruturas sociais dos séculos XVI, XVII, XVIII]... Na linha de mira dessa contestação radical de uma história social suspeita de marxismo redutor? O "socioprofissional" labroussiano, o privilégio, declarado exorbitante, concedido aos estatutos profissionais e às relações de classe na análise das estruturas sociais. O ataque surpreendia os pesquisadores labroussianos em pleno trabalho de reflexão sobre decerto a última das empreitadas coletivas que o mestre suscitara. Interrogava-se então a respeito de um projeto de código socioprofissional, cuja necessidade se impunha como o meio de unificar, em uma visada comparatista, no tempo e no espaço, todas as pesquisas monográficas em curso. De algum modo, era o meio de fazer nascer o "grande afresco", a colcha de retalhos descontínua que já se esboçava. Para responder a essa necessidade, sucederam-se tentativas: desde 1961, quando, em um artigo publicado na *Histoire Moderne*, Adeline Daumard tinha apresentado o esboço de uma dupla codificação – primeiro para o século XVIII e depois para o XIX –, encerrado nas estreitezas de um código binário que se impunha naquele momento à rusticidade dos instrumentos de cálculo (então, falava-se mais de mecanografia do que de informática!), inspirado nas referências do Institut National de la Statistique et des Études Économiques, esse esforço meritório não tinha convencido. Uma equipe de reflexão havia se formado: revejo nela Marc Bouloiseau, François Furet, Adeline Daumard, Jean-Claude Perrot, Jacques Dupâquier, Madeleine Rebérioux, e o pessoal de Aix-en-Provence, Maurice Agulhon, Antoine

Olivesi e eu próprio. Cuidadosos em racionalizar os esboços anteriores, tratava-se de cruzar filiações profissionais – segundo os setores de produção – e relação de classe. Fui encarregado da ajustagem do projeto elaborado.

Conservo a lembrança de correspondências trocadas, do acabamento, por retoques sucessivos, de um projeto de código ao mesmo tempo racional e harmonizado com as realidades complexas e mutáveis das sociedades em movimento. E da atenção com a qual Ernest Labrousse acompanhava a elaboração, zeloso para que ficássemos o mais próximo possível do vivido social, convidando-me, a partir do código das patentes de 1826, a tirar os elementos de uma síntese. Nós nos aproximávamos do objetivo...

Foi Jacques Dupâquier que, no último momento, recebeu o mandato para a palavra, concluindo com a impossibilidade, e mesmo com a inanidade de um tal empreendimento, devolvendo a cada pesquisador a responsabilidade de elaborar, em seu campo particular, uma codificação empírica, adaptada às suas necessidades e às condições específicas que ele deveria levar em conta. Solução que recebeu a aprovação de todos aqueles – em particular de Albert Soboul – para quem tínhamos ido muito longe em uma quantificação suspeita. Aparentemente o pragmatismo triunfava sobre o sistema, Ernest Labrousse e Roland Mousnier deixaram o colóquio "reconciliados". Os anos seguintes testemunharam a supremacia de Roland Mousnier e de seus pesquisadores sobre uma história social da Idade Clássica sob a insígnia de uma sociedade de ordens. Chega de nostalgias: não foi o fracasso do código socioprofissional que provocou a diáspora da equipe labroussiana, a tomada de outros caminhos da história social francesa e, no final, seu recuo assinalado, ainda que significasse, de fato, o abandono do grande afresco sinfônico... Alguns renunciaram francamente a suas fichas – como François Furet, que abandonou o estudo da burguesia parisiense –, outros deram inflexões a suas pesquisas, como Jean-Claude Perrot, e mais de um se enveredou pelo caminho do que Pierre

Combates pela Revolução Francesa

Chaunu logo classificaria de "terceiro nível" – o de uma história cultural e das mentalidades, nas quais iriam se encontrar Maurice Agulhon, Daniel Roche, Michel Vovelle... e alguns outros, cada vez mais numerosos.

Maurice Agulhon vê nesse movimento a expressão natural de pesquisadores encontrando seu caminho e construindo sua problemática pessoal, e certamente isso não podia ocorrer sem que se extrapolassem os quadros. Houve crise. No entanto, o sentimento, para ir mais longe, da necessidade de fazer esse desvio ou esse mergulho que, para além do estudo das estruturas sociais, busca a explicação dos comportamentos e atitudes coletivas em suas complexidades.

O que não significava, longe disso, renegar Ernest Labrousse, menos ainda a ideia de que toda história é social. Na riqueza das análises que ele consagrou em seu trabalho de tese sobre a Provença oriental, Maurice Agulhon preencheu, ao mesmo tempo – e com que brilhantismo – as especificações de uma (de duas) grandes teses labroussianas e, em seu *Pénitents et francs-maçons* [Penitentes e maçons], abriu as portas para uma nova abordagem da história, através da sociabilidade. Aplicando-a ao campo, ao qual me voltei então, da atitudes coletivas diante da morte, a quantificação e o recurso maciço (a partir de testamentos), ao cartorial, do qual Labrousse havia indicado o caminho, não tive o sentimento de uma deriva, conservando as técnicas e abandonando o conteúdo, mas de uma continuidade, no terreno de uma história das mentalidades que permanece, para mim, a ponta fina da história social.

Além disso, Ernest Labrousse não tinha, ele próprio, aberto a via, ou indicado o caminho? Foi na conclusão do colóquio de Saint-Cloud, em 1965, que ele tinha convidado os pesquisadores a se voltarem para essa história das mentalidades, que definia como a das "resistências", introduzindo, com uma palavra, a essa outra temporalidade, e à dialética das condições objetivas que regem a vida dos homens e das representações que eles fazem dela. Esse novo programa, à sua maneira tão revolucionário quanto o de 1955, Ernest Labrousse não o desenvolveu. Chegou o momento em que o maestro deixa o palco. Porém, ele não o desconheceu: nessa direção, como em tantas outras, foi sobre a base de fundo de uma formação labroussiana que numerosos pesquisadores fizeram seus caminhos. Não sei até que ponto ele se reconhecia na antropologia histórica que tem por princípio o apoio da história social dos anos 1960 – de forma desigual, sem dúvida, o que é apenas prudência justificada; mas fica uma marca, resistente a todos os questionamentos da quantificação como de uma leitura da história social agora datada.

A longa aposentadoria de Ernest Labrousse foi, ao mesmo tempo, ativa e discreta. Dedicou-se, nos grandes manuais de história econômica aos quais ofereceu sua orientação e sua contribuição direta, a solidificar duravelmente sua contribuição nos trabalhos que tinha tão fortemente marcado. Mais tarde o reencontrei, se assim posso dizer, cheio de entusiasmo e de fervor, na grande aventura da preparação do bicentenário da Revolução, que foi, sem dúvida, um de seus últimos empenhos. Não retomarei – outros já o fizeram – a história da relação de Labrousse com a Revolução Francesa, que começa antes da primeira guerra mundial, com o entusiasmo do jovem escolar de Barbezieux, para conduzir à afirmação brilhante – e saudada como tal por Georges Lefebvre – da tese de doutorado sobre a *Crise da economia francesa* às vésperas da Revolução. Diante dos representantes da historiografia da Revolução, no encadeamento secular das fortes personalidades que marcaram este século, a atitude de Labrousse foi, ao mesmo tempo, próxima e reservada: a contribuição de Jean René Suratteau nesse volume ilustra tal relação, trazendo precisões inéditas. Permanece o fato de que Ernest Labrousse, copresidente da Sociedade dos Estudos Robespierristas a partir de 1959, foi um de seus maiores entusiastas. Dessa forma, demonstrava fidelidade a seu verdadeiro mestre em questões de Revolução, Jaurès, cujas aberturas fulgurantes haviam nutrido sua reflexão. Ele vê nessa Revolução, que aborda em toda sua amplidão do abalo social que ela representa, na encruzilhada dos caminhos da miséria camponesa e da prosperidade burguesa, como ele o indica na página de abertura de sua tese, sob a dupla invocação de Michelet e de Jaurès, o tempo não apenas das proclamações, mas das "antecipações": as mesmas que vão nutrir toda uma parte das esperanças e das lutas do século XIX aos nossos dias. Ernest Labrousse acreditava na Revolução, *nas revoluções* de 1789 e de 1917, inclusive, como lembrava insistentemente em suas conversas, até seus últimos momentos.

Quando me vi encarregado, em 1982, pelo ministro da Pesquisa, da tarefa de explorar as formas de participação possíveis dos pesquisadores e historiadores na preparação de um bicentenário que parecia então ainda longínquo, foi naturalmente a Ernest Labrousse que me dirigi para pedir conselho. Seria pouco dizer que ele me prestou um ouvido atento: confiou-me que nutria o projeto de uma obra sobre a Revolução Francesa, e que ele via nela a própria coroação de sua atividade de historiador, duvidando, porém, de suas forças e do cansaço crescente. Uma lucidez que o futuro viria, infelizmente, confirmar. Mas, segundo uma fórmula que lhe era familiar ("Que me seja permitido exprimir um desejo..."), o desejo que ele alimentava ardentemente era o de participar ao menos do grande encontro secular do bicentenário. Com mérito e convicção aceitou assumir a presidência da Comissão de Pesquisa Histórica para o Bicentenário, criada em 1983, no quadro do Centre National de la Recherche Scientifique. Presidiu e dirigiu suas atividades até que, no final de 1985, o cansaço levou-o a me pedir para substituí-lo. Mas ele permanecia, por clamor geral, o presidente de honra, e participou das reuniões até o extremo limite de suas forças, em 1987. Os membros da comissão conservam a lembrança de suas intervenções, nas quais reencontrávamos o grande Labrousse, sempre surpreendente em sua capacidade de síntese, suas aberturas brilhantes, sua convicção entusiasmada. Foi ele quem propôs muito cedo o tema do congresso mundial, que deveria ser o ponto alto, e a expressão última de todo o trabalho de pesquisa acumulado durante os anos de preparação: *A imagem da Revolução*. Testemunho de sua aptidão em dominar as novas abordagens do campo revolucionário, em termos de olhares cruzados sobre as aventuras das ideias fortes lançadas pela Revolução, do século XIX aos nossos dias. O historiador da economia e da sociedade entrava, sem medo, nesse domínio do imaginário coletivo. Sentia que o bicentenário não poderia ser concebido em escala mundial senão pelas repercussões de um acontecimento que pertence ao patrimônio coletivo da humanidade. A amplidão da resposta dada pela comunidade científica internacional a esse apelo, formulado nesses termos, testemunhou a justeza dessa apreciação: pois não houve país que não tenha, em um momento ou outro, cedo ou tarde, acolhido as ideias da Revolução Francesa. Mais de trezentas comunicações, centenas de participantes responderiam ao apelo de Ernest Labrousse, em torno da dupla exigência de uma prestação científica de nível muito alto e uma homenagem ao acontecimento fundador da democracia moderna.

Ernest Labrousse nos deixou, privado, pela morte, da alegria deste último encontro ao qual ele tanto aspirava. Não resta dúvida de que seu pensamento estará presente, e viva estará sua lembrança. Não nos esqueceremos do orientador de pesquisa, o incansável coordenador de tarefas coletivas, e não esqueceremos o erudito que tão vigorosamente impôs, ao longo de décadas, sua marca tanto ao campo dos estudos revolucionários como ao da história econômica e social. Depois, aqueles que o conheceram conservaram, vivaz, a memória desse mestre cuja extrema reserva não conseguia esconder a atenção apaixonada, e esse ardor entusiasmante, que se exprimia por meio do denso estilo oratório e de suas improvisações fulgurantes. Ele não se expunha muito, exceto para alguns íntimos, e furtivamente. Mas o que nunca escondeu, e do que dão testemunho tanto seus engajamentos como suas tomadas de posição, foi até que ponto sua vocação de historiador era inseparável de sua convicção de que o mundo pode ser mudado. Um dia, faz tempo, ele disse a Émile Tersen, que me contou, que, se morresse, gostaria que lembrassem que ele sempre foi um revolucionário. É uma mensagem que deve ser transmitida. É também por isso que sua memória nos é cara, e que ele terá direito, neste último congresso que sua sombra presidirá, ao nosso tributo de afetuoso respeito.

Albert Soboul, historiador da sociedade[1]

Uma tradição tenaz, no nível das ideias recebidas, torna a Revolução o lugar por excelência de uma história "política", no sentido mais estrito do termo, ou historicista, segundo a expressão que lançaram, outrora, os fundadores da Escola dos Annales. Escusável talvez pela pressão e pela profusão dos eventos revolucionários, como pela emergência de personalidades, sobre as quais a atenção dos pesquisadores foi focalizada durante muito tempo, essa leitura, levada até a caricatura, dá crédito à ilusão de que tudo foi dito, acumulado, e que toda abordagem só poderia ser repetitiva, a menos de propor uma nova leitura ou um novo agenciamento de elementos banalizados. A verdadeira história – a "nova" – seria outra, que deixaria os arcanos dos acontecimentos para se inscrever nas praias da longa duração, substituindo o social ao político.

---

1 Publicado originalmente em *Annales Historiques de la Révolution Française*, n.4, 1982.

Esse estereótipo, por mais cômodo que seja, não resiste quase ao exame. Dou como prova que todos os grandes historiadores da Revolução, na tradição francesa, foram historiadores completos: entendendo por aí que deram ao político o lugar considerável que lhe cabe, mas associando-o intimamente a outros campos, onde o social, mas também o que se chamaria hoje de mental, tomam um papel efetivo. Tanto é verdade – sabemos disso desde Guizot e Tocqueville, mas melhor ainda desde Marx e Jaurès –, que só existe história da Revolução social, e total.

Inútil, portanto, multiplicar os exemplos: ainda que convenha lembrar, em Mathiez, ao lado dos estudos robespierristas, a análise do movimento social e da carestia, como aquela, mais desconhecida ainda, dos cultos revolucionários, e em Georges Lefebvre, muitas vezes comprimido graças à leitura de seus manuais, o campesinato do Norte da França, os problemas agrários do ano II... e, está claro, o Grande Medo. Para nos limitarmos aos historiadores de ontem, saudemos também Marcel Reinhard, que havia associado aos seus trabalhos sobre a história religiosa a prospecção dos aspectos demográficos da Revolução.

Quer dizer que, alargando consideravelmente o campo de uma história social da Revolução, Albert Soboul se inscreve em uma grande tradição. A originalidade de sua contribuição deve-se à sua visão específica, como à sua audácia metodológica, mas, sem dúvida, também ao contexto preciso no qual ele foi levado a formulá-la.

Quando Albert Soboul entra na carreira da pesquisa, nos anos que se seguiram à segunda guerra mundial, a história das estruturas sociais e dos movimentos sociais está em plena expansão: ela afirma, na França, sob a impulsão de Ernest Labrousse, suas ambições assim como suas exigências. Diretamente ou indiretamente a historiografia da Revolução Francesa não deixou de arrastá-lo nesse movimento: a primeira metade de nosso século tinha concentrado a maior parte de seu interesse, no rastro de Georges Lefebvre, na Revolução camponesa, mas na própria véspera da guerra, nos trabalhos que o 150º aniversário

Combates pela Revolução Francesa

havia suscitado, o problema das sociedades urbanas tinha sido posto em pauta. Restava abordar as massas urbanas *sob* a Revolução e *na* Revolução. Tarefa imensa, a começar por Paris... Outros, além de Albert Soboul, aceitaram então o desafio: e pensamos na pesquisa de George Rudé sobre as massas revolucionárias, como àquela de Kåre Tønnesson sobre o fim dos *sans-culottes.* Alguns puseram a carroça antes dos bois: Daniel Guérin, propondo em *A luta de classes sob a Revolução Francesa: burgueses e braços nus* um modelo explicativo das lutas de classe no seio da Revolução, tinha negligenciado a análise prévia das realidades sociais, tão necessária para a identificação da *sans-culotterie* parisiense.

Ao mesmo tempo que essa curiosidade se precisava, sentia-se brotar, a partir dos primeiros estudos de Cobban (1954) o que iria se tornar, nos dez anos seguintes, o grande ataque, unindo uma parte das escolas anglo-saxônicas a várias correntes da historiografia francesa, para questionar, de modo fundamental, a leitura elaborada de Jaurès a Mathiez e Georges Lefebvre, daquilo que Soboul irá definir em breve como "uma revolução burguesa de apoio popular". Cobban, partindo de uma sociografia elementar das assembleias revolucionárias, para concluir com uma contestação radical de toda leitura social da Revolução, a remetia ao seu estatuto de acontecimento fundamentalmente político.

Foi, portanto, em um debate ao mesmo tempo muito aberto, em um terreno que acabara de ser limpo, e ao mesmo tempo lugar de confrontos ideológicos, que Albert Soboul teve a responsabilidade, e o mérito, de talhar seu domínio na história social da Revolução. Com o recuo do tempo (ainda que essa reflexão tivesse sido aprofundada até havia pouco tempo, a partir de 1958 *Os sans-culottes parisienses do ano II* haviam definido seu autor como um dos mestres incontestáveis da questão), o balanço desse aporte aparece como impressionante. Albert Soboul nos deixa, por testamento em boa parte póstumo, essa *Civilização da Revolução Francesa,* cuja trabalho foi obra prosseguida durante os quinze últimos anos; mas é analisando os temas de sua produção, tais como nós o encontramos escalonados em sua obra, que podemos melhor aceitar a diversidade e a novidade de sua contribuição.

Tomando liberdades com a cronologia, para a clareza da exposição, lembrarei, antes de ir ao essencial, que Albert Soboul, por toda uma parte de seu trabalho, se inscreve primeiro em continuidade com os estudos de história rural na grande tradição de Georges Lefebvre; sua tese secundária enfocava a zona rural de Montpellier no final do Antigo Regime, – foi mais do que uma homenagem ao lugar de suas origens. Mais tarde, tendo se tornado, em Paris, o animador de toda uma rede de pesquisas de campo, dirigiu uma série de estudos sobre o problema da erradicação do imposto senhorial, sobre o dos comunais e, mais largamente, sobre o lugar do movimento camponês no processo revolucionário global. É preciso reler, em sua obra *Camponeses, sans-culottes e jacobinos*, suas reflexões sobre o estudo dos documentos de propriedades sob a Revolução, ou sobre a concentração agrária das planícies de grandes culturas, para dar o lugar que cabe ao outro Soboul, aquele que nunca perdeu de vista o mundo rural.

Bem entendido, o pesquisador revolucionário, em todos os sentidos do termo, foi o autor da tese magistral, publicada em 1958, sobre *Os sans-culottes parisienses do ano II*. Na lista dos canteiros da pesquisa, Albert Soboul permanecerá, na história, como o homem da *sans-culotterie* parisiense. Porque essa análise monumental é hoje aceita, banalizada, e que mesmo seus detratores os mais duros nunca se arriscaram a questioná-la, devemos subestimar a sua importância? Voltemos, em pensamento, ao que se conhecia nos anos 1950 sobre o movimento popular urbano, fermento do dinamismo revolucionário: na verdade, bem pouca coisa. Entre a mitificação da multidão sanguinária herdada de Taine, e da qual George Rudé começava a reestabelecer a imagem verdadeira, e esse outro mito do "povo", herdado de Michelet, permanecíamos, para o essencial, no nível das leituras fantásticas, das criaturas de imaginação, apesar de algumas intuições iluminadoras de Jaurès, e algumas meritórias abordagens da época positivista. Tudo estava por fazer: a primeira tentativa sintética – penso nos burgueses e nos braços nus de Daniel Guérin – o demonstrava *a contrario*, pondo a carroça antes dos bois, as conclusões da análise, para fazer nascer, por antecipação abusiva, uma classe popular mítica, antes mesmo que as condições objetivas de sua existência e de sua tomada de consciência fossem reunidas. De onde a visão esquemática de uma luta de classe anacronicamente sonhada. É paradoxal que, reservando a Albert Soboul o reproche de dogmatismo, toda uma historiografia, eventualmente conservadora, tenha mantido, por vezes, sua indulgência, e mesmo, sua complacência, a esse modelo de referência.

Pois é bem aí que se revelam a modernidade sem preconceito e a segurança do método de Soboul. Indo às fontes, das quais ele domina a amplidão e a complexidade – dos fundos arquivísticos das sessões de Paris àqueles da repressão antiterrorista – ele leva em conta a sociologia, a ideologia e a prática política do movimento *sans-culotte*, dos quais nos oferece as chaves de leitura e de interpretação. Essa *sans-culotterie* é um misto, um encontro histórico associando decerto assalariados, mas minoritários, a burgueses, e sobretudo ao sólido batalhão, pivô dessa estrutura global, dos produtores independentes dos pequenos negócios e pequenos comércios. Tal descoberta permite compreender melhor, não apenas a ideologia e as contradições desse movimento popular parisiense, mas ainda, de um lado, sua sensibilidade, suas visões de mundo, e, do outro, as formas de inserção específica no jogo político do ano II, dominado pela burguesia montanhesa: a conjunção momentânea, depois o controle do movimento popular, do inverno à primavera de 1794.

Eis, perfeitamente, uma tese revolucionária em todos os sentidos da palavra: uma posição de história total que, a partir de um problema fundamental (o da virada do ano II, no qual está sendo jogado o curso da Revolução), leva em conta, em uma síntese articulada e dominada, todos os elementos do jogo político.

Eis, perfeitamente também, o que poderia ser definido, judiciosamente, como uma tese iconoclasta: ela abala as ideias preconcebidas, levando a revisar as fidelidades assentadas. Soboul, robespierrista, reconhece, diante da burguesia montanhesa e jacobina, a forte personalidade coletiva do movimento popular sem, para isso, cair no problema de Guérin, de fazer do robespierrismo uma mistura maquiavélica de recuperação e de repressão, nem do movimento popular uma realidade mitificada. Associa, com maestria, as duas atitudes criadoras do historiador: por esse estudo monográfico aprofundado – embora ele se encontrasse no epicentro do dinamismo revolucionário – chega a uma reflexão geral sobre o conteúdo dessa "revolução burguesa de sustentação popular, do qual ele foi o teórico.

Iniciando, assim, muito largamente, os caminhos de uma história social das massas urbanas na Revolução. Albert Soboul não limitou sua pesquisa: e é isso que me marca, em um historiador aberto a todas as curiosidades, que fixava, ele próprio, na introdução de seu ensaio *Camponeses, sans-culottes e jacobinos* o objetivo de sua abordagem: "Apresento estes estudos pelo que são: uma tentativa em vista de uma história social que é também quantitativa, e que estaria tão preocupada em penetrar as mentalidades quanto em analisar as estruturas".

Esse cuidado de uma abordagem das mentalidades coletivas, na qual ele via a fina ponta (e não a negação) da história social, ele a ilustrou por meio de várias incursões esclarecedoras no domínio da história religiosa e cultural, encontrando, ainda aí, ao adaptá-la ao progresso dos conhecimentos e dos métodos, um caminho aberto por Mathiez. Penso em um artigo, conciso, mas sugestivo, sobre "As Santas Patriotas e os Mártires da Liberdade", que relançava, em termos novos, toda a problemática da religiosidade popular sob a Revolução e da criação, no calor da hora, de novas devoções, moldadas nas estruturas formais da herança cristã. Uma abordagem que os historiadores atuais da descristianização não terminaram ainda de meditar sobre suas riquezas. Em outro lugar, interrogando-se sobre a questão do

Combates pela Revolução Francesa

"rousseauismo" dos jacobinos, é toda a questão da difusão das ideias-eixo que se encontra proposta, e da dialética elite-massas populares na aventura cultural da Revolução Francesa.

Monumentais ou pontuais, as contribuições de Albert Soboul para a história social da Revolução dão a oportunidade de apreciar um método, a respeito do qual ele teve, várias vezes, a ocasião de se explicar. A maturação de sua tese o havia levado a possuir um conhecimento aprofundado das fontes, e enciclopédico: passando dos papéis das sessões parisienses aos dossiês da repressão antiterrorista do ano III. Ele se queria historiador de campo, e tirava disso um legítimo orgulho. No tratamento do material histórico, ele não recuou diante dos levantamentos e da quantificação, para apresentar uma sociologia precisa do movimento *séctionnaire*. Isso não ia sem uma certa desconfiança em relação a excessos que suspeitava na história quantitativa e de uma abordagem sociológica demais: "Não sociologize demais", ele me disse, mais de uma vez. E manifestou essa mistura de aberturas e de reticências em relação à análise do discurso, e da aplicação dos procedimentos linguísticos. Da mesma maneira que a nova história das mentalidades o encontrava, por vezes, com reservas, quando justamente ele poderia – eu lhe disse – ser contado entre os seus iniciadores. Estas são reservas que se explicam por sua própria posição, em uma conjuntura historiográfica precisa: na história quantitativa das estruturas sociais, ele pôde recear que a especificidade do momento revolucionário fosse desconhecida, como pôde desconfiar de uma história das mentalidades mistificadora, especulando sobre uma autonomia das estruturas mentais, sem referência aos enraizamentos históricos que as condicionam. Esses receios são totalmente vãos?

Mas essa história que queria ficar próxima das fontes, e das realidades concretas, não era, por isso, uma história sem perspectivas. Albert Soboul não parou de se interrogar, a partir da experiência singular da Revolução Francesa, a respeito de toda uma série de problemas essenciais e encadeados: a via francesa da passagem revolucionária, os laços entre revolução burguesa e movimento popular, a especificidade do movimento camponês, a dialética complexa entre pertencimento de classe e ideologia, ou opções coletivas. Quando nos referimos à riqueza das hipóteses de trabalho, ou das conclusões que ele trouxe, ficamos tentados de nos dizer que o verdadeiro dogmatismo, ou a esterilidade, são antes o fruto das modelizações redutoras, ou empobrecedoras, que lhe foram opostas como contrafogos.

Essa firmeza explica, na minha opinião, outro aspecto da fecundidade do aporte de Albert Soboul à história social da Revolução, e que eu não gostaria de deixar de sublinhar: é o cuidado pedagógico. Albert Soboul, desde os inícios de sua carreira de pesquisador, fez questão de propor – no seu *manual de história da Revolução Francesa* – sínteses para o uso dos estudantes e do público. O afresco muito vasto, no qual se termina sua produção, essa *Civilização da Revolução Francesa*, oferece, ao mesmo tempo, uma suma de conhecimentos, dominados e atualizados, e uma leitura globalizadora das forças em jogo e em mutação.

Georges Lefebvre, que tive o privilégio de encontrar, ainda, quando pesquisador iniciante, eu me preparava para entrar na carreira dos estudos revolucionários, disse-me um dia, sorrindo: "Não faça como Soboul, ele fez a última tese de história política sobre a Revolução Francesa". É um chiste: pois quem mais do que o velho mestre, podia apreciar o extraordinário avanço que Albert Soboul, discípulo que ele amava e admirava, fazia na história social das massas revolucionárias? Mas, se cito a anedota é porque, pensando bem, ela nos permite situar melhor o lugar insubstituível que Albert Soboul ocupou, e isso em uma época em que alguns reivindicam uma reabilitação do político, segundo eles muito negligenciado.

O que nos demonstrou Soboul, magistralmente, é que a alternativa história política ou história social da Revolução é, evidentemente, um falso problema: pois toda a história da Revolução só pode ser política e social ao mesmo tempo. Ele se insere assim, inteiramente, na linha dos mestres que evocamos ao preludiar, daqueles que, por sua curiosidade sem fronteiras, levaram o conhecimento a realizar uma etapa decisiva. Ele fez entrar as massas parisienses no palco de uma história total da Revolução: é um mérito que ninguém poderia lhe contestar.

A historiografia da Revolução Francesa às vésperas do bicentenário (I)[1]

A Revolução terminou?

Permitam-me começar contando um gracejo, mas é um gracejo amargo: ele me remete ao meu primeiro encontro com Albert Soboul, e foi, se lembro bem, em 1958. Jovem professor concursado de história, eu me enfronhava no caminho da pesquisa, com a ideia de trabalhar sobre a Revolução. E Albert Soboul, que eu consultava, me disse sem mais aquela: "Por que você quer trabalhar sobre a Revolução Francesa? Isso não interessa mais ninguém". Observação paradoxal: ele próprio, que defendia então sua tese, estava no apogeu de sua produtividade – e, veremos daqui a pouco, estava longe de ser o único, ou isolado.

No entanto, sou obrigado a relembrar essa frase pessimista, quando considero o quanto, em uma ótica completamente diversa,

---

1 Publicado originalmente em *Annales Historiques de la Révolution Française*, n.1, 1988.

Michel Vovelle

a ideia fez seu caminho. O que exprime em termos de humor inquieto Albert Soboul em 1958, logo François Furet retomará, definindo a Revolução como um "objeto frio", depois anunciando, em 1978 (*Pensar a Revolução*) "a Revolução terminou", frase que comenta em 1986 (*Le Nouvel Observateur*, 29 de fevereiro): "Quando escrevi a Revolução terminou, foi um modo de exprimir um desejo e uma constatação".

Não suspeitemos François Furet de segundas intenções homicidas: mas, quando ele se põe assim, no nível do desejo, ele considera não apenas que uma certa historiografia da Revolução Francesa morreu, mas, mais ainda que, para que outra possa renascer – mais serena, ou mais científica, sem dúvida – convém que o objeto do debate seja revestido, segundo a expressão consagrada, pela "beleza da morte".

Fazendo isso, ele apenas repercute com finura uma das novas ideias feitas, frequentemente formulada em termos mais banais: tudo não foi dito, ou antes, escrito, sobre a Revolução Francesa? Que retoques dar em uma tela de acontecimentos sem mistério? Ou, com mais perfídia, a historiografia francesa da Revolução não se esclerosou, tornando-se repetitiva, fechando-se no dogmatismo, deixando o frescor de novas descobertas a outros, os anglo-saxões talvez, dos quais se sublinha a atividade nesse canteiro que eles abordam sem preconceitos.

Entre as constatações e os processos de intenção, algumas realidades se impõem, na virada dos anos 1980, na apreciação dessa paisagem coletiva. Como ela recuou, nos programas de ensino primário e *a fortiori* secundário, a história da Revolução! Ensinada às vésperas da última guerra mundial na quase totalidade das universidades francesas, ela não o é mais, hoje, ensinada apenas em algumas, excluindo a Sorbonne – Paris, fortaleza assediada? – assim, em Rouen, Tours, Dijon ou Aix. Miséria de uma pedagogia que não foi encorajada, como testemunham as dificuldades em sobreviver algumas das grandes coleções documentais (os *Arquivos parlamentares*).

Antes de concluir prematuramente, porém, convém que nos interroguemos, e, sem retornar ao dilúvio, operar o "flash back" indispensável para apreciar a situação em verdade.

Em termos de *"flash back"*: glória e miséria da historiografia revolucionária

Pode-se falar de uma idade de ouro da historiografia da Revolução, se nos colocamos naquilo que Pierre Chaunu chamava o "horizonte 1900", e que, de meu lado, eu gostaria de qualificar como época "jauresiana", quando Jaurès não apenas levava a termo a ampla saga da *História socialista da Revolução* escrevendo, diz ele, à tripla luz de Michelet, Marx e Plutarco, introduzindo, em todo caso, nem que fosse a título de antecipação, a prática de uma abordagem resolutamente científica, mas também fazia criar, sob a égide das câmeras parlamentais, a célebre "Comissão de pesquisa e de publicação de textos e de documentos relativos à história econômica e social da Revolução Francesa". Em um terreno em que se encontram especialistas de todos os países – Minzes, Loutchisky, Kareiew, pioneiros da história agrária da Revolução –, inscreve-se a cadeia, então, das grandes silhuetas da escola francesa: Alphonse Aulard, primeiro ocupante, em 1886, da cátedra de história da Revolução na Sorbonne, seguindo-se, com Albert Mathiez, um debate de ideias por heróis interpostos – Danton contra Robespierre –, leitura "radical" contra leitura "socialista".

Mas esse aspecto polêmico não mascara a extrema fecundidade de uma pesquisa que, de Mathiez a Lefebvre, a Soboul até há pouco, assentou as bases de uma escola, diversa em sua continuidade, portadora de um discurso progressivamente elaborado sobre a Revolução.

Michel Vovelle

Uma historiografia conquistadora e segura de si?

Segura de si própria, essa escola "jacobina"? Já se disse isso, e talvez com insistência demais. Conquistadora, certamente: desde o âmbito da história política, à qual eles souberam não se restringir, esses mestres, começando por Mathiez (*Movimento social e carestia sob o Terror*), prosseguindo com Lefebvre (o Georges Lefebvre dos *Camponeses do Norte durante a Revolução Francesa* ou de *La Grande Peur*), para culminar nos *Sans-culottes parisienses do ano II*, de Albert Soboul, elaboraram uma leitura social da Revolução Francesa, introduzindo progressivamente no palco as massas rurais, depois urbanas, propondo o esquema explicativo de uma "Revolução burguesa com apoio popular", que constituiria a originalidade da via revolucionária francesa, em um modelo em que se reunificam "as" Revoluções – burguesa, urbana, camponesa – das quais Georges Lefebvre assinalou a diversidade.

Marxista, esse modelo jacobino? Sim e não, adotando decerto o pressuposto de uma mutação necessária, fundada sobre a mudança das estruturas sociais e das forças de produção no final do século XVIII, tanto e mais, talvez, do que sobre a evolução das ideias. Mas suficientemente larga e convincente para reter a adesão dos historiadores que, de Marcel Reinhard a Jacques Godechot, para citar apenas alguns, permanecem mais jacobinos do que marxistas. E podemos falar de um verdadeiro florescimento nos anos de 1950 a 1960, quando os últimos anos de Georges Lefebvre se iluminam com a reunião, em Paris, de uma plêiade de pesquisadores: A. Soboul, J. R. Suratteau, mas também vindos do estrangeiro, G. Rudé, A. Sïtta, R. Cobb, K. Tønnesson, W. Markov ou K. Takahashi. Dir-se-ia que a Revolução Francesa nunca atraíra tanta gente: e, no entanto, foi quando Soboul me exprimiu os propósitos desabusados com os quais abri esta reflexão.

Soboul tem razão: já nessa época, a crise estava aberta.

Um outro clima historiográfico

No fim dos anos 1950, estamos no próprio momento triunfal de *Annales: Économies, Sociétés, Civilisations*, esses "segundos Annales", animados por Fernand Braudel, que redige então seu artigo célebre sobre "A longa duração" (1958). Para ele, como para toda a corrente que ele representa, a Revolução pertence à ordem dos epifenômenos, pequena vaga da história, levada para as "derivas da longa duração", às "massas de história lenta", que constituem, na sua opinião, o essencial: aflorando, em suma, daquilo que ele arruma, com um desprezo não disfarçado, na prateleira do "importuno patético".

Triunfo da longa duração nos trabalhos da história social e, logo, da história da civilização material, depois, das mentalidades ("um tempo mais longo", segundo R. Mandrou) e logo de uma antropologia histórica que tenderá a se paralisar na "história imóvel" de E. Le Roy Ladurie.

A tentação foi grande para numerosos pesquisadores, de investir na longa duração. Quem de nós não cedeu a ela, por pouco que fosse, e sem remorsos? Eu próprio arrisquei, em *A morte do Ocidente de 1300 aos nossos dias*, um afresco plurissecular, em um projeto em que a longa duração se impõe. Mas, no domínio preciso dos estudos revolucionários, essa conjuntura desfavorável ia se redobrar, nesses anos 1960, de um ataque frontal contra as posições recebidas.

O grande ataque

Essa ofensiva partiu de vários pontos: encontrou nas escolas anglo-saxônicas seus primeiros campeões (A. Cobban em o *Mito da Revolução* ou, para além do Atlântico, G. Taylor em *Non capitalistic whealt at the origins of the French Revolution*). Mas essa corrente foi logo retransmitida na França, onde o livro de François Furet e Denis Richet, *A Revolução Francesa*, pôs fogo na pólvora em 1965. Se resumimos em algumas proposições uma série de argumentos, que entraram de ora em diante na história da historiografia, o ataque atingia vários temas, além disso muito unidos.

Sobre as causas e sobre a interpretação social da Revolução, lá onde Cobban tinha negado toda causalidade social a um confronto para ele essencialmente pertencente à ordem do político, outros contestavam a realidade da reação nobiliária nas fontes da Revolução, e mais ainda a existência ou a consistência de uma verdadeira burguesia na França do final do século XVIII, sublinhando que uma parte importante do capital, industrial, e das empresas voltadas para o futuro estavam nas mãos dos nobres (Taylor). Entre uma nobreza "progressista", liberal e aberta às ideias novas, e a camada superior da burguesia, um consenso real não existia no quadro das "elites" caras a D. Richet, e a alguns outros, e nessas condições, a Revolução era necessária, não podia ser evitada ou estabilizada no estado de um compromisso reformista, de monarquia constitucional?

Espantosa reviravolta, se refletirmos a seu respeito: menos de vinte anos mais cedo, Dániel Guérin, em *Burgueses e braços nus, na luta de classes sob a Revolução Francesa*, escrevendo sob a luz das teorias da Revolução permanente, tinha visto na dinâmica revolucionária um movimento interrompido cedo demais pela política, não sem maquiavelismo, da burguesia *montagnarde*, quando ele era portador de seu próprio ultrapassar em termos de revolução proletária. Hipótese arriscada, que a análise concreta do conteúdo social da *sans-culotterie parisiense*, por Soboul, devia arruinar.

De ora em diante, no pensamento dos historiadores que se começam a chamar de "revisionistas", pois eles se propõem a revisar de alto a baixo as certezas recebidas, trata-se bem do contrário de um movimento perseguido muito longe. O compromisso era possível, chegou-se perto dele, em 1790, o "ano feliz"; a "derrapagem" da Revolução Francesa que ocorre de 1791 a 1794 é devido à intrusão incongruente das massas populares urbanas ou camponesas, mobilizadas na base de suas reivindicações tradicionais, em matéria agrária ou de subsistências, com um programa passadista.

Essa noção da "derrapagem" da Revolução induz a pôr em causa a própria ideia de um movimento ascendente, da Revolução burguesa à Revolução democrática do ano II, na qual François Furet (em seu *Catecismo da Revolução Francesa*) sente baforadas de finalismo, ao questionar a *teoria das circunstâncias*, até então admitida, segundo a qual é para enfrentar a Contrarrevolução interior e a coalizão das potências monárquicas que a radicalização deveria ter sido feita, fundada na aliança momentânea, mas por um tempo eficaz, de uma parte da burguesia, e do movimento popular. A Revolução teria sonhado com esses perigos, criando tigres de papel, para se entregar a um delírio, intoxicando-se a si própria? Um segundo discurso do revisionismo já está em germe nesse feixe de críticas.

Uma nova fase, uma nova situação?

Minha geração – a dos historiadores que atingiram o meio século pouco depois de 1980 – sente severamente o choque, nos seus próprios efetivos, desse ataque, combinado com o espírito do tempo, do triunfo dos novos *Annales*. Foi então que tomamos consciência do recuo do lugar da Revolução Francesa, não apenas na pesquisa, ou na pedagogia, mas em uma sensibilidade e em uma cultura que se lhe tornavam estrangeiras.

Diríamos que uma nova fase começa com 1968, ou com a Revolução sonhada? O argumento seria fácil demais, sem dúvida. E, no entanto, foram nos anos que sucederam esse movimento que se queria tanto uma festa quanto uma Revolução, que vimos se multiplicarem os estudos sobre a festa revolucionária: colóquio de Clermont-Ferrand em 1974, obras de Mona Ozouf e de Michel Vovelle em 1976. Como festa, mas não apenas a esse título, o acontecimento revolucionário reapareceu. A querela dos "jacobinos" e dos "revisionistas" que parecia se atolar em uma espécie de guerra de trincheiras, por vezes sem elegância, se animou novamente, para o bem da pesquisa.

No campo "jacobino"...

No que chamaremos, para simplificar, de o campo jacobino, recebidas as provocações, no bom sentido do termo, elas conduziram a úteis reflexões: assim, sobre o conceito de burguesia que de... Guizot a Lefebvre não tinha sido suficientemente definido, sendo empregado em acepções largas ou estreitas, por vezes contraditórias. Trabalhos como os de Régine Robin (*A França em 1789 – Semur-em-Auxois*) contribuíram fortemente para esclarecer o problema, propondo os traços de uma burguesia mista, ou de transição, característica dessa fase na qual o mundo da renda é ainda mais importante do que o do lucro. É nela também que se pode buscar – assim, em tal reflexão sobre o conceito de "liberdade" nos discursos dos parlamentares quando dos éditos de Turgot sobre a liberdade dos grãos em 1776 – uma análise nada complacente das ambiguidades e das contradições da noção de elites às vésperas da Revolução.

Ao mesmo tempo que Albert Soboul e seus alunos aprofundavam suas pesquisas no campo da história agrária (estudos sobre o imposto senhorial e o fim da feudalidade) como urbana (trabalhos sobre o movimento popular parisiense), outros pesquisadores de mesma sensibilidade (Michel Vovelle) propunham uma nova leitura da história religiosa ou cultural da Revolução, e se esforçavam em assentar as bases de uma história das mentalidades revolucionárias, anexando novos territórios à pesquisa.

Nas fileiras dos revisionistas...

Nesse meio-tempo, as coisas também mudaram nas fileiras da escola "revisionista", cujo sucesso é incontestável, não apenas na França, mas no mundo anglo-saxônico e em toda uma parte da Europa, a tal ponto que podemos nos perguntar se uma nova vulgata não está se substituindo à antiga.

Porém, ela está em processo de renovação. *Pensar a Revolução Francesa*, que F. Furet publicou em 1978, prolonga as proposições de 1965, modificando-as singularmente. Decerto, ele retorna à condenação da teoria das circunstâncias, mas para dizer, citando Quinet: "Não, não é a necessidade das coisas que fez o sistema do Terror. São as ideias falsas", ou mesmo falando em seu próprio nome: "A verdade é que o Terror faz parte da ideologia revolucionária". Para analisar essas fontes endógenas da deriva revolucionária, F. Furet se apoia nos historiadores do século XIX que, por vezes, ele redescobre: senão Tocqueville, ou Quinet, que não eram esquecidos, pelo menos Augustin Cochin, o historiador conservador monarquista do início do século, ao qual ele toma emprestada a ideia de que a nova sociabilidade democrática e russeauista das lojas maçônicas e sociedades de pensamento abre caminho para a retomada de controle e o confisco totalitário da Revolução pela "máquina" jacobina, abrindo esse conceito de soberania popular, do qual ele faz a "matriz do totalitarismo" (*Pensa a R.F.*, p.232), estimando que "1789 abre um período de deriva da história".

A Revolução Francesa retoma, com essa nova leitura, uma coesão certa (estamos longe da "derrapagem") pois adquire o estatuto de acontecimento fundador, mas, infelizmente, não é para o bem, já que ela se acha contendo em germe as derivas totalitárias do século XX. Para além de Cochin, Furet increve aqui sua reflexão em continuidade com aquela de Talmon (*Origins of the totalitarian democracy*). Rousseau é processado como aquele que levou os temas da vontade coletiva e de soberania nacional, dos quais os jacobinos se nutriram: "A culpa é de Rousseau", conclui Jacques Juilliard que compartilha esse ponto de vista (1986).

Michel Vovelle

O despertar da história contrarrevolucionária

François Furet não se reconhece, ele o disse, no despertar recente, provocado em parte há dois ou três anos pela abordagem do bicentenário, de uma historiografia abertamente contrarrevolucionária. Para dizer a verdade, teria ela alguma vez desaparecido? Tinha conservado suas posições fortes, em tradição desde o século XIX, na academia francesa (na esteira de Pierre Gaxotte) ou nas livrarias das estações ferroviárias. Velha canção um pouco gasta, conheceu recentemente uma retomada notável de vitalidade. Troco miúdo caricatural das reflexões de François Furet, a imagem de uma revolução totalitária, antecâmara do Gulag floresce. A Revolução assimilada ao Terror e ao banho de sangue torna-se o mal absoluto. Toda uma literatura se desenvolve em torno do tema do "genocídio franco-francês" a partir de apreciações frequentemente audaciosas do número de mortos da guerra da Vendeia, 128.000, 400.000... e por que não 600.000? Certos historiadores, sem serem especialistas da questão, puseram, como Pierre Chaunu, todo o peso de sua autoridade moral, que é grande, para desenvolver esse discurso do anátema, desqualificando logo de entrada toda tentativa de manter a serenidade da razão. Tal história toma muito lugar, em função dos suportes que dispõe, nas mídias como em uma parte da imprensa. Deve ela nos esconder os aspectos mais autênticos de um canteiro de estudos revolucionárias hoje em pleno despertar?

Um campo em pleno despertar

Estabelecer um balanço verdadeiro dos trabalhos atuais da pesquisa sobre a Revolução é uma tarefa facilitada pela própria conjuntura do bicentenário que, estimulando a demanda, permite revelar melhor as características da produção. As resenhas que Jacques Godechot estabelece periodicamente na *Revue Historique* e o fluxo, mais simplesmente, da edição, fornecem testes

Combates pela Revolução Francesa

bastante seguros. Além disso, o boletim publicado há quatro anos pela Comissão de pesquisas históricas (CNRS) para o bicentenário da Revolução, recenseando programas de pesquisa e colóquios que os exprimem, oferece uma cobertura mais confiável ainda das tendências da pesquisa, tais como ela se pratica hoje no canteiro desses trabalhos, na França e no mundo.

Não deixemos de notar que alguns desses indícios estão ainda para serem interpretados: assim, a profusão editorial dos últimos anos revela também fenômenos da moda, entusiasmos alimentados pelas mídias, tanto, e por vezes, mais do que ela reflete o autêntico movimento da pesquisa, enquanto as próprias coleções eruditas e publicações especializadas de textos e de documentos (os *Arquivos parlamentares*) têm dificuldade em sobreviver. Tocamos aqui no problema da distorção entre o discurso dos doutos e aquele que é transmitido pelas mídias: voltaremos a isso.

Tendo tomado essa precaução, é, entretanto, possível tentar um quadro ou um balanço em andamento.

Redescoberta do político

A historiografia atual da Revolução, para seguir um percurso clássico de exposição, viu se interromper o movimento de declínio da história política, sensível em todos os ramos da história sob influência da *École des Annales*. Uma reavaliação do político operou-se aqui, significativamente. Faremos disso uma das consequências das releituras "revisionistas" trazidas por François Furet? É verdade que elas definem uma abordagem muito específica do político, no quadro de uma história conceptualizada segundo a expressão do autor que, sem recorrer em excesso às contribuições de uma pesquisa de campo que F. Furet não aprecia muito, volta-se, antes, para enriquecer seu modelo explicativo, em direção da redescoberta regressiva dos precedentes historiográficos, vinculando-se a Tocqueville, Quinet, Marx

Michel Vovelle

e, está claro, Augustin Cochin. Essa escola não é a única, no entanto, a operar no domínio do político revolucionário: uma particular atenção deve ser dada a essa outra corrente em que se realiza, a partir da análise do discurso, conduzida por lexicólogos que são também historiadores, uma abordagem dos conteúdos – que se trate do discurso jacobino, ou do movimento popular e de seus porta-vozes – de Hébert ou outros. Os estudos de Jacques Guilhaumou ou Annie Geoffroy, mas outros ainda são muito significativos em relação a isso.

De onde que se venha, a convergência se faz nesse domínio em certo número de questões testes, e aquela do jacobinismo (Claude Mazauric, *Jacobinismo e Revolução*, 1984) é bem o tipo dessas questões centrais, nas quais se cristaliza o debate sobre o próprio sentido da Revolução.

A história dos homens: ambiguidades da biografia

No coração dessa redescoberta do político, a abordagem biográfica ocupa um lugar ambíguo. Ela foi declarada ainda há pouco, e com razão, em declínio, e pensando nos grandes debates do início do século – Danton contra Robespierre, Aulard contra Mathiez – poderíamos escrever, na expressão de Lucien Febvre, como de "uma história que não é mais a nossa". Depois, eis que, muito recentemente, em um canteiro de biografias revolucionárias que parecia sobretudo reservado aos historiadores acadêmicos, um retorno se operou: Saint-Just, Danton, Mirabeau, Madame Roland, Lucile e Camille Desmoulins reencontram novos biógrafos, frequentemente de qualidade, de maneira muito reveladora. O traço não é específico dos trabalhos revolucionários, pois esses retornos da biografia que foram analisados (número especial da revista *Espace-Temps*, 1986), são um dos traços gerais de uma historiografia de hoje que busca identificações e personalizações. Buscam seus heróis como buscam suas raízes. Pelo menos, ao lado das grandes figuras, a história

Combates pela Revolução Francesa

revolucionária se presta também a valorizar os "estudos de caso", que contribuíram para renovar a própria concepção da biografia, debruçando-se sobre os heróis anônimos ou semianônimos, cuja aventura pode ser tão esclarecedora quanto a dos primeiros papéis: pensamos no mestre vidraceiro Menetra, cujo "Diário" foi estudado por Daniel Roche,[2] e eu mesmo "fiz falarem" dois desses anônimos em revolução, o mestre marceneiro de Aix-en-Provence, Joseph Sec, que se revela (diríamos, inteiramente?) em seu túmulo cenotáfio maçônico e jacobino, como o poeta Théodore Desorgues, autor do "Hino ao Ser Supremo", do dia 20 prairial, ano II, exemplo limite do artista na Revolução.

Um desvio atual da biografia toma uma importância particular no quadro dos estudos revolucionários: é aquele que consiste em seguir os processos de heroicização, ou de fabricação póstuma das grandes figuras revolucionárias, no próprio seio da aventura coletiva: esse trabalho do imaginário foi realizado sobre a "morte de Marat", de maneira plenamente exemplar, por uma equipe de pesquisadores em um estudo interdisciplinar.

História social, história das massas

Permanece o fato de que os retornos do político, não mais do que os da biografia, não poderiam mascarar o peso essencial que essa história social, tanto e mais política, das massas na Revolução, que permanece, na sequência da historiografia jacobina, o objetivo essencial.

Essa história tem seus canteiros e seus projetos. O canteiro parisiense, explorado sucessivamente por Marcel Reinhard sob o ângulo sociológico e demográfico, depois por Albert Soboul e seus alunos em relação às formas do movimento popular, está muito longe de se esgotar: espera-se poder apresentar, em 1989, uma síntese, senão definitiva, pelo menos reformulada do

---

2 Ménétra, *Journal de ma vie*.

Michel Vovelle

conjunto desses trabalhos. Além disso, é preciso, se me passam a expressão, "desparisienciar" a história da Revolução Francesa, tomando uma posse reforçada do território nacional. É o objetivo que busca a constituição em curso no Instituto de história da Revolução Francesa (Paris I) de um centro de documentação nacional em microfichas, reunindo os dados atualmente adormecidos ou estéreis das dissertações de mestrado ou das teses, tanto provinciais quanto parisienses. No mesmo sentido, trabalha-se para estabelecer um *Atlas histórico da Revolução Francesa* (projeto conjunto da École des Hautes Études en Sciences Sociales e do Instituto de História da Revolução Francesa). A esse programa, formulado no absoluto, a resposta das regiões é viva: os trabalhos se multiplicaram tanto no Oeste revolucionário e contrarrevolucionário (colóquio de Rennes, 1985, "As Resistências à Revolução"),[3] quanto no Sul provençal e do Languedoc, no Dauphiné, na região do Norte: enumeração forçosamente incompleta dos projetos em curso às vésperas do bicentenário. Nesses quadros regionais, os diferentes ramos da história social revolucionária testemunham de um dinamismo desigual, enquanto a história econômica, apesar de trabalhos brilhantes e recentes (D. Woronoff: a indústria siderúrgica, L. Bergeron: banqueiros e homens de negócios, Breguière: sobre os especuladores), permanece confinada demais dentro de um círculo de especialistas, como talvez a história demográfica, na sequência do estímulo que lhe havia dado Marcel Reinhard.

A história rural não morreu

A história rural não regrediu, tanto na abordagem das estruturas, onde Albert Soboul animou até sua morte uma pesquisa sobre o estudo do imposto senhorial e sua erradicação sob a Revolução (teses de J.-N. Luc sobre *Camponeses e direito feudal na*

---

3 F. Lebrun; R. Dupuy. *Les Résistences à la Révolution*. Paris: Imago, 1987, p.3.

Charente inferior durante a Revolução Francesa e de Guy Lemarchand sobre *O fim do feudalismo na região de Caux*). Quanto à abordagem da dinâmica social, a partir dos movimentos camponeses sob a Revolução – assim que na grande crise da primavera e do outono de 1792, mas também na má vontade generalizada contra a compra dos direitos feudais que toca certas regiões em 1790 –, é um canteiro em plena atividade a partir dos trabalhos de A. Ado (infelizmente muito mal conhecidos ainda), de M. Vovelle e de J. Nicolas, que compreende uma pesquisa de amplidão nacional (colóquio apresentado na Universidade de Paris-VII em 1984 sobre as emoções populares na época moderna).[4]

Histórias urbanas

As histórias urbanas – sociologia e movimento social intimamente misturados – avançam, em continuidade das contribuições de Soboul, de Rudé (enfim traduzido em francês... [depois de 25 anos!] para suas *Massas revolucionárias*). Explora-se sistematicamente grandes canteiros abertos: citemos, sem pretender à exaustividade, o estudo das massas, que levam sobre as da linguagem e da gestualidade da violência (B. Conein, em *Os massacres de setembro de 1792*). Da mesma maneira, um estudo sobre o federalismo em suas diferentes formas está em curso (ver a recente publicação coletiva sobre o *Federalismo jacobino*, 1986). Nessa abordagem, depois dos grupos da *sans-culoterie* estudados por Soboul (Paris) ou Vovelle (Marselha), um investimento se volta, de modo legítimo, de novo, para as atitudes e estratégias das burguesias na Revolução, a partir da prosopografia das elites e notáveis municipais.

Enfim, essa história social junta-se à história política, da qual ela é indissociável na viva corrente de curiosidade que se

---

4 J. Nicolas. *Mouvements populaires et Conscience sociale, XVI-XIX siècles*. Paris: Maloine, 1985.

Michel Vovelle

volta para as contrarrevoluções camponesas, sobre a maneira e as razões da caída de toda uma parte das massas camponesas na hostilidade, eventualmente armada, ao novo regime: o colóquio já citado sobre as "Resistências à Revolução" (Rennes, 1965) é exemplar desse ponto de vista. Uma série de hipóteses de trabalho foram elaboradas desde a grande tese de referência de Paul Bois sobre *Os camponeses do Oeste*, cujas conclusões são hoje, por vezes, contestadas (Roger Dupuy, D. Sutherland), em um debate de ideias que não tem nada a ver com as miseráveis polêmicas sobre o genocídio franco-francês.

Passando pelo religioso: a ênfase sobre o cultural

Permanece que, através da análise de novas publicações, como dos movimentos da pesquisa e dos encontros científicos, inscreve-se com uma particular nitidez uma ênfase posta sobre o cultural, depois sobre o mental. Pode-se falar de uma "deriva" a respeito do imaginário, em detrimento do estudo das condições objetivas? Por não ser específica unicamente do período revolucionário, a evolução é particularmente sensível nele. Essa abordagem não ocorre sem provocar uma nova abordagem da história religiosa da Revolução, profundamente renovada: investiu-se no problema da descristianização, acontecimento traumático que leva às formas da religiosidade propriamente revolucionária e de liberação, no calor da hora, das disciplinas tradicionais (M. Vovelle, *Religião e Revolução*, 1976). Ainda recentemente, ao reabrir o dossiê das atitudes do clero francês diante do juramento constitucional de 1790, Timothy Tackett (*A Revolução, a Igreja, a França*, 1986) insistiu tanto em suas consequências religiosas, quanto na ruptura irreversível que ele provocou, em todo o espaço francês, no nível das opções em favor ou contra a Revolução: acontecimento estruturante de grande futuro.

Mas os aspectos mais especificamente culturais focalizam também numerosas pesquisas: a tábula rasa revolucionária, expressa pelo *vandalismo*, a política diretiva, notadamente em matéria de línguas e dialetos (D. Julia, J. Revel, M. de Certeau: *Uma política da língua*), representam apenas um aspecto daquilo que vários exprimiram em termos de "Revolução cultural" (S. Bianchi); debruçamo-nos igualmente sobre toda uma política inovadora no domínio das ciências e das técnicas, nas artes em que o nascimento dos museus, corolário da emergência da noção de patrimônio cultural, é o complemento dialético das destruições do vandalismo.

Enfim, a extrema criatividade, na literatura, na música, como na expressão gráfica e iconográfica de um período que foi considerado erroneamente como estéril, suscita toda uma série de descobertas em domínios até então pouco prospectados (M. Vovelle, *A Revolução Francesa: imagens e narrações*, 1986).

Do cultural às mentalidades

Da cultura às mentalidades a transição parece fácil e como que natural. Apesar de precedentes célebres (*La Grande Peur*, de Georges Lefebvre), as novas aproximações da história das mentalidades encontraram algumas dificuldades em se impor em um domínio em que planava a sombra de Taine e de seus alunos. Hoje, é coisa feita (Michel Vovelle, *A mentalidade revolucionária*), quando nos interrogamos sobre os rostos desse "homem novo" que a Revolução Francesa decidiu moldar, tomado, como dizia Lefebvre, entre as pulsões contraditórias da esperança e do medo, inserido nas novas sociabilidades, do clube à festa...

No coração da própria vida dos homens, a Revolução assume assim, plenamente, esse papel de acontecimento fundador, com consequências de longa duração: as mesmas que toda uma corrente de pesquisa se dedica a analisar.

Michel Vovelle

A imagem projetada da Revolução francesa

Os avatares das ideias fortes e dos valores lançados no mundo pela França revolucionária, não somente no pensamento político e filosófico, mas na literatura, nas artes, e mais largamente em tudo o que chamamos hoje o imaginário coletivo: vasto empreendimento e vasta aventura, que nos leva até o século XX. Nesse domínio, algumas pedras de base, mas o quão sugestivas: assim, os trabalhos de Maurice Agulhon sobre as expressões alegóricas da República, sob a forma das *"Marianne"* do século XIX.[5] Mas digamos mais largamente que a mobilização internacional muito forte que se efetua no plano científico, ao aproximar-se o bicentenário, visa muito naturalmente analisar essas aventuras póstumas da Revolução Francesa, por meio da difusão de suas ideias fortes nos diferentes países. A resposta múltipla dos historiadores nacionais testemunha disso.

Em termos de conclusão: triunfante ou ameaçada

Por mais rápido que ele seja, o quadro que acabamos de expor não poderia confirmar a expressão de esclerose, de declínio ou de repetitividade que o dicionário das ideias feitas nos tinha passado. A historiografia da Revolução Francesa está em pleno despertar. De agora em diante, não poderíamos mais falar de uma leitura hegemônica nesse domínio, marcada por uma explosão em todas as direções, e isso é sem dúvida um bem. Permanece o fato que essa historiografia trai também sua profunda perturbação, entre os escrúpulos de uma historiografia "jacobina", que retoma confiança lentamente depois de ter sido o objeto de todos os ataques, o mal-estar de uma historiografia "revisionista" que talvez tenha esgotado sua novidade

---

5 Os "lugares de memória", que Pierre Nora empenhou-se em inventariar numa ampla obra coletiva, nos introduz diretamente a esses trabalhos.

sadiamente provocadora, e se encontra confrontada com o reemprego, vulgarizado e fantasiado por uma terceira escola, que diríamos da "anátema" de ideias fortes lançadas ontem nas derivas inevitáveis da Revolução. Quanto a esse terceiro grupo, se seu lugar no plano científico não é grande – desqualificado por um recurso à polêmica que lhe retira credibilidade – não percorre sua estrada com menos segurança, por algum tempo.

Isso não facilita nada o necessário trabalho de recuperação, ou de reconquista, em um público, no entanto muito desejoso de descobrir, de uma imagem alterada tanto pela perda da memória coletiva quanto pelo recuo do conhecimento. Seria muito prejudicial que o bicentenário visse se abrir assim as tesouras, entre uma pesquisa histórica ativa e aberta, e um discurso veiculado pelas mídias sobre os temas mais batidos de uma tradição muito largamente contrarrevolucionária, naturalizando a imagem de uma Revolução exclusivamente vista através de seus aspectos sanguinários e destruidores.

Permanece que, nessa situação aberta, as razões de esperar não faltam. A Revolução não "terminou": ela permanece um dos testes descriminadores mais fortemente marcados no imaginário coletivo dos Franceses. Fora da França, ela suscita uma notável convergência de interesses, uma simpatia coletiva que se espanta muitas vezes dos próprios sentimentos dos franceses. Podemos esperar que essa convergência de demandas, nacionais, provinciais e internacionais, encontrará seu eco em 1989, na apresentação do congresso mundial previsto sobre "A imagem da Revolução Francesa". Em todo caso, os historiadores têm a responsabilidade de se mostrar, como se dizia na época da Revolução, à altura das circunstâncias. É um encontro histórico ao qual não se deve faltar.

A historiografia da Revolução Francesa às vésperas do centenário (II)[1]

Controvérsias ideológicas à volta do bicentenário da Revolução Francesa

Suscitando no mundo inteiro toda uma enxurrada de publicações sobre um tema que foi recolocado no centro das interrogações coletivas, o bicentenário da Revolução Francesa nos confronta hoje com um debate de ideias de uma grande vivacidade.

Em um precedente balanço (sobre a historiografia da Revolução às vésperas do bicentenário), avancei a ideia de que o debate ideológico inaugurado há vinte e cinco anos – e mesmo um pouco mais – entre historiografia "jacobina" e "revisionista" tinha antecipado sobre o que está em jogo atualmente, que se encontra reformulado no contexto de um acontecimento comemorativo cuja significação política é grande, não somente na

---

1 Publicado originalmente em *Annales Historiques de la Révolution Française*, n.3, 1988.

escala da França mas talvez também em uma visada internacional; através da Revolução Francesa, objeto emblemático, é toda a ideia de Revolução, ou de via revolucionária que se encontra questionada. A pressão ativa do conjuntural das evoluções em curso enrijece de novo suas posições, faz explodir o próprio dispositivo dos confrontos que se tornaram rituais, agindo ao mesmo tempo como momento de verdade e de ilusão, impondo uma explicitação incessantemente reformulada.

Pode-se hoje falar de *uma* historiografia "revisionista" (no sentido que entendemos nesse domínio), mas ao inverso igualmente de *uma* historiografia "jacobina"? É um quadro infinitamente mais nuançado que se desenha e do qual gostaria de dar uma percepção aqui, antes de tentar uma apreciação global das posições de força das diferentes correntes e de sua inserção do dispositivo global do bicentenário, como acontecimento coletivo de agora em diante iminente. Fazendo isso pondero todas as dificuldades desse empreendimento de história (ou de historiografia) imediata, em um terreno particularmente movediço.

No nível das ideias feitas e largamente banalizadas, na França, no mundo anglo-saxônico, e por vezes para além dele, a preeminência de um discurso "revisionista" parece de ora em diante indiscutido. Obras recentes, para uso de um largo público culto, o exprimem por vezes, com uma rara ingenuidade, enviando a imagem de um marxismo vulgar em termos caricaturais. Assim Jacques Solé (*A Revolução em questões*, p.61) constata: "Poucos historiadores ligam ainda, em primeiro lugar, as origens da Revolução Francesa a uma hipotética luta de classes entre nobreza e burguesia" e zomba abertamente (p.273) do "mito marxista de uma conquista do poder pela burguesia industrial".

Para além dessa nova vulgata, que conhece um sucesso real, é forçoso constatar a explosão contemporânea de um discurso revisionista, do qual já sublinhei, em minha precedente crônica, que ele já havia conhecido uma significativa evolução interna entre 1965 e 1978.

O "segundo revisionismo" representado por François Furet em *Pensar a Revolução* tornou-se, em aparência, o ponto de referência de todos aqueles que, ligando-se a essa sensibilidade, encontram nela um modelo construído e organizado. Essa tendência se caracteriza, no caso do próprio Furet, pelo investimento privilegiado sobre a historiografia, eu diria – sem intenção pejorativa – essa busca dos ancestrais e das cauções, que o levou de Cochin a Quinet, passando por Tocqueville por meio de uma meditação sobre as origens do sistema e das representações políticas originadas da Revolução Francesa. Essa abordagem pessoal se acompanha, entretanto, por uma reforçada atenção que se presta à instalação das instituições e do discurso político, dos quais certos discípulos de F. Furet empreenderam o estudo (Ran Halevi), corrigindo parcialmente o desdém que F. Furet exprimira, em *Pensar a Revolução*, sobre o empirismo dos estudos de terreno.

O acontecimento fundador da Revolução vem escrutado na novidade que ele traz para o universo político em suas consequências positivas ou maléficas. Mais maléficas, se nos referimos ao balanço apresentado em dezembro de 1987 por um próximo de François Furet, Marcel Gauchet, reiterando com vivacidade o veredito de que "a Revolução deve ser considerada como uma experiência política e, por isso, como a experiência de um fracasso a meditar: o fracasso em constituir um regime representativo viável", isto pela constituição, em um tempo muito breve "de uma cultura política", nas origens de uma "ilusão política" cujo peso se exerce ainda hoje, fundada em uma visão hiperbólica da soberania do povo diante da qual tudo deve ceder, e pela usurpação dessa soberania, conduzindo a uma confiscação antidemocrática do poder. E evoca, em contraponto, a realização feliz, e convincente no fim das contas, da constituição da democracia norte-americana.

Como François Furet, que tomou suas distâncias, Marcel Gaucher retoma, com alguma prudência, a conclusão de *Pensar a Revolução*, que via, no uso feito da soberania popular, a "matriz das derivas totalitárias"; não permanece menos o fato de que a ideia forte lançada há pouco passou para o domínio comum e tornou-se um dos *leitmotiv* dos discursos mantidos sobre o bicentenário.

Em posição ambígua diante de um bicentenário do qual ele recusa a utilidade ou a oportunidade, no nível da pesquisa como do impacto cívico, sem considerar, entretanto, que ela possa não dar conta do lugar eminente que tomou no debate, perturbada pela utilização indiscreta e por vezes caricatural de suas teses pelos turiferários da contrarrevolução, a corrente representada por François Furet se acha confrontada a uma série de contradições. Para me manter em um nível estritamente confinado nas perspectivas da pesquisa, interrogo-me sobre sua fecundidade real para novas aberturas no campo das pesquisas revolucionárias. Um modelo foi constituído, que apela por confirmações (notadamente na historiografia), solicita verdadeiramente, fora do campo político que é, de fato, essencial, novas descobertas?

Parece que esse risco de esterilidade seja percebido por mais de um, e é Jacques Solé, na obra precedentemente citada (p.123), que fez eco dele, não sem alguma ingenuidade, talvez, criticando essa tese, que põe a ênfase na soberania da ideologia no desenvolvimento da Revolução Francesa, seu "despotismo semiótico" e um "monismo abstrato, digno do primado marxista da economia". Maneira elegante de recusar de dar razão a um como ao outro.

Na confluência de discursos reunidos sobre o tema do "revisionismo", haveria, na verdade, várias opiniões? As "questões" que Jacques Solé faz à Revolução Francesa, além de uma síntese cujo aporte pessoal permanece leve, nos introduzem a uma visão geral dessas diferentes tendências, a partir, principalmente, da historiografia anglo-saxônica, sobre a qual o autor se apoia essencialmente, preocupado em que o público francês descubra suas novidades. Faz largos empréstimos literais à recente obra de Donald Sutherland (*Revolution and Counter Revolution*), mas associa nisso, em uma visão por vezes um pouco arbitrariamente unificadóra, outros representantes da escola norte-americana ou inglesa, abrindo igualmente, mas parcimoniosamente, a porta a alguns historiadores franceses escolhidos. Temos aí uma ilustração impressionante dessa anglomania, que está na moda em certos meios, que tende a impor sua convicção apenas em um campo historiográfico revolucionário, tachado na França pela esterilidade e dogmatismo (exceto François Furet e os seus), a renovação – uma lufada de ar – só pode vir dos historiadores anglo-saxônicos, E. Eisenstein, D. Sutherland, Martin Lyons, William Doyle, Patrice Higonnet, Sam Scott, Lynn Hunt – com reservas a respeito desta última – que escrevem uma história sem preconceitos e em continuidade com uma tradição que eles abriram nos anos 1960, sadia e autenticamente revisionista no melhor sentido da palavra.

A montagem que dela apresenta J. Solé, à qual ele próprio se liga, não vai sem trair algumas contradições mal assumidas no seu desejo de unificar contribuições mais diversas do que parece. Ela permanece bastante útil para tentar definir os traços desse discurso parcialmente novo.

A inflexão inicial, apoiada na obra de Sutherland, remete ao revisionismo de 1965: aquele que recusava todo esquema pré--estabelecido, querendo se apoiar na realidade dos fatos, insistindo, à maneira norte-americana, em uma atitude pragmática, de campo, que se toma suas distâncias das modelizações abstratas. Mas, nessas bases, reencontramos, no fio das questões propostas para a Revolução, certo número de críticas já formuladas há vinte e cinco anos: sobre o caráter contingente e não necessário da Revolução, sobre a inconsistência de uma burguesia de tipo moderno em 1789 e, assim, sobre o primado do papel da nobreza liberal, no seio das elites, nas origens do que poderia ter sido uma Revolução tranquila. Mas se insiste sobre a fraqueza das Luzes, o caráter marginal daqueles que são portadores de sua mensagem. Sobretudo, sobre a importância da intervenção das massas populares, que vão dominar o curso dessa revolução. Pensa-se encontrar aqui a evocação proposta em 1965 por Denis

Richet, da intrusão popular, carregada de seu peso de arcaísmo, de reivindicações passadistas, nas origens da "derrapagem" da Revolução a partir de 1791. De fato, nossos autores estão mais tentados (com Samuel Scott), de zombar do mito furetista do "ano feliz", que seria 1790 e, com outros (J. Hood e G. Lewis), insistir sobre a precocidade da violência e da contrarrevolução. Em uma palavra, não houve derrapagem, porque, graças à pressão popular, a Revolução é, de ponta a ponta, violência e confronto, ainda que essa operação derivasse bastante do acaso: a retaliação espontânea e tradicional da revolta popular foi "simplesmente associada, desta vez, e por acaso, a uma profunda perturbação política...".

De onde a desconfiança em relação ao peso da ideologia, quer ele seja apresentado em uma perspectiva marxista ou furetista. O trabalho de politização, para uns em termos de tomada de consciência, de manipulação segundo os outros, é depreciado, os elementos "radicais" são remetidos à marginalidade dos "Rousseau dos meios-fios",[2] mesmo (p.93), à "reunião de escroques, de desertores e de prostitutas tal como se encontram no Palais-Royal". Essa revolução vista a partir "do povo", e cujas origens objetivas e os propósitos de guerra concretos são depreciados, se enraíza de fato no primado do rumor, sobre os gestuais mais antigos da violência tradicional, sobre todo um imaginário popular de longa herança. Esse populismo ambíguo, nos antípodas de um certo elitismo de François Furet, ainda que fosse encontrado com mais facilidade em certa herança de Denis Richet, leva a enfatizar a continuidade, e não a ruptura, da importância do religioso, a partir da sólida convicção de uma massa profundamente cristã, e fiel, como de todos os valores tradicionais de uma cultura popular e de uma sociedade (aldeã ou urbana) que lutará contra a desordem na qual ela foi mergulhada pelo acontecimento revolucionário.

---

2 Trocadilho: "Rousseau des ruisseaux". (N. T.)

Essa história da Revolução torna-se, no autor, como na maioria dos que ele cita, uma história da contrarrevolução, das contrarrevoluções na realidade, e das resistências múltiplas à mudança. A ponto que somos levados a nos perguntar o que sobra da Revolução propriamente dita, da qual, na falta de derrapagem, a escalada se explica, segundo alguns – se não inteiramente Sutherland, que reserva um lugar ao peso das circunstâncias –, ao menos P. Higonnet, por fatores psicológicos: o "estado de esquizofrenia da burguesia francesa", chamada ao poder sem ter sido preparada suscita dirigentes instáveis, que se entregam a uma conquista encaniçada do poder em uma fuga para adiante onde se luta tanto contra seus próximos quanto contra seus inimigos. Para um autor como Martin Lyons, Vadier representa por excelência o homem do terror, organizando uma vendeta selvagem, feita de vinganças obscuras.

Como se espantar, nessas condições, que os balanços dessa aventura sem pé nem cabeça sejam nulos ou catastróficos? Nulos, porque a antiga sociedade resistiu, resistência popular, apoiada na religião, na tradição (*O folclore venceu a Revolução*, p.311): mas a resistência é também aquela das elites reconduzidas no quadro de uma sociedade bloqueada e plutocrática (p.286), que permite subsistir o primado dos proprietários e da renda, em um mundo em que as desigualdades são reforçadas. No campo da educação política o fracasso é também flagrante: a partir de Peter Jones, evoca-se o Sul do Maciço Central, onde a realidade permanece aquela dos velhos "confrontos de clãs", transpostos em termos de bandos e facções.

Essa inércia não impede que a Revolução tenha consequências, geralmente catastróficas, no golpe assentado contra a expansão econômica, no domínio da cultura ou da educação, para tomarmos apenas alguns exemplos.

Espanta-se, nessas condições, que o autor se acredite obrigado, *in fine*, de fazer reverência a um acontecimento fundador, do qual ele desenvolve, aliás, todas as consequências perversas no nível do impulso dado pelo modelo francês em todas as revoluções do século XIX e XX: mas, enfim, chegou o tempo da serenidade e segundo uma fórmula divertida "a França cansada não pode mais estar em uníssono com essas paixões tropicais".

Nós não teríamos dado a esse ensaio tal importância se, por seu caráter de montagem de fontes essencialmente anglo-saxônicas, ele não refletisse de maneira muito significativa um certo espírito do tempo. O discurso furetista, abstrato demais, "fatalista" demais, como se diria no tempo de Guizot, é retomado apenas parcialmente. Uma prática de campo, mantida por monografias sobre as quais muitos pesquisadores anglo-saxões se formaram, reforça a ideia principal de uma Revolução que se enfurna nas resistências e na contrarrevolução, onipresente aqui, enquanto ela é, para Furet, a criação de um delírio do qual nos intoxicamos. O popular submerge o elitista, a religião – talvez por uma ênfase que se deve à leitura pessoal de J. Solé – representa um papel determinante.

Tal qual, essa nebulosa, sem dúvida mais disparate do que aparece na obra, ilustra os caminhos de um revisionismo que se quer pragmático, em certos aspectos, populista, centrista e suscetível de conjunções ou de "aberturas" diversas.

Por esse título, as passarelas não são inexistentes para com a corrente historiográfica que defini antes – para dizer brevemente – como a do "anátema": essa ressurgência ou revivescência de uma historiografia abertamente contrarrevolucionária, que não esqueceu nada, mas que sem dúvida aprendeu muitas coisas. Sabe-se o sucesso, no nível da edição e das produções midiáticas francesas atuais, ao ponto que, para o grande público, o debate não se inscreve entre tradição jacobina e historiografia revisionista, mas em termos de a favor ou contra uma Revolução, assimilada à imagem do Terror, da violência e do mal absoluto. Tal produção tem um interesse nulo para a história quando ela se mantém no nível da invectiva, e mesmo de uma contabilidade estéril e discutível dos horrores revolucionários (o que não deve dispensar, nós o repetimos, uma análise da violência e de seu lugar no processo revolucionário). Mas como ela se apropriou, ao menos

Combates pela Revolução Francesa

parcialmente, da argumentação de F. Furet sobre a Revolução, "matriz das derivas totalitárias", ela se inscreve, à sua maneira, na corrente desse "populismo" que valoriza ao extremo, na análise do período, os fenômenos de contrarrevolução, de reação coletiva do campesinato do Oeste ou de outro lugar. Pode-se espantar, com M. Agulhon, que a nova imagem do herói positivo da Revolução, distanciando-se do personagem do *sans-culotte*, invista na do camponês da boscagem, lutando pela religião e pelo rei. Os historiadores do Oeste – são numerosos e nem todos, de modo algum, chouans[3] – estão em posição de fronteira muito fluida, incessantemente tentados de cultivar a ambiguidade, de fazer passar a história da Vendeia do domínio do social para aquele do imaginário, fazendo uma criação artificial (J.-C. Martin) de memória fabricada imediatamente, e mantida depois.

Os ataques da historiografia contrarrevolucionária diversificaram-se: anexando, em uma França de hoje em que o debate sobre o liberalismo e o socialismo foi reavivado, o domínio econômico e financeiro. Tenta-se avaliar o estrago feito pela Revolução Francesa, outro terreno, acabamos de ver, onde o encontro com um certo discurso revisionista é fácil. Depois de Sedillot, vulgarizador que atacou o "custo da Revolução Francesa" – em homens, em dinheiro, em dinamismo econômico... –, Florin Aftalion, sob pretexto de propor uma síntese a respeito da "Economia da Revolução", reitera um desenvolvimento conhecido a respeito do fiasco financeiro ligado à aventura do *assignat*.[4]

Esse quadro explodido, quando apresentado a partir de um revisionismo, como de uma historiografia contrarrevolucionária que não se confunde com ele, apesar de certos empréstimos e superposições, é a base para que nos peçam conta no que concerne a escola dita "jacobina", de tradição próxima do marxismo. Ela opõe a essa diversidade a retidão de um discurso inalterado? Não o creio e, em um sentido, isso é um bem. O clichê,

---

3 Insurgente monarquista no Oeste da França, durante a Revolução. (N. T.)
4 Papel moeda emitido na França sob a Revolução. (N. T.)

porém, foi recebido, e reproduzido de modo bastante largo, de um declínio ligado à ausência de renovação, à repetitividade, à rigidez de esquemas reproduzidos *ne varietur*. Encontramos aqui a argumentação desenvolvida em 1978 por F. Furet, em *Pensar a Revolução*, as próprias sequelas da polêmica dos anos 1960, naturalizando o tema de uma vulgata esclerosada. Essa nova ideia feita segue seu caminho: é notável constatar sua difusão, com um tempo de latência, no nível dos manuais pedagógicos do ensino secundário, que deram eco no pós-guerra, da leitura clássica retomada a partir de G. Lefebvre, depois de Albert Soboul, e que nesses anos anunciam um deslizar significativo em direção das teses "revisionistas", consideradas como mais representativas da "Nova História". Tal evolução se encontra, acentuada, no nível da imprensa e das mídias, reflexo de certo ar do tempo. Torna-se normal interromper, conforme o humor, na morte de Georges Lefebvre ou na de Albert Soboul, a continuidade de uma linhagem da qual admite-se que ela terminou a partir de agora.

Não seria inútil, entretanto, de nos perguntarmos, no nível de uma real produção, avaliada pelo número das pesquisas em curso, sobre a importância relativa dos diferentes grupos de pesquisadores, e de sua fecundidade. Certo elitismo na escola que se reúne à volta de F. Furet não facilitou, até uma data recente, a multiplicação dos trabalhos: mas talvez essas coisas estejam mudando.

Permanece o fato de que a historiografia "jacobina" também não é inerte. Surgem várias correntes, ou várias tendências. No grupo daqueles que foram, de perto ou de longe, na França ou fora dela, os alunos ou discípulos de Albert Soboul, movimentos centrífugos se desenham, manifestação simplesmente do constato ou da ideia que um certo estilo de expressão, ou mesmo de pensamento, não pode mais ser praticado, e que, sem renunciar aos próprios pressupostos da abordagem, convém, para parar uma erosão causada por várias circunstância históricas e historiográficas, de falar outra língua, abrir outros trabalhos, experimentar outros métodos.

Sem multiplicar os exemplos, vejo em certo artigo recente de Haïm Burstin (*Passato e presente*, 10/86, sobre o tema *"I san-culotti: um dossier a riapprire*), a ilustração de uma abordagem que, sem ser iconoclasta – prestando à solidez inatacável do modelo de referência soubouliano a homenagem que lhe cabe –, desenvolve a necessidade e os meios de ir mais longe, a partir de uma problemática alargada: atenta a tudo o que foi escrito sobre as populações urbanas (e singularmente parisiense) na longa duração do século XVIII, em suas estruturas profissionais e mentais, a herança dos comportamentos ligados ao sistema corporativo, as formas de sociabilidade de bairro... reintegrando assim, em uma história que talvez tenha-se um pouco demais voltado para o tempo curto da Revolução, as aquisições de uma historiografia de respiração mais larga. Esse alargamento do campo histórico ou dos territórios de prospecção não consegue unanimidade, entretanto. Fazendo uma resenha da tradução italiana de minha obra sobre a *Mentalidade Revolucionária*, um artigo da revista marxista *Rinascita* foi intitulado: a Revolução não passa de uma mentalidade. Sadia advertência, decerto, à qual o autor não é insensível: mas podemos, sem confundir a Revolução com um fenômeno de mentalidade, fazendo abstração de tudo o que pertence aos condicionamentos objetivos de um lado, à ideologia, de outro, estar atento ao peso desses fatores de mentalidade no processo revolucionário, que explicam as "resistências" reencontradas ou, ao contrário, as expressões da tomada de consciência revolucionária.

A conclusão dessa reflexão convidava a não perder de vista a ideologia, o debate de ideias sobre o político, esse domínio essencial, ao qual voltou-se atualmente um dos investimentos essenciais da crítica revisionista. Creio também, ao pensar que haveria erro em nos deixarmos fechar na problemática abstrata e, em certos aspectos, esclerosante, de certo discurso revisionista. Bater-se a respeito do político, mas sem esquecer os trabalhos antigos ou novos do social e do econômico, os territórios conquistados no domínio do cultural e do mental.

A tentação é, no entanto, maior para mais de um, formado nas disciplinas da escola, senão de uma tábula rasa, pelo menos da recusa do que definimos como "historiografia". Entendamos por aí o forte desejo de escapar não apenas do debate Furet-Soboul, mas de todo o discurso secretado sobre a Revolução Francesa pelos séculos XIX e XX inteiros, de Michelet a Marx ou a Jaurès, sem esquecer Tocqueville, Taine ou Cochin. Recusar a historiografia para partir da abordagem direta das contribuições do discurso revolucionário, sem pré-requisitos ou preconceitos. Compreende-se que a tentação seja forte, sobretudo entre os analistas do discurso (J. Guilhaumou).

Podemos nos interrogar, entretanto, sobre os riscos de uma tal abordagem. Uma obra recente sobre a "guerra do trigo", além do mais muito interessante, dirigida por F. Gauthier e G. Ikni, reutilizando um artigo clássico de Thompson, investe na reconstituição a partir do discurso e da prática do tempo, os traços dessa "economia moral" popular, que se assimila, de modo muito natural, à contribuição da filosofia do direito natural. Uma "escola do direito natural", talvez, digamos, um pouco ambiciosamente, se constrói, pondo o acento na reivindicação de uma via alternativa à da construção da sociedade liberal e capitalista, em bases assentadas desde a Revolução. Entre a constatação e as extrapolações, qual seja a importância incontestável do tema da referência ao direito natural sob a Revolução, não nos arriscamos a fazer disso a chave que abre todas as portas, um mergulho na utopia, que não seria, sem dúvida, a verdadeira saída para o debate que recusamos entre "revisionistas" e "estalinistas"?

É, portanto, uma paisagem contrastada que se nos aparece às vésperas do bicentenário, em que o debate ideológico surge como muito menos simples, ou categórico, do que parecia em uma primeira abordagem. O que nós acabamos de exprimir, em termos de tendências, no nível da historiografia, poderia se inscrever igualmente, de maneira instrutiva, em termos de geografia, em escala mundial.

Combates pela Revolução Francesa

Se na França foi mantido certo equilíbrio entre as diferentes tendências historiográficas, apesar das turbulências introduzidas, na conjuntura precisa do bicentenário, pelo retorno de uma historiografia contrarrevolucionária (uma peripécia que, podemos esperar, não tenha amanhã), em outros países diferentes reações se manifestam. Seria, sem dúvida, exageradamente simplificador, apesar do quadro que traçamos a partir do ensaio de J. Solé, de acomodar globalmente o mundo anglo-saxão, a Inglaterra e os Estados Unidos, no campo da historiografia revisionista. Alguns pesquisadores (como Lynn Hunt) traçam um caminho original, testemunho do desejo de se emancipar de um quadro sentido como empobrecedor. A Alemanha federal apresenta uma situação comparável, em suma, enquanto, na Itália, o debate é mais equilibrado entre influências revisionistas e uma vivaz tradição jacobina. Na península ibérica uma historiografia revolucionária marxista conserva posições sólidas, e ocorre o mesmo na América Latina. A Europa socialista e os países socialistas do Extremo Oriente permanecem vinculados a uma leitura marxista, informada de modo irregular sobre os trabalhos e debates em curso, frequentemente atenta ao que está em jogo nesses debates acadêmicos. O Japão se divide entre uma sólida herança de historiografias marxistas e as tentações da nova história. O bicentenário da Revolução permite assim de traçar, senão um balanço, ao menos um estado da questão, em um momento da conjuntura ideológica.

Sem dúvida seria conveniente relativizar e modular as apreciações apresentadas aqui: na produção editorial francesa ou estrangeira, suscitada maciçamente por essa oportunidade, permanece, sem dúvida, majoritária, uma produção que não se vincula nitidamente nem a uma, nem a outra tendência. Se passamos da edição às mídias – da imprensa à televisão – poderemos, sem entrar no detalhe, notar, sem surpresa, o enraizamento de uma visão contrarrevolucionária nos projetos de realizações em curso, com as tomadas de posição divididas de uma imprensa que vai do integrismo conservador (*le Figaro*) a uma atitude frequentemente acolhedora às leituras revisionistas, consideradas como

117

mais "modernas" em toda uma parte dos quotidianos e semanários de sensibilidade de esquerda ou de centro-esquerda.

O debate dos doutos, dos quais vimos o que está em jogo, passou para a praça pública, mas deformado, filtrado ou, ao contrário, ampliado, o que não deixa de trazer o problema de como se fará a celebração do bicentenário: sem querer desenvolver mais do que é lícito este debate franco-francês, podemos ao menos esboçar as grandes tendências. Que Revolução, para qual bicentenário? Alguns já escolheram a rejeição. Grupos integristas ou de extrema direita anunciam, para 1989, grandes desfiles expiatórios, mobilizando um povo sadio contra a apologia do sacrilégio. Mas eles atingirão seus objetivos? As sondagens – com toda a precaução que requer as análises que fazemos delas – nos dizem que 70% dos franceses, "apesar de tudo", conservam uma ideia globalmente positiva da Revolução. Essa ordem de grandeza não deve levar a subestimar o impacto do trabalho de desinformação e das marteladas dos slogans da escola que chamaremos – para simplificar – "do anátema", poderosamente ecoadas pelas mídias. Nossas televisões serão saturadas de *chouanneries*[5] para o bicentenário. Permanece o fato que essa opção pura e dura, resolutamente hostil, continua minoritária, em uma França em que a maior parte dos partidos, da esquerda à direita, continuam a reivindicar a Revolução, escolhendo eventualmente o barrete frígio como símbolo. Mas, para o resto, permanece o fato de que não haverá consenso republicano. A busca por um denominador comum, em que se poderia encontrar a maioria dos franceses, mostra-se difícil.

A posição centrista se revela ao mesmo tempo privilegiada e insustentável. Privilegiada, pois para muitos a velha técnica radical da omelete conserva muita atração. Sabemos que ela é mais saborosa no centro, uma vez cortadas as duas pontas. Por que não proceder assim, quando se trata da Revolução? Evitar, de um lado, o excesso dos ultra, daqueles que cospem passando na frente do liceu Carnot, ou que sonham em torcer o pescoço

---

5 De *chouan*, insurreto monarquista no Oeste da França. (N. T.)

dessa outra mendiga, a Revolução. De outro, sem dar razão a nenhum dos extremos, se livrar de uma vez por todas da importuna tradição jacobina, arqueo-marxista, comprometida com os excessos terroristas de ontem como de hoje, declarando-a, decididamente, fora de tempo.

Essa posição centrista não deixa de ter seus embaraços. O discurso "revisionista" que lhe poderia fornecer a estrutura ideológica incorporou, na reflexão, sem dificuldades, elitista de F. Furet, a rejeição da própria ideia de uma celebração, onde se teme ver a reaparição do velho fantasma de uma aprovação global ao episódio revolucionário.

Acreditando nisso, para chegar a uma nova etapa, a de uma apreciação distanciada e dominada, sem dúvida conviria que a Revolução tivesse realmente "terminado", para retomar outra fórmula de F. Furet e, por aí mesmo despojada de todo peso das heranças históricas e afetivas, que fazem dela ainda um teste fundamental na diferenciação das sensibilidades coletivas, à esquerda e à direita. Paradoxo de uma situação estratégica privilegiada, que os partidários evitam.

No entanto, convém que as coisas se façam, pois não se compreenderia – segundo paradoxo – que isso ocorresse de outro modo em uma opinião francesa em que o esquecimento (no nível da memória) é compensado pela vivacidade ainda atual da opção a favor ou contra a Revolução, e ainda menos, talvez (terceiro paradoxo?), em uma opinião mundial que se espanta dos sentimentos dos franceses diante de sua herança histórica. O bicentenário, como a guerra de Troia, ocorrerá, mas ele requer alguns arranjos.

A história não deixa de ensinar, mesmo que não estejamos seguros de que esses ensinamentos tenham sido meditados em todo conhecimento de causa. Quando nos debruçamos sobre o primeiro centenário de 1889, percebemos que houve, na ênfase acentuada sobre a exaltação nacional, como sobre a Exposição Universal, cuidado de ocultar o que podia ser incômodo na herança e uma escolha seletiva das sequências de referências propostas.

Em 1989, o ano de 1789 foi escolhido, concebido como a moldura privilegiada da "boa" Revolução, a da liberdade e a dos Direitos do homem. Meio de evitar de empurrar para mais longe, até 1793 e 1794, e mesmo até a cesura de 10 de agosto de 1792. Escolha política que se compreende e que pode se justificar no nível da busca de um consenso mínimo – no final das contas, a tomada da Bastilha e a Declaração dos direitos do homem (e mesmo a noite do 4 de agosto, sobre a qual se é mais discreto), não são objetos fúteis! O historiador não tem nada a dizer contra isso, ainda que seja evidente que tal operação não tenha nada a ver com seus procedimentos, rompendo a continuidade do tempo histórico, fatiando a década revolucionária, mas também repousando sobre a ficção de uma Revolução não violenta (ora, o que é a tomada da Bastilha a não ser um ato de subversão, heroico e sangrento), contraposto à Revolução de 1793-1794, assimilada ao episódio terrorista.

Sob a égide do presidente Edgar Faure, que dirigiu até sua morte a missão do Bicentenário, tínhamos começado a nos orientarmos na direção de uma leitura flexível dessas especificações restritivas. Desejemos – mas temos, nessa perspectiva, boas razões para esperar – que, em um contexto geral modificado, essa evolução no caminho de uma consideração global do episódio revolucionário se impõe sem ambiguidade.

Sem estreitar o debate nessas dimensões, por sinal importantes, eu gostaria, para concluir, de me interrogar sobre a constatação mais geral que foi levantada dessa pulverização dos discursos sobre a Revolução Francesa, na conjuntura atual. Por meio dessa referência histórica, constituída como modelo, é bem de hoje e de ontem a ideia de uma transformação profunda pelo caminho revolucionário que se encontra formulada, cada época nutrindo-a de suas segundas intenções. Que representa hoje a ideia revolucionária no mundo atual? É, na verdade, essa questão que volta, direta ou indiretamente, como eco, através das conversas ideológicas sobre a Revolução Francesa.

A Revolução terminou?[1]

François Furet deu à obra que ele publica um título ambicioso, mesmo um pouco magistral, que não se parece muito com ele: *Pensar a Revolução Francesa*. De meu lado, eu teria preferido o de sua primeira parte, mais explícito talvez, *A Revolução Francesa terminou*. Mas os dois títulos, em conjunto, definem um objetivo, ao mesmo tempo em sua intenção metodológica e em suas conclusões. Esse ensaio oferece assim o resultado de uma reflexão ocorrida há treze anos e mais, quando a obra comum de F. Furet e D. Richet, *A Revolução Francesa* (Ed. Réalités), despertou na França as grandes polêmicas em volta do acontecimento revolucionário.

É um itinerário pessoal que François Furet resume aqui, fazendo suceder, na segunda parte, três etapas de sua reflexão e de

---

1 Esta resenha foi redigida a pedido da revista *L'Histoire*, na qual ela deveria ser publicada, mas foi recusada pelo comitê editorial. Assim, agradeço à *Nouvelle Critique* por ter aceito acolhê-la em suas colunas. [Publicado originalmente em *La Nouvelle Critique*, fev. 1979.]

sua descoberta: do "catecismo revolucionário", essa tábula rasa pela qual o autor, em 1971, rompeu definitivamente com o marxismo de sua juventude, ao mesmo tempo que quebrava lanças contra a escola "jacobina": à redescoberta dos grandes antepassados conhecidos ou desconhecidos: Tocqueville, depois Augustin Cochin, cujos aportes complementares iam, de agora em diante, nutrir a reflexão do autor. A conclusão desse caminho é – se se pode dizer assim – a introdução do livro, ou antes, sua primeira parte, essa centena de páginas que põem um ponto final explícito sob o título, como vimos, de "A Revolução terminou".

Serenamente provocador

Para todos aqueles que, como eu, conheciam o início da aventura, do "catecismo republicano" ao "Tocqueville", é um livro estimulante e que não pode deixar indiferente. Com certeza, François Furet está à altura de seu título quando deseja fazer pensar, senão *a* Revolução Francesa, ao menos *sobre a* Revolução Francesa, coisa com a qual, de meu lado, eu me contentarei. A austeridade desse propósito sem concessões, retorno deliberado à história conceitual, conduz a um discurso muito abstrato, que seria árido se o autor não o flexibilizasse com seduções de seu estilo, por vezes absconso, frequentemente semeado de traços bem achados e de felicidades de expressão.

Se o não especialista corre o risco, apesar de tudo, de ficar desconcertado pela mediação que rejeita deliberadamente todas as tentações da história "descritiva", como diz o autor, os historiadores da Revolução só podem alegrar-se desse balanço voluntariamente provocador, mas que se tornou, ao mesmo tempo, sereno, talvez última etapa de uma reflexão cuja fluidez, desde os anos 1960, não é o encanto menor.

Liberando-se violentamente, há mais ou menos quinze anos, das "travas" da historiografia marxista-jacobina, em sua *Revolução Francesa*, François Furet permanecia, entretanto, um historiador social, formado pelos métodos de E. Labrousse, pensando ainda a Revolução em termos de Choques de forças antagonista, embora contestando radicalmente o esquema explicativo do roteiro geral: para ele, como para D. Richet, o consenso das "elites" no fim do Antigo Regime fazia que a Revolução Francesa, radicalizada pela irrupção intempestiva das massas populares urbanas ou rurais, tinha conhecido em 1792 e 1794 não seu apogeu, mas sua "derrapagem", pelo menos momentaneamente, fora dos caminhos de uma evolução natural.

O aleatório da situação

Em referência a esse primeiro modelo, a reflexão atual de F. Furet se inscreve, ao mesmo tempo, em termos de continuidade e de ruptura. Reflexo talvez – mas essa observação é pessoal minha – do difícil avanço, mesmo do fracasso da história "revisionista" (como se diz na França e nos Estados Unidos) da Revolução Francesa, que prolongava essa crítica: os alunos não estavam à altura dos mestres e um exercício de estilo recente (G. Chaussinand Nogaret: *A nobreza francesa no século XVIII*) testemunha, de modo bastante eloquente, desse fracasso e de uma relativa esterilidade.

François Furet prosseguiu sua reflexão: de seu primeiro modelo, ele conserva algumas ideias fortes reafirmadas. A de que a Revolução Francesa, contrariamente à explicação marxista, é "aberta", e não a expressão de uma necessidade: "O postulado da necessidade do que ocorreu é uma ilusão retrospectiva da consciência histórica" (p.35); "A Revolução está no cruzamento de séries heterogêneas que constituem o aleatório da situação" (p.42); e mesmo (p.69) a Revolução definida como "deriva da história", "abertura de uma sociedade a todos os seus possíveis...".

Mas, para ele, esse caráter aberto do episódio revolucionário não o torna dependente das circunstâncias – a guerra, as armadilhas da aristocracia... – que teriam modelado seu curso. François

Furet, que exorciza de novo a teoria das "circunstâncias" o afirma: "Não há circunstâncias revolucionárias, há uma revolução que se nutre de circunstâncias". De onde o desprezo férreo que opõe o historiador parisiense aos raquíticos elementos em volta dos quais a pesquisa de campo se polariza ainda e que podem levar a crer um historiador meridional como eu em um equilíbrio incerto e sem cessar questionado pelas forças antagonistas no confronto revolucionário. No limite, essa condenação sem apelo não poderia deixar de englobar a teoria da "derrapagem" da Revolução que Furet e Richet tinham precedentemente proposto. Mas é que, para o autor, a Revolução se tornou, ou voltou a se tornar, um todo. Antes de ver o que constitui sua essência – ou, para falar como Tocqueville –, o espírito, concluamos a respeito dos pontos pelos quais Fraçois Furet permanece fiel a si mesmo.

Aquém de Tocqueville

Essencialmente na rejeição, reafirmada, do que chamarei, para simplificar, a leitura "social" da Revolução Francesa, que é essa afirmação e essa conquista de mais de meio século de estudos revolucionários. A rejeição do modelo marxista de leitura da Revolução Francesa já estava inteiramente no "catecismo revolucionário"; e, sobre esse ponto, a nova síntese contribui com poucos elementos novos, quando muito algumas variações sobre um tema: F. Furet se apresenta a si mesmo (p.67) "aquém" de Tocqueville, que define o espírito da Revolução como "a vontade de transformar a própria base da sociedade". Tomando, entretanto, o social ou a sociedade em uma acepção muito restritiva, ele afirma (p.101) que existem períodos em que a sociedade pesa, e outros em que a ideologia se torna esmagadora: a Revolução Francesa faz parte destas últimas. Nessas condições, a leitura jacobina e depois marxista de uma revolução como confronto de classes vê confirmar a condenação desdenhosa formulada precedentemente: o "esquema caricatural do front de classe reflete a percepção maniqueísta dos militantes" do tempo das revoluções (p.37), a Revolução *burguesa* é um "conceito ou máscara providencial", uma "ideia confusa", elaborada pela tradição jacobina e que a historiografia comunista, que "mói sem grão", "leva ao absurdo de um rigor ilusório" (p.38), nutrida ao mesmo tempo pela "preguiça do espírito" e das "litanias respeitosas".

Tudo isso nos era conhecido, e não solicita maiores comentários. Mais novos, são uma série de temas e de preconceitos de método, em que se inscreve a nova etapa do pensamento de Furet. Eu os resumirei em alguns traços. Em primeiro lugar, se inscreve o desejo, expresso no próprio título, de uma nova "conceptualização" do fenômeno revolucionário. Depois de ter exorcizado os sistemas, F. Furet sente a necessidade de reencontrar um quadro explicativo geral. Difícil tarefa, se pensamos nos grandes fantasmas que pairam sobre o campo de batalha. Muito felizmente, se Marx morreu (para F. Furet), Augustin Cochin passa muito bem: esse desconhecido da historiografia revolucionária, que sonhou, no início do século, de aplicar ao fenômeno jacobino uma história conceptualizada, ao invés da abordagem positivista de seus contemporâneos, no nível do vivido e dos acontecimentos. É sob a égide, à primeira vista inesperada, de Augustin Cochin, católico tradicionalista morto em 1914, mais ainda do que sob aquela de Tocqueville, que se coloca F. Furet para propor uma nova leitura do fato revolucionário.

Essa leitura se impõe, em primeiro lugar, como uma revanche do político: o autor o lê com insistência: "A primeira tarefa... é de redescobrir a análise do político como tal" (p.45); ele o repete na conclusão da sua primeira parte: "O balanço da Revolução Francesa é essencialmente político e cultural: uma transferência de legitimidade". A Revolução cessa de ser luta em um front de classe; ou, para um modelo de sociedade, o problema de fundo de seu estudo é a "contradição entre a legitimidade representativa das assembleias e a democracia direta das jornadas ou das expressões da opinião" (p.76).

Um delírio sobre o poder

Nesse nível o autor se põe, portanto, no plano das ideologias, ou antes, da ideologia, tal como ele a compreende (quer dizer, não como o reflexo e expressão de forças ou de grupos sociais, mas como a expressão de um "social imaginário reconstruído"). De certo modo, a história para a qual ele tende seria aquela que eu chamaria, na minha linguagem, a das ideias fortes: essencialmente a vontade do povo, expressão do ideal igualitário da democracia direta e – mas apenas por derivação – a ideologia nacional que se torna seu complemento. Depois, também, esse prolongamento em termos de "delírio" do ideal da democracia direta, que é o "complô": dos dois seios da mentalidade revolucionária segundo Georges Lefebvre, a esperança e o medo, François Furet reteve apenas o medo sob forma do mito do complô definido como um "delírio sobre o poder" (p.79) ou, mais longe... "com a vontade do povo as duas faces do imaginário democrático do poder".

Sustentada pelas proliferações desse imaginário coletivo, a Revolução Francesa reencontra uma coesão real – de 1789 ao 9 termidor, pelo menos –, o que não deixa de surpreender o escrito do autor de *A Revolução Francesa*... há treze anos. Não há mais derrapagem, não há mais o estreito caminho da Revolução das Elites diante dos dilúvios passadistas dos furores populares: essa Revolução que se tornou um todo se embala por seu próprio movimento – por seu próprio "delírio" – ao ponto, como vimos, que os acontecimentos que a atravessam não aparecem a não ser como epifenômenos negligenciáveis.

O trauma maior

Assim, a Revolução, mesmo em sua fase jacobina radicalizada, não é mais, como o autor havia feito crer outrora, um erro da história: ela se torna *o acontecimento*; virada essencial, "ponto focal" (p.35), ela é de novo um todo, um maior trauma que, "do dia em que em que explode, transforma completamente a situação anterior" (p.39). Mas lá onde a historiografia que François Furet considera como tradicional via nessa quebra maior um coroamento, e se polarizava sobre os problema das causas, o autor, rejeitando essa problemática que ele considera como obsoleta, faz da Revolução o lugar "em que o passado vem se abolir, o presente se constituir, o futuro se desenhar", não privilegia menos, de maneira bem nítida a Revolução criadora, ou origem; ele o diz em conclusão de sua primeira parte: "A Revolução é uma origem, e um fantasma de origem... a primeira experiência da democracia". Se quiséssemos resumir em um único traço, tentando não caricaturar, poderíamos dizer que a Revolução, segundo F. Furet – diferentemente do Ser Supremo do hino do 20 prairial, que não tem passado e que não tem futuro –, não tem passado, mas tem um futuro incontestável. Seria forçar no traço: pois Furet, que encontra aqui seu mestre na pessoa de Augustin Cochin, indica bem certo número de pistas que explicam o surgimento, se não a proliferação da ideologia democrática: é o discurso dos filósofos, a própria realidade que eles constituíram de uma república das letras, em contraponto com uma sociedade de ordens: é Rousseau em primeiro lugar. Mas o autor, temendo se surpreender a repetir uma velha canção (a culpa é de Rousseau?[2]), se autocensura preventivamente: "Rousseau não é em nada responsável pela Revolução Francesa, mas é verdade que ele construiu, sem o saber, os materiais culturais da consciência e de prática revolucionárias".

Nessas origens – de um termo que ele não gosta muito – da ideologia revolucionária, ou nas pulsões que a tornaram possível, o autor empresta de Augustin Cochin a noção de sociabilidade – a das lojas maçônicas e das academias –, a das sociedades

---

2 Canção revolucionária, que Victor Hugo tornaria célebre em *Os miseráveis*: "*Je suis tombé par terre, c'est la faute à Voltaire / Le nez dans le ruisseau, c'est la faute à Rousseau*" [Eu caí no chão, a culpa é de Voltaire / O nariz no meio-fio, a culpa é de Rousseau]. (N. T.)

de pensamento opostas ao tipo corporativo antigo, no próprio espírito que preside à constituição delas. Uma sociabilidade, em uma palavra, ao mesmo tempo próxima da que Maurice Agulhon nos descobriu há pouco, e bem diferente, na medida em que M. Agulhon, como D. Roche, enraízam seus estudos no húmus de uma história social ou das mentalidades "descritivas", diria F. Furet que, de seu lado, não acredita na fecundidade dessa abordagem.

Destacando-se da história das mentalidades na medida em que se inscreve em contraponto da história social, onde se situa François Furet, nessa etapa de sua reflexão? Ele nos disse, no nível de uma história "conceptual", na continuidade daqueles que o inspiraram, Tocqueville e Augustin Cochin.

Em sua afetação um pouco "retrô" de retorno aos grandes ancestrais (ao mesmo tempo que exorciza alguns outros), essa história se quer de ponta e, condição de uma reflexão renovada para um novo ponto de partida em direção de uma pesquisa desempoeirada, desembaraçada dos entraves das ideias feitas. Pode-se dizer que o autor tenha conseguido nos convencer, e que, para lutar, como ele o diz, contra o "resfriamento do objeto Revolução Francesa", a abordagem que ele propõe nos apareça fecunda?

Estou longe, como se sabe, de compartilhar os pressupostos do autor, e – talvez se tenha sentido – não compartilho de sua leitura. Reconheço nesse ensaio um real valor estimulante e provocador, para além mesmo do testemunho que traz sobre o itinerário de François Furet. Entre as intuições interessantes, certamente, a necessidade sentida de abordar hoje a Revolução no nível do *poder*, do *Estado*, da *ideologia*: campos que foram, por muito tempo, negligenciados; ainda que, em todos esses pontos, nossas definições e nossas abordagem tenham diferido. O que passa, inevitavelmente, como uma abordagem da mentalidade revolucionária – que não se imobiliza, parece-me, no nível banalmente descritivo em que o autor a supõe. O que leva igualmente a se enveredar nesse estudo do discurso que alguns pesquisadores marxistas, que F. Furet parece ignorar (R. Robin,

Combates pela Revolução Francesa

J. Guilhaumou, B. Conein, e outros ainda), empreenderam atualmente. Nesse plano, e com todas as reservas feitas para além dele, o ensaio de F. Furet me parece sugestivo.

Aprecio igualmente, por sua novidade na obra do autor, a reavaliação do próprio fato revolucionário. No tempo em que a história parece se comprazer com uma longa duração que se imobiliza na "história imóvel", Furet redescobre, e o diz, o lugar da mutação brusca, não herdeira, mas criadora no calor da hora, de uma nova rede de valores vividos. A esse título ele remete – sem dizer – ao belo ensaio de Mona Ozouf sobre a "festa revolucionária", ilustração exemplar da criatividade do tempo curto.

Terminada para quem?

Em contraponto a essas análises estimulantes, corrosivas, provocadoras, no bom sentido do termo, eu me pergunto se essa história não é, também, muito estéril. A mensagem que F. Furet quis passar, sob o tema extremamente ambíguo "A Revolução terminou", deixa um mal-estar e uma multiplicidade de leituras possíveis. Terminada para quem? Para os velhos combatentes do jacobinismo? Para François Furet? Para nossa geração "revisionista" toda inteira?

No plano da pesquisa, a leitura de Furet não supõe muita injeção de matéria nova. Algumas referências ao estudo temático dos cadernos de reclamações[3] (p.63), a utilização de um corpus de brochuras pré-revolucionárias (p.52), a ignorância dos trabalhos recentes do estudo do discurso ou da história das mentalidades: inversamente, o recurso sistemático aos grandes ancestrais, esperado recurso a Tocqueville, menos para Augustin Cochin. Sei perfeitamente que o retrô pode estar na extrema ponta da moda, mas essa história que quis exorcizar catecismos, vulgatas e

---

3 *Carnets de doléances* de 1789. Cadernos que reuniam petições e queixas da população. (N. T.)

trechos escolhidos, e se volta para o passado para encontrar nele outros pais fundadores, permanece para mim um paradoxo.

Sou um historiador de campo: F. Furet não gosta muito deles, fustigando com golpes redobrados os eruditos aos quais ele os assimila; a erudição e seus "progressos setoriais" (p.20), a história da Revolução como especialização universitária... "e assim é bem necessário que cada geração... faça sua parte de arquivos" (p.21), para concluir: "a erudição... nunca basta para modificar a concepção de um acontecimento". É sem azedume, no entanto, que digo simplesmente como penso: que creio os estudos revolucionários em pleno despertar hoje – ou, para falar como F. Furet, o objeto revolucionário em curso de aquecimento!

Uma relação afetiva

Mas não acredito que esse despertar passe pelo desvio da história "conceitual", tal como a propõe Furet. Esse esquema abstrato, stendhaliano, faz de *Pensar a Revolução* o *Do amor*, de François Furet: ele teve com a Revolução Francesa – e mais ainda, talvez, com seus historiadores – uma relação afetiva e quase passional. Evoca, aqui, várias vezes, a "cristalização" stendhaliana: no termo de sua aventura, ele nos restitui, quanto a ele, uma Revolução Francesa cintilante e morta, irreal.

François Furet encerra cruelmente Georges Lefebvre nos estreitos limites de um "militante do cartel das esquerdas, depois do *Front Populaire*".[4] Mas conseguirá nos fazer acreditar que foi ele o primeiro a conseguir quebrar o círculo encantado, a se liberar do sortilégio pelo qual os historiadores da Revolução Francesa – como os outros – refletiram os engajamentos e as esperanças do tempo deles? François Furet reflete hoje os desencantos daqueles para quem a Revolução terminou.

---

4 Frente popular: coalizão da esquerda que governou a França de 1936 a 1938. (N. T.)

Reflexões sobre a interpretação revisionista da Revolução Francesa[1]

No debate historiográfico que marcou o bicentenário da Revolução Francesa, uma ideia largamente aceita na França e fora dela é a do triunfo do "revisionismo" sobre uma história "clássica" ou "jacobina" do episódio revolucionário. Na França, esse tema foi largamente orquestrado pelas mídias: a televisão sagrou François Furet como "rei do bicentenário", mas, na Espanha, me aconteceu de descobrir no *El País* uma grande entrevista do mesmo historiador sob o título: "Ganhei".

Sem dúvida, não é absolutamente nesses termos que convém conduzir o debate, o que levaria a encerrá-lo, talvez, prematuramente. Mas é preciso, de início, nos interrogarmos sobre a própria significação do revisionismo, como corrente crítica desenvolvida há uns trinta anos, confinado muito tempo no círculo dos especialistas antes de se encontrar propulsado na praça pública pela própria conjuntura do bicentenário. O termo é pouco

---

1 Publicado originalmente em *Atas do Colóquio da American Association for French Historical Studies* (27-30 dez. 1989), v.16, n.4, 1990.

Michel Vovelle

feliz por causa de todas as ambiguidades de que é portador, e em particular, pela confusão que ele se presta com o outro revisionismo – aquele que contesta na história da segunda guerra mundial a realidade do holocausto. No entanto, ele foi aceito, e eu o empregarei como outros, na falta de melhor.

A própria definição do revisionismo supõe que ele se inscreve no contraponto de uma ortodoxia, de uma leitura até então hegemônica, na qual se viu uma "vulgata" esclerosada e repetitiva. É a interpretação "clássica" da Revolução, dita por vezes "jacobina" e mesmo marxista, tal como foi desenvolvida, traçando largamente, de Jaurès a Mathiez, à Lefebvre, depois Soboul. A designação desse objeto não vai sem simplificação, pois historiadores como Marcel Reinhard ou Jacques Godechot, que se vinculavam a essa corrente, não eram marxistas, e Georges Lefebvre, como o próprio Soboul, fizeram questão de precisar suas posições, que não eram de estrita ortodoxia. Resta o fato de que todos esses historiadores se ligam a uma leitura social do abalo revolucionário, da qual eles contribuíram para limpar o terreno, aspectos da Revolução camponesa em Lefebvre (*Os camponeses do Norte da França, La Grande Peur*), às mobilizações urbanas (*Os sans-culotte parisienses do ano II*, de Albert Soboul). Para eles, a Revolução Francesa, que derruba não apenas o antigo regime institucional da monarquia absolutista, mas, mais profundamente ainda, o antigo regime social da sociedade de ordens, apoiado nos privilégios da aristocracia nobiliária, opera a conjunção de uma revolução burguesa e revoluções populares, que Georges Lefebvre evocava: movimentos parisienses e urbanos, revolução camponesa. É esse efeito de encontro de uma Revolução "burguesa de sustentação popular" (A. Soboul) que explicaria a radicalidade do processo, e seu movimento ascendente de 1789 a 1793.

Em contraponto desse esquema explicativo, podemos falar de *um* discurso revisionista. Creio que convém distinguir vários estratos, chegando a formulações bem diferentes. Um primeiro estrato, no final dos anos 1950, corresponderia às interrogações

Combates pela Revolução Francesa

dos pesquisadores anglo-saxões, ingleses, como Cobban, ou norte-americanos. Ele questiona o conceito de revolução burguesa a partir de uma contestação da própria realidade de uma burguesia de tipo moderno, como também de uma aristocracia retrógrada, e insiste sobre seus aspectos progressistas (G. Taylor). Essa contestação conduz a interrogar sobre o caráter necessário da Revolução, devolvendo ao político e ao acontecimento contingente um lugar determinante nas origens do movimento (W. Doyle).

É nessa primeira corrente que se inscreve, na França, a etapa inicial do percurso de François Furet, associado a Denis Richet em 1965, em sua obra *A Revolução Francesa*. Para eles, um compromisso era possível sob a forma de uma evolução reformista no quadro do consenso das elites, nobreza e burguesias associadas, compartilhadoras da ideologia das Luzes. Houve uma *derrapagem*, segundo a expressão deles, pela intrusão não desejada das massas populares – urbanas e camponesas – portadoras de palavras de ordem e de reivindicações passadistas. De onde a escalada que conduziu ao episódio terrorista de 1793-1794, perfeito contrário de um movimento ascendente. Tal era, simplificando muito, sem caricaturar, espero, o que estava em jogo nos anos 1970, acompanhado de uma polêmica em que a elegância nem sempre esteve presente, de um lado como do outro.

Arriscando aparecer incuravelmente otimista, estimo que esse debate foi fecundo e produtivo. A historiografia jacobina, interpelada e provocada, foi levada a retomar domínios essenciais, assim, sobre a definição de uma burguesia de estilo antigo, ou de transição, a partir de análises como as de Régine Robin, que também muito contribuiu a pôr em evidência os equívocos da teoria das Elites. Aliás, sem renunciar à prospecção dos trabalhos da escola social, essa corrente historiográfica aprendeu a reavaliar o lugar do político, em volta de certos temas como os do jacobinismo, e a dar ao cultural e ao mental (M. Vovelle) um lugar importante na prospecção dos novos territórios da história revolucionária. De tal maneira que quando vemos um historiador como Jacques Solé (*A Revolução em questão*, p.61) zombar do "mito marxista de uma conquista do poder pela burguesia industrial" podemos nos perguntar o que há de mais vulgar que o marxismo vulgar, a não ser, talvez, o antimarxismo vulgar.

Permanece o fato de que o discurso revisionista, tal como é conduzido por François Furet, evoluiu muito de seu lado, como testemunha seu ensaio publicado em 1978 com o título de *Pensar a Revolução*. Uma parte das afirmações mais espetaculares de 1965 são questionadas, assim o tema da derrapagem, pois o processo revolucionário reencontra, no modelo explicativo que se constitui então sob a pena de F. Furet, uma real unidade. A Revolução é, de agora em diante, lida sob a lente do político, como lugar de uma experiência que mergulha suas raízes nas décadas antecedentes, pelo desenvolvimento dessa "sociabilidade democrática" (um conceito que Furet retoma do historiador Augustin Cochin), das lojas maçônicas e das sociedades de pensamento, sob a égide da noção rousseauista de soberania popular. É a aplicação não apenas desses princípios, mas, também, dessas práticas que conduzem, sob a Revolução, a instalação da "máquina" jacobina, no quadro de uma experiência que faz da Revolução a *matriz do totalitarismo* (*Pensar a Revolução*, p.232) enquanto *1789 abre um período de deriva da história*. Convém, para Furet, fechar esse episódio, cujas consequências foram funestas na constituição da cultura política francesa, tanto quanto na elaboração de um modelo retomado pelos totalitarismos modernos. Pôr fim ao "excepcionalismo francês" é, hoje, convir que "a Revolução terminou".

É a palavra final da reflexão de François Furet? É, em todo caso, o slogan que atingiu mais largamente, para além do público dos historiadores, uma sensibilidade coletiva prestes a acolhê-lo. Mas é verdade também que, graças a um pensamento particularmente flexível, François Furet, no âmbito de um bicentenário que não via como oportuno, sem admitir, entretanto, que ele não pôde lhe reservar o lugar que lhe cabia de direito, ou seja, o primeiro, foi levado a flexibilizar sua posição crítica diante da Revolução, e mesmo de encontrar nela uma dimensão positiva.

Permanece, para além do impacto conjuntural da história imediata, que do segundo ao terceiro Furet um contra modelo explicativo foi oposto à leitura jacobina. Caracteriza-se pelo primado do político e pela rejeição da explicação social, pela abordagem de uma história que se quer conceitual, atenta não apenas à análise dos textos políticos, mas ao recurso à historiografia, a esses autores que, de Cochin a Tocqueville, a Quinet ou a Marx, forneceram cauções e pontos de referência. Essa abordagem não cria unanimidade no próprio seio das correntes revisionistas: Jacques Solé, reflexo bastante fiel de um certo espírito do tempo lhe reprova um "monismo abstrato, digno do primado marxista da economia", maneira elegante (?) de recusar ambos os protagonistas. Permanece o fato que o caminho do revisionismo praticado por François Furet parece acumular os inconvenientes de um modelo fechado, que não parece pedir verdadeiramente a contribuição de matéria nova, o que o constitui em nova vulgata, e aqueles, paradoxalmente, de uma certa inconsistência na formulação sucessiva das teses contraditórias.

Falamos hoje de outro "revisionismo" que eclodiu tanto nesses últimos anos, tanto na França, como, principalmente, nos Estados Unidos e na Inglaterra. A obra já citada de J. Solé (*A revolução em questões*) nos convida a ele, apresentando-se quase como uma montagem de diversas fontes anglo-saxônicas, frequentemente citadas de modo literal, em particular o ensaio de Donald Sutherland, *Revolution and Counter-Revolution*. Se tentamos caracterizar sem caricaturar contribuições muito mais diversas, sem dúvida, do que sugere o autor, parece que essa corrente atual se diferencia da abordagem furetista por sua preocupação pragmática, fundada em estudos de terreno e abordagens monográficas. Mas esse desejo de escrever uma história sem preâmbulos nem preconceitos conduz a retomar o tema, que se tornou clássico, do caráter contingente do acontecimento revolucionário, a partir da inconsistência de uma burguesia revolucionária em 1789, da fraca penetração das luzes fora de círculos restritos. A Revolução é a explosão da violência popular, e isso, do começo ao fim, fundada sobre o primado do rumor e dos gestuais mais antigos. Esse populismo ambíguo, nos antípodas de certo elitismo de François Furet, conduz a enfatizar a continuidade e não a ruptura, na importância do religioso em uma massa profundamente cristã. Essa história da Revolução se torna, na maioria desses autores, uma história da contrarrevolução, das resistências às modificações, a ponto que chegamos a nos perguntar o que sobrou da própria Revolução e as razões de seu sucesso. Em sua dinâmica interna, o papel dos atores marginais e desclassificados, *Rousseau dos meios-fios* é depreciado, *O estado da esquizofrenia da burguesia francesa* (P. Higonnet), que chegou ao poder sem estar preparada, suscita dirigentes instáveis que se entregam a uma conquista encarniçada do poder, em uma fuga para adiante em que se luta tanto contra seus amigos como contra seus inimigos... Através desse balanço crítico, se bem que muitos desses autores neguem, o risco é constante de escorregar para uma história denúncia, ou para uma narração uniformemente depreciativa, cujo terceiro componente da historiografia revolucionária atual – aquela que eu me autorizei a chamar de *história anátema*, da qual Pierre Chaunu é o representante – oferece a ilustração. O sucesso nos Estados Unidos da obra de Simon Scham, que nada traz ao debate dos historiadores, a não ser o testemunho de uma narração hostil, é significativo nesse sentido. Da multiplicidade dos revisionismos nós seríamos tentados de dizer: e ainda não levamos em consideração a explosão espetacular que se produz atualmente na historiografia dos países do Leste, da China à Rússia, em revolta contra uma vulgata particularmente pétrea. "Somos termidorianos", dizem os historiadores chineses, tentados por vezes de jogar o bebê com a água do banho. Diante desse movimento generalizado, somos tentados de concluir com o sucesso total das correntes revisionistas na história da Revolução. Logo não se falará mais de historiografia jacobina, disseram-me recentemente...

Parece-me, entretanto, necessário reafirmar alguns temas: do todo social ao todo político, se seguimos a via aberta por

Combates pela Revolução Francesa

François Furet, a queda é rude e, no mínimo, mutilante. Conduz a desconhecer toda uma parte dos trabalhos mais fecundos e mais promissores da pesquisa, não apenas no domínio de uma história social que não perdeu o mérito, mas da história cultural e das mentalidades. Traz nela o perigo de um novo dogmatismo esterilizador. Aliás, as ambiguidades do neorrevisionismo "populista", dissolvendo o objeto Revolução na contrarrevolução deixam perplexo diante de um conjunto de abordagens críticas descoordenadas.

Entre essas diferentes leituras, um traço comum: a desmistificação da Revolução Francesa, a desconstrução de uma imagem devota modelada pela tradição republicana, tanto quanto jacobina. Para chegar à ideia de François Furet que "a Revolução terminou" – um desejo tanto quanto uma constatação, como ele escreve. Mas o historiador deve sempre desconfiar das espertezas ou das ironias da história em andamento, da história imediata. No momento em que se propunham a pôr fim no caráter francês excepcional, evacuando, com a memória da Revolução, a "matriz das derivas totalitárias", surge, nos países do Leste toda uma corrente propriamente revolucionária que faz apelo a 1789 para reivindicar liberdade, igualdade, fraternidade... De onde a reviravolta de alguns pensadores como Edgard Morin em *Desmistificar, meditar, remitificar a Revolução Francesa*. Então, ela não estava morta e pode ainda servir? No momento em que o objeto Revolução volta com toda força, o historiador, ao mesmo tempo ancorado no seu tempo e preocupado em responder a uma exigência científica deve praticar uma historiografia aberta da Revolução Francesa. A historiografia "jacobina" da Revolução, tal como a concebem hoje aqueles que se vinculam a essa herança, é muito diferente do esquema dogmático e estreito na qual se encerra, com uma simplificação manifesta, a herança de Albert Soboul. Atenta aos campos da cultura e das mentalidades, ela não é indiferente aos aspectos da redescoberta do político que caracterizam o período atual, ainda que se recusasse a essa virada do "todo social" ao "todo político", que reflete o espírito do tempo.

Em contraponto, qual pode ser a justificação de uma atitude "revisionista"? Ou o revisionismo se dissolve em uma atitude de crítica, que pode ser a marcha natural de uma história atenta em prospectar novos objetos, ou ele se estrutura como contra modelo, com toda a fragilidade que isso traz. Finalmente, não se pode perguntar se convém ainda se vincular às denominações recebidas, estreitas, ambíguas e sobretudo redutoras ou, ao contrário, de acabar com as etiquetas de "jacobinos" e "revisionistas"? Ao invés de esmagar a corrente adversa sob o peso da polêmica ou de um silêncio cultivado, talvez seja conveniente reconhecer que não existe hoje leitura hegemônica, e que isso é, sem dúvida, um bem.

II
As grandes oficinas[1]

---

1 Para o título desta segunda parte, Vovelle emprega a palavra *chantier* (*Les grands chantiers*). É uma palavra de difícil tradução em português, o significado mais próximo sendo "canteiro de obras", mas nem sempre cabe, e se torna bastante pesada. Claire Vovelle, a filha do autor, a quem agradeço por ter seguido com atenção delicada este trabalho de tradução, me alertou a respeito: "Em *chantier* certamente há uma vontade política, de labor, talvez. Mais ou menos consciente. Mais banalmente, pode-se perceber os *chantier* como projetos de pesquisa, conjuntos de temas. Nenhum desses termos descreve perfeitamente a ideia que eu gostaria de transmitir". Ela acrescentou que não há uma única escolha, mas soluções que devem ser avaliadas a cada passo, levando em conta a situação na frase. Para este título, pareceu-me que "Os grandes canteiros de obras" seria muito deselegante; oficinas pareceu-me sugerir melhor a ideia. (N. T.)

Revolta e Revolução[1]

Dizendo toda a honra que sinto em ser convidado a introduzir este encontro sobre "Revolta e Sociedade", quero explicar, de início, por que, tão empenhado na preparação do bicentenário da Revolução Francesa, que suscita uma abundância de colóquios, aceitei com tanta boa vontade, de trazer minha colaboração a um confronto que, voluntária e explicitamente, desejou afirmar sua diferença, abordando, no duplo contexto do aniversário de maio de 1968 e da aproximação de 1989, o tema ao mesmo tempo mais largo e mais limitado da *revolta*. Imenso, mesmo porque, se a revolta é sem fim, e de todas as épocas, ao inverso, sua reputação é de não ter futuro e sem amanhãs.

Seria por isso que devemos constatar a modéstia do investimento coletivo no vigésimo aniversário dos movimentos de 1968, que talvez só tenha equivalente à que lembrou os cinquenta anos do *Front Populaire*, enquanto o número de colóquios

---

1 Publicado originalmente como introdução ao colóquio *Révolte et Société*. Paris: Éditions de la Sorbonne, 1990, 2v.

sobre o bicentenário ultrapassa largamente a centena (coisa que me alegra)? Poderiam, no entanto, objetar que o encontro atual sobre "Revolta e Sociedade", na ambição de seu projeto, contém pelo menos vários colóquios em um único.

Vocês me perdoarão, espero, de puxar um pouco a brasa para minha sardinha, introduzindo esta intervenção por uma reflexão sobre o tema "Revolta e Revolução", que não é explicitamente abordado neste programa, bem que ele seja, evidentemente, um motivo oculto onipresente. A Revolução é a ausente/presente deste encontro.

Tal paralelismo poderia conduzir a uma interrogação formal, a um debate acadêmico. Espero que isso não ocorra, formulando, a partir da lista das comunicações que serão apresentadas, algumas constatações em termos de provocação que, espero, sejam honestas. O que distingue "revolta" de "Revolução"?

Seguindo simplesmente os títulos das diferentes comunicações propostas, ficaríamos tentados em responder que só há uma maneira de designar a Revolução, enquanto a revolta é proteiforme, tolerando uma multidão de designações: furores, *jacquerie*,[2] rebelião, emoção, insurreição, subversão, mesmo manifestação, quando a manifestação dá errado. A constatação não tem nada de superficial. Retrabalhando sobre as *Cadeias da Escravidão*, esse texto antecipador pelo qual Marat, desde 1774, conclamava a uma revolta radical, fui surpreendido por essa diversidade das denominações – subversão, insurreição, guerra civil... revolta – de uma realidade que hesita em se definir.

Dessa constatação preliminar, seria fácil de tirar certo número de proposições... ainda que devamos corrigi-las em seguida a partir de contraproposições. Podemos afastar, como marcada pelo finalismo, a imagem da revolta como fermento da Revolução ou, ao contrário, a Revolução como conclusão da revolta. O que convida a considerar, para apreciar a diferença de

---

2 Revoltas camponesas. (N. T.)

escala, que toda Revolução saiu de revoltas, a de 1789 como as outras: revolta, a questão Réveillon; revoltas, as taxações populares da primavera ou do outono de 1792; revoltas, à maneira delas, as jornadas revolucionárias de 1789 a 1795; exceto que o próprio termo, as inserindo em um encadeamento e em uma continuidade, pode tornar a designação discutível.

Onde se efetua o salto qualitativo? Seria a revolta uma revolução que fracassa, ou uma revolução sem ideologia e, por aí mesmo, sem perspectivas? Poderíamos sugerir, como fazia G. Lefebvre, tratando-se de massas, uma gradação, da aversão à resistência passiva, até a revolta, a caminho da revolução... mesmo que isso signifique perceber que essa definição tem seus limites. Nenhuma revolta foi desprovida de ideologia, de referência a um corpus de ideias. É ainda Georges Lefebvre, em um artigo sobre as massas revolucionárias, que permanece uma referência, quem lembrou essa evidência que o estado da multidão como "massa mole" ideal não existe, e que motivações preexistem a toda aglomeração, mesmo aparentemente fortuita.

Mas se não poderíamos definir os atores da revolta como aqueles que não sabem para onde vão, seria tentador dizer que eles vão ou ao mais perto, mobilizados pela fome, pela injustiça imediata sobre objetivos elementares, ou, ao mais longe, levantados por uma esperança messiânica do céu ao alcance da mão.

Isso tenderia a situar a revolta, na fileira de nossas ideias feitas, entre as manifestações arcaicas, ou de antigo estilo, e por aí mesmo, sempre, quaisquer que sejam os estilos, "selvagem", enquanto a Revolução pressupõe organização e projeto, ao menos progressivamente elaborado. A revolta se inscreve no tempo curto, no espaço de um dia ou de uma estação, ainda que esse tempo curto remeta ao tempo muito longo da repetitividade, do retorno forçoso das explosões populares contra a ordem social. Em contraponto, o tempo da revolução se exprime em termos de ruptura brusca, introduzindo um antes e um depois, constituindo um "Antigo Regime" ao qual não se retornará nunca verdadeiramente. Tal como nós a concebemos instintivamente, a revolta não põe em questão duradouramente a ordem social ou o equilíbrio das instituições.

Formulando o que pode parecer evidências, algumas objeções surgem de início: "selvagem", a revolta? Mas o estudo das emoções populares nos prova que não existem aquelas que não obedeçam a ritos, a códigos, remetendo a imagem de uma justiça popular, ou do mundo invertido, ou reestabelecido em seu equilíbrio ideal. Arcaica? Mas o mundo atual nos apresenta – a "revolta estudantil" de 1968 sendo apenas um exemplo entre outros – a referência de movimentos nascidos em reação contra a própria modernidade de nossas sociedades. Tanto é que, na primeira tentativa de definição que acabamos de formular, em termos bastante depreciativos, opõe-se, de modo todo natural, outra imagem, que celebrará a beleza da revolta.

A revolta é então a autenticidade, o retorno momentâneo à natureza ou, pelo menos, à verdade das paixões. Ela é sem amanhãs, certamente, mas porque não induz de retorno a ordem, senão aquela que lhe é imposta, nada de compromisso burguês: a revolta não tem termidor. Por aí mesmo, ela não poderia ser recuperada, nem mesmo celebrada, se não talvez de maneira mais secreta, em todo caso menos ostensiva que as celebrações oficiais da Revolução institucionalizada, como se diz no México. A revolta como sonho, individual ou coletivo, fermento do "espírito de revolta".

Como então tentar (é um jacobino que fala) pôr um pouco de ordem em tudo isso? Sem dúvida é preciso fazer um desvio pela história, e pela historiografia da revolta. Simplificando, sem caricaturar demais, espero, parece-me que é a época romântica que suscitou essa dialética Revolução-Revolta, nos tempos em que Mérimée escreve a *Jacquerie*, e Puchkin evoca a sombra de Pugatchev... No personagem de Byron se unem, com alguma ênfase e muitos mal-entendidos, o espírito de revolta e o sonho de Revolução. Depois, na segunda parte do século, resultado conjugado das experiências revolucionárias e da análise que é feita delas, a Revolução vence. A história torna-se história da tomada de consciência, na idade moderna, e singularmente a partir do acontecimento fundador de 1789. Depois de Jaurès, e alguns outros, o período de 1900 é, de fato, a idade de ouro da historiografia revolucionária. Não suspeitemos por isso os grandes historiadores da Revolução de permanecerem desatentos à revolta. Seria injusto em relação ao Georges Lefebvre de o Grande Medo, inspirando Georges Rudé em seu estudo das massas. E a obra de Anatoli Ado sobre os movimentos camponeses sob a Revolução se inscreve em uma tradição russa cujas raízes mergulham, sem dúvida, até ao populismo.

Uma virada se inscreve, entretanto, para mim, em algum momento desses anos de 1960, em que seguimos os episódios do grande debate Mousnier-Porschnev, sobre os furores "de antigo estilo", em uma sociedade tradicional de longa duração, já que Mousnier seguia o rastro deles, da Rússia à China, ao longo deste século. Mas talvez, para os historiadores de minha geração, a solicitação maior veio da descoberta dos *Primitive Rebels*, de Eric Hobsbawn – significativamente tão difíceis de traduzir sob o título de *Os primitivos da revolta na Europa Moderna* –, e que, dos milenaristas toscanos aos anarquistas andaluzes, ou ao personagem do bandoleiro social, nos descrevia uma revolta muito antiga e muito contemporânea ao mesmo tempo. É a época em que o cinema italiano nos deixava hesitantes entre Salvatore Giuliano e *"Banditi a Orgosolo"*. Antes de 1968, que devia revelar uma revolta de um gênero inesperado, ela já estava na ordem do dia, sob suas formas tradicionais, entre os historiadores que são, digam o que disserem (mas vejam nos trabalhos sobre a redescoberta da morte), fiéis reflexos do ar do tempo.

Na base desse flashback, sem dúvida arriscado, a tentação é forte de propor uma periodização, não mais historiográfica, mas propriamente histórica, inspirando-nos dos autores de referência. As grandes sínteses históricas dos anos 1950 e 1960, tais como não se ousa mais escrever hoje, e que foram assinadas por Palmer, Hobsbawm, Godechot, Labrousse, tinham como título *O Tempo*, ou *A Era das revoluções*, delimitando uma sequência a partir dos anos 1770 – mas podia ser 1789 para os mais clássicos, 1648, e mesmo a revolta dos Mendigos, em Flandres, para os mais gulosos – até 1917, depois à Revolução chinesa e mais largamente às revoluções do século XX. Uma periodização que, por referência, leva a propor, na história da revolta, dois períodos históricos.

De um lado, as revoltas "de estilo antigo", para retomar a expressão de Ernest Labrousse, as das antigas sociedades agrárias, mas com suas variantes urbanas, está claro. Uma tipologia muito simples, apesar de suas variações em volta de temas de longa duração: medos, pânicos, luta pelo pão, rejeição da autoridade municipal ou estática e da fiscalidade, formas elementares de lutas de classes, sopros messiânicos. Modelo estável resistente ao tempo, pois não seria difícil encontrar o eco e prolongação em uma longa duração colonial ou terceiro-mundista até ontem ou hoje.

Depois, como Jean Delumeau nos ensinou a distinguir antigos e novos medos, viriam as revoltas de hoje (o que não exclui, mas mais ainda no nível individual do que no coletivo, a continuidade de um "espírito de revolta", em suas versões populares ou elitistas). Revoltas atuais suscetíveis de explodir nas nossas sociedades sofisticadas, para exprimir a dificuldade de viver, ou o medo coletivo, e mesmo a rejeição de um modelo de sociedade por uma geração, como ocorreu em 1968.

Dessa periodização simples, sentimos muito rapidamente os perigos ou as facilidades. A tentação é muito forte, nas nossas sociedades pós-modernas, de eliminar o importuno objeto "Revolução" (toda a controvérsia atual, às vésperas do bicentenário, o testemunha) para que não se possa suspeitar legitimamente essa reabilitação ambígua da revolta, que tem o mérito de deixar poucos traços.

Em um debate que não pode ser desprovido de segundas intenções, eu só posso apreciar mais ainda a abordagem ao mesmo tempo audaciosa e prudente, adotada por este colóquio. E, de início, a recusa de toda modelização prévia. Manteve-se a partir de uma leitura analítica e descritiva, mas sem renunciar a um esforço de conceptualização. Uma tipologia se esboça com flexibilidade, das expressões da revolta. Uma sociologia se revela, evocando não todos, mas alguns dos "provocadores" por natureza, a partir de exemplos escolhidos. Da mesma maneira tenta-se ler, através dos discursos pronunciados, o imaginário da revolta.

Tal abordagem devia ser pluridisciplinar, fazendo apelo aos filósofos, aos sociólogos e antropólogos, aos lexicólogos, submetendo aos seus olhares cruzados a abordagem de casos tomados tanto da atualidade contemporânea quanto da história. Recusando uma colocação em perspectiva histórica prévia – o que seria antecipar sobre as conclusões –, os organizadores tomaram um risco calculado, que poderia ser aquele de se limitar a uma tipologia descritiva, ou de privilegiar uma antropologia sem história. No inverso, sente-se a vantagem de fazer dialogar diretamente medievistas com contemporaneístas, especialistas da França e pesquisadores do terceiro mundo. Sem se desviar da história, desejou-se produzir, não um inventário, mas uma reflexão: e a articulação flexível e prudente do programa, aberta a todos os possíveis, pode conduzir a retomar as problemáticas iniciais.

Tarefa que incumbe aos autores das apresentações sintéticas, e a respeito das quais tomo o cuidado de não antecipar. Caberá a eles, segundo os desejos dos organizadores, recusando de ser os velhos combatentes de 1968, tanto quando os turiferários de 1789, tentar fazer o balanço com serenidade, sobre um tema que não perdeu nada de sua aspereza.

A Revolução Francesa e a cultura[1]

Sob sua aparência de exercício de estilo acadêmico, o tema que vocês me pediram para apresentar, em forma de síntese, a fim de concluir um encontro que provou, pela sua própria riqueza, a imensidão e a riqueza do território coberto, não deixa de constituir uma bem temível interrogação.

No teste desse abalo maciço que representa a Revolução Francesa, fica fora de questão tomar esse termo de cultura em um sentido estreito, tradicional e restritivo. A cultura apela, decerto, a esses domínios reconhecidos, balizados, da expressão criadora. E eles não deixaram de sentir o choque (no melhor sentido do termo) de uma solicitação maciça. De modo evidente, a abordagem cultural que não se limita ao domínio da criação, mas engloba tudo o que se refere à recepção, à difusão – nas elites ou no povo – dos modelos, vai muito além dessa primeira

---

1 Conclusão do colóquio da Universidade de Rouen, *La Formation de l'homme moderne* (out. 1988). Publicação inédita.

definição. Cultura política, tal como se elabora no calor da hora, atitudes religiosas postas à prova, mas também tudo o que constitui as práticas culturais em sua diversidade – da festa ao exercício da sociabilidade –, passando pelas formas de acesso ao saber, pelo caminho da pedagogia, entram com pleno direito no quadro dessa problemática.

A Revolução Francesa, da qual um dos temas centrais foi o da regeneração, teve como ambição fazer nascer um homem novo. No coração da aventura revolucionária, a formulação de um projeto cultural teve um lugar central, abrindo para a expressão de uma moral, apoiada em um código de valores novos.

Através desses aspectos culturais, a história da Revolução se encontra, portanto, interpelada, tanto na realidade dos abalos que sofreu quanto, naquilo que ela quis ser, momento fundador de outra visão do mundo.

Seria escolher a facilidade, nessa busca, partir das diferentes leituras que foram formuladas desse balanço cultural da Revolução, ideias feitas que nos foram transmitidas por uma tradição historiográfica, bem longe de ser sempre lisonjeira?

Todo um discurso antigo, por vezes reiterado e rejuvenescido hoje, apresentou o episódio revolucionário, nesse domínio, do melhor ponto de vista como um parêntese, um tempo morto para as expressões culturais e da criação, no pior como uma ruptura catastrófica, geradora de estragos irreversíveis. Na primeira variante, classifica-se a leitura, em fim de contas clássica, dos manuais de literatura de nossa juventude, de Faguet a Lanson, e alguns outros que não eram revolucionários calorosos e que pulavam alegremente a sequência 1789-1799, mesmo 1815, das Luzes às premissas do Romantismo, da Enciclopédia a Chateaubriand e Mme. de Staël, livre para chorar uma lágrima sobre André Chenier. A história da arte não era muito mais compreensiva, ainda que ela não pudesse silenciar a presença incontornável de um David – considerado como exterior a uma Revolução na qual ele, entretanto, investiu-se tão plenamente – insistindo sobre a esterilidade – assim, no domínio arquitetural – de um período considerado como não produtivo em razão das circunstâncias desfavoráveis a toda empresa de criação.

Veredito moderado ainda pelo menos em comparação com outro discurso, muito tempo dominante e que pôs a ênfase na revolução como tábula rasa, episódio destruidor cujo vandalismo seria a palavra maior, e a expressão final. Tais clichês tiveram a vida longa. Sem multiplicar os exemplos, no dicionário das ideias feitas leio os comentários que um homem de gosto, na tradição dos Goncourt, Henri Dobler, podia escrever, nos anos 1900, sobre o monumento maçônico e jacobino de Joseph Sec, em Aix-en-Provence que eu, faz algum tempo, me dediquei a redescobrir: evocando com condescendência "esse amontoado de esculturas simbólicas", acrescentava: "Ainda é preciso agradecer a Joseph Sec de ter pensado em construir esse monumento em uma época em que se pensava mais em destruí-los"... Acrescentando ainda: "Não falemos mal demais dele pois é provavelmente graças a essa cívica literatura que essa pequena obra-prima de arquitetura pastichada foi respeitada pelo populacho e pelos *sans-culottes*. Ele repousa ali, hoje, sem ter sido... perturbado em seu último sono durante esses tempos de insurreição".

O tom foi dado: outros, menos superficialmente, insistiram no papel destruidor do período revolucionário, desorganizando as instituições culturais do Antigo Regime, suprimindo as academias e, durante algum tempo, o *salon*, completando, no domínio pedagógico, a ruina iniciada com a expulsão dos jesuítas e, para além desse quadro institucional, desferindo, pela crise de que é geradora, um golpe momentaneamente cruel no mercado da arte e da criação. Miséria dos artistas que são evocados nas estradas da emigração, ou reduzidos ao desemprego, ou a tarefas secundárias. Destruição das instituições que apenas reflete aquela de uma sociedade e dos meios nos quais a cultura das Luzes pudera florescer.

Mas há mais grave, se avançamos o requisitório: ao encontro de uma corrente originada em uma burguesia revolucionária iconoclasta, preocupada em fazer tábula rasa do Antigo

Regime, em toda sua herança, e dos retornos de uma selvageria popular espontaneamente destruidora, a Revolução, tal como foi apresentada, destruiu assim mais profundamente todo um equilíbrio cultural, atacando-se aos valores e aos costumes. Ela acometeu a religião, a família, as antigas solidariedades e, por aí mesmo, atingiu todo um equilíbrio de civilização. Essa ideologia fundada sobre a ideia de regeneração, varrendo todas as riquezas acumuladas pela história, pretende assentar as bases de um novo mundo, em termos de valores universalistas e abstratos. Fazendo isso, ela dá um golpe irreparável tanto em uma cultura de elite, já afetada de modo latente pela contestação das Luzes, quanto a uma cultura popular de fidelidades tradicionais.

Assim formulado sem nuanças, o requisitório é rude. Posto fora da cultura, que supõe elaborações e modelagens de longa duração, e o respeito da herança, a Revolução, para todo um pensamento contrarrevolucionário cujo discurso será sempre dominante, parece um episódio resolutamente negativo.

Convém, não de apresentar uma argumentação em defesa – não é assim que escrevemos a história –, mas, em eco com toda uma produção cuja riqueza, nos últimos anos, é significativa, de analisar o dossiê tal como ele se oferece a nós hoje.

A história cultural é, incontestavelmente, hoje um dos campos mais ativos e mais prospectados em um canteiro, aliás, em plena renovação. Basta nos referirmos, nestas vésperas de bicentenário, à base estatística não negligenciável, de quase duzentos colóquios e encontros científicos, que essa celebração histórica fez nascer há quatro anos, pelo menos; como também podemos nos referir, outro teste, ao fluxo editorial mais maciço ainda – perto de quinhentas publicações, de acordo com os últimos levantamentos. Cruzando as indicações complementares que nos são assim transmitidas, nós só podemos notar a importância de tudo o que se refere ao domínio cultural, no sentido mais largo do termo. O investimento coletivo dos pesquisadores, se parece por vezes negligenciar os trabalhos mais dinâmicos e frequentados da história econômica e social, investe maciçamente, de um

Combates pela Revolução Francesa

lado, sobre a redescoberta do político, que os debates correntes de ideias suscitaram, de outro, sobre as abordagens monográficas que correspondem igualmente a uma sensibilidade do momento; mas permanece o fato que, através da análise de novas publicações, como dos trabalhos da pesquisa e dos encontros científicos, se inscreve, com uma particular nitidez, uma ênfase sobre o cultural e, depois, sobre o mental. Pode-se falar de uma "deriva" a respeito do imaginário, em detrimento do estudo das condições objetivas? Como não é específico do período revolucionário exclusivamente, a evolução é, nesse caso, particularmente sensível.

Essa abordagem não ocorre sem provocar uma nova abordagem da história religiosa da Revolução, profundamente renovada: atacou-se ao problema de descristianização, acontecimento traumático que introduz às formas da religiosidade propriamente revolucionária, e de liberação no calor da hora das disciplinas tradicionais (M. Vovelle, *Religião e Revolução*, 1976). Recentemente, reabrindo o dossiê das atitudes do clero francês diante do juramento constitucional de 1980, Timothy Tackett (*A Revolução, a Igreja, a França*, 1986) insistiu tanto sobre suas consequências religiosas quanto sobre a ruptura irreversível que ela provoca, em todo o espaço francês, no nível das opções a favor ou contra a Revolução: acontecimento estruturante de grande futuro.

Mas os aspectos mais especificamente culturais focalizam também numerosas pesquisas: a tábula rasa revolucionária, expressa pelo vandalismo, a política diretiva, notadamente em matéria de línguas e dialetos (D. Julia, J. Revel, M. de Certeau: *Uma política da língua*), representam apenas um aspecto do que muitos exprimiram em termos de "Revolução cultural" (S. Bianchi); debruça-se igualmente sobre toda uma política inovadora no domínio das ciências e das técnicas, nas artes, em que o nascimento do museu, corolário da emergência da noção de patrimônio nacional, é o complemento dialético das destruições do vandalismo.

Enfim, a extrema criatividade na literatura, na música, como na expressão gráfica e iconográfica de um período que foi considerado erradamente como estéril, suscita toda uma série de

Michel Vovelle

descobertas de terrenos até então pouco prospectados (M. Vovelle, *A Revolução Francesa: imagens e narrações*, 1986).

Da cultura às mentalidades, a transição parece fácil, e como que natural. Apesar de precedentes célebres (*La Grande Peur*, de Georges Lefebvre), as novas abordagens de história das mentalidades encontraram algumas dificuldades a se imporem, em um canteiro em que planava a sombra de Taine e de seus alunos. No entanto, é coisa feita hoje (Michel Vovelle, *A mentalidade revolucionária*), enquanto se interroga sobre os rostos desse "homem novo" que a Revolução Francesa empreendeu de modelar, tomado, como dizia G. Lefebvre, entre as pulsões contraditórias da esperança e do medo, inserido nas novas sociabilidades do clube e da festa...

Essa ênfase sobre o cultural certamente não é específica da historiografia revolucionária: a constatação poderia se aplicar aos estudos que se inscrevem na longa duração – assim, da idade clássica e do século das Luzes, recentemente revisitadas por numerosos ensaios e sínteses importantes – e a época contemporânea também não escapa de uma corrente muito geral.

Permanece o fato que o período revolucionário, nesse contexto geral, levanta um problema específico, lugar privilegiado de interrogação sobre a ruptura, e sobre uma das grandes mutações (tão importantes sem dúvida quanto as da Reforma) em uma ordem cultural. Considerando os temas das curiosidades atuais tais como acabo de evocar brevemente, um certo número de linhas de força e de interrogações se manifestam.

Apreciar, de início, a dialética da herança e da ruptura. Revolução, filha das Luzes, segundo a expressão consagrada. A fórmula traz a marca de sua idade, sem dúvida, sem por isso ter se tornado obsoleta. A difusão das Luzes, e sua penetração nos diferentes meios sociais, permanece uma questão fundamental: sem dúvida formula-se hoje, em termos diferentes de Daniel Mornet, a partir de outras fontes. A penetração popular, não apenas das ideias novas, mas também de novas visões do mundo, de novas representações coletivas e formas de sensibilidade, foi

Combates pela Revolução Francesa

abordada a partir de testes, ou de indicadores tais como as atitudes diante da vida, da família ou da morte. A afirmação das estruturas novas de sociabilidade, o movimento de secularização ou de evolução profana que afeta as estruturas antigas tais como as confrarias, acrescentam outra peça a um dossiê que se abre sobre o problema da descristianização das Luzes.

Permanece o fato que, se a Revolução se inscreve em continuidade e herança, por referência a uma evolução que podemos seguir desde a virada dos anos 1750, em que todos os indicadores parecem se pôr em movimento, ela se inscreve também como ruptura, levando a uma nova etapa na história cultural.

Ela o é, em primeiro lugar, de maneira consciente e assumida em seus projetos e proclamações. Nos discursos da Revolução, como em sua atividade legislativa, a preocupação cultural aparece de início. Sobre o tema da regeneração, do qual a cerimônia do dia 10 de agosto de 1793 sobre as ruínas da Bastilha dará a tradução simbólica, ela elaborou o sonho de um homem novo, e, para fazer isso, multiplicou os projetos, tanto no domínio da pedagogia quanto no das ciências e das belas artes, quanto na organização dessas festas cívicas e morais, das quais é possível seguir o percurso, dos primeiros projetos elaborados por Cabanis no círculo de Mirabeau, ao tratado de La Revellière-Lepeaux, sob o Diretório, passando pelo célebre discurso de Robespierre do 18 floreal do ano II. Pois o projeto cultural da Revolução, se ele se afirma logo no início, nada tem de monolítico: entre o ideal da festa segundo Cabanis, confiando na espontaneidade coletiva, e o de La Revellière, que tende a organizar e condicionar as massas populares, se inscreve toda a espessura da Revolução. É que, para além de uma floração de projetos e de discursos, a Revolução se afirma como o lugar de uma explosão espontânea de novas práticas culturais inventadas.

Uma nova cultura política se elaborou e é sem dúvida a novidade mais evidente. Não que o Antigo Regime tenha ignorado a política: através dos últimos confrontos religiosos da querela jansenista, como através das mobilizações coletivas pela defesa

155

Michel Vovelle

dos parlamentos, ou de outra maneira nos gestos das emoções e furores populares, se manifestavam muitas formas de expressão política. Mas a Revolução é o lugar de um aprendizado e de uma descoberta coletiva, que passa pelo acesso do cidadão aos direitos cívicos, pelo exercício da cidadania não apenas no ato eleitoral, mas ainda no militantismo do clube e a seção, pelo engajamento direto, se for o caso, na mobilização das massas revolucionárias. Experiência central da qual meu marceneiro de Aix-en-Provence, Joseph Sec, confia com orgulho:

> Saído de uma escravidão cruel
> Não tenho outro mestre a não ser eu mesmo
> Mas quero fazer uso da minha liberdade
> Apenas para obedecer à lei.[2]

Liberado, o homem novo quer sê-lo também em relação aos entraves ideológicos nos quais ele se encontrava encerrado: a Revolução é o lugar da ruptura brutal com toda uma disciplina e uma cultura religiosa que faziam parte integrante do Antigo Regime ideológico. Do anticlericalismo, e da crítica à religião revelada pela filosofia das Luzes, à explosão da descristianização do ano II, uma aventura coletiva se inscreve no quadro de um amadurecimento rápido, que, quais sejam os limites da descristianização, se acompanha pela difusão maciça de uma nova visão do mundo, liberado das travas do fanatismo e da superstição, buscando sua via, do culto da razão ao do Ser Supremo, através das formas diversas da religiosidade revolucionária.

As experiências modificaram as estruturas da vida coletiva? Novas solidariedades apareceram e, consequentemente, novas formas de sociabilidade, nos clubes e assembleias populares. Novos suportes de comunicações se afirmaram, se não descobertas totais, pelo menos investidos de um poder desconhecido até

---

2 No original em francês: *"Sorti d'un cruel esclavage/ Je n'ai d'autre maître que moi/ Mais de ma liberté je ne veux faire usage/ Que pour obéir à la loi"*. (N. T.)

então: pela imprensa, pela pedagogia popular dos almanaques e catecismos republicanos.

A imprensa e o escrito, a aprendizagem da palavra nas assembleias, fazem parte integrante de uma pedagogia voluntarista, que se exprime tanto na política de unificação linguística e de propagação do francês, quanto no ativismo dos missionários patriotas e dos apóstolos da liberdade de 1793 ao ano II.

Dessas experiências e dessas práticas pode-se concluir que uma cultura nova se instalou tanto na difusão quanto em seu conteúdo?

Um dos traços dominantes da década revolucionária é, sem dúvida, por causa dessa política voluntária, o questionamento da fronteira tradicional entre a cultura popular e a cultura de elite. Um gigantesco trabalho de aculturação operou-se. Se a alfabetização, no final das contas, progride mais do que recua, apesar da ideia feita da desorganização do sistema educativo, o progresso qualitativo nesse domínio se inscreve talvez em outro nível. Através das novas linguagens da festa, como através da experiência da descristianização, e formas de politização da vida comunitária, a cultura popular conheceu modificações profundas. Ela teve, em vários aspectos, que se exprimir nas linguagens da subversão, quando se elevam os mastros da liberdade, ou quando queimam as fogueiras do auto de fé. Ela encontrou também outras linguagens específicas, na canção, em certas expressões gráficas propriamente populares, ainda que seja evidente que a maioria das produções são mais destinadas ao povo do que nascidas dele. É que, por outros aspectos, pode-se ver aí uma de suas últimas expressões em liberdade, enquanto a experiência de uma cultura cívica, nacional, se impõe através dos filtros não somente da pedagogia, mas da presença reformulada do Estado nacional, e do apelo às armas para a defesa da pátria.

Se a fronteira entre o popular e o elitista muda assim de natureza, é bem pela ação dos intermediários culturais que a Revolução suscita em seus novos papéis: militantes, enquadramento clubistas e *seccionnaires*, apóstolos cívicos ou comissários e representantes, são os vetores dessa pedagogia ativista. A Revolução, lá também, abala os papéis, faz, muitas vezes, dos próprios padres os porta-vozes da comunidade em Revolução, e mesmo da descristianização em ação.

Período de fluidez cultural, de grandes fermentações, a Revolução soube encontrar as novas linguagens e as novas formas de expressão apropriadas ao discurso dos quais ela era portadora? Encontramos aí a objeção inicial. Esterilidade ou fecundidade do episódio revolucionário? A resposta pode ser talvez modulada em vários níveis. A produção literária só pode parecer desacelerada ou medíocre se nos referimos às codificações clássicas, recusando de levar em conta essas novidades, que são a expressão oratória de um Mirabeau, de um Saint-Just ou de um Robespierre, a imprensa, que ela encontra com os escritos de Camille Desmoulins, de Marat, ou mesmo do abade Royou, a profusão enfim das peças cívicas, poesias, hinos, teatro à conquista de um novo público. Pode-se dizer que quantidade não conta (argumento discutível), mas ela é testemunha de uma explosão verdadeira, como é possível julgar pelo exemplo do fluxo das canções cuja curva pode ser levantada a partir do precioso repertório de Constant Pierre. A Revolução foi, para muitos, frequentemente saídos desse meio dos intermediários culturais que acabamos de evocar, a ocasião de tomar da pena e de se exprimir.

Trata-se de uma nova linguagem? Podemos discutir. Na literatura, como na pintura, a expressão neoclássica foi o quadro obrigatório no qual se moldou a sensibilidade revolucionária, respondendo ao ideal, espartano ou romano, de uma aventura vivida em termos heroicos. A Revolução, nas formas, virá mais tarde, com o romantismo, e podemos nos espantar desse descompasso. Mas a explosão das estruturas formais já ocorreu em mais de um ponto. Na expressão gráfica, a aventura da estampa em suas formas múltiplas da caricatura à alegoria, testemunha sobre a invenção de novos suportes. Na arte musical, a época romântica, com Berlioz, não desconhecerá as invenções

Combates pela Revolução Francesa

revolucionárias, no emprego das grandes massas corais e de uma instrumentação adaptada aos cerimoniais cívicos.

Se tentarmos assim reunir em algumas palavras os traços que podem definir uma cultura revolucionária, permanece a impressão de uma real criatividade e, em vários aspectos, explosiva.

Qual é a parte, nessa cultura da herança e da novidade, do efêmero e do durável?

A cultura da Revolução é mais do que a conclusão e a formalização da das Luzes. Muito cedo, Marat exprimiu: a filosofia preparou nossa Revolução. Mas o que é uma filosofia não seguida por atos... a liberdade nasce dos fogos da sedição. É nos fogos da experiência revolucionária que se elaborou uma nova cultura política, que se operou a separação laica destinada a marcar duravelmente a cultura nacional, que se inscrevem os novos valores proclamados.

O jornalista do período diretorial que escrevia "Somos todos *ci-devant*",[3] exprimia o caráter irreversível de uma experiência à qual ninguém, qual fosse sua opção, pudesse escapar.

Cultura durável ou cultura do instante? Com certeza podemos ter, seguindo a aventura da festa, ou das formas as mais originais da sociabilidade política, impressão do efêmero, do fogo de palha. E é bem essa que nos transmitiram os autores posteriores, do século XIX. O retorno à ordem napoleônica, e mais ainda a Restauração, acentuaram o caráter de invenções precárias. Mas há caminhos subterrâneos, reaparições esperadas: a cultura política do século XIX, herdando a transferência da sacralidade nos valores cívicos que ocorreram na Revolução, testemunham da profundidade da marca impressa.

Essa cultura da Revolução está assinalada pela longa duração. Ela marcou a consciência, não apenas da França, mas de

---

3 No original em francês, "*Nous sommes tous des ci-devant*". A expressão "*ci-devant*" era usada no período revolucionário para qualificar pejorativamente a aristocracia conservadora. (N. T.)

todos os países que receberam o impacto do acontecimento. A lembrança dos homens, algumas imagens fortes, um espírito, uma floresta de símbolos, mas também de práticas, e um modelo de referência, o da via revolucionária, modelaram, na longa duração, não apenas a memória da Revolução, mas também sua contramarca, a da contrarrevolução. Essa cultura está desaparecendo hoje? Fala-se, no nível das novas ideias feitas, do fim da exceção francesa. A Revolução Francesa, parece, está entrando na classificação dos acontecimentos triviais.

Talvez é nossa responsabilidade de recusar essa normalização suave. Uma cultura não é forçosamente alguma coisa que se esqueça. A referência à experiência cultural da Revolução Francesa conserva sua vivacidade e seu poder de reflexão e de modelo.

A Revolução Francesa e o mundo rural[1]

Entre as iniciativas científicas suscitadas pela aproximação do bicentenário, foi possível o espanto diante do fato que o estudo social do grande abalo revolucionário, problemática ainda em estado de nascimento há um século quando foi celebrado o primeiro centenário, mas muito presente no momento do 150º aniversário, parece ter regredido na historiografia atual que investe maciçamente na ideologia ou no imaginário revolucionário.

O colóquio que ocorreu na Sorbonne em outubro de 1987, por iniciativa conjunta do Instituto de história da Revolução Francesa e do Instituto Nacional de Pesquisa Agronômica, propôs-se, no tempo dos balanços seculares e das sínteses em andamento, de fazer a avaliação do que resta de um dos campos mais

---

1 Publicado originalmente como introdução às atas do colóquio *La Révolution Française et le monde rural* (out. 1987). Paris: Les Éditions du Comité des Travaux Historiques et Scientifiques (CTHS), 1989.

Michel Vovelle

produtivos da pesquisa, no domínio dos estudos revolucionários e isto muito além de nossas fronteiras.

Há um século, aproximadamente, desde esses descobridores intrépidos, por vezes vindos de longe, como Loutchiski ou Minzes, até os autores das grandes séries documentais iniciadas pela Comissão de história da Revolução Francesa (comissão "Jaurès"), depois, da obra de Georges Lefebvre àquela de Paul Bois e aos terrenos prospectados por Albert Soboul e seus alunos sobre o imposto senhorial e o fim da feudalidade, a atividade não parou. Outros territórios decerto vieram se acrescentar, visando as sociedades urbanas, por iniciativa de Georges Lefebvre e de Ernest Labrousse, a conjuntura econômica sob a impulsão ainda de Ernest Labrousse, a demografia, em sequência a Marcel Reinhard: apesar disso, a França, rural a 85% em 1789, camponesa a 80% talvez, permanece um objeto de pesquisas e de interrogações maiores.

O balanço que quisemos estabelecer não visou concluir uma época da historiografia revolucionária, mas atestar a vitalidade de questões abertas, ao mesmo tempo que gostaria de propor alguns inícios de sínteses, em um domínio em que as abordagens monográficas florescem e, por conseguinte, em que as árvores correm o risco de esconder a floresta.

O quadro de reflexão proposto, como chamada para contribuições, se quis voluntariamente simples e sem sofisticação, desejando, tanto quanto possível, passar pelos diferentes problemas e fazer o balanço sobre a maneira como eles são percebidos hoje. Assim, foi solicitado um estado atual das pesquisas sobre a repartição da propriedade das terras e a venda dos bens nacionais, um estado da questão sobre a problemática da "feudalidade" à maneira francesa e do imposto senhorial; também, sobre as formas de exploração no modo da renda indireta (meação, arrendamento), sem esquecer a questão do assalariado rural. Um lugar foi reservado a tudo o que toca a comunidade rural (direitos de uso, espaço e quadro natural), um tema sobre o qual um recente colóquio tratando de *A Revolução e os espaços florestais* chamou a atenção, trazendo dados novos. Depois,

Combates pela Revolução Francesa

pareceu importante não negligenciar os aspectos da economia rural em matéria de produção, de transformação e de comercialização, para medir o impacto da Revolução como acelerador ou freio das premissas da revolução agrícola e da formação de um mercado nacional. O que implica de não negligenciar a política agrícola dos governos revolucionários, assim como as reivindicações dos proprietários.

Na encruzilhada das diversas abordagens, um problema central, o da sociedade camponesa, em seus reajustes, suas tensões... a análise das mutações do vocabulário social, reflexo de uma redistribuição dos papéis na sociedade aldeã. E o que ocorre com as burguesias rurais confrontadas com a Revolução? Os movimentos camponeses foram objeto, nos últimos anos, de um interesse sustentado, ilustrado pelo acontecimento, em 1984, de um importante colóquio: mas permanece a interrogação sobre as grandes fases da mobilização camponesa de 1789 a 1793 (lutas pela abolição da feudalidade sem pagamento em 1790 e 1791, levantes da primavera e do outono de 1792). Do mesmo modo, as formas incubadas da contestação camponesa foram apenas, frequentemente, afloradas, e resta ainda conduzir um estudo de amplidão nacional sobre o bandoleirismo [*brigandage*] na época diretorial.

Enfim, pareceu-nos que os aspectos relativos à política e à cultura não deveriam ser totalmente omitidos, apesar do número e da importância, aliás, de colóquios consagrados a esses problemas: *Os camponeses e a política*, Rennes, 1981; *As resistências à Revolução*, Rennes, 1985; *Sul vermelho e Sul branco*, Aix, 1986; e os diferentes encontros sobre os problemas culturais e religiosos. Pareceu que a questão da politização do campo no seio do acontecimento revolucionário, como aspectos da "Revolução cultural" dos quais elas puderam ser o teatro, merecia de ser levada em conta de maneira específica, que não coincide com as abordagens precedentemente citadas.

É sempre interessante confrontar, por ocasião de um encontro científico, a formulação inicial do programa, tal como consideraram os organizadores, com a resposta coletiva que foi formulada, teste se não da pertinência das questões, pelo menos do eco que elas encontraram nas fileiras dos pesquisadores. Trinta e três comunicações, duas mesas redondas, uma sob a direção de Michel Morineau sobre os problemas da economia rural, outra, na sessão final à volta da obra do historiador soviético Anatoli Ado, sobre os levantes camponeses durante a Revolução, atestam a vitalidade do tema global.

No entanto, ela é desigual. A revolução camponesa teria se tornado um tema historiográfico que deva ser enfocado em referência à sua idade de ouro, entre o começo do século talvez, e os anos 1930, quando Georges Lefebvre publicou sua grande tese sobre *Os camponeses do Norte da França*? Somos gratos a Gianni Oliva de ter contribuído para pôr isso em perspectiva em uma comunicação sobre "Os camponeses na historiografia da Revolução Francesa".

Se o problema da apropriação do solo no final do Antigo Regime não suscitou resposta, não devemos concluir prematuramente que o dossiê esteja finalizado. Eis um canteiro que avança modestamente, ao sabor das monografias comunais, sempre apreciadas pelos estudantes de mestrado. Parece que terminou o tempo das grandes teses de história (ou de geografia) regional. Mas podemos considerar razoavelmente, assim, na perspectiva de um fascículo do *Atlas histórico da Revolução*, atualmente em curso de realização, um exame detalhado da ampla bibliografia acumulada até este dia, para imaginar uma tradução cartográfica, ao menos sugestiva, dos grandes conjuntos regionais de apropriação do solo. Na mesma ordem de ideias, o estudo da venda dos bens nacionais a partir dos dossiês da série Q dos departamentos segue seu curso: exemplos sugestivos foram fornecidos neste colóquio, pelos estudos de Philippe Dawson sobre a região parisiense, ou os de Gérard Béaur. Bertrand Bodinier deu uma apreciação do monumental exame detalhado conduzido por ele na totalidade do departamento do Eure, tanto sobre os bens de segunda origem, quanto sobre os bens do clero. Esse pesquisador desenvolveu um programa para o tratamento informático dos dados relativos a essas fontes. Podemos, aí também, sonhar com um estudo sistemático, mais rápido que outrora, para passar da colcha de retalhos descontínua que oferecem os resultados coletados até hoje, a uma espacialização contínua.

Ativamente estimulada nas últimas décadas por Albert Soboul, o estudo do imposto senhorial em suas diferentes formas, como no seu peso global, oferece, até hoje, dados mais descontínuos e mais complexos partindo da estimação da renda feudal e senhorial em uma fortuna nobiliária (Jean Duma a partir dos Bourbon-Penthièvre), colocando-se do lado do campesinato para uma estimação a partir de amostras, como Jean-Louis Ormières no quadro da França do Oeste. Essa problemática não dispensa de considerar em uma perspectiva mais larga e mais teórica a questão global da caracterização, no quadro francês da "feudalidade" e do "feudalismo" enquanto sistema e formação socioeconômica. Por ter sido longamente debatido, dos anos 1950 em que Georges Lefebvre, mas também Armando Saïtta ou K. Tachikawa o abordavam em uma perspectiva comparatista, até o colóquio de Toulouse que propôs, há uns vinte anos, elementos de síntese, o problema não perdeu por isso seu interesse. Pode-se espantar que o debate seja hoje tão aberto entre os medievalistas, na França ou fora dela, e não suscite discussão mais ampla nas fileiras dos modernistas. Assim, apreciamos mais ainda a reflexão geral trazida a este colóquio por Guy Lemarchand, em eco, lá ainda, a uma tese de doutorado muito importante sobre o fim do feudalismo na região de Caux.

Os problemas da exploração e da renda indireta, outrora formulados por Georges Lefebvre em suas *Questions agraires au temps de la Terreur*, permanecem um dos terrenos em que resta muito a fazer, a partir de fontes cartoriais, mas também de outras abordagens (tratados e escritos contemporâneos, legislação...). A colaboração entre juristas e historiadores se revela frutuosa aqui (Françoise Fortunet: legislação sobre os arrendamentos de rebanhos), de mesmo modo que notamos o interesse voltado para o problema da meação tal como ele se propõe antes e durante a Revolução como tema de reivindicação coletiva em certas regiões (sudoeste ou na região do Nivernais – ver os estudos em curso de Serge Aberdam). A dialética arrendamento-meação, os avanços e recuos de um sistema ou de outro são estudados em certas áreas em que os dois sistemas coexistem (Hélène de Tarde: *Meação e arrendamento no baixo Vivarais no final do século XVII*).

A Revolução dá ao conflito sobre os comunais, que as últimas décadas do Antigo Regime tinham visto crescer a agressividade no quadro da reação senhorial, um novo aspecto (Paul Saillol). O colóquio ocorrido na Sorbonne não desconheceu a questão, recolhendo, em particular, as hipóteses de trabalho e os elementos de síntese elaborados por ocasião do encontro organizado sobre o tema Revolução Francesa e os espaços florestais: meio de abordar, sob um ângulo renovado e alargado, a questão dos bens coletivos das comunidades.

Os organizadores do colóquio tinham desejado dar ao tema da economia rural em revolução uma importância particular, na própria medida em que a questão é, sem dúvida, uma das menos balizadas, e daquelas que apresentam hoje o maior número de incógnitas. Ela se integra na problemática mais larga do impacto da Revolução sobre a economia francesa, e da apreciação da virada (progresso ou regressão?) que ela pôde representar. É o objeto de um largo debate e foi abordada de frente por Dominique Margairaz sob o título "A Revolução, acelerador do processo de integração das massas rurais em uma economia de mercado".

Entre os múltiplos problemas que a avaliação das mudanças da economia rural sob a Revolução levanta, o aspecto tecnológico é um daqueles que solicitaram a atenção dos pesquisadores, frequentemente em uma visada de etnografia histórica. Podemos citar, nesse aspecto, os trabalhos de Antonio Casanova sobre a Córsega, um caso em questão como aqueles que desenvolve Claude Gindin sobre os moinhos e a fabricação de farinha a partir da pesquisa do ano II.

Mutações ou consolidações nas sociedades camponesas permanecem um dos temas mais mobilizadores, e mais amplamente renovados, desde mesmo as grandes teses que, antes da guerra, introduziram problemáticas diferentes; da de Paul Bois sobre os *Camponeses do Oeste* a de Maurice Agulhon, baseada na Provença oriental no final da Revolução. Os trabalhos recentes sobre as planícies de grande cultura – notadamente a análise conduzida por Jean-Pierre Jassenne da "fazendocracia"[2] da Picardia – articulam fortemente a abordagem política do poder na aldeia em uma análise de estruturas sociais. A abordagem monográfica se impõe aqui, e ilustrações dela foram oferecidas (Cécile Douxchamps: *Sociologia dos campos do departamento de Sambre-et-Meuse*), mas não exclui uma reflexão sintética (Jean Bart: *Burgueses e camponeses, o temor e o desprezo*).

Sentimos, pelo que precede, o estudo social como indissociável da abordagem das estruturas e mecanismos de exercício do poder no campo: assim, não nos espantaremos que um número importante de contribuições se tenham vinculado ao estudo das formas de politização no mundo rural sob a Revolução: sociedade do Oeste (André Bendjebbar: *A propriedade e a contrarrevolução no Oeste*, Christine Peyrard: *Pode-se falar de jacobinismo rural no Oeste?*), sociedades meridionais evocadas no Condado Venaissino por Martine Lapied, no Languedoc por Georges Fournier, enquanto Raymonde Monnier aborda o impacto da proximidade parisiense sobre a politização das comunas dos arredores. Tais problemáticas não haviam sido esquivadas pelo colóquio de Rennes sobre os camponeses e a política (1981), e em referência principal nas regiões do Oeste (mas também do Sul) pelo encontro organizado na mesma cidade sobre as resistências à Revolução. Mede-se a importância desse tema nas preocupações atuais pelo interesse contínuo que lhe é consagrado. Algumas travas saltaram. Georges Lefebvre, no entanto, o grande descobridor no domínio da "revolução camponesa" e

---

2 No original em francês, *"fermocratie"*. (N. T.)

suas formas e objetivos específicos, não se arriscava – e foi criticado por isso – além de 1793-1796, quando toda uma parte do mundo camponês passa para o campo da contrarrevolução. Uma abordagem a partir de agora sem preliminares se esforça hoje de apreender as atitudes camponesas na sua globalidade.

Enfim, é particularmente significativo que um número não negligenciável de contribuições tenha se voltado para o que pode ser definido como o discurso do mundo rural e do campesinato. Exploraram petições ao comitê feudal, tais como foram publicadas por Caron e Sagnac (Philippe Goujard), como se seguiram a atividade dos comitês de agricultura das assembleias revolucionárias (Vida Azami), ou a das sociedades de agricultura. Aí ainda, essa massa documental, frequentemente objeto das publicações de textos do começo do século (pelo menos no que concerne os comitês) não era desconhecida. É significativo vê-la revisitada e relida por uma historiografia atenta em analisar os discursos e as teorias emitidas na época.

É, de certo modo, o olhar da Revolução sobre o problema camponês que se encontra assim abordado a partir do discurso. Podemos pensar em outras abordagens, menos evidentes à primeira vista; e Antoine de Baecque abriu perspectivas novas analisando as *Figuras do camponês nas imagens revolucionárias*, quer se trate de estampas, caricaturas ou de faianças. A história do imaginário, atualmente tão apreciada, não é estranha a essa abordagem total da realidade camponesa. Não se poderia, no quadro de um colóquio, percorrer todo um problema tão vasto como aquele que havia sido proposto à reflexão dos pesquisadores. É encorajador constatar a riqueza dos temas que foram abordados, ao menos pontualmente, e mais ainda a novidade das abordagens evocadas, refutando toda ideia de repetitividade nesses trabalhos. Os métodos mudaram, novas fontes foram valorizadas, as técnicas de tratamento foram refinadas. Em mais de um domínio tem-se o sentimento de que a acumulação considerável de dados, por via de monografias precisas, autorizaria hoje uma síntese mais ampla, uma visão alargada na escala do espaço nacional: é o caso que concerne a apropriação do solo ou da venda dos bens nacionais, por exemplo. Mas medimos assim a amplidão do trabalho a ser efetuado ainda tanto nos canteiros "clássicos" quanto daqueles que se impuseram mais recentemente à reflexão contemporânea: a economia rural, a teoria agronômica, o poder na aldeia, as representações coletivas...

Os grandes problemas de fundo reformulados permanecem abertos, sem que isso desqualifique por isso o aporte considerável daqueles que, de Louchitsky a Georges Lefebvre, traçaram esse sulco. Percebemos o alcance quando da mesa redonda que encerrou este colóquio, em torno da obra do historiador soviético Anatoli Ado sobre os movimentos camponeses nos primeiros anos da Revolução Francesa. Por razão de saúde, Anatoli Ado não havia podido comparecer: os participantes fizeram questão de prestar homenagem a esse trabalho hoje tão estimado e ainda tão mal conhecido, já que não existe edição francesa até hoje. Mas os temas foram lembrados – a análise do encadeamento das mobilizações camponesas na França inteira, de 1788 a 1792, a tipologia que é conveniente propor das diferentes formas de ação, para concluir no grande debate que suscitou: a Revolução Francesa, sucesso, ou oportunidade perdida? Fator de entrada em uma modernidade que passaria pela constituição de um capitalismo agrário, ou fator de consolidação (fossilização) de um pequeno campesinato perpetuado em suas tradições? A via francesa da revolução camponesa permanece o objeto de um debate largamente aberto. Na hora em que alguns sonham com uma volta ao "todo político" na leitura da Revolução, esse imenso problema de história social se impõe a nós com força.

Revolução, liberdade, Europa[1]

O tema que me foi pedido para tratar nada tem de acadêmico. Ele nos solicita na história como nos solicita no presente.

A Revolução trouxe a liberdade para a Europa, ou foi ela infiel à missão que se tinha dado, tanto pela contradição dos fatos e das proclamações, quanto pelas consequências funestas que ocorreram a partir dela, sobre as condições nas quais, contra a conquista, se afirmaram as nacionalidades na Europa do século XIX?

A Revolução Francesa lançou um desafio à Europa das monarquias, desde o dia 26 de agosto de 1789, quando, na Declaração dos direitos ela se dirigiu aos homens de todos os tempos e de todos os países, em termos de liberdade e de igualdade.

Qual tenha sido, em seguida, a prudência dos protestos dos constituintes, afirmando seu desejo de não intervir no equilíbrio

---

1 Publicado originalmente nas atas do colóquio internacional de Belfort, *L'Idée de nation et l'idée de citoyenneté en France et dans les pays de langue allemande sous la Révolution* (out. 1988). Belfort: Institut de Recherche et d'Education Populaire (IREP), 1989.

europeu, uma dinâmica ocorreu desde esse momento, na própria medida em que a existência da França em Revolução não podia ser vista a não ser como uma provocação pelos príncipes. Mesmo que eles não tenham percebido de início, os constituintes entravam em uma aventura que, em dez anos, iria mudar a face da Europa em nome da liberdade.

Qual é a parte do sonho, o choque das realidades, o balanço, enfim, dessa aventura? Este é o percurso para o qual os convido, pondo em primeiro lugar as proclamações ou os projetos sucessivos pelos quais a Revolução se apresentou à Europa.

***

O projeto europeu e universal da Revolução Francesa, tal como o vemos se elaborar através dos discursos e das proclamações sucessivas, conheceu uma evolução significativa e várias formulações.

A declaração de paz ao mundo é sua primeira formulação. Ela se inscreve no quadro da discussão do direito da paz e da guerra.

Ouçamos, dia 16 de maio de 1790, o discurso do padre Jallet sobre o direito de paz ou de guerra:

> Toda agressão injusta é contrária ao direito natural, uma nação não pode, portanto, dar a um rei o direito de agressão que ela não tem; o princípio deve, portanto, ser sagrado para as nações livres. Que todas as nações sejam livres como queremos ser, e não haverá mais guerras. É digno da Assembleia nacional da França declarar esses princípios e ensiná-los às próprias nações que nos ensinaram a sermos livres.

O padre Jallet propõe então o seguinte decreto:

> A Assembleia nacional declara que o direito de guerra defensiva pertence a todas as nações, que o de guerra ofensiva, não sendo de direito natural, não pode pertencer a nenhuma.

Depois, é o decreto de 22 de maio de 1790 sobre "o direito de paz e de guerra": Artigo 4:

> [...] a Assembleia nacional declarando, para esse fim, que a nação francesa renuncia a empreender nenhuma guerra com o objetivo de fazer conquistas, e que ela não empregará jamais suas forças contra a liberdade de nenhum povo.

Essa visão de mundo se exprime igualmente no repúdio pela França do pacto de família quando do caso da baía de Nootka: substituição a uma leitura dinástica por uma outra concepção da diplomacia.

A manifestação espetacular desse sonho de fraternidade foi a delegação de membros de diferentes nacionalidades, conduzida por Anacharsis Cloots à constituinte.

Mas desde esse momento surge certo número de problemas, na própria aplicação do princípio de soberania do povo proclamado pela Declaração dos direitos de agosto de 1789, e de alcance universal. Implica o princípio de nacionalidade, e o direito dos povos a dispor deles mesmos: é o princípio sobre o qual se apoia a constituinte em sua política no caso dos príncipes possuidores[2] e no de Avignon.

Em caso de conflito, é pelo plebiscito, quer dizer, consultando o povo soberano, que se faria manifestar o direito.

Mas essa própria conduta é geradora, diante das potências monárquicas, de um confronto, do qual podemos ver as causas na declaração de Condorcet, posterior, na realidade, já que datada de 1792, mas refletindo bem essa filosofia.

> Apenas cada nação tem o direito de se outorgar leis. Querer retirar esse direito pela força a um povo estrangeiro é anunciar que ele não é respeitado naquele do qual se é cidadão. É se tornar inimigo do gênero humano.

---

2 *"Princes possessionnés"*: príncipes alemães que possuíam enclaves em território francês. (N. T.)

Depois irá se formular uma segunda formulação, que marca a evolução da "liberdade pacífica" à "liberdade conquistadora".

Sob a legislativa, no contexto da subida do perigo de guerra exterior, o discurso muda, torna-se ofensivo. Maximin Isnard reflete o que será a linha dos *brissotins*[3] compartilhada por uma parte da opinião patriota, então majoritária.

Ouçâmo-lo, dia 29 de novembro de 1791:

> Tratar os povos como irmãos, não fazer nenhum insulto, mas não suportar nenhum...
>
> Um povo em estado de revolução é invencível. O estandarte da liberdade é o da vitória...
>
> Digamos à Europa que, se os gabinetes engajam os reis em uma guerra contra os povos, nós engajamos os povos em uma guerra contra os reis...
>
> Digamos a ela que todos os combates que travam os povos por ordem dos déspotas parecem com os golpes que dois amigos excitados por uma instigação pérfida se dão na obscuridade. Se a clareza do dia surge, eles jogam suas armas, abraçam-se e castigam aquele que os enganava. Da mesma maneira, se, no momento em que os exércitos inimigos lutarem contra os nossos a luz da filosofia atingir seus olhos, os povos se abraçarão diante dos tiranos destronados da terra consolada e do céu satisfeito...
>
> Dez milhões de franceses abrasados pelo fogo da liberdade... poderiam sozinhos, se os irritam, mudar a face do mundo e fazer tremer todos os tiranos em seus tronos de barro.

Sabe-se que essa posição, compartilhada por Brissot, se opõe, no inverno de 1791-1792, entre os jacobinos, a prudência de Robespierre.

Mas não, aliás, na base de uma leitura fundamentalmente diferente da soberania nacional:

---

3 De Jacques Pierre Brissot, chefe político. *Brissotin* era usado como sinônimo de girondino.

O que é a pátria, senão o país do qual se é cidadão e membro do soberano?...

Quem nos falará do direito dos papas?...

Mas na base de uma análise da situação francesa... Ouçamos Robespierre, dia 18 de dezembro de 1791, a respeito da lentidão dos progressos da liberdade na França:

> Não venho acariciar a opinião do momento, nem adular a potência dominante; também não vou lhes pregar uma doutrina pusilânime nem aconselhar um covarde sistema de fraqueza e de inércia...
>
> Assim, já acreditamos ver a bandeira tricolor hasteada no palácio dos imperadores, dos sultões, dos papas e dos reis...
>
> Outros se asseguram que mal nós declaremos a guerra, que veremos ruir todos os tronos ao mesmo tempo...
>
> Se fordes os primeiros a violar seu território, irritarão os próprios povos da Alemanha, em quem vós supondes princípios e luzes que não puderam se desenvolver suficientemente entre vós, e em quem as crueldades exercidas no Palatinado pelos generais deixaram impressões mais profundas.
>
> Ninguém ama os missionários armados.

A virada da primavera de 1792, marcada pela entrada na guerra, conduziu a formular uma nova doutrina intervencionista, da qual Merlin de Thionville é o porta-voz e que o decreto do dia 11 de abril de 1793 põe nas formas.

Escutemos Merlin, dia 10 de abril: "Guerra aos reis. Paz às nações."

E releiamos o decreto do dia 11 de abril: "A nação francesa não apoia uma guerra de nação a nação, mas defende justamente um povo livre da injusta agressão de um rei."

E é a escalada do inverno de 1792.

É, depois dos períodos das derrotas, até Valmy, a das conquistas... mas também de constatações das quais Jaurès disse toda a ambiguidade:

Eis que nossos exércitos estavam na Bélgica e na Alemanha, e era sobretudo por um silêncio espantado e um pouco inquieto, cortado apenas por algumas aclamações e alguns rumores hostis, que os homens acolhiam a Revolução. Nem o exemplo da França, exemplo aliás mesclado de luz e de sombra, de liberdade generosa e de violência sangrenta, nem a proteção de sua força, prometida a quem quer que se emancipasse, bastavam para criar de repente as energias da liberdade e os costumes da Revolução. Era preciso, então, que a própria Revolução tentasse concluir a obra incompleta dos séculos e apressar, na Europa, a história lenta demais...

O fracasso da revolta dos povos, com a qual se contava, conduziu a outra formulação, entre novembro e dezembro de 1792.

O incidente do povo de Zweibrücken, no Palatinado, reclamando a proteção francesa, deu ocasião a uma declaração de princípio, mas será Cambon, um mês mais tarde, o encarregado de exprimir a doutrina da República.

É o decreto do dia 19 de novembro de 1792 "por desejo do povo de Zweibrücken":

A Convenção nacional declara, em nome da nação francesa, que ela concederá fraternidade e socorro a todos os povos que desejarão recuperar sua liberdade, e encarrega o poder executivo de dar aos generais as ordens necessárias para levar o socorro a esses povos e defender os cidadãos que teriam sido humilhados ou que poderiam sê-lo por causa da liberdade.

E é o relatório Cambon do dia 15 de dezembro de 1792:

Contentou-se com palavras. O povo submetido à aristocracia sacerdotal e nobiliária não teve a força, sozinho, de romper suas cadeias... Como os povos aos quais os exércitos da República levaram a liberdade não têm a experiência necessária para estabelecer seus direitos, é preciso que nós nos declaremos poder revolucionário e que destruamos o Antigo Regime que os mantêm subjugado...

Se não proclamamos solenemente a queda dos tiranos e dos privilegiados, o povo habituado a curvar sua cabeça sob as correntes do despotismo não seria forte o bastante para romper suas cadeias, não ousaria se levantar.

Relatório que conduz ao decreto do dia 15 de dezembro de 1792, formulando a nova doutrina europeia da Revolução e pela qual a França proclama "a liberdade e a soberania de todos os povos entre os quais ela levou e levará suas armas".

A Convenção nacional decreta:

1. Nos países que estão ou serão ocupados pelos exércitos da República, os generais proclamarão imediatamente, em nome da nação francesa, a soberania do povo, a supressão de todas as autoridades estabelecidas, da *dîme*,[4] da feudalidade, dos direitos senhoriais, tanto feudais como censitários, das *banalités*,[5] da servidão real e pessoal, dos privilégios de caça e pesca, das obrigações em relação à nobreza...

2. Eles anunciarão aos povos que estão levando a paz, o socorro, a fraternidade, a liberdade e a igualdade. Eles o convocarão em seguida em assembleias primárias ou comunais.

Essa virada foi percebida e apreciada por sua importância? Voltemos a Jaurès:

Coisa curiosa, nem a Gironda, nem Condorcet, têm a franqueza de reconhecer até que ponto o programa da Revolução imposta difere do programa da Revolução espontânea que traçaram de início.

De fato, Condorcet aprova: "Acreditaríamos ouvir o gênio da liberdade e da igualdade ameaçando com sua destruição todos os ramos, todos os graus da tirania".

---

4 Imposto sobre as colheitas. (N. T.)
5 Impostos sobre a obrigação de usar o forno ou o moinho comum. (N. T.)

Enquanto, ao contrário, se fazem ouvir os escrúpulos dos *montagnards* Basire e Chabot...

Então, vai ocorrer uma última formulação, a da liberdade imposta aos povos europeus.

A consulta por plebiscito, habitual nas primeiras etapas (Avignon, Savoia, Nice) torna-se cada vez mais formal, até ser simplesmente esquecida.

Podemos considerar, seguindo Jean René Suratteau, esses "plebiscitos" da segunda geração.

Mas podemos falar de plebiscitos quando, em Montbéliard, o representante Bernard de Saintes declara que ele vem "trazer a liberdade aos habitantes"?

Ou, quando ouvimos Dubois-Crancé declarar: "A natureza, o desejo dos povos e o interesse da República exigem que este país permaneça para sempre conquistado pela liberdade".

Desde 1793, a ocupação dos territórios reconquistados, a Bélgica antes e depois de Fleurus, depois a Holanda, a Renânia, a Itália, a Suíça, vão ocorrer em função de outros critérios.

O que aprova, sem desvios, Merlin de Douai: "A República pode e deve, seja reter, a título de conquista, seja adquirir, por tratados, países que lhe sejam convenientes, sem consultar os habitantes".

O período jacobino do ano II assume, nessa evolução, um lugar particular e que, até há pouco, não foi estudado. Focalizava-se, como fez o próprio Jaurès, no alto momento dessas proclamações, quer dizer em 1792, e mais ainda no inverno de 1792-1793. Os estudos recentes, e notadamente os de Sophia Wahnich sobre a "noção de estrangeiro", analisada a partir dos arquivos parlamentares, na primavera de 1794, no próprio tempo da "conspiração do estrangeiro", nos permitem melhor compreender como se formou esse espírito, xenófobo em aparência, que vai conduzir ao terrível decreto do dia 7 de prairial, texto que permaneceu, felizmente para a honra da República, inaplicado: "A República não faz prisioneiros ingleses ou hanoverianos".

Combates pela Revolução Francesa

É nesse contexto de guerra excessiva que se deve estudar a formação da imagem do estrangeiro, a partir dos etnotipos herdados das Luzes: o austríaco é a ferocidade; o espanhol, a covardia e o fanatismo; e, sobretudo, o estrangeiro é o inglês, aquele que gozou da liberdade mas voltou à servidão, e deve, portanto, tornar-se objeto de execração por excelência.

Seguimos com precisão essa nova dialética revolução-liberdade-Europa, em um contexto em que o estrangeiro se torna por excelência "o escravo", aquele que recusou a liberdade.

Pode-se dizer que desde esse momento, e definitivamente, o sonho emancipador e federativo da França revolucionária, sob sua forma pacífica como sob sua forma conquistadora, esteja definitivamente destruído? E que a política de um Carnot, em sua continuidade pelo menos momentânea do ano II ao ano III, exprime o novo curso de uma Revolução que voltou para outros temas, as fronteiras naturais, e a outra filosofia, "Realpolitik" de uma guerra que deve nutrir uma guerra?

Seria desconhecer as aspirações daqueles que, no estrangeiro, continuam a confiar na França, fazendo apelo a ela para os liberar.

Como o haviam feito desde a primavera de 1793 esses jacobinos alemães que, nas condições as mais negativas, mistificados pelos comissários do diretório, como por Bonaparte e seus generais, mantiveram a coragem de se voltar para a França, para o "país da liberdade":

> A Mogúncia deve à generosa, à nobre nação francesa, o acontecimento feliz de poder inscrever em seus anais a época importante em que o escravo oprimido quebrou suas correntes pesadas, em que um povo fortemente curvado sob o despotismo reconquistou seus direitos naturais, e em que o homem livre retomou, com todo o seu brilho, sua dignidade primitiva e seu lugar entre seus irmãos livres.

Ouçamos ainda, em 1798, esses patriotas italianos, Buonarotti e Cerise, que fazem apelo à França:

Os patriotas italianos propõem revolucionar a Itália e de fazer sua unidade...

Os patriotas sentem que todas as riquezas da Itália devem ser empregadas para sustentar o exército francês, ao qual devemos o bem supremo: a liberdade.

E isso se reencontrará até no último apelo dos patriotas italianos à França, em favor da unidade no último momento das Repúblicas irmãs. Ouçamos, em julho de 1799, em Gênova, Cesare Paribelli:

> Legisladores e diretores do povo francês, falai, e a República italiana existirá.
>
> E vós, franceses, sereis justificados aos olhos da Europa e da posteridade de tantos erros cometidos durante tanto tempo em vosso nome nesses lugares em que prometestes a liberdade.

Qual seja o aspecto mistificador do discurso de "a Grande Nação" que se elabora a partir de 1796 e 1797, e o espírito novo que o inspira, reforçando o sentimento de superioridade da França sobre as repúblicas irmãs ou povos submetidos, permanece a ideia de que a França é o agente de propagação da liberdade. Podemos julgar pela linguagem dos discursos como dessas vinhetas militares que florescem então, na Itália ou em outros lugares, sobre o tema da liberdade conquistadora, ou da iconografia jacobina italiana de 1796-1797, evocando a fraternidade, desigual, mas real, das duas irmãs latinas, a grande e sua protegida...

É aí, sem dúvida, que convém, sob pena, no melhor dos casos, de ser acusado de compartilhar a ilusão de uma época, no pior, de caucionar a hipocrisia, de não esquivar outro aspecto dessa relação da Revolução com uma Europa que, sem ser a dos príncipes e déspotas, tornou-se rebelde, e amargamente decepcionada.

***

É essa outra leitura da relação Revolução-Europa, ou o "sonho desmentido", que é preciso abordar aqui.

Esse discurso foi o dos contemporâneos, daqueles que, depois de uma simpatia inicial, chegaram ao anátema, como Klopstock em seu poema sobre "a guerra das conquistas":

Tal foi também minha alegria diante do espetáculo de um povo.
Um povo grande e forte renunciando para sempre
A todas as guerras de conquistas...
Ai de mim, infelicidade a todos. Os que outrora domaram
A fera monstruosa, destruíram eles próprios
A mais santa das leis, a deles.
Em suas batalhas
Tornaram-se conquistadores.
Se tu conheces palavras para maldizer, palavras
Que nunca foram ouvidas: amaldiçoa-os.

Além dessas grandes vozes que se levantam acima das outras, estudou-se localmente essa virada que afeta os povos, as opiniões nacionais confrontadas com a conquista francesa.

Evoquemos o encadeamento que nos propõem os trabalhos de Rufer sobre as etapas da desilusão suíça, através dos sentidos sucessivos da palavra "patriotas": no início, pró-franceses opondo-se aos republicanos que são os nacionais, serão em seguida os nacionalistas que se opõem à França...

Da mesma maneira, Devleeshouver nos sugeriu, em sua contribuição para o encontro "Ocupantes e ocupados", as fases sucessivas da ocupação na Bélgica e das reações da população.

Desde 1797, quando Bonaparte impõe sua leitura da guerra e da nação, pode-se, sem hipocrisia, falar de emancipação sob a égide da grande nação? Os patriotas italianos, os venezianos, por exemplo, fizeram a experiência amarga disso.

Compreende-se, desde aí, que na historiografia da Revolução Francesa ou europeia, uma leitura inteiramente diversa da relação da Revolução na Europa, em que a liberdade, infelizmente, não está mais presente, pôde ter sido desenvolvida.

Foi, no final das contas, a ideia de Albert Sorel, em sua obra de referência sobre a Europa e a Revolução, fundando toda uma tradição de história nacional, ou nacionalista, insistindo, na perspectiva do pensamento de Taine e um pouco de Tocqueville, sobre a continuidade de um projeto cujas raízes remetem não às Luzes, mas ao Antigo Regime, e cujas "fronteiras naturais" seriam a expressão-chave.

Filosofia do Antigo Regime que, aliás, muitos se comprazem em opor, mesmo quando ela não se despeja no molde das fronteiras naturais que, segundo Zeller, "nunca pertenceram aos homens de Estado do Antigo Regime", mas quando ela se exprime pela voz de Vergennes: "A França, constituída como é, deve temer as ampliações, bem mais do que ambicioná-las".

Está aí a sabedoria do Antigo Regime, a nostalgia do perdido tempo feliz...

Denis Richet, na reflexão que ele consagra à noção de fronteiras naturais sob a Revolução, no recente *Dicionário crítico da Revolução Francesa*, se inscreve, ao mesmo tempo, em continuidade e em contestação com essa leitura.

Para ele, a noção de fronteiras naturais é sem dúvida essencial para se compreender essa política europeia da França. Mas, longe de ser uma herança de longa duração, ela seria uma invenção da Revolução. É a Revolução Francesa, e não Richelieu que Richet insiste em inocentar, que teria inventado esse novo conceito, um "golpe de paixão", ao qual ela teria dado uma força explosiva.

E Richet vai citar, selecionando no discurso revolucionário as imagens da violência e apagando sua mensagem emancipadora.

Brissot, em novembro de 1792: "Nós só poderemos ficar tranquilos quando a Europa, e a Europa inteira, estiver em fogo".

Chaumette, *montagnard* "de esquerda": "O terreno que separa Paris de Petersburgo será logo afrancesado, municipalizado, jacobinizado".

Danton, está claro, em janeiro de 1793: "Digo que é em vão que querem criar o medo de dar extensão demais à República. Seus limites são marcados pela natureza".

Carnot, ainda: "Os limites antigos e naturais da França são o Reno, os Alpes e os Pireneus. As partes que foram desmembradas dela, o foram por usurpação".

É o mesmo espírito, com uma argumentação diferente, que anima, no mesmo *Dicionário crítico*, a análise que propõe Allan Forrest sobre nosso tema: *A Revolução e a Europa*.

Para Forrest, a Revolução, que se apresentou como conclusão das Luzes, teve, na verdade, apenas um impacto fraco: pois quem havia lido os autores das Luzes?

Ele nos evoca uma sociedade europeia de camponeses pouco alfabetizados, em que o único lugar no qual as ideias da Revolução poderiam penetrar seria a Inglaterra: mas foi um fracasso. Ou ainda a Holanda: mas os patriotas eram ali uma pequena elite privilegiada.

E, para Allan Forrest, o verdadeiro best-seller europeu da época, é Burke, e não Paine.

Forrest recusa assim a ideia de uma Revolução autêntica e democrática da Liberdade. E gosta de citar outro pesquisador anglo-saxão, Blanning, que trabalhou sobre "a Revolução e a Alemanha".

O que é descrito como uma grande revolução democrática foi apenas, na realidade, nada mais do que a expansão militar da República Francesa...

> Diante da amplidão, da duração, da intensidade e sobretudo do sucesso da Revolução Francesa, as perturbações que se produzem em outros lugares da Europa tornam-se praticamente negligenciáveis.

Forçando o traço, essa análise apenas retoma uma leitura antiga e, por mais de um aspecto, incontestável.

E Allan Forrest conclui:

Michel Vovelle

É naturalmente tentador de adotar a linguagem missionária dos próprios revolucionários, e de considerar a Revolução Francesa que trazia a liberdade, igualdade e fraternidade ao continente europeu em termos de ideologia.

Se considerarmos o longo termo, talvez haja alguma verdade nessa maneira de ver. Mas a lembrança durável permanece uma mistura de medo e de insegurança, a imagem inapagável de uma ocupação militar e de uma pobreza muito pesada.

Nessas condições, a Revolução, segundo um discurso que tende a se tornar hegemônico, se funde na contrarrevolução, se funde na recusa coletiva e generalizada.

O aporte da Revolução Francesa às nações europeias só teria sido, finalmente, o nascimento desses sentimentos nacionais, em reação contra a conquista, bem prestes a cair nos nacionalismos do século XIX, e em vários pontos, nos antípodas da própria filosofia da Revolução Francesa?

É aqui, sem dúvida, que convém nos interrogarmos...

***

É assim que consideramos, agora, entre "sonho" e realidade, o legado da Revolução à Europa.

Relevando em primeiro lugar que essa contradição entre as proclamações e a "leitura negra" da expansão, que é uma das mais cruciais da Revolução Francesa, não foi desconhecida por aqueles mesmos que insistiram sobre seu impacto, e sobre seu impacto positivo.

Que nos permitam mais uma vez de fazer apelo ao testemunho de Jaurès, que diz a mesma coisa que Forrest, embora em outro estilo. Para ele, muito cedo, o primeiro otimismo da Gironda se vê infligir um desmentido flagrante:

O povo belga conserva a inflexão das velhas servidões. A Alemanha não se rebela, o movimento revolucionário é aí muito localizado, fraco, precário. Não mais do que o despotismo esclarecido de Frederico II e de José II, a força revolucionária não pode apressar a lenta evolução das nações atrasadas.

E ele não desconhece, como os outros também não, os pesos da "Realpolitik". O aspecto financeiro, por exemplo:

> Era, portanto, a riqueza do Antigo Regime europeu que devia recobrir sob o controle da França e por suas mãos, a revolução europeia...
> E eis por qual encadeamento de necessidades a liberdade armada na guerra tomava as formas e os costumes da conquista...

Da mesma maneira, Jaurès foi sensível aos perigos da passagem da emancipação à ditadura revolucionária da França sobre os países conquistados. Ele o diz, sem desvio:

> Eis como a liberação dos povos lhes era imposta por um decreto do vencedor, e como, enfim, a Revolução tributava as próprias nações que ela libertava.
> Mas como a tentativa é perigosa! Como ela vai inocular na França os hábitos ditatoriais! E como ela arrisca de identificar nos outros povos as servidões do passado e a liberdade nacional! A partir do dia em que a liberdade virou conquista, o patriotismo europeu tende a se confundir com a contrarrevolução.

Mas qual seja o peso desses elementos, que nada têm de menores, ele conclui, em uma passagem de alta expressão, com a contribuição, apesar de tudo, emancipadora da *Grande Revolução*.

> Quais tenham sido as imprudências voluntárias ou forçadas da Revolução Francesa, há aí um resultado de uma grandeza incomparável.
> Ela enviou a toda humanidade um ultimato altivo de acelerar o passo para alcançá-la. Ela animou, sacudiu, violentou as nações

atrasadas. Ela obrigou-as a sair dos limites dos séculos. Tornou, para elas, impossíveis para sempre as sonolências e as lentidões do Antigo Regime. Ela precipitou, para todas, o ritmo da vida. Propôs, brutalmente e sob o relâmpago da tempestade dos dias presentes, problemas que se desenvolviam em algumas consciências de elite, com uma espécie de lentidão sagrada. E sua proclamação de liberdade aos povos, se teve o clangor dos metais das fanfarras guerreiras, teve também a alegria que apressa e arrasta. De pé, os povos belgas, tão pesadamente adormecidos sob o espesso manto católico. De pé, pensadores e estudantes da Alemanha, que seguis com o olhar, no céu profundo da Germânia, o voo lento das nuvens pálidas. É uma viva aurora que explode, uma alvorada triunfante e rápida, o toque de despertar da revolução.

E se ele se interroga sobre as consequências em seu tempo das violências feitas na Europa pela Revolução Francesa:

> Nossos patriotas têm a vida bem curta e o espírito bem pobre, quando se queixam que a Alemanha e a Itália não tenham permanecido no estado de fragmentação e de impotência, que elas estejam constituídas em nações unidas e fortes. Pois é precisamente por aí que é permitido esperar agora, na Europa, um desenvolvimento político e social aproximativamente concordante das diversas nações. A partir daí a evolução de uma não corre o risco de se chocar com a imobilidade das outras, e as maiores transformações interiores dos povos não são mais uma ameaça para o equilíbrio do mundo e para a paz...
>
> Ou deixar subsistir em volta de si a servidão sempre ameaçadora, ou fazer da liberdade imposta uma nova forma de tirania: a França expiava por aí o magnífico e temível avanço revolucionário que tinha sobre o mundo.

Então, assumamos o reproche de nos abrigarmos por trás do lirismo arrebatador de Jaurès e, por aí, de compartilhar suas ilusões, de conceder facilmente demais a absolvição, em nome do dia seguinte, aos erros da hora ou da época.

Combates pela Revolução Francesa

Mas Jaurès faz outra coisa além de retomar um julgamento que foi emitido, desde a época revolucionária, por mais de um dos grandes pensadores que, na Alemanha ou em outros lugares, souberam se elevar acima das crueldades do momento, para ver mais alto e mais longe?

Para dizer a verdade, está impregnado por eles, e os cita: essa "viva aurora que explode", essa "alvorada triunfante" não é a tradução do *herrlicher Sonnenaufgang* do qual falava Hegel, assimilando o legado essencial da Revolução Francesa a esse conceito de liberdade, *der Begriff der Freiheit*", que ela transmitiu ao mundo.

Progresso irreversível, que Kant já havia evocado em termos decisivos:

> Essa Revolução, que vimos se efetuar em nossos dias em um povo cheio de inteligência, poderá ter sucesso ou fracassar, poderá conduzir uma tal soma de miséria e de horror, que o homem de reto senso que, a recomeçando, poderia esperar de levá-la a termo, não se resolveria jamais a refazer a mesma experiência a tal preço. Essa Revolução, digo, encontrará, entretanto, no espírito de todos os espectadores desinteressados, uma simpatia que chega ao entusiasmo...
>
> A aspiração do povo francês é de chegar a uma constituição que seria não mais belicosa, mas republicana... Afirmo poder anunciar ao gênero humano que ele chegará a esse objetivo e progredirá de ora em diante, sem recuo possível, em direção ao melhor.

Outros mais tarde, assim no incêndio revolucionário dos anos 1830 ou seguintes, de sensibilidades por vezes diferentes, mas convergentes em suas apreciações, o lembraram.

Ouçamos Ludwig Borne, em 1834, falando da Revolução Francesa como o "início de uma consciência europeia":

> Não devemos tratá-la como um acontecimento isolado. Não devemos considerá-la como francesa, com prolongações europeias.

A França é apenas um dos membros desse corpo europeu. Napoleão não a interrompeu, mas espalhou a própria semente dessa evolução.

E é em 1833 que Ranke nos diz: "É ao longo desse período que as nacionalidades rejuvenesceram, refrescaram, e encontraram um novo nascimento".

Então, antes de se fechar nos nacionalismos friorentos ou hegemônicos, essa geração europeia se encontrou em uma mesma apreciação da herança revolucionária, no próprio tempo em que Lamartine lembra que:

> 1789 conquistou verdades para o mundo inteiro...
> Vencedor ou vencido do combate revolucionário, sobre os túmulos se lê "Morto pelo futuro", "*Gestorben für die Zukunft*", ou "Operário da humanidade", "*Arbeiter für die Menschenheit...*"

Trata-se, ainda aí, de um mito dos anos de 1830 a 1840, de uma releitura póstuma, com todo seu peso de ilusão, leitura retransmitida e retomada por Jaurès, transmitindo a tocha... até ontem?

Percebamos, de fato, que além de um mito, é uma ideia forte de grande alcance e de grande futuro, que foi proposta pela Revolução Francesa. E por aí se mede talvez seu "excepcionalismo", como se diz hoje. Associando intimamente a ideia de liberdade, de emancipação, por vezes violenta, à de nação, propõe um modelo da nação ao mesmo tempo original e destinado a um grande futuro.

Esse modelo da nação se inscreve nos antípodas do pensamento de Burke, do respeito das heranças, das hierarquias e das longas tradições seculares. Está nos antípodas da via prussiana, da mudança pelo alto, no respeito das estruturas antigas. Está nos antípodas dos nacionalismos, tal como se constituirão em seguida, repousando sobre as bases de identidades ciumentas ou conquistadoras, ainda que contribuísse, por contrachoque, para assentar as bases.

***

A originalidade da Revolução Francesa é a de não ter separado a formação da consciência nacional do conceito de emancipação e de liberdade. É o que faz sua pregnância e sua possibilidade de reutilização pelos liberais do século XIX.

Ela assegurou, violenta e duramente, suas contradições, mas o que permanece de modo durável é esse universalismo das Luzes e, assim, a recusa de uma concepção "nacionalista".

A força da Revolução está precisamente no abalo das raízes, no questionamento das fatalidades. A Revolução permanece identificada com uma vontade de Europa dos povos, à derrocada do Antigo Regime social.

É uma "Europa de baixo", nos antípodas do caminho prussiano e do retorno às hierarquias de um Burke, e no oposto do josefismo, que fracassa, como da via inglesa, da qual se constata os limites.

A Europa, para a Revolução, só pode ser a tomada de consciência da liberdade e da necessidade de mudar o mundo.

Para concluir, que me seja permitido, no final das contas, de me afirmar jacobino, jacobino não arrependido, e terminar citando o *Hino dos sans-culotte*, que talvez o tambor Legrand tenha podido cantar ao jovem Heinrich Heine:

> Ao nobre com sua cartucheira
> Apresentemos a Liberdade
> Que o rude se prosterne
> Em nome da igualdade!
> Sagrados mil deuses todos juntos
> Tiremos e quebremos nossas armas
> Que, no troar, tudo trema
> Para libertar o universo.[6]

---

6 Estrofe da canção "Réveil du Père Duchesne": "*Au noble dans sa giberne/ Présentons la liberté/ Que le bourge se prosterne/ Au nom de l'égalité!/ Sacré mill dieux tous ensemble/ Tirons et brisons nos fers/ Que dans le fracas tout tremble/ Pour affranchir l'univers.*" (N. T.)

A Revolução Francesa e seu eco[1]

Abordar o imenso terreno da Revolução Francesa a partir da medida do eco que ela encontrou na Europa e no mundo é mais do que se conformar à própria vocação de um congresso internacional das Luzes, atento por natureza à abordagem comparativa como aos fenômenos de difusão: é também responder à solicitação de um momento. Nós nos preparamos para comemorar o bicentenário da "Grande Revolução": um acontecimento que pertence tanto ao patrimônio da humanidade quanto ao da França; a tentação de um balanço se impõe legitimamente. É nessa ótica que se prepara o projeto de um Congresso mundial sobre o tema da "Imagem da Revolução Francesa", em Paris, 1989, que a confrontação atual, sobre um tema vizinho, mas não idêntico, contribuirá certamente para preparar. Sob o tema de "imagem" proposto pelo professor Ernest Labrousse, colocamos, com efeito, o estudo de todas as formas de recepção no pensamento político, filosófico ou histórico, como na literatura,

---

1 Publicado originalmente em *La Pensée*, n.867, jan. 1989.

na arte e mais largamente todos os suportes do imaginário, ideias fortes como a da memória do acontecimento.

Falar aqui de eco (ou de repercussões) da Revolução parece, à primeira vista, limitar o campo operatório, ainda que os autores que responderam a essa solicitação tenham considerado o termo em toda a riqueza das leituras que ele autoriza, o que testemunha a multiplicidade dos equivalentes semânticos que encontramos no fio das comunicações (eco, ressonância, influência, difusão, recepção, impacto, repercussões, reações, legado ou herança...). Tal lista é evocada não pela curiosidade, mas pelas nuanças às quais ela convida na maneira de abordar o problema. Nós nos limitaremos à leitura a mais imediata do termo como percepção, impressão feita pela Revolução Francesa sobre os contemporâneos, sem levar em conta os abalos em profundidade que ela provocou nos sistemas institucionais e sociais? Mais de um autor não hesitou a atravessar essa fronteira, e sem dúvida de modo consciente.

De mesma maneira, numerosos pesquisadores inscreveram deliberadamente sua reflexão da história do século XIX até nossos dias, considerando que o eco diferido ou prolongado é tão importante quanto o eco imediato. Tal abordagem se impõe tanto mais que em muitos países, por razões ao mesmo tempo geográficas e históricas, o impacto contemporâneo dos fatos foi modesto, mesmo nulo, a descoberta ulterior, ao contrário, notável, e durável de seus efeitos. Nós compartilhamos sem dificuldade esse ponto de vista, mesmo que ele pareça, à primeira vista, exceder os limites cronológicos de um encontro de especialistas do século XVIII. É na longa duração que se aprecia a amplidão real do acontecimento que fecha o século das Luzes.

Dizendo a verdade, a diversidade das contribuições propostas deixa incontestavelmente a impressão de uma oficina largamente aberta, tanto em uma perspectiva geográfica quanto temática. É mais em termos de problemas, ou de programa, do que de balanço, que convém apresentar este relatório introdutório.

Um canteiro antigo e novo

A afirmação pode parecer paradoxal: que tenhamos de falar em termos de conquistas da liberdade, ou de vitórias da Grande Nação ou, ao contrário, de denúncia do contágio revolucionário, o problema do eco da Revolução é tão velho quanto o próprio acontecimento. De início, em um gigantesco diálogo de múltiplas vozes em que Burke e Thomas Paine se correspondem, em que Chateaubriand e Joseph de Maistre se esforçam em teorizar no calor da hora a experiência em curso para encontrar a defesa, o problema da Revolução foi posto em termos gerais. Mas como ele não o teria sido, quando o confronto armado, a partir de 1792 e até em 1815, conduzia a um abalo generalizado da Europa monárquica nos seus equilíbrios mais enraizados?

Passar dessas reações "no calor da hora" às abordagens científicas do tema pediria um percurso historiográfico no detalhe do qual não entraremos. Nas grandes obras históricas da época romântica, de Thiers a Michelet, a Lamartine ou Louis Blanc, a dimensão internacional do abalo revolucionário está longe de ser ausente, mas ela permanece, no estado dos conhecimentos, galocêntrica, enquanto, do estrangeiro, chegam considerações que hipnotizam ainda com o próprio acontecimento da Revolução, assim, em Carlyle, tratando desse "prodígio chamado Revolução Francesa que o Universo olha ainda com estupor". Testemunho, portanto – e com que amplidão – sobre o eco da Revolução, ao invés de testemunho do fenômeno. Sem dúvida uma virada se esboça, nas origens de uma história positivista, que se encontra com a firmação das nacionalidades, assim em Von Syebel, cuja *Geschichte der Revoluntionszeit* redigida entre 1853 e 1858 é traduzida em francês sob o título *A Europa e a Revolução Francesa* (1869-1887): mas a liberdade tomada com o título original não testemunha de um deslizamento significativo do tema? Na França também, ele caminhava por vias comparáveis, pois se Taine não se focaliza particularmente sobre a questão em suas "Origens da França contemporânea", pode-se dizer que ele a transmitiu a um de seus alunos, Albert Sorel, cujos oito tomos de *A Europa e a Revolução* se escalonam entre 1874 e 1904. Ainda que Sorel não compartilhasse todos os julgamentos de Taine, representa a atitude da França conservadora e nacionalista, empenhada em fazer surgir, da continuidade de uma herança histórica, ao invés da ruptura revolucionária, essa novidade incontornável, como se diz hoje, que é a nação de tipo moderno: um conceito que a França revela à Europa, às suas custas.

Além disso, esse monumento traz a marca de sua idade, quando o revisitamos hoje, restringindo à uma visão de história diplomática muito estreita o encadeamento dos fatos. Que contraste com o tomo – decerto menos erudito, mas com que energia! – que Jean Jaurès consagra então à "Revolução e à Europa", como quarta sequência da sua *História socialista*, rompendo a continuidade cronológica do percurso para abordar o problema em toda sua espessura, dando a parte que lhes cabe às situações socioeconômicas dos parceiros europeus, traçando o retrato dos jacobinos alemães ou ingleses, evocando as condições de seu difícil combate, prestando, sobre tudo, a maior atenção aos pensadores, dos mais modestos aos mais eminentes, dos defensores da Revolução como Fichte a seus maiores adversários, Burke em primeiro lugar. Certamente, esse panorama exploratório confessa também seus limites: é parcial e descontínuo. Se reserva um lugar às revoluções da Suíça, põe, de fato, toda a ênfase no mundo germânico de um lado, na Inglaterra, de outro. Ignora a Itália, da qual Jaurès só fala brevemente, (no tomo precedente), a Espanha, o que pode ser facilmente desculpado. A Europa Central e Oriental não encontra lugar nesse desenvolvimento do tomo IV. Nessa seleção se refletem ao mesmo tempo a cultura de Jaurès, com seus pontos de ancoragem e seu sistema de referência, mas também as vastas zonas de sombra na bibliografia e no conhecimento de seu tempo. A esse título, também, pode-se ver aí um testemunho sobre uma etapa da descoberta.

Pois esses trabalhos, na França e mais ainda no resto do mundo, se multiplicaram no século XX. É interessante seguir ao mesmo tempo a geografia, e a respiração global, a partir dos instrumentos bibliográficos ou mais simplesmente das bibliografias de algumas obras de referência, como aquela que propunha Albert Soboul em anexo a esse tomo IV de Jaurès em sua reedição de 1971, mas, melhor ainda, aquelas que acompanharam em 1958, depois em 1983, as duas edições da obra essencial de Jacques Godechot *A Grande Nação*. Aliás, o mesmo Jacques Godechot mantém periodicamente na *Revue Historique* (francesa) uma crônica atenta das publicações internacionais, à qual podemos nos referir. Além disso, o anúncio das iniciativas internacionais (e por vezes francesas), suscitadas pela aproximação do bicentenário, assim que colóquios e publicações que os acompanham, tal como nós expusemos em diferentes boletins da Comissão de pesquisa histórica para o bicentenário da Revolução Francesa (CNRS, França), autoriza um balanço não apenas muito atual, mas prospectivo também.

Dessas confrontações, certo número de linhas de força se manifesta. Desde o início do século, notam-se tempos fortes e tempos fracos: um vivo interesse nos trinta primeiros anos da França à Alemanha, um balanço relativo, dos anos 1930 ao fim da guerra nos países atingidos pelos fascismos, um despertar seguro nos anos 1950, quando a problemática das "Revoluções atlânticas", apresentada em 1955 no Congresso de Roma, agiu ao mesmo tempo como avivamento para uma leitura comparativa dos fenômenos revolucionários, que conduz à apreciação de suas influências comparadas e, mais ainda, talvez, como testemunho de um interesse múltiplo. É ao longo dos anos 1950 que as grandes sínteses foram publicadas, quase em paralelo: Jacques Godechot, *A Grande Nação* (1956, retomada, como vimos, em 1983), Robert Palmer, *The Age of Democratic Revolution* (1959-1964), Eric Hobsbawn, *The Age of Revolutions* (1962)... Empreendimentos ambiciosos e meritórios cujo sucesso constante sublinha a importância, mas que marcam uma época, pois não foram renovadas. Desde esse momento, se queremos assinalar, com tristeza, o recuo relativo da produção francesa em

Michel Vovelle

que a sucessão não parece ser assegurada no campo da história "das" revoluções, desde a geração de Godechot, J. Droz ou J. R. Suratteau, convém sublinhar a notável explosão das histórias nacionais aplicadas ao período.

Os historiadores norte-americanos, na sequência de Palmer, se interessaram não apenas à sua própria revolução e sua influência, mas aos trabalhos do velho continente, a historiografia germânica faz prova de um notável dinamismo, nas duas Alemanhas, como em uma Áustria que, dos trabalhos de W. Grab aos de H. Reinalter, valoriza sua posição no coração da Mitteleuropa. Se devemos assinalar, na Europa "atlântica" a vitalidade de uma historiografia inglesa que se debruça sobre seus jacobinos, mas não desdenha olhar para outros lugares e a afirmação de uma historiografia holandesa e belga (colóquio sobre a Revolução brabançona, 1982), como de uma escola helvética, baseando-se em boa tradição, os traços mais espetaculares aparecem sem dúvida, entretanto, na produção italiana, assim como a afirmação das escolas da Europa Central ou do Leste. Na estatística que ele propunha em 1979 para os anos 1970, em sua crônica da *Revue historique*, Jacques Godechot, sob a rubrica global "expansão revolucionária fora da França", recenseava em um total de 43 títulos, 20 obras sobre a Itália, bem à frente do domínio germânico (5 títulos) ou a América (4 títulos); teste de um favor que nada tem de passageiro, desde os anos 1950. Na Polônia, como na Hungria, toda uma série de estudos fundamentais se sucederam desde os trabalhos pioneiros dos anos 1950 sobre os jacobinos, de Lesnodorski ou de Benda: os historiadores franceses tiveram o conhecimento a partir de números especiais dos *Anais históricos da Revolução Francesa*. São setores em pleno despertar os da Europa central ou balcânica (Tchecoslováquia, Romênia, Bulgária, Grécia...). Mas devemos também, passando pela península Ibérica em que o interesse consagrado ao período, por ser recente, não é menos vivo, sublinhar a aparição de novas frentes pioneiras na América Latina, do Brasil à região caribenha. Livres de suas conotações inutilmente polêmicas, e talvez de seu caráter sistemático demais, é talvez o sucesso adiado de uma "Revolução Atlântica", reduzida à sadia incitação para uma abordagem comparativa.

Explosão no espaço, explosão no tempo também; uma parte importante desses estudos se inscrevem no quadro mais largo de uma visão renovada das Luzes europeias e dos estudos de sua difusão, ou de sua influência, que deram lugar a toda uma série de encontros, de historiadores ou de literários. Assim, o problema das origens, ou das raízes, está honrado tanto no nível da influência dos grandes pensadores, quanto das aberturas (sociabilidade maçônica, edição) que estão à obra no período pré-revolucionário. Rio abaixo, são os ecos de "longa duração" da Revolução Francesa que solicitam as pesquisas; assim, nos países da Europa Central, balcânica e oriental em que a difusão dessa imagem se operou, ao fio dos movimentos nacionais e revolucionários do século XIX. Mas a questão se põe em termos vizinhos para a América Latina.

Mais globalmente, é a própria concepção desse tipo de estudo que se modificou profundamente, refletindo o enriquecimento dos territórios da pesquisa. Estamos bem longe da história europeia contada no nível das chancelarias e das embaixadas por Albert Sorel. O aspecto pluridisciplinar da pesquisa, embora não sendo de total novidade, se afirmou. A história literária comparada, assim como a história das ideias não tinham desconhecido o campo de pesquisa que a sequência revolucionária oferece. Mas hoje, as novas abordagens – aquelas das palavras-chave, e por aí mesmo, das ideias fortes, a partir da análise do discurso, as dos diferentes suportes do imaginário coletivo – abrem novas perspectivas a essas confrontações. Novas fontes foram valorizadas, da imprensa à imagem. Sem nos aventurarmos a estabelecer o um balanço que só poderia ser prematuro, podemos nos arriscar a definir os trabalhos dessa pesquisa sobre o eco da Revolução. Por comodidade pedagógica, eu os abordarei em dois níveis: o eco imediato dos acontecimentos da França, se não na década revolucionária definida estritamente, ao menos

Michel Vovelle

durante o ciclo 1789-1815, que corresponde a uma periodização largamente adaptada pelos autores europeus ou outros, na medida em que o período imperial prolonga e exporta uma parte importante das aquisições revolucionárias. Depois, o eco diferido ou, se se quiser, a Revolução depois da Revolução, outro efeito do eco, que vê se elaborar uma imagem na memória coletiva.

O eco imediato: o impacto da Revolução sob a Revolução

Tal pesquisa inicia-se em um nível modesto, ou fatual: como a Revolução foi conhecida, em que meios, em que limites, e em que termos? A pesquisa lançada há algum tempo por Jacques Godechot a partir de um teste preciso, o conhecimento e a difusão da Declaração dos direitos do homem nos diferentes países europeus receberam elementos de resposta, da Inglaterra, da Alemanha ou da Itália. Outras contribuições continuam a enriquecê-la, assim, bem recentemente, a de Godwin sobre a recepção da Declaração dos direitos nos Países Baixos, lugar interessante, ao mesmo tempo porque o clima de reação que reina então faz perceber a medida dos obstáculos encontrados, mas, ao inverso, porque a tradição jornalística holandesa assegura uma difusão precoce, se não integral.

A partir de outros suportes, ou de outros acontecimentos que são pontos de referência, escalonados ao fio da Revolução, conviria precisar esse estudo de ondas de difusão; assim, para a Bastilha (não é possível nos fecharmos eternamente na imagem, simbólica, é verdade, do passeio quotidiano de Emmanuel Kant em Königsberg, perturbado por esse anúncio). Sem multiplicar os exemplos, podemos pensar em um acontecimento como a morte do rei, dia 21 de janeiro de 1793, que teve, na sensibilidade e na opinião europeia um eco imenso e, a bem dizer, bem alimentado por toda uma corrente de propaganda. Podemos julgar a partir de certos suportes privilegiados, como a imagem ou

Combates pela Revolução Francesa

a numismática. Os artistas europeus que produziram abundantemente sobre esse tema responderam, decerto parcialmente, a uma demanda social, como se diz hoje, em que os meios da emigração francesa tiveram sua parte, mas igualmente a um mercado local, nos grupos nobiliários ou burgueses. Como havia ocorrido, um século e meio antes, uma reação europeia, da França à Alemanha barroca, à morte de Carlos I, da mesma maneira, a opinião focaliza sua atenção na morte e paixão de Luís XVI: artistas franceses emigrados em Londres, artistas ingleses ou internacionais (Schiavonetti...) fixam, em suas séries gravadas, as etapas não apenas das infelicidades do rei, mas de sua família, de Maria Antonieta, à Madame Elisabeth. A numismática, fazendo-nos descobrir, ao lado de séries cuidadas, alemãs ou britânicas, que tratavam do tema do último adeus de Luís XVI, fichas, ou "token" inglês de fatura muito rústica, permitem apreciar até que nível de difusão popular o tema da propaganda foi levado. Se acontecimentos como a tomada da Bastilha ou a morte do rei se impõe assim, sem surpresa, como testes de referência, pode-se também se interrogar sobre a atenção particular que é conferida a certos personagens, e a certos acontecimentos: pode-se pensar, por exemplo, em toda cristalização que se opera em volta do casal maldito – se me concedem esse traço de humor negro – Marat-Charlotte Corday, e não apenas na Inglaterra. Uma exposição bem recente (Florença, 1986-1987) foi consagrada ao imaginário da guilhotina, do qual uma obra analisa os traços (Daniel Arasse). Pode-se seguir, a partir de tais referências, essa espécie de fascinação ressentida na Europa pelo instrumento emblemático do Terror, muito mais ambíguo do que poderia parecer à primeira vista. Certa admiração, no mundo germânico, por uma inovação cuja realização técnica cabia a um hábil artesão alemão, compartilhada por tal imagem britânica sobre a execução dos girondinos, sensível à proeza de decepar 28 cabeças em 35 minutos! Representações totalmente fantásticas, e sem nenhuma relação com a realidade – espécie de serra com movimento contínuo –, foram difundidas por um conjunto de imagens populares alemãs, habituada a esse gênero de evocações.

Abandonemos esse tema macabro: ele tem, pelo menos, o mérito de nos introduzir muito concretamente ao problema da difusão das ideias fortes, palavras-chave, personagens emblemáticos, símbolos a partir dos quais a Revolução Francesa se impôs quase imediatamente ao imaginário europeu. Várias questões se levantam: a dos agentes de propagação, a dos suportes, a dos próprios conteúdos do que foi recebido, com simpatia, ou rejeitado violentamente.

Nas fileiras dos atores, é legítimo distinguir os que foram portadores ou difusores ativos das novidades revolucionárias – viajantes ou peregrinos da Liberdade, emigrados franceses, diplomatas, soldados ou missionários armados – daqueles que receberam, difundiram e passaram, localmente, a mensagem. Estando claro que de um grupo a outro há passarelas, e superfícies de superposição: viajantes ou peregrinos da Liberdade tornaram-se mais de uma vez os prosélitos das ideias revolucionárias – ou seus adversários.

Podemos ter o sentimento, recapitulando esses temas, de terrenos bem balizados: memórias e narrações de viagens, sobretudo nos primeiros tempos da Revolução, se multiplicaram, e muitos dentre eles foram objeto de publicações completas ou fragmentárias. Uma tipologia se esboça, em que o viajante de tipo clássico, como Arthur Young, que foi testemunha dos primeiros episódios, se veja sucedido pelos observadores – agentes diplomáticos, ou consulares – ou patriotas exilados na França; depois descobridores atraídos pela própria experiência da Revolução parisiense. Tais documentos foram frequentemente explorados no nível fatual dos detalhes ou dos episódios inéditos sobre os quais podiam informar. Sonhamos com um tratamento global do que constitui hoje um corpus verdadeiro, para analisar os olhares diferentes e as experiências desses testemunhos vindos de outros lugares. Desde agora, uma geografia das proveniências se esboça, em que os alemães têm um lugar importante,

Combates pela Revolução Francesa

seguidos pelos britânicos. Em uma perspectiva complementar, se o grupo dos emigrados franceses foi objeto de estudos parcialmente renovados, no nível particular da sociologia, como das condições de acolhida, foram tradicionalmente considerados, desde a obra clássica de Baldensperger, mais pelo que eles receberam, em contato dos países que descobriam, do que por aquilo que veicularam – imagens e clichês da Revolução. Tal monografia, como a de Picheloup sobre os padres franceses nos estados do papa, permite nuançar o quadro. Padres refratários podem aparecer paradoxalmente, quando são tratados de "giacobino e sansculoto", como os emissários da Revolução da qual fugiram.

Nessa tipologia dos agentes de contato, um lugar particular deve ser reservado aos grupos dos patriotas exilados, a essa diáspora europeia, cujo vai e vem, segundo as flutuações políticas, fez deles emissários privilegiados. Habitantes de Liège, belgas, batavos, genebrinos e suíços, esperando renanos e italianos, são grupos conhecidos de maneira desigual. A monografia que foi consagrada ao clube helvético de Paris e à sua ação de propaganda nos primeiros anos da Revolução permanece, a esse título, muito sugestiva, e mereceria de ser imitada por outros grupos nacionais.

Passamos – um pouco brutalmente talvez – a essa outra população daqueles que, nos diversos países, acolheram, ou receberam, o eco da Revolução, ainda que a repudiassem em seguida. De maneira legítima, a atenção se concentrou tradicionalmente sobre os intelectuais, parceiros privilegiados – Kant, Fichte... e alguns outros. Essa ótica era aquela de Jaurès, fazendo da revolução a conclusão e a fermata das Luzes; ela dava, em retorno, à Revolução Francesa a caução de uma parte ao menos dos grandes nomes do pensamento europeu. Esses trabalhos sobre o impacto ideológico da Revolução está muito longe, qual tenha sido a riqueza dos estudos que suscitou, de ter esgotado suas virtualidades. A atenção se concentra naturalmente sobre um certo número dos grandes exegetas que, em um campo ou no outro,

Michel Vovelle

propuseram, no próprio momento, um modelo explicativo dos acontecimentos em curso: e compreendemos sem dificuldade o interesse constante consagrado a Burke e às suas *Considerações sobre a Revolução Francesa*. Ao inverso, interrogamo-nos igualmente sobre a continuidade de uma troca constante, ao curso dos acontecimentos, entre pensadores ou teóricos franceses e seus parceiros europeus. Os recentes estudos sobre Siéyès e sua influência na Alemanha se inscrevem nessa via. Permanece o fato de que um dos problemas continua sendo aquele da difusão – junto a quem, até que profundidade – dos best-sellers em volta dos quais se focalizou o debate, por ou contra a Revolução. Se a influência de Burke é facilmente detectável, através de suas múltiplas traduções, como o lugar que ele ocupa na literatura contrarrevolucionária, é mais difícil de repertoriar em que fontes se alimenta a biblioteca dos jacobinos húngaros, poloneses ou mesmo alemães. A tarefa que consiste em discernir influências e referências não é, no entanto, impossível, assim como em saber o que a censura persegue. Os jacobinos da Europa central que nos descreve H. Reinalter tiveram conhecimento das proclamações essenciais da Revolução, leram o "Bom senso", de Thomas Paine, espécie de antídoto às considerações de Burke.

Essa consideração leva a tentar apreciar, por trás das personalidades de primeiro plano, o retrato de grupo daqueles que se fizeram os campeões e os artesãos da propaganda revolucionária e que, por isso, foram designados com o título coletivo de "jacobinos", por iniciativa dos próprios animadores da cruzada antirrevolucionária. Catarina II, em primeiro lugar. Esse estudo é sem dúvida um daqueles que foram o mais amplamente renovados, em consequência do desenvolvimento de todas as historiografias nacionais que evocamos acima.

Não se trata aqui de propor uma visão de conjunto dos "jacobinos", ponta de lança da penetração da influência revolucionária na Europa. O que podemos dizer, no nível de um simples sobrevoo, é que a acolhida feita à Revolução Francesa, e o surgimento de grupos ativos que compartilhavam suas ideias, conhece um primeiro crescimento desde 1789, mas sobretudo entre 1790 e 1792, particularmente encorajada pela política de expansão revolucionária em 1792. É a época das curiosidades, dos entusiasmos, dos clubes também. A primeira geração de "jacobinos", no sentido por vezes muito vago, sucederá em 1793, e sobretudo 1794, outra plêiade, mais motivada, mais engajada e por vezes empoderada, pelo caminho da história das responsabilidades da ação: jacobinos de luta, ou de conspirações, por vezes pisando em falso, sobretudo sob o diretório, como ligados a um sistema que a Revolução burguesa rejeitou e do qual ela desconfia.

Tudo isso é questão de cronologias nacionais, mas mesmo levando em conta evoluções diferentes, a nebulosa dos jacobinos europeus se desenha em traços contrastados: na Europa Ocidental, os jacobinos ingleses reagrupados em volta de Thomas Hardy na "Sociedade Correspondente de Londres" serão perseguidos em 1794; em outro lugar, o jacobinismo flamengo foi, a partir da experiência do levante de 1789, e depois, da primeira ocupação francesa em 1792, bastante morno e de recrutamento limitado, em contraste com a importância dos jacobinos batavos na Holanda vizinha. A atividade e o número dos clubes nesse país podem ser comparados com o que se passa na Suíça, em que se desenvolvem os grupos que compartilham as ideias francesas, na base de uma situação explosiva e pré-revolucionária em certas regiões (Vaud, Valais): em novembro de 1794 as autoridades de Zurique prendem, em Stäa, um grupo de conjurados "jacobinos".

Jacobinismo de clubes na Alemanha, de clubes igualmente, mas também de organizações revolucionárias (Buonarroti) na Itália, sobretudo setentrional, mas mais largamente nas grandes cidades (Milão, Nápoles, Bolonha, Roma mesmo...), o mapa do jacobinismo europeu deixa de lado a Espanha, em que a ideia não atinge ainda mais do que alguns isolados, como a Europa oriental, fora alguns grupos: começa-se a conhecer os jacobinos poloneses (ainda que a expressão de "jacobineira"

Michel Vovelle

associada a Catarina II seja francamente abusiva), como a história reteve a lembrança da conspiração dita "de Martinovits" o líder (e delator) do grupo dos jacobinos húngaros, executado em julho de 1794.

Quem foram os jacobinos europeus? Percebe-se que não há uma resposta simples para tal questão. Nos países ou nas regiões em que a estrutura social era mais próxima da França (Bélgica, Países Baixos, Renânia, Suíça, Itália setentrional), um recrutamento de dominante burguesa cede um importante lugar aos intelectuais, por vezes a nobres (Itália), mas pode-se abrir para elementos do artesanato e do pequeno comércio em meio urbano. É aí, sem dúvida, que o retrato típico do jacobino difere, ao menos radicalmente, do jacobino francês do ano II: é aí também que a densidade dos clubes urbanos é a mais forte (Renânia, Holanda, Suíça, Itália setentrional). Mas o jacobinismo conserva um caráter minoritário e colide a fortes resistências populares, em meio rural e mesmo urbano.

Em função de estruturas sociais diferentes, os jacobinos se recrutam de modo diferente em outros lugares: os que estudaram no reino de Nápoles (Cingari), por ocasião do confronto entre "Giacobini e San Fedisti", associam a alguns nobres um núcleo de burgueses urbanos: a contrarrevolução "sanfedista"[2] porá em evidência o caráter da luta cidade-campo do conflito, quando das pilhagens em que "aquele que tinha pão e vinho era considerado como jacobino".

Quando se chega à Europa central, o círculo se fecha mais nitidamente ainda a grupos de intelectuais (professores e funcionários), a ausência de burguesia faz que seja por vezes na pequena nobreza pobre que se recrutem os jacobinos, o que não ocorre sem alguma ambiguidade: assim, os jacobinos húngaros associam um grupo de intelectuais plebeus a um complô

---

2 Derivado de "sanfedismo" (do italiano *Santa Fede*, "Santa Fé"): movimento popular antirrepublicano organizado em Nápoles e que atuou com maior vigor entre 1799 e 1814. (N. T.)

da nobreza (medíocre) "reformista" e crispada na defesa das liberdades húngaras: os primeiros tendo sonhado sem dúvida de aproveitar de um levante nobiliário para ultrapassar seus objetivos. Entretanto, entre os condenados de julho de 1794 na Hungria, há quase metade de pequenos nobres, para outra metade de intelectuais e funcionários plebeus. Tal tipo de recrutamento se encontra mais ou menos no que sabemos dos jacobinos poloneses.

A ideologia dos jacobinos europeus reflete ao mesmo tempo esse recrutamento diferente, em sua heterogeneidade, como em seus traços originais, apesar de uma dependência frequentemente acentuada em relação à fonte francesa dos escritos e dos exemplos a seguir. Seria injusto de dizer mais "moderada" ou "reformista" do que aquela do jacobinismo francês. Ao contrário, a própria situação minoritária dos jacobinos frequentemente tornou mais vivos certos engajamentos: assim, a dimensão da contestação social alimentada na fonte babouvista foi muito nítida tanto na Holanda quanto na Itália (Buonarotti). Aliás, sobretudo na Itália, o anticlericalismo pronunciado é um dos fatos marcantes do jacobinismo. Uma historiografia tradicional por vezes acentuou certos traços de verbalismo gratuito e exagerado (assim, para os clubes da Itália do norte); sem dúvida o problema deveria ser reestudado. Em todo caso, parece que a etiqueta, menos precisa do que na França, de "jacobino", recobriu na Europa engajamentos mais diversificados, indo de um reformismo muito morno na tradição das Luzes a um engajamento muito forte. Outra característica desses jacobinismos é o acento colocado no problema nacional ou patriótico: é claro que ele foi formulado em termos diferentes segundo se trate de nacionalidades constituídas ou em vias de formação, ou em situação de dependência; diferentes igualmente quando a conquista francesa colocou por vezes os jacobinos em situação ambígua de amigos de um liberador que se tornou frequentemente opressivo. Evidente na Polônia ou na Hungria, senão sem equívoco (os dois níveis de iniciação dos jacobinos húngaros), esse elo situa o jacobinismo nas origens do movimento nacional do século XIX.

A mesma coisa ocorre, mas segundo modalidades diferentes na Itália, Alemanha, Suíça, Bélgica, Holanda, em que as próprias condições da expansão francesa impõem aos jacobinos locais um percurso mais complexo.

Enfim, podemos resumir em algumas palavras os traços que parecem caracterizar as formas da ação jacobina na Europa sob a Revolução Francesa. Ela não é inicialmente ação violenta, mas antes proselitismo apoiado nos clubes, como na França, com a diferença de que a densidade foi muito desigual: numerosos na Bélgica, na Holanda, em uma parte da Suíça (até 50 em Genebra!), na Itália setentrional e na Renânia. Em outros lugares, o clube torna-se sociedade de pensamento ou de leitura, oficial ou clandestina, segundo os momentos. A imprensa e as sociedades de pensamento foram por vezes as manifestações maiores do jacobinismo cujas monografias atuais permitem se apreciar a importância (assim, na Alemanha do norte para clubes como os de Altona ou Lübeck). Em outros lugares, os jacobinos locais frequentemente se encontraram em atraso, se não de uma guerra, pelo menos de uma revolução pela metade: entendamos por isso que, depois de um período de luta e de clandestinidade, conduzindo frequentemente ao exílio (lembramos a importância do mundo cosmopolita dos exilados em Paris entre 1792 e 1794), eles terminaram ora levados a se pôr praticamente ao serviço do ocupante francês, ora perseguidos ou incomodados sob o Diretório, o Consulado e o Império, levados a ficar ou voltar a uma semiclandestinidade. Essa posição explica por que os jacobinismos europeus tenham sido frequentemente conspiradores: isso tanto para a Itália, mas também, *a fortiori*, para a Europa central.

Nessa abordagem por círculos concêntricos dos meios atingidos pelo impacto da Revolução, mesmo que signifique retransmiti-la, intelectuais que atraem o olhar em primeiro lugar, ao grupo (uma elite, mais uma vez) de jacobinos, permanece muito difícil apreciar as outras formas de acolhida, ou de percepção na opinião e, singularmente a dos grupos populares ou a pequena burguesia, ali onde ela se desenvolveu. Levando a ingenuidade

Combates pela Revolução Francesa

ao extremo, podemos nos perguntar o que conheceram os camponeses russos da grande revolução que tinha ocorrido do outro lado da Europa, antes da intrusão devastadora da Grande Armada em 1812? Mas a questão pode ser recolocar, em termos diferentes, na Polônia, e na Hurgria... E que imagem da Revolução podiam ter os camponeses do Mezzogiorno, sanfedistas ou "Via Maria" em 1798, senão fantástica? A dificuldade aqui é dupla, tratando-se de grupos silenciosos, em que a pesquisa, por definição, não é fácil, mas ela deve-se também à extrema diversidade das tomadas de contato com o fato revolucionário, de um lado a outro da Europa. Podemos distinguir, em momentos diferentes, focos revolucionários, em que, na sequência ou não dos movimentos populares dos anos 1780, surgem surtos insurrecionais que testemunham do eco da Revolução Francesa. Da região de Liège até a Renânia, Genebra e à região de Vaud e no Valais, mas também na Saxônia, do Piemonte à Polônia, é claro, e ainda nos anos 1793-1794 aos territórios Habsburgos, da Áustria à Boêmia ou à Hungria, seguindo diferentes graus de mobilização ou de tomada de consciência, se manifestam as consequências do fato revolucionário.

Como a propaganda revolucionária penetrou nesses diferentes meios? É evidente que as vias de penetração são muito diferentes segundo que os países tenham sido tocados diretamente pela penetração revolucionária e a expansão francesa, ou que eles pertençam à Europa dos príncipes que se protegem contra ela.

Entretanto, muitos suportes comuns se apresentam: clubes, sociedades ou lojas, de um lado, difusão por escrito, imprensa e imagem do outro e, enfim, mas unicamente lá onde a Revolução se implanta, cenografias da festa, e pedagogias diversas.

Falando dos grupos jacobinos, já fomos levados a sublinhar a importância dos clubes como elementos estruturantes da influência revolucionária. O estudo da rede dessas organizações foi conduzido parcialmente: foi possível propor uma cartografia dos clubes renanos, em volta de Mogúncia, em 1792, como se conhece a semeadura muito densa dessas organizações tanto na Holanda quanto em uma parte da Suíça. Em 1796 e 1799, estuda-se a rede das sociedades italianas – sob suas apelações diversas – e é possível esboçar a rede delas, desigualmente densas do norte ao sul da península. Uma documentação, por vezes excepcionalmente rica, como o fundo do círculo constitucional de Bolonha, publicado muito recentemente, permite melhor conhecer, do interior, o funcionamento desses organismos. A abordagem monográfica sobre esse terreno ainda virgem não disse sua última palavra. Da mesma maneira, apesar de estudos numerosos e precisos que foram conduzidos sobre os jacobinos vienenses e húngaros, através da conspiração de Martinovits, mede-se a amplidão da pesquisa a ser conduzida, passando por Praga, Innsbruck e outros lugares para apreciar o papel das lojas maçônicas e das sociedades secretas nos estados dos Habsburgos.

O papel da imprensa na difusão das notícias e dos reflexos da Revolução não foi desconhecido. Favorável ou hostil, rapidamente em liberdade estritamente vigiada, ecoou aos acontecimentos da França. Nas zonas anexadas da Bélgica ao Reno, como mais tarde nas repúblicas irmãs, ela esteve no coração do dispositivo pedagógico da Revolução conquistadora. Era, de fato, todo um dispositivo articulado que progressivamente se instalou, associando propaganda direta e indireta. A título de exemplo, uma instituição como a gráfica dos exércitos em Bruxelas mereceria ser reestudada em suas diferentes formas de atividade. Nesse domínio também, fora das zonas que entram diretamente na órbita da influência francesa, uma frente de pesquisa se desenha no nível de uma pequena literatura de difusão semipopular cujos almanaques são muito representativos. Os almanaques alemães, por vezes sobre um fundo de simpatia inicial na tradição das Luzes, frequentemente tornaram-se instrumentos de propaganda contrarrevolucionária, difundindo e modelando os clichês antifranceses.

E que terreno de eleição para nosso estudo, a imagem sob todas as suas formas! Começa-se apenas a descobrir suas riquezas: iconografia pró-revolucionária, francesa ou estrangeira, iconografia contrarrevolucionária, inglesa, holandesa, alemã ou italiana. Uma tipologia se esboça, individualizando períodos, focos de produção, formas diversificadas de expressão. No balanço global que se desenha, a propaganda revolucionária, apesar de sua vivacidade, está longe de ter o domínio do terreno. Conhecemos as séries de caricaturas, sobretudo, que, de 1792 ao diretório, com uma sequência muito interessante no ano II (quando David e alguns outros foram convidados a pôr seus talentos a serviço da causa), foram consagradas à denúncia, ou à irrisão dos "déspotas". Desde a "pernada imperial"[3] da Grande Catarina, de Moscou a Istambul, ao "Regimento das Moringas--Reais",[4] organizado pelo rei Jorge III, a estampa revolucionária se entregou alegremente a essas produções. Mas são produções mais ainda para o mercado interior do que para a difusão no estrangeiro. Algumas transmissões surgem: nos primeiros anos da Revolução, uma iconografia simpática à Revolução, da qual ela reproduz emblemas e símbolos (a Liberdade, a árvore da Liberdade), existe no império, e pode se encontrar nos almanaques. Breve sequência, que a censura dos soberanos interrompe rapidamente. Na Itália de 1796, um surto de iconografia revolucionária surge, de Milão a Veneza, glosando sobre o medo dos aristocratas, a alegria de Arlequim dançando ao pé da árvore da Liberdade, as infelicidades do velho leão de São Marcos... Mas a reviravolta será brutal, de 1798 a 1799, a caricatura italiana, frequentemente sobre incitação direta dos Habsburgo, produzirá em Bassano, ou em outros lugares, toda uma enxurrada de imagens violentamente contrarrevolucionárias, associando, no seu exorcismo, os comissários do diretório, os jacobinos locais, e essas frágeis repúblicas irmãs, mortas no dia seguinte de seus nascimentos. Essa produção relativamente tardia, apenas

---

3 *"Enjambée impériale"*, título de uma gravura caricatural. (N. T.)

4 *"Régiment des Royal-Cruches"*, caricatura de David. Trocadilho intraduzível com a palavra *"cruche"*, que quer dizer "moringa", mas que informalmente designa uma pessoa imbecil. (N. T.)

se integra em um fluxo mais precoce, cujos focos foram, desde 1790, a Inglaterra, a Holanda e a Alemanha, cada uma à sua maneira. Os mestres da caricatura inglesa – Gillray, Rowlandson, Cruickshank – muito cedo puseram sua verve para evocar, de modo fantástico e feroz, as torpezas francesas, iniciando um fluxo que se seguirá sob o império. Se essa produção é bem conhecida, não deve fazer esquecer outra corrente, hagiográfica, que se focaliza nas infelicidades do rei. Um estilo "sério", que se encontra na Holanda, desde 1792, na ilustração dos massacres de setembro, como o encontramos também na Alemanha, em volta do tema da morte do rei.

São estudos abertos, daí a atenção particular que lhe prestamos aqui. Da mesma maneira, há todo um estudo a aprofundar em um dos outros suportes da propaganda, desta vez essencialmente revolucionário: é o da festa, exportada de seu quadro francês nos países que foram atingidos diretamente pela expansão revolucionária. De Mogúncia a Tráveris, de Mons a Bruxelas, em 1792, a Amsterdam em 1794, depois Milão, Veneza, Roma e Nápoles, de 1796 a 1798, a festa revolucionária transplantada de seu lugar de origem torna-se a manifestação simbólica e proclamatória da mudança do mundo. Isso não ocorre, por vezes, sem dificuldades, devidas, em parte, como na Itália, ao descompasso em relação aos cerimoniais franceses aos quais se referem. Mas em todos os lugares, cidades e, por vezes, no campo, a plantação da árvore da Liberdade, da Renânia ao Trastevere, passando pela Suíça, representou o gesto mais altamente simbólico, que a gravura celebra, que a lembrança registra.

Através desses suportes diferentes, como pela ação desses homens, grupos ou individualidades, sente-se quanto é difícil evocar em termos simples o eco imediato ou no calor da hora, da Revolução Francesa: passar da questão voluntariamente ingênua com a qual abrimos esta sequência: "o que eles souberam?" à questão reformulada "o que eles perceberam?", ou, melhor ainda, "o que eles fizeram?" Seguindo os lugares e os meios, esse eco pode ser reduzir a algumas imagens, alguns clichês ou alguns símbolos, ou se inchar nas dimensões de uma interrogação radical, de um questionamento de toda a herança das Luzes e da Europa dos príncipes esclarecidos, confrontados a massividade do acontecimento. Imenso projeto que não iremos prospectar. A Revolução aparece aí em toda ambiguidade de seu impacto ideológico, portadora de todas as ideologias da libertação dos indivíduos e dos povos, através do despertar das nações, ela está também na origem de toda reflexão contrarrevolucionária que, de Burke a Maistre, Bolnald ou Haller, fundará as bases de outra corrente de pensamento dominante do século XIX, e bem além da sequência precisa da restauração triunfante. Porque esses pensadores e teóricos, na sequência de Burke, tiveram necessidade de passar pela história, para fundar, de direito, a legitimidade de sua meditação sobre a continuidade do encadeamento dos tempos e a ordem que rege as sociedades humanas vão muito além do simples reflexo dominado pelo medo dos grupos dominantes diante do contágio revolucionário.

Em uma passagem que se tornou célebre, Georges Lefebvre definia a mentalidade revolucionária como dividida em duas pulsões, a esperança e o medo. No domínio do imaginário coletivo, não é imprudente, acreditamos, extrapolar para o conjunto da Europa, depois do mundo, para dizer que a Revolução lega aos povos ao mesmo tempo a esperança e o medo: simpatia e fascinação, ao mesmo tempo que rejeições, diferentemente formuladas.

Podemos, seguindo Jacques Godechot, modular a análise dessas atitudes, simultaneamente no tempo e no espaço. No tempo, talhando largamente, distinguiremos uma primeira fase até 1792 (formação da coalizão) ou mesmo 1793 (a morte do rei, e o Terror) em que a adesão de uma parte das elites se inscreve sobre um fundo de espera das potências monárquicas, daquela – de 1793 a 1799 – em que a propaganda direta, por via da expansão guerreira fora da França, se choca com a contraofensiva não apenas militar, mas ideológica de uma Europa monárquica e coligada. Enfim, uma última sequência seria, de 1800 a

1815, aquela em que a conquista imperial difunde através da Europa, não a mensagem revolucionária na sua pureza, mas aquilo que o regime reteve dela. A essa modulação no tempo correspondem, no espaço, vários modelos de propagação ou de recepção do "eco" da Revolução: bem diferente dos novos territórios entrados diretamente no espaço francês, dos territórios sob influência direta no termo da conquista, àqueles que conheceram apenas uma imagem indireta, longínqua e selecionada pelos filtros da censura. Sem falar do quarto círculo daqueles, muito distantes ou muito diferentes ainda, que se situam fora do âmbito das consequências do acontecimento. Esses só descobrirão a Revolução de maneira diferida.

O eco diferido, ou a Revolução depois da Revolução

Trata-se de dar conta de um segundo efeito do eco, ainda que seja evidente que há de um a outro uma continuidade: mas é preciso, de agora em diante, perceber, no campo histórico, os avatares de uma imagem, e de toda uma série de ideias fortes que constituem propriamente a herança da Revolução.

Tal interrogação não poderia evitar uma questão prévia – mesmo que a reencontre, *in fine* – nas razões do impacto excepcional da Revolução de 1789. A problemática comparatista proposta pelos proponentes das "Revoluções atlânticas" teve pelo menos isto de bom: que recolocando os acontecimentos da França no contexto dos movimentos anteriores desde 1770 e daqueles que se seguiram, até 1820, ela faz não somente surgir a importância do impulso que opera por contágio direto, ou por seu exemplo, mas também a importância sem comparação do choque que ela provoca.

O caráter maciço do acontecimento que ocorre na França, seu poder de expansão direta também, explica que ela tenha, de uma certa forma, eclipsado os outros movimentos contemporâneos ou antecedentes. Apesar das proclamações e das experiências da qual ela foi o suporte no domínio político e institucional, a Revolução norte-americana se viu confinada na classificação das ideias feitas nos limites de uma conquista de independência nacional. O que não dispensa, como foi feito, de estudar sua influência tanto sobre a Revolução Francesa, quanto sobre aquela dos Países-Baixos, ou sobre o pensamento Europeu no horizonte de 1800. Mas é bem a referência francesa que, por mais de um século, pelo menos, foi constituída como modelo. Que tenha havido influência direta e assimilação, como em uma parte da Itália, ou percurso mais complexo que passa pela rejeição da conquista revolucionária e mais ainda imperial, para reencontrar, no fogo da tomada de consciência nacional das guerras patrióticas, certa herança da Revolução, a referência francesa serviu de matriz às revoluções nacionais e liberais do século XIX, até em 1917; referência obrigatória, da qual a Marselhesa, primeiro hino revolucionário de vocação mundial antes da Internacional, era o suporte.

Podemos nos espantar dessa fortuna, cujos testemunhos no pensamento político, na literatura, nas expressões artísticas e no imaginário coletivo fornecem as provas múltiplas. De fato, medimos aí a plasticidade de uma herança suscetível de reutilizações, de deformações, garantias de uma sobrevida durável.

Como se forma um modelo? Como precedentemente, é mais em termos de programa do que de balanço concluído que podemos esboçar, em grandes traços, esse percurso. Por quais vias, a partir de 1815, a Revolução Francesa entrou na memória coletiva e no patrimônio comum da humanidade?

Somos tentados de começar pela história, suporte natural da memória. Sem voltar ao percurso historiográfico pelo qual abrimos esta apresentação, é certo que o estudo comparado da maneira como a história da Revolução e sua influência penetrou nos diferentes países fornece um fio condutor muito sugestivo. As grandes produções dos historiadores franceses do século XIX, da primeira geração de Thiers e de Mignet, à dos anos de

1840 a 1860, em que Michelet, Lamartine, Quinet, engrandecem o tema, até as histórias "socialistas" de Louis Blanc, Esquiros, Buchez (e até Jaurès!), depois na virada de uma histórigrafia positivista que nem por isso é mais serena, a escola francesa dá o tom: e seria um primeiro grande projeto considerar, a partir de suas traduções, a fortuna literária desses ecos, através do século XIX, da Revolução Francesa. Mas as escolas europeias não estiveram desatentas: desde 1837 Calyle propõem sua *History of the French Revolution*, um dos primeiros grandes monumentos desse corpus historiográfico e, na Alemanha, vimos, von Sybel ataca o problema nos anos 1850, em uma perspectiva europeia. Mais ainda que nessas obras de referência, hoje legitimamente nos interessamos – as comunicações apresentadas são o testemunho –, a uma difusão mais modesta e menos espetacular, talvez, em todo caso menos conhecida, no quadro dos diferentes países: recentes estudos se debruçaram sobre o eco da Revolução Francesa na Romênia (AHRF 1986), ou na Hungria (Colóquio franco-húngaro, Paris, 1986), evocando as etapas de uma descoberta, do século XIX aos nossos dias. Eis um canteiro no qual se trabalha da Europa à América e ao Extremo-Oriente: podemos esperar que os confrontos que ocorrerão nos encontros previstos para 1989, em volta de "A imagem da Revolução", permitirão de fazê-lo avançar de modo decisivo, introduzindo a uma visão comparada, ritmos e formas de penetração das ideias fortes da Revolução Francesa nesses diferentes países. Ela descobrirá talvez zonas, ou sequências de silêncio, explicáveis pelo contexto histórico. (Penso em uma pesquisa que ocorre sobre a historiografia da Revolução Francesa na Espanha no século XX.) Em continuidade com essa interrogação, convém, depois de se ter perguntado como a história da Revolução foi escrita em diferentes países, tentar saber como ela foi ensinada até nossos dias: tal estudo em curso sobre a Revolução Francesa nos manuais escolares alemães (*Sproll*) se inscreve no quadro dessa curiosidade.

Na verdade, por mais estimulante que seja, o recurso aos historiadores não é o único, nem mesmo talvez o mais direto

Combates pela Revolução Francesa

para apreciar a vida póstuma dos temas trazidos pela Revolução Francesa. Digamos que em uma certa data (uma articulação simbólica podendo ser proposta talvez na virada do século XIX e do XX, quando Jaurès escreve sua *História socialista da Revolução*), uma escrita da história mais universitária, ou erudita, que substitui as grandes profissões de fé histórica da época romântica ou pós-romântica. O que não quer dizer que o testemunho trazido agora seja mais "objetivo" ou subtraído às contingências de um momento. Mas essa virada testemunha de uma distância tomada com o objeto Revolução.

Também estimulante, o tema da imagem da Revolução Francesa, tal como foi veiculado na literatura e nas artes, oferece um quadro de prospecção largamente aberto. Foi o objeto, na França, de um recente colóquio (Clermont-Ferrand, 1986) sobre "A lenda da Revolução": e mesmo que o quadro de reflexão não tenha sido limitado à França, resta ainda a abrir largamente aos diferentes ecos europeus. Em um mundo germânico em que os grandes "testemunhos" da virada do século – Kant, Fichte, Goethe, Schiller – tinham prestado uma atenção apaixonada à Revolução Francesa, Georg Büchner publica, desde 1834, sua *Morte de Danton*, ao mesmo tempo reflexão e testemunho da fascinação que o exemplo da Grande Revolução exerce sobre os jovens liberais radicais dos anos 1830. Da expressão literária à tradução gráfica, a história da Revolução fornece ao século XIX toda uma série de temas, personagens por vezes pretextos para investir em símbolos ou fantasmas (pensemos na série de gravuras de Edward Munch sobre o tema de "a morte de Marat"). Dos suportes tradicionais da comunicação às novas mídias, o encadeamento se faz naturalmente, assim, do teatro ao cinema. Foi se inspirando em uma peça polonesa dos anos 1920, da qual ele modifica o espírito, que Wajda realiza, nos anos 1980, seu filme *Danton*.

Permanece o fato de que a literatura e o discurso propriamente políticos foram, muito naturalmente, o meio em que se inscreveu a referência à Revolução Francesa, que permaneceu até o início do século XX como referência maior a uma modificação violenta da ordem social e institucional, como lugar fundador de toda uma filosofia política. Lembrança da herança dos valores-chaves – liberdade, igualdade, fraternidade –, reflexão sobre os caminhos da passagem de um estado social a outro, pela riqueza das experiências históricas da qual ela era portadora, a Revolução Francesa pode ser invocada sucessivamente pelos movimentos liberais e nacionais do século XIX como ela conheceu, a partir de 1848, uma espécie de apropriação pelas correntes socialistas, e o movimento operário, integrando em seu patrimônio a referência a essa experiência coletiva. No que definimos como a plasticidade da herança revolucionária, é evidente que não são os mesmos aspectos da herança que foram valorizadas, ou os mesmos heróis que foram valorizados, 1789 ou 1793, Mirabeau ou Robespierre.

O terreno de estudo da referência revolucionária nos discursos como nas doutrinas políticas, até ontem, ou hoje, permanece imenso. Monografias se consagram a eles (vejam, recentemente, os estudos publicados sobre a Revolução Francesa no pensamento de Marx, tanto por F. Furet, quanto em sequência do colóquio organizado em Paris, 1985, pelo Instituto de pesquisa marxista). Por não poder tratar esse problema na sua amplidão, somos tentados de tomar por exemplo a fortuna histórica de certas palavras-chave ou referências históricas: assim, para o conceito de "jacobino" e de "jacobinismo", certamente um dos temas mais sensíveis, na medida em que põe em causa toda a especificidade da organização revolucionária experimentada pela Revolução. De Michelet, que vê aí um instrumento de inquisição e de ditadura, ao mesmo título que Quinet, em termos diferentes, a Louis Blanc ou a Jaurès, que justificam sua necessidade, o debate percorre a reflexão francesa até os nossos dias. Encontrou seu eco no pensamento internacional, e podemos seguir, de Marx a Gramsci, passando por Lênin, a evolução do conceito de "jacobino" (Marx, fevereiro de 1848: "Há, na história, analogias marcantes. O jacobino de 1793 transformou-se no comunista de nossos dias").

Combates pela Revolução Francesa

Mantendo-nos nesse inventário rápido demais às formas elaboradas da reflexão ou da lembrança revolucionária na história, na literatura ou no pensamento político, temos a consciência de abordar apenas um aspecto do problema – o mais simples, sem dúvida –, deixando de lado outras dimensões do que podemos definir como o eco da Revolução. Assim, para aquilo que poderíamos definir como a "memória" da Revolução, no nível de uma transmissão direta, ou reavivada, nos países que tiveram de conhecer diretamente os efeitos – anexados durante um tempo, ou marcados em profundidade pelo episódio. Através de uma historiografia clássica, com frequência contrarrevolucionária, podemos ter o sentimento que a lembrança negativa, ou a lenda negra do abalo revolucionário, prevalece geralmente por meio do encadeamento das guerras da Revolução e do Império, não dissociadas. Sem dúvida convém distinguir, seguindo as áreas geográficas e suas experiências históricas, como seguindo as condições nas quais essa memória foi mantida, mesmo modelada ulteriormente. Os mineiros do Borinage que, até estes últimos anos, escalavam anualmente, dia 6 de novembro, as alturas de Jemmapes, para saudar o nascer do sol, ouvindo a leitura da Declaração dos direitos do homem, observavam um cerimonial antigo, ou mais provavelmente nascido, em algum lugar da segunda metade dos séculos XIX, na encruzilhada de sentimentos patrióticos, democráticos e do movimento social?

Toda uma história da memória da Revolução Francesa está por ser escrita, sendo que, está claro, memória se fabrica e se elabora ao longo do tempo. No eco da Revolução, convém seguir os tempos fortes e os tempos fracos: tempos fortes dos surtos revolucionários, de 1820, 1830 e 1840, sobretudo quando o referente histórico foi invocado em um contexto revolucionário. E a Revolução Soviética de 1917, que inaugurava uma estátua de Danton, como dava a um navio de guerra o nome de Marat, ela também invocou essa herança.

Gostaríamos de analisar os elementos, os pontos de referência ou as passagens obrigatórias dessa memória moldada,

217

Michel Vovelle

nutrida das experiências próprias de cada país. Tal como se inscreve no imaginário coletivo, ela é necessariamente simplificadora, remetendo a ideias fortes e simples – a tríade Liberdade-Igualdade-Fraternidade –, a alguns acontecimentos maciços – 14 de julho –, a símbolos – a Marselhesa – e a algumas figuras escolhidas. As aventuras da Marselhesa, a história de suas traduções, de suas adaptações, como de sua difusão através do mundo, e do papel que ela representou quando das grandes crises revolucionárias, são bem conhecidas, por terem atraído a atenção de numerosos eruditos. Mas poderíamos também conduzir uma pesquisa sobre a fortuna póstuma, através dos tempos e dos lugares – da Europa central à América Latina – dos heróis símbolos da Revolução – Danton, Robespierre – e alguns outros.

Quem diz história da memória diz também história do esquecimento. Muito tempo modelo ou referência única, podemos pensar que o eco da Revolução Francesa sofreu a dupla erosão do tempo e a banalização parcial de uma parte dos valores das quais ele era portador, como da continuação assumida na consciência coletiva pelas revoluções do século XX. Tal esquema, indiscutível por alguns pontos, merece ser nuançado. Existem fenômenos de redescoberta, ou de reativação em bases diferente de uma lembrança histórica, cuja referência, no caso francês, fornece mais de um exemplo: assim, no movimento operário francês, a "reabilitação", entre 1934 e 1944, do *Front populaire* à Resistência, graças à Marselhesa e às três cores, de uma Revolução burguesa, depreciada por algum um tempo. Da mesma maneira, assistimos, às vésperas do bicentenário, ao novo jogo de antigas fraturas, por onde, em termos por vezes imprevistos, se manifesta a vitalidade de uma lembrança que poderíamos acreditar enfraquecido.

Bastante paradoxalmente, no momento em que, na França, uma imagem que poderíamos acreditar solidamente estabelecida da Revolução emancipadora e mãe das Liberdades se encontra contestada pelo despertar de um discurso vindo da tradição contrarrevolucionária que fez dela o lugar da violência cega, e a encarnação do mal absoluto, podemos ter a impressão de que a imagem internacional, tal como ela prevalece no estrangeiro, permanece geralmente mais fiel a uma apreciação positiva, exatamente aquela que dois séculos de trabalho da memória coletiva moldaram. Seria impudente, no domínio da história imediata, se arriscar, a partir dessa impressão do instante, a conclusões precipitadas demais.

Pelo menos, podemos constatar, por meio da vivacidade dos debates atuais, o poder de uma durável marca, na longa duração dos dois séculos que nos separam da Revolução. Prova, talvez, que a ideia forte não morreu, nem seu eco foi inteiramente abafado.

1789-1917[1]

Podemos conceber de diferentes maneiras a organização de uma reflexão coletiva no quadro de um colóquio: referir-se às propostas dos participantes pressentidos – com o risco que isso comporta de disparate –, ou escolher o método olímpico das figuras impostas, solicitando delas uma prestação sobre o tema julgado mais apto para tratarem, baseando-se em suas competências supostas. Onde eu poderia trazer uma reflexão pessoal sobre a descristianização do ano II, eis-me investido, no personagem do jacobino com a faca entre os dentes, da responsabilidade de um exercício de estilo temível, graças ao paralelo 1789-1917.

Não quis me furtar diante das dificuldades de uma prestação acadêmica à qual tenho, porém, pouca inclinação, e, abordando à minha maneira esse problema, só posso solicitar a indulgência daqueles que não encontrarão aqui, talvez, o discurso esperado.

---

1 Comunicação publicada originalmente nas atas do colóquio da Universidade de Stanford, *La Terreur* (dez. 1992), 1994.

Michel Vovelle

Convém ainda se pôr de acordo sobre as especificações: com que molho devo servir? Apresentando, em 1988, sua tese sobre "O impacto da Revolução Francesa na consciência revolucionária Rússia-URSS", com o subtítulo "Itinerário das analogias", Tamara Kondratieva expôs com clareza, apoiando-se em reflexões mais gerais sobre o tema,[2] os problemas de fundo que levanta o recurso a esse método, assim como fornece, no fio da demonstração, uma ilustração convincente do que se pode esperar, em uma perspectiva histórica. Um cuidado de mesmo tipo se reencontra, em 1989, na contribuição que trouxe Vittorio Strada para a obra coletiva sobre a *Herança da Revolução Francesa*,[3] sob o título "França e Rússia: analogias revolucionárias". Ensaio estimulante ao qual teremos que nos referir mais de uma vez, mesmo que ele se lamuriasse, inevitavelmente, em suas conclusões, ainda assim prudentes, de ter sido alcançado – se podemos dizer assim – pelas turbulências ulteriores da história imediata, e que emergisse muito mais referenciado a respeito do lado soviético do problema do que sobre seus aspectos franceses, limitados a um comentário um pouco fácil de Mathiez: *O bolchevismo e o jacobinismo*. Desde aí, em um terreno que permanece largamente aberto, contribuições interessantes foram produzidas, assim, a tese de Sergio Luzzatto *Liberi tutti: la sinistra francese e il mito della guerra rivoluzionaria*,[4] como a contribuição coletiva dos historiadores soviéticos ao bicentenário da Revolução, editada em 1898, sob o título de *La Révolution Française et la Russie*.[5] Entre outras fontes documentais, tirei proveito, igualmente, da bibliografia reunida por Catherine Bensadek em 1989, em *La Révolution Française dans l'édition communiste (1920-1989)*.[6]

---

2 P. Secretan. *L'Analogie*. Paris: PUF, 1984; M. de Cosier. *L'Analogie en sciences humaines*. Paris: PUF, 1988.

3 F. Furet (org.). *L'Héritage de la Révolution Française*. Paris: Hachette, 1989.

4 Sergio Lizzaio. *Liberi tutti: la sinistra francese e il mito della guerra rivoluzionaria*. Orientador: Furio Diaz. Pisa, 1991.

5 Moscou: Éditions du Progrès; Paris: Éditions du Globe, 1987.

6 Paris: Bibliothèque Marxiste, 1989.

Como T. Kondratieva, Vittorio Strada tem o grande mérito de formular, de início, uma interrogação preliminar sobre as diferentes abordagens da analogia, à qual podemos nos referir, sob reserva de exame: analogia "retórica", que investe em um dos acontecimentos tomados em consideração de um valor positivo, mesmo exemplar ou, ao contrário, negativo: ele encontra a ilustração disso em Albert Mathiez; analogia pragmática da qual Lênin ofereceria o exemplo por excelência, procedendo por "comparação" *a priori*, efetuada pelos próprios atores da Revolução, que modelam seus comportamentos, ao menos em parte, sobre o de outras revoluções, analogia "heurística", tal como é praticada pela sociologia diacrônica e que busca estabelecer um "modelo" de revolução a partir de um sistema de equivalências estruturais, correndo o risco de terminar em um esquema abstrato. É por referência a esses três tipos de analogias, que ele recusa, que o autor define sua abordagem em termos de "comparação analógica teórica" atenta a situar "em um ciclo histórico os fenômenos revolucionários". O historiador só poderia endossar essa prudência metodológica, ainda que a classificação proposta não surja sem alguma rigidez: de uma à outra abordagem, as superfícies de superposição são vastas... e a atitude pragmática, tanto quanto a modelização "heurística", não seguem sem alguma dimensão "retórica", à qual a interrogação crítica deve, ela própria, ficar atenta para escapar.

Como quer que seja, a escolha induzida por essas premissas não traz dúvidas no que me concerne: não sou Mathiez – se é que seja legítimo encerrá-lo na primeira categoria – e não tenho o gosto pela retórica; não sou Lênin, por razões que talvez seja supérfluo expor, e compartilho da atitude reservada de V. Strada em relação aos "modelos".

Tais análises, ilustradas pela obra de Talmon sobre *As origens da democracia totalitária*, fazendo do jacobinismo um marxismo *avant la lettre*, foram retomadas na escola francesa por G. Vedel em sua abordagem das "democracias marxistas" buscando, do rousseauismo ao jacobinismo e ao marxismo, as permanências de uma família de espírito constante, caracterizada por alguns valores terminados em "ismo": radicalismo, absolutismo, igualitarismo, messianismo... Se o autor permanecia prudente nesse jogo de analogias, seus alunos tornaram-se ousados: A. Mestre e P. Guttinger em 1971 propuseram uma série de paralelos sob o título de *Constitucionalismo jacobino e constitucionalismo soviético*: na identidade dos objetivos, que seria a unidade da sociedade, nos meios para atingi-los, a subversão violenta, expressão de uma vontade popular, mas esclarecida por uma minoria atuante, na própria organização dessa minoria atuante (a partir de um paralelo entre clubes, secções e sovietes), na instalação inicial de um duplo poder (poder popular ao lado do poder do Estado), depois reabsorção do primeiro, quando de uma fase de normalização, chegando a uma ditadura de colegiado, forma de exercício do poder à qual conduzem o antiliberalismo e o antiparlamentarismo, tanto bolchevista quanto jacobino. Um exemplo, entre outros, de uma abordagem alargada pelo exemplo chinês, pela obra de Theda Skopcol, *States and Social Revolution: A Comparative Analysis of France, Russia and China*. Não se trata de recusar levianamente as comparações formais, que Claude Mazuric qualifica sem piedade de "bricabraque com geometria variável", enquanto Vittorio Strada lhes reconhece "o mérito negativo de pôr em luz os perigos e a esterilidade desse [terceiro] tipo de analogia": veremos que todos nossos interlocutores, ou quase, recorreram a isso de algum modo, em diferentes graus de conceptualização: mas inserindo-os em uma abordagem histórica ou historiográfica, que permite apreciar em que contexto se recorreu a eles.

É necessário, parece-me, reabrir o dossiê dos historiadores franceses da Revolução, diante do acontecimento que representou para eles, como para todos, a explosão, depois o desenvolvimento da Revolução bolchevista, que foi apenas aflorada por Strada a partir do caso Mathiez, e mais precisamente de seu opúsculo sobre "o bolchevismo e o jacobinismo". Esse escrito de circunstância, que foi longamente explorado pelas polêmicas ulteriores que alimentaram a imagem de um Mathiez bolchevista incondicional, ganha em ser recolocado em um contexto mais largo, no tempo curto e no tempo longo. E, para compreender Mathiez, em 1920, não me parece inútil, com o risco de esbarrar no paradoxo, de passar por Aulard, representante oficial até agora, de uma leitura republicana, que ainda não tem vergonha de se dizer jacobina.

Em suas constantes, como em sua evolução, Aulard nos oferece a referência de um primeiro sistema que, sem recusar as analogias, conduz a uma tomada de distância e, progressivamente, a uma condenação. Seu conjunto de argumentos permanece bastante pobre, focalizado em alguns temas, essencialmente aqueles da violência, da ditadura e do problema do Estado. Isso não reflete nem indiferença – o historiador se apaixonou logo de início pelos acontecimentos da Rússia –, nem falta de informação: testemunham suas tomadas de posição na Liga dos direitos do homem, assim como em sua revista *La Révolution Française*, em que seguimos todas suas intervenções sobre o assunto, dos artigos de fundo às notas de leitura que testemunham de sua preocupação em manter-se a par. O lugar crescente que toma na redação B. Mirkine Guezvitch, que multiplica, a partir de 1924-1925, as crônicas sobre a historiografia soviética, traz um testemunho complementar.

A problemática da violência na Revolução não toma Aulard de surpresa: mesmo antes da guerra, desde 1908, ele tinha manifestado sua opção por Clemenceau, contra Jaurès "e seus conselhos de violência". Foi levado a revisar sua atitude em relação ao tribuno socialista, mas recusava tanto Guesde quanto Vaillant e, em um registro diferente, G. Sorel.

Os acontecimentos da Rússia o levam a atualizar sua atitude, confrontada à Revolução de fevereiro depois de outubro. Não hesita, de início, a se engajar, e o faz em sua *Carta aos cidadãos da livre Rússia*, no quadro da Liga dos direitos do homem, repercutida nas colunas de sua revista. É um jacobino que fala, para dar conselhos, à luz da experiência francesa. "Na França só pudemos fazer triunfar nossa revolução abatendo pela força todos os seus inimigos interiores ou exteriores." Meditem sobre nosso exemplo, diz Aulard: no começo "nossa ingênua confiança favoreceu as intrigas dos partidários do Antigo Regime, e tivemos, em seguida, para vencer essas intrigas, de recorrer a meios violentos que mais de clarividência nos teria evitado". Portanto, vigiem seus contrarrevolucionários, desmascarem-nos... lembrem-se bem que nunca a contrarrevolução se desarma... Os russos não têm uma imperatriz alemã, como os franceses tinham uma rainha austríaca? Para triunfar "a condição essencial... foi a organização de um governo forte, forte pela unidade, forte pela vontade, forte pelo assentimento do povo, forte pela obediência devotada e absoluta de todos os agentes da execução, forte por uma centralização provisória... indispensável durante a passagem do período de destruição ao período de construção. O governo de uma revolução deve ser mais forte, mais uno do que um governo de um tempo de paz e de um regime normal...".

E Aulard precisa: "Na época crítica da Revolução Francesa... a experiência nos impôs esse formidável governo ditatorial formado por todas as forças revolucionárias...": é o do governo do Comitê de Salvação Pública, ao qual ele presta uma homenagem acentuada: "Sem essa unidade do governo revolucionário a Revolução Francesa teria sido vencida".

Decerto, essa referência tem por objetivo, na conjuntura precisa em que escreve então Aulard, de conduzir a outra: a da guerra patriótica, que ele exorta os Russos a investirem com a energia dos franceses de 1792 e 1793: a causa do Kaiser é "a causa do despotismo, a causa dos tiranos contra os povos", e podemos compreender que Alphonse Aulard seja daqueles que a paz de Brest Litowsk, mais ainda que a Revolução de Outubro, tenha levado a revisar sua posição em relação à Rússia. Ele o faz completa e imediatamente? Cita-se a resposta que ele deu a uma pesquisa conduzida pela Liga dos direitos do homem. "Toda revolução é obra de uma minoria, quando me dizem que há uma minoria que terroriza a Rússia, compreendo, quanto a mim, isto: a Rússia está em revolução." Aulard leninista? Longe disso, e em 1919 nós o encontramos como candidato fracassado à deputação, em cartazes que definem sua posição política: "Nem bolchevismo, nem reação." Ele não se reconhece na Revolução Bolchevista, mas denuncia as intervenções armadas das potências, próprias a fortificá-la suscitando o levante patriótico que tinha esperado em vão, em 1917, contra a Alemanha. Conserva uma atenção sustentada, desejando se instruir sobre o que se passa na URSS, dando um grande espaço às resenhas de obras sobre a Rússia, graças a Mirkine Guezvich, e preocupado em manter o contato com os historiadores soviéticos: presidente em 1924 de uma calorosa cerimônia de acolhida em Tarlé, que lhe oferece a oportunidade de celebrar ecumenicamente as duas historiografias da Rússia e de sua imigração.

Mas, no fundo, a posição de Aulard é, daí para frente, clara: no jogo das analogias, ele defende, de agora em diante, uma diferenciação radical dos dois processos revolucionários. Resenhando em 1923 a obra de Morizet, *Em Lênin e Trotski*, ele conclui, em um balanço nuançado, aprovando o esforço soviético para liquidar a ignorância, mas condenando "a aplicação brusca demais do marxismo em um povo ignorante, por procedimentos de violência asiática". É sobre esse tema da violência que se concentra, de agora em diante, uma argumentação que volta à experiência francesa no discurso que ele pronuncia na Sorbonne dia 6 de abril de 1923, no congresso das *Sociétés Savantes* sobre o tema *A teoria da violência e a Revolução Francesa*, mas a referência à Rússia soviética, longe de ser esquivada, se afirma de início. "Formou-se pouco a pouco uma teoria da violência que, dos livros, passou aos espíritos, mesmo na França e que os atuais revolucionários russos glorificaram e aplicaram ao mesmo tempo. A violência seria fecunda. Apenas ela poderia melhorar profundamente a sociedade. Ela se apoia no exemplo da Revolução Francesa na qual, em Moscou e em outros lugares, se vê, se mostra, uma escola de violência." Cabe, diz Aulard, aos historiadores da Revolução Francesa rebater esse sistema: ele o faz afirmando que em nenhum momento nossa Revolução não se prevaleceu

Michel Vovelle

de um recurso à violência: entre alguns "agitados efêmeros" (os "irados" [*enragés*]) só Marat desenvolveu uma teoria nesse sentido, mas sua influência foi limitada "na Convenção nacional... procuro em vão um maratista"..., "Violência e ditadura, essas duas palavras, essas duas coisas, são inseparáveis e a violência, se ela se afirma fecunda, só pode sê-lo por e pela ditadura, ditadura de um homem ou ditadura de um grupo, de uma classe. Pois bem, se houve violências sob a Revolução Francesa, se essa revolução finalmente chegou a uma ditadura, a teoria da violência e da ditadura era... estrangeira a seu espírito e a seus chefes". Fundamentalmente, a Revolução se quis o reino do direito e da lei, nos antípodas da violência: a jornada de 10 de agosto testemunha de que "não foi uma violência em vista de estabelecer a ditadura de um homem ou de uma minoria, mas uma violência para assegurar o triunfo da vontade geral, fonte da lei, vontade que tendia a manter a revolução e assegurar a independência da França...", o Terror foi apenas uma necessidade passageira, ligada às circunstâncias, Robespierre, que era o símbolo dele, foi guilhotinado e, aliás, não era, no fundo, um verdadeiro violento... Inocentando assim a classe política, Aulard se encontra mais embaraçado diante da violência de baixo: lembra que as decisões do 4 de agosto de 1789 foram tomadas na sequência das revoltas camponesas. Os camponeses "teriam sucesso se não tivessem recorrido à violência? Não o creio e é preciso portanto reconhecer que, em uma revolução, pode ser que a violência seja a única eficaz, mas para uma destruição, não para uma construção". Interrogando-se, a propósito dos comitês revolucionários do ano II sobre a pertinência de ver neles uma expressão de "ditadura do proletariado", Aulard recusa o termo e – diríamos – anuncia Soboul designando o "*sans-culottisme*" como uma mistura "heterogênea".

Violência que é boa, rigorosamente, para destruir, imprópria para construir: Aulard deixa, em sua revista, em 1925 a B. Mirkine Guetzvitch o cuidado de confrontar "a declaração dos direitos francesa e soviética", concluindo pela desvantagem

Combates pela Revolução Francesa

da última: "A Declaração dos direitos do homem da Revolução Francesa organiza a liberdade, a declaração soviética apresenta uma doutrina da ditadura, uma ditadura de partido, e, na concepção soviética, o partido é identificado à classe, e a classe, ao Estado. Em lugar do homem e do cidadão nós vemos apenas os direitos absolutos do Estado. Entre as duas maiores revoluções modernas, a francesa e a russa, há, portanto, uma diferença fundamental de doutrina".

A síntese dessas tomadas de posição sucessivas, e como que o testamento de Alphonse Aulard, podem ser encontradas em suas últimas tomadas de posição, em 1927, um ano antes de sua morte.

Em um artigo do *Populaire de Nantes*, dia 9 de novembro de 1927, ele comenta o décimo aniversário da Revolução Bolchevista em termos de condenação severa, evocando os "atos de violência, frequentemente atrozes e bárbaros" de um regime "sanguinário... mais sanguinário do que aquele de qualquer outra revolução, inclusive da nossa".

Ele pronuncia, nesse mesmo dia, no *Collège libre de sciences sociales*, uma conferência inaugural sobre o tema "A liberdade política", balanço inquieto, marcado pela conjuntura política internacional. Lembra, decerto, os progressos conjuntos da liberdade política e da democracia há mais de um século, voltando às Luzes e à Revolução Francesa. Não emprega, absolutamente, a aplicação de princípios abstratos, mas de um fato de experiência, caucionado pela história. Mas evoca, para rebatê-la, a crítica que Marx apresentou da liberdade burguesa, nas origens de uma hostilidade "de esquerda" aos valores da Revolução Francesa e, fazendo o balanço dos abalos trazidos pelo conflito mundial, nota que, se a democracia faz progressos notáveis, sobretudo na Alemanha de Weimar, "a guerra, mostrando o sucesso da força, da violência, desacreditou em certas imaginações os métodos pacíficos da democracia e da liberdade". Os russos, diz ele, tiveram nessa evolução uma responsabilidade particular porque foram "os primeiros a dar o exemplo de um sistema de ditadura pretensamente proletária... O sistema deles está inteiramente

229

fundado sobre a força e a violência... Os indivíduos não têm direitos, mas apenas deveres em relação ao Estado, ou antes, em relação a não sei quê de móvel e de fluido que é uma revolução em andamento". Esse veredito é levemente atenuado pela comparação que é introduzida com o fascismo: "O sr. Mussolini tomou emprestado dos sovietes, não o objetivo deles, cuja quimera é, pelo menos, bela, mas seu método de força e de violência". O fascismo é "o filho bastardo do bolchevismo"; na França, "embora mascarado e meio silencioso" ele seria talvez "mais perigoso", se não se propuser a "fortificar, renovando, a democracia, a liberdade e o regime parlamentar".

Nessa inquietação se termina, às vésperas dos anos 1930, a trajetória de Alphonse Aulard. Mede-se aí o caminho percorrido desde as declarações iniciais, a caução burguesa proporcionada a partir da referência de uma Revolução Francesa ainda concebida como um bloco no exercício de uma violência, mesmo de uma ditadura exigida pelas circunstâncias, até o repúdio das analogias esboçadas: condenando o sistema soviético tal como ele se estabilizou, Aulard preserva a herança da Revolução Francesa, mãe da democracia e das liberdades.

O bolchevismo e o jacobinismo, essa plaqueta de vinte e duas páginas que Albert Mathiez publica em 1920, muito fez para assentar a reputação sulfurosa do rival de Aulard, do outro mestre dos estudos revolucionários. É invocada sem nem sempre ter sido lida, e quando o foi, sem ter cuidado de inseri-la no contexto político e historiográfico da época, e ainda menos no itinerário pessoal de Mathiez, na qual reflete apenas uma sequência breve, em fim de contas – 1920-1922. Referente a isso é que Vittorio Strada, no ensaio que já citamos, mostra-se infiel aos princípios da análise crítica e de perspectiva histórica, que empregou ao preludiar, e despacha muito agilmente, parece-me, um texto muito menos esquemático que se diz. Os dados conhecidos sobre Mathiez a partir da biografia precisa que lhe consagrou James Friguglietti, o estudo atento de suas tomadas de posição entre 1917 e 1931, das quais encontramos o reflexo nos *Anais Históricos da Revolução*,

Combates pela Revolução Francesa

conduzem a um balanço mais complexo do que aquele que foi levantado, e convidam a buscar outros testemunhos. Embora o texto de Mathiez corresponda ao período (1920-1923) de sua adesão ao partido comunista no quadro da SFIC,[7] o historiador, por causa de seu temperamento (que Strada define curiosamente em termos de "serenidade"), nada tem de incondicional, e ele já se havia manifestado tanto no domínio político quanto no campo historiográfico por tomadas de posição muito marcadas. Saído muito cedo das ilusões patrióticas da união sagrada, mesmo que elas dessem durante a guerra uma coloração específica a seus estudos sobre a conspiração do estrangeiro, Mathiez, em 1918, e mais ainda em 1919, se dedicou a uma viva denúncia do sistema político francês herdado do conflito mundial – censura e diplomacia secreta – em nome do combate pelos Direitos do homem e da democracia. Ele a exprime, em abril de 1919, na assembleia geral da Sociedade de estudos robespierristas em termos vigorosos: "Eu seria certamente infiel aos princípios da Revolução Francesa... se eu não exprimisse meu doloroso espanto diante da prolongação de uma ditadura que o estado de guerra talvez tenha desculpado". Para o democrata Mathiez em 1919, a ditadura é a direita nacionalista, clerical, "azul da cor do horizonte".[8] Compreende-se nessa perspectiva o elogio que ele faz então, em Besançon, diante dos soldados norte-americanos, da democracia na América, oposta ao sistema francês, caracterizado, diz ele, por uma burocracia ao serviço de uma autoridade política centralizada.

Aceitemos o paradoxo tal como ele se apresenta: é sobre um fundo de hostilidade ao partido da ordem, e por apego à tradição republicana e democrática que Mathiez vai ser levado a se

---

7 *Section Française de l'Internationale Communiste* [Seção Francesa da Internacional Comunista], que mais tarde daria origem ao Partido Comunista Francês. (N. T.)

8 Na França, cor que simboliza a primeira guerra mundial, por conta do uniforme dos soldados. (N. T.)

engajar, ao lado da Revolução Bolchevista, mas em uma linha progressiva de adesão. Saudou a Revolução Russa – como Aulard, seríamos tentados de dizer –, ainda que desde novembro de 1917 estabelecesse a relação bolchevismo-jacobinismo (em um artigo do *Petit Comtois* do dia 10 de novembro sobre a queda de Kerensky "o girondino Kerensky foi abatido pelos montanheses que chamamos hoje de maximalistas"). Como ele, ficou perturbado pela retirada da Rússia das operações militares e da paz de Brest Litovsk.

Referindo-se assim – e veremos que não é o único – às causas sociais da Revolução, em uma ótica que não se poderia dizer verdadeiramente leninista (Mathiez não levanta o problema da vanguarda operária), ele se distingue da leitura de Aulard e, arriscamos, de V. Strada que não leva em conta essas contingências. É, entretanto, nessa base que Mathiez vai estabelecer os argumentos de seus dois artigos mais importantes, de 1920, *Bolchevismo e jacobinismo* e *Lênin e Robespierre*, pois é o que justifica, para ele, a ditadura dos sovietes: "Jacobinismo e bolchevismo, essas palavras resumem o apetite de justiça de uma classe oprimida que se livra de suas cadeias". Os bolcheviques compreenderam as aspirações populares: "Os ditadores não repousam seu poder, apesar das aparências, em uma autoridade superior ao povo, sobre suplícios e sobre a opressão. Não; é na opinião que resida sua força e prestígio".

Essa abordagem, fundada em uma imagem global e incontestavelmente embaçada da Rússia, justifica o paralelo com a França de 1789: a Rússia atrasada do século XX apresenta muitos pontos comuns com "a França agrícola e iletrada" do Antigo Regime e, no fim das contas, "a diferença dos tempos explica a diferença das teorias e das soluções, mas o fundo permanece idêntico". Albert Mathiez pode, na base dessa aproximação imprudente, sem dúvida, entregar-se ao jogo dos paralelos e das analogias. Relendo-o atentamente, ficamos espantados que esses comentadores não tenham ficado sensíveis ao caráter deliberadamente provocador do que aparece, de um lado, como um

Combates pela Revolução Francesa

ajuste de contas franco-francês. Mathiez se dirige à historiografia radical e, através dela, à burguesia francesa que ele interpelava antes. Vocês denunciam, sugere, a Revolução Bolchevique como violência, terror, ditadura de uma minoria: mas a Revolução Francesa que vocês mitificaram, amalgamaram-na em um bloco para que não se visse suas fissuras, ela também foi alimentada pela violência, pela ditadura e pela democracia posta sob sigilo por uma minoria. Pelo menos, algumas práticas da democracia burguesa: os jacobinos ignoraram as eleições, e os Soviéticos recusam o sufrágio universal. Mas ambas, para Mathiez, buscaram assentar os fundamentos de uma democracia social que os países capitalistas ignoram: "Confiando aos sovietes todas as funções do Estado, Lênin espera evitar os inconvenientes da burocracia e do parlamentarismo e realizar, tanto quanto possível, esse governo do povo pelo povo, que é, para ele, como para Jean-Jacques Rousseau e para Robespierre, próprio à democracia verdadeira".

De resto, Mathiez não tem mais ilusões do que é preciso sobre a realidade dessas estruturas de democracia direta que são os sovietes. Menos esquemático e mais bem informado do que se diz, ele lembra que foram criados pelos mencheviques e que eles só tinham, em 1920, um poder limitado: "Os sovietes não passam hoje de um cenário, uma promessa, se se quiser, e parece que isso será assim por muito tempo". O reproche que sofreu de uma identificação sumária entre jacobinismo e bolchevismo, pecando por transposição anacrônica, merece ser nuançado; no jogo das analogias ele certamente pecou pelo esquematismo abusivo escrevendo que a Convenção "governou o país pelo terror fazendo atuar procedimentos e métodos que os bolcheviques apenas imitaram e aperfeiçoaram". Mas ele o fez em um contexto político e ideológico precisos, tanto de política interior como exterior. Por mais falacioso que possa nos aparecer hoje, transposto para a experiência soviética, o recurso ao conceito de jacobinismo na Revolução Francesa lhe era ditado por toda a herança do debate sobre esse termo na historiografia e no debate político francês do século XIX à primeira guerra mundial. Se podemos nos interrogar sobre o conhecimento preciso que tinha da discussão sobre o jacobinismo na polêmica russa desde 1905, que ele só conhecia pela tradução de Lênin "os problemas do poder dos sovietes" (1918), estava pelo menos globalmente informado sobre o seguinte ponto: não concluía que, por isso, a França devesse se conformar ao exemplo soviético, escrevendo nessas palavras em sua resposta a Renaudel (agosto de 1920, *Más razões*) que a adesão à terceira Internacional não significasse, de modo algum, que a França devesse se cobrir de sovietes, "formas próprias à Rússia".

Uma leitura atenta de *Bolchevismo e jacobinismo* mostra, por trás da adesão militante em defesa da Rússia, e o pano de fundo polêmico que ilumina, nos limites do apoio de Mathiez e a prudência metodológica de um historiador formado na escola positivista. Ele se arrisca a uma visão prospectiva, e nisso ele cai, certamente, no problema do método das analogias. Mas ele o faz com reservas tanto mais significativas, na medida em que foi incontestavelmente levado, de modo afetivo, pelo paralelo entre Lênin e Robespierre, ambos por ele admirados. Mas é sensível, e o diz, ao perigo da criação de uma aristocracia proletária, "uma espécie de aristocracia de executantes acima da massa pretensamente soberana". Ele se interroga, sem aprofundar, sobre o tema das eventualidades de um termidor, e depois, de um brumário soviéticos. São exercícios de simulação que nossos autores contemporâneos classificariam antes como analogias "heurísticas" do que "retóricas".

Justificação da violência e de uma ditadura que lhe aparece como transitória e devendo ficar limitada (ele defende o direito dos mencheviques de existir), esse tema central remete, para ele, não àquela violência de uma revolução a ser defendida em nome de uma legitimidade absoluta, mas àquela de um Estado que busca "organizar em bases novas um Estado popular em que o povo tenha a última palavra".

Não se pode, para tentar compreender a proclamação provocadora de Mathiez em uma perspectiva verdadeiramente

Combates pela Revolução Francesa

histórica, evitar de colocá-la em um contexto, ao mesmo tempo histórico e político, o das posições da SFIC nos anos de 1920 e 1922, e intelectuais que tenham aí um lugar momentaneamente importante, agentes de toda uma pedagogia que se inscreve ainda em continuidade com os debates e a herança do socialismo francês anterior à guerra. A livraria de *L'Humanité*, o *Bulletin communiste* fazem eco para isso, ao mesmo título que o próprio órgão quotidiano. Foi aí que encontramos desenvolvido então, com uma insistência real, o tema do paralelo das duas revoluções, como nos cursos e conferências dirigidos aos militantes que reservam à história um lugar muito notável (50%). A ilustração do discurso então pronunciado pode ser encontrada nas contribuições de Ernest Labrousse, então jovem jornalista, na *L'Humanité*, que ensinou na escola comunista-marxista. Elas beneficiam da iluminação que o historiador ofereceu bem mais tarde, sob forma de entrevistas (em 1973, depois nos anos 1980), sobre as condições de seu engajamento na época. Ele se explicou aí a respeito do paralelo que se impunha, de modo todo natural, para um jovem historiador de sua geração, entre Revolução Francesa e Revolução Russa: "Eu havia sido seduzido pela Revolução Soviética: ela evocava reminiscências escolares: a Revolução Francesa... Raros eram aqueles que, antes de 1914, não haviam feito um estágio na etapa essencialmente republicana, marcados pela fidelidade à Revolução Francesa e ao sentimento republicano. Era uma fonte de dificuldades: a França vivia de lembranças históricas e de uma experiência em curso... O leninismo se tinha implantado diante de um fundo marcado pela origem republicana, a moral mais do que a economia, a vulgarização, a implantação larga das ideias socialistas. Houve pré-formação de simpatia devida ao acontecimento choque da Revolução Francesa".

Entre outros artigos, a manifestação mais significativa dessa "pré-formação de simpatia", da qual participa Ernest Labrousse, pode ser ilustrada por aquele que publicou em *L'Humanité* do dia 3 de novembro de 1921, sob o título de "Como a Revolução Francesa explica e justifica com brilho heroico a história da Revolução

Russa". Longo artigo de trinta e cinco mil caracteres, dedicado a "todos que não renegaram a Grande Revolução", ele intriga logo de início, pois mescla dois registros, o de uma profissão de fé que pode parecer elementar e provocadora ao mesmo tempo – cada sequência estando escandida por um resumo em itálico destinado a forçar no traço e retomar o argumento –, enquanto se quer a expressão de uma abordagem científica sem concessões, preludiando: "Ninguém deve professar uma desconfiança mais rigorosa que o historiador em relação ao raciocínio por analogia... seu papel principal, se não seu papel específico, é o de diferenciar, muito mais do que identificar ou de generalizar...".

"Não poderia ser questão, aqui, de analogias complacentes, de um paralelo acadêmico entre a Revolução Francesa e a Revolução Russa. O estudo desses dois fatos capitais da história humana nos conduz a bem outra coisa que à determinação de vagas relações de parentesco." E Labrousse sublinha a ausência de documentos precisos sobre a Revolução Russa como a dificuldade que resulta disso...

Entre essa problemática claramente percebida das dificuldades do raciocínio por analogia em que se desenha já o grande Labrousse, e a proclamação militante do jovem jornalista, é preciso bem arbitrar para separar as coisas? Em sua entrevista de 1971, o velho mestre evocou esse artigo: "Eu era um jovem inexperiente e sem autoridade em *L'Humanité*, mas o único historiador da Revolução. Era o artigo mais longo desse número comemorativo. Essas teses não chocaram... Muitos, como eu, estavam dominados por certas semelhanças fundamentais entre a Revolução Russa e a Revolução Francesa. Eu já havia, aliás, utilizado esse argumento quando da campanha eleitoral". Cachin dizia: "Isso não atingirá seu objetivo, mas os sindicalistas revolucionários que estavam ao lado dele não tinham a mesma opinião. A evocação da Revolução Francesa provocava sempre um arrepio nas salas".

Precioso documento que põe em contexto, para abordar o próprio texto. Este é organizado em duas grandes partes: "a

Combates pela Revolução Francesa

democracia pela ditadura" e "a Revolução Francesa, revolução social", que uma breve conclusão sobre "as duas revoluções" unifica... mas que introduz uma carapuça na qual não seria difícil reconhecer o mesmo espírito que prevalece no ensaio de Mathiez do ano precedente: tanto como aos militantes e simpatizantes, é aos adversários que essa argumentação foi destinada: "A todos aqueles que aceitam, segundo a frase de um deles, a Revolução Francesa 'em bloco' em seus resultados e em seus meios, este estudo é dedicado. Que o leiam com objetividade, que reflitam...". Trata-se de lhes demonstrar que a Revolução, da qual eles se proclamam, com orgulho, serem os filhos, não procedeu de outra maneira que a Revolução Russa, e que o conceito de imprecações da qual ela é o objeto era o mesmo – há apenas cinquenta anos, diz Labrousse – em relação à Revolução Francesa.

Defesa da ditadura necessária, a primeira parte não é matizada. Lembrando a técnica maratista da defensiva ofensiva, ela tem como objetivo demonstrar como as conquistas democráticas da Revolução – sufrágio universal, separação de poderes, liberdades políticas e até a constituição de 1793 – foram suprimidas em nome de outra prática "democrática", pois "toda a história das conquistas democráticas e sociais de nossa Revolução é... a das vitórias de uma minoria revolucionária sobre as assembleias nacionais". Em uma palavra, todas as conquistas verdadeiramente democráticas correspondem à organização metódica da ditadura revolucionária; a seu fim prematuro corresponde o fim da democracia. E Labrousse segue passo a passo as etapas em 1789: "a minoria revolucionária está aprendendo"; em 1791, "primeira ditadura da comuna"; em maio-julho de 1793, "golpe contra o sufrágio universal", seguido de "a organização da ditadura", mas também da queda, em termidor, pela vitória da maioria parlamentar, que estabelece a da burguesia conservadora. O que conduz o autor à conclusão provisória: "E agora conclua, leitor imparcial, o que você aceitou na sua Revolução, vai rejeitar na 'outra revolução'?"

237

Michel Vovelle

Articulando-se nessa argumentação polêmica, a segunda parte quer ir ao fundo das coisas: o que as duas revoluções possuem de mais intimamente comum é de serem subversões sociais, vindas das profundezas e, no caso, essencialmente do movimento camponês. É muito apaixonante ver como Ernest Labrousse, que abrirá, vinte anos mais tarde, sua grande tese sobre *A crise da economia francesa às vésperas da Revolução*, pelo diálogo fictício entre Michelet e Jaurès – revolução da prosperidade ou revolução da miséria – opta aqui, sem hesitação, pela tese do miserabilismo: em uma França "nação camponesa" em 1789, reina a "indigência camponesa", fruto da "propriedade feudal", se se considera que a propriedade do camponês é "puramente fictícia já que os direitos feudais que ele pagava em retorno lhe retiravam a maior parte de seu trabalho". Os *Cahiers de doléance*, aos quais ele consagra um desenvolvimento notável, testemunham que a "nação constituída em imensa maioria pela classe camponesa pedia... a expropriação de toda uma classe de proprietários de terra". Evocando o que ele define como "uma primeira guerra de classes", Labrousse tropeça aqui em um obstáculo: e os operários e, mais largamente, o movimento urbano? Ele estuda, escorregando sobre "o fraco proletariado das cidades" para concluir que é "pela colaboração inconsciente e espontânea dos operários e dos camponeses que a revolução social se cumpre". E isso é, finalmente, o essencial: a "vitória camponesa" que permite ao autor de concluir: "O esquema de nossa Revolução pode então se estabelecer assim: a França, nação camponesa, reclama, em 1789, uma revolução camponesa: a expropriação da feudalidade". Ela conseguiu chegar a isso ao termo de quatro anos de luta. Paralelamente, a burguesia reivindicava uma revolução política: "A nação se deixa facilmente roubar as conquistas políticas desejadas pela burguesia e da qual ela compreende imperfeitamente a importância; mas nunca ousarão lhe roubar suas conquistas sociais. A revolução política desaparece diante do primeiro gesto do ditador militar. A revolução social permanece".

Se pomos em paralelo as duas contribuições de Mathiez e de Labrousse, não podemos deixar de ficarmos sensíveis ao mesmo tempo aos traços comuns e às diferenças na atenção consagrada aos temas evocados. No campo das convergências, nota-se, de modo evidente, a ênfase disposta sobre o fundo de adesão global, e a violência e a ditadura necessária em todo o processo revolucionário. A atitude mais reservada de Mathiez, insistindo no caráter transitório dessa fase e sobre os perigos da cronicização que ela comporta, sendo contrabalanceada pela admiração que ele consagra à personalidade de Lênin, em um fundo de paralelo com Robespierre: personalização do debate que não encontramos em Labrousse. Nos dois autores esse arrazoado provocador em favor da ditadura – mais agressivo ainda em Labrousse do que em Mathiez – se refere explicitamente ou implicitamente a um contexto francês antiparlamentar e de contestação da democracia burguesa, de uma burguesia francesa remetida brutalmente à verdade sem máscara das origens de seu poder. Aqui se inscreve a diferença fundamental com Aulard, pelo menos com o Aulard que retificou, em 1920, suas imprudentes declarações iniciais. Da rejeição da democracia burguesa e de seus engodos, faz-se o apelo a uma democracia verdadeira, "popular", cujas bases só podem ser assentadas pela violência, pois se trata, no fundo, da erradicação com força aberta de um sistema social por inteiro.

Simplesmente esboçada, em Mathiez, amplamente desenvolvida em Labrousse, a ênfase posta na dimensão social passa pelo paralelo estabelecido entre a França, toda rural ou quase, de 1789 e a Rússia de 1917. O problema camponês tem um lugar essencial e aparentemente desproporcionado nesse sistema de argumentação. Consequência dessa focalização, o que é admirado em Lênin e nos sovietes são os decretos sobre a terra, a terra aos camponeses, base de adesão popular ao novo regime. A perspectiva de uma evolução ulterior, pela socialização, quase ausente em Mathiez, é evocada apenas *in fine* por Labrousse em termos de projeção sobre um futuro ainda longínquo: "a constituição da

Michel Vovelle

pequena propriedade camponesa é, para a Rússia revolucionária, apenas uma etapa necessária na estrada do socialismo. A política dos sovietes teve, aliás, a vantagem de reservar ao comunismo o prestígio incomparável do governo que deu a terra ao camponês. Saberá usar disso para apressar a evolução socialista da pequena propriedade".

Por essa petição de princípio, formulada em termos de desejo, Labrousse, menos realista do que Mathiez que pressupõe as dificuldades dessa passagem, preserva a possibilidade do paralelo entre as duas revoluções, cujo mérito comum é de ter dado a terra aos camponeses. Só podemos nos surpreender, nas duas análises, com o pequeno lugar que é concedido em relação ao problema camponês àquele da "classe operária" ou, mais amplamente, dos grupos populares urbanos. Vimos como Labrousse o elude, supondo que esteja resolvido, na França revolucionária, o problema da colaboração "inconsciente e espontânea" dos dois grupos. Referindo-se, ambos, a uma "guerra de classes" (Labrousse), nossos dois autores não precisam as modalidades disso em termos de vanguarda, mais blanquistas que leninistas, fazendo apelo, ambos, ao conceito de minoria ativa, no seio da qual Mathiez não esquece de notar o papel dos intelectuais e dos elementos saídos das antigas classes dirigentes. Essa imprecisão não é sem consequências sobre a maneira como são abordadas as modalidades de organização da ditadura necessária ao governo revolucionário, sob suas duas expressões, francesa e soviética. Jacobinismo e bolchevismo, intitula provocadoramente Mathiez: mas, se ele evoca, nessa lembrança da experiência francesa as modalidades do governo de exceção, através de seus atos (centralização, máximo, economia de guerra), como certos entre seus órgãos (os comitês de vigilância), não aprofunda o próprio conceito de jacobinismo, não mais que o paralelo com as instituições soviéticas e seus órgãos (os sovietes, a respeito dos quais ele permanece reservado). De maneira mais espantosa, Labrousse esquiva diretamente o tema, concentrando toda sua atenção no exemplo francês, eludindo,

Combates pela Revolução Francesa

em uma frase, o problema do partido ("A ditadura revolucionária, ditadura de partido – alguns diziam de cenáculo – se afirmava [em 1793] já com sucesso e com brilho como o meio,
como a arma de guerra da democracia").

Para concluir com uma palavra esse paralelo, é legítimo voltar ao problema central que nos preocupa, o das analogias: lá
onde Labrousse preludia, ou a viu por uma reflexão crítica sobre
esse tipo de atitude, ele termina – o que é sem dúvida obrigatório – por uma conclusão que põe o acento mais nas diferenças
que nos traços comuns. "Uma assimilação completa demais entre os resultados obtidos pelos camponeses franceses e os camponeses russos seria injuriosa em relação à história e ao governo
comunista de Moscou... Vemos, ao vivo, como resulta, para um
povo, o benefício nítido de um governo comunista." Mathiez,
sobre quem pesa o reproche de ter levado longe demais o paralelo, ao declarar que os bolcheviques só haviam "aperfeiçoado"
as experiências da Revolução Francesa, se mostra finalmente
mais comedido (mais universitário?), se arriscando sozinho a
uma interrogação prospectiva sobre o futuro do sistema soviético, sem afastar a eventualidade de um termidor, e mesmo de
um brumário: antecipando sobre um dos temas dos quais veremos a fortuna na historiografia soviética.

O horizonte de 1920, ao qual nós concedemos, por meio
do diálogo em três vozes, Aulard, Mathiez, Labrousse, uma importância talvez desproporcionada, mas justificada pelo próprio impacto do acontecimento de outubro de 1917 sobre a
historiografia engajada da Revolução Francesa, representou
uma ruptura durável, modificando de maneira profunda seu desenvolvimento ulterior, até hoje, ou ontem? Não poderíamos
duvidar: evocada ou não, presente-ausente ao longo dos acontecimentos dos setenta últimos anos, a referência está lá, constante, solicitando a cada etapa a reflexão, a adesão, a polêmica.

No entanto, vimos, por meio da trajetória de Aulard, até
sua morte em 1928, como se operou o movimento de retirada,
precoce no seu caso, de um dos caminhos da historiografia

241

jacobina – ou, pelo menos, republicana – em relação a uma referência vista como comprometedora, mesmo odiosa. Insiste-se, de agora em diante, na diferença, no tema da violência e da ditadura, na vontade de inocentar a Revolução Francesa dos derivados, registrados na experiência soviética. Essa é, sem que seja necessário insistir, a inclinação natural de uma ideologia liberal que não se reconhece no abalo social da Rússia, assim como não nos graves ataques à democracia.

É diferente na historiografia que diremos – cortando largo em termos voluntariamente vagos – progressista? Sobrevém, com um real vigor, o tema de dois ciclos revolucionários da época moderna, tal como os encontraremos de Palmer a Hobsbawn – revoluções da liberdade, as do século XIX, até 1917, revoluções da igualdade a partir dessa data, das quais se segue a experiência da Rússia à China e ao terceiro mundo, até certa data. Esse balanço preserva ao mesmo tempo a ideia de progresso, de conquista na via da emancipação humana, e autoriza, até certo ponto, o recurso ao método das analogias, no nível das estruturas e das modalidades da ação revolucionária, quer se leia aí um progresso ou, ao contrário, uma deriva.

Mas se esse motivo oculto permanece omnipresente, é forçoso constatar que, por algum tempo, digamos, até os anos 1960, a historiografia francesa, à qual nos limitamos por ora, opera um movimento de retirada. Não se arrisca mais a traçar os paralelos de 1920. A evolução de Albert Mathiez, para aqueles que não o encerram no quadro rígido de um retrato caricatural, é, nesse sentido, significativa e bem conhecida pelos trabalhos de J. Figuglietti.

Não está, evidentemente, em nosso propósito, retomar as etapas, mas sublinhar os pontos de inflexão maiores ao fio dos quais o historiador foi levado a reformular o paralelo que ele havia estabelecido em 1920 entre a Revolução Francesa e a Revolução Bolchevique.

Há pouco a dizer da série de textos que se iniciam em janeiro de 1921, quando *L'Humanité* anuncia a publicação de uma série

Combates pela Revolução Francesa

de artigos sob a pena do camarada Mathiez e que se escalonam até a primavera de 1922 sob títulos diversos ("O ensino das revoluções", "A Revolução Francesa e a Revolução Russa", "Como começam as revoluções..."). Retomam o tema do horizonte social e popular dos movimentos revolucionários, e o do precedente histórico do terror revolucionário do ano II para compreender como Lênin recorreu a ele como um meio e não um fim, a título de expediente excepcional. Mathiez marca aí sua diferença com Aulard no inverno de 1922 em uma série de artigos ("Krasin e o senhor Aulard", "O senhor Aulard e a legalidade") em um tom violentamente polêmico em relação ao "sutil doutor", "capelão do partido radical", que ele acusa de ter querido apresentar a Revolução Francesa como uma "Revolução sem violência, sem ilegalidade, sem ditadura... uma Revolução sem Revolução". Depois da queixa do mestre da Sorbonne, o editor chefe de *L'Humanité*, Amédée Dunois, ordena a Mathiez baixar o tom.

Mas é precisamente nessa época, ou nos meses que se seguem imediatamente, que a atitude de Mathiez começa a mudar. Ele não é o único no seu caso, a manifestar sua insatisfação diante da docilidade do PC em relação às injunções, "verdadeiros ukases", escreve ele, da Internacional que quer "fazer o PC marchar militarmente". Sabemos que essa crise interna, e o endurecimento da atitude do partido francês em relação aos intelectuais conduzirá, em outubro de 1922, à exclusão de uma parte dentre eles, e à partida de muitos outros, dos quais o próprio Mathiez no fim do ano.

Mas sua nova maneira de ver já é perceptível desde abril de 1922, em uma conferência reproduzida nas *AHRF* sobre o tema das "Lições da Revolução Francesa", que parece ter escapado à perspicácia de Firguglietti. Ela merece ser confrontada com o texto de referência de 1920, inteiramente voltado para as semelhanças das duas revoluções; pela prudência metodológica que ela manifesta logo de início em relação às analogias forçadas: "O historiador deve limitar sua tarefa a anotar escrupulosamente o que ocorreu e tentar explicá-lo. Se levanta analogias, se sugere comparações com outros tempos e outros países, não tem a pretensão de profetizar repetições". E, de fato, se Mathiez lembra, como traço comum no encadeamento das revoluções a importância de seu conteúdo social, mas insistindo em termos novos sobre o papel das ideias, é agora uma análise das diferenças que se consagra. Depois de lembrar o caráter burguês de uma Revolução Francesa "vitoriosa sobre os nobres e camponeses", explica sua evolução ulterior pela desunião da burguesia – os montanheses – com a "revolta do povo" no quadro de uma ditadura, mas de uma ditadura "nascida das circunstâncias, sem ideia preconcebida", e por aí mesmo sem perspectiva de futuro.

Aí se inscreve, para ele, a diferença com a Revolução Bolchevique: "É preciso ter presente no espírito essa situação para compreender as diferenças que separam a ditadura jacobina de outras ditaduras mais recentes, e para apreender também as razões profundas do fracasso da primeira".

A ditadura bolchevista, se ela tem também justificações conjecturais – a guerra – procede também de uma doutrina coerente, o marxismo e, por essa razão, ela pôde, "sem escrúpulo", atacar não apenas a propriedade individual, mas a estrutura do Estado. Os comunistas russos "fiéis ao pensamento de Marx quiseram, desde o primeiro dia, dar o poder ao proletariado". Estabelecendo o governo de uma classe, eles se diferenciam dos montanheses, incapazes de aceder ao conceito de classe, que eram, no melhor dos casos, "amigos", "aliados dos proletários" e, por aí mesmo, instalar uma ditadura "completa" ou "orgânica": "A máquina revolucionária dos montanheses era infinitamente mais complicada e de uma manobra, na sequência, mais delicada que a máquina revolucionária da Rússia dos sovietes".

A adequação estabelecida sem justificação em 1920 entre bolchevismo e jacobinismo se acha questionada: na "Rússia vermelha" tudo leva a uma hierarquia de sovietes, órgãos de deliberação e de execução, enquanto na França do ano II, ao lado dos órgãos regulares do governo revolucionário – comitês, convenção, distritos, municipalidades –, existiram órgãos que não faziam parte da hierarquia "normal", como os clubes, expressão da opinião diante do poder, a imprensa menos censurada do que foi dito: o governo montanhês, "menos favorecido que os bolcheviques" devia responder de seus atos não apenas diante da convenção, mas diante dos jacobinos e da opinião... Interpretação, convenhamos, original, sob a pena de Mathiez, daquilo que se convencionou chamar de a ditadura "jacobina".

Arbitrando enfim a respeito da natureza burguesa ou popular da Revolução Francesa, corrigindo Marx ("a maneira plebeia de terminar com os inimigos da burguesia") por Jaurès que suspeitou dos inícios de uma tomada de consciência proletária, Mathiez considera a hipótese que uma ditadura de classe pode ter começado a surgir ao seio da ditadura de circunstância dos montanheses, mas "Robespierre não teve a boa fortuna de Lênin. Lênin pôde, sem crise e sem divisões violentas, afrouxar pouco a pouco o regime de exceção, efetuar a retirada econômica". Ele assim o pôde porque seus colegas, os comissários do povo, compartilhavam suas ideias fundamentais.

Nessa visão idealizada da Rússia da NEP se conclui a análise de Mathiez, redefinindo em termos de diferenças a história comparada das duas revoluções, "não é em uma devoção mecânica, é em espírito que nos comunicamos com nossos mortos", e se apoiando de novo em Jaurès, lembra que "é nesses moldes novos que deve ser derramado o ardente metal". Ainda que ela antecipe um pouco o distanciamento de Mathiez, diante do partido comunista, não poderíamos dizer que essa revisão se distancia da linha, tal como será desenhada, não apenas na França, mas na historiografia soviética. Ela anuncia, de certa maneira, essa tomada de distância que está ocorrendo em relação à Revolução Francesa, ela se inscreve no eco dos debates que vão culminar, nos historiadores russos, mas também nos círculos políticos nos anos 1930, e que se focalizarão sobre o problema de termidor. Mas é nesse contexto que vai se operar a ruptura de Mathiez com a experiência bolchevista e, sem dúvida, com uma adesão ao marxismo que se torna cada vez mais ambígua nele.

Nós não podemos, aqui ainda, entrar no detalhe de um percurso biográfico significativo, mas, aliás, conhecido. Seguindo passo a passo, ao fio das crônicas das *Annales Historiques de la Révolution Française,* como dos comentários de Friguglietti, o itinerário de Albert Mathiez, registramos até em 1930, movimentos aparentemente contraditórios, a atenção constante consagrada à historiografia soviética, da qual testemunham as resenhas na revista, e aquela que, reciprocamente, os historiadores russos consagram ao autor de *A carestia e o movimento social,* que o traduzem em 1928, e que o elegeram membro associado estrangeiro da Academia das ciências em 1927: um idílio que terminará brutalmente em 1930. Mas, em contraponto, Mathiez toma suas distâncias: desde 1923, no Congresso das ciências históricas de Bruxelas, ele objetou a um participante, que arriscava uma comparação entre as duas revoluções: "O papel do historiador se limita ao exame do passado, é perigoso se entregar a comparações com a Revolução Russa, na qual a paixão desperta". Mathiez se quer, e se declara ainda marxista, convencido da validez do materialismo histórico como "método comprovado de investigação", embora saibamos que sua bagagem teórica e esse domínio permanecem sumários, não se deixa de manifestar ocasionalmente certas hesitações, mesmo que repila duramente um cronista (Aubert) que tinha duvidado da solidez de suas convicções, manifesta seu firme propósito em 1929 nas resenhas hostis das obras de Henri Sée (*História econômica e social da França. Evoluções e revoluções*): "Eu teria desejado ver o senhor Sée pôr em primeiro plano no seu quadro o conflito das classes que é o único a dar explicação", a concepção materialista da história é uma hipótese fecunda... mas "o método torna-se nefasto se, ao invés de se apresentar pelo que ele deve ser, pretende se erigir em verdade dogmática e demonstrada": ela falsifica então os fatos para fazê-los entrar na teoria, o que é o defeito de vários historiadores soviéticos que "incorporam a interpretação marxista da história ao Estado russo de hoje e tratam de heréticos todos aqueles que duvidam de suas demonstrações, aliás contraditórias".

Combates pela Revolução Francesa

Os elementos de um conflito estão reunidos, e se acentuam em 1930 quando Mathiez intervém em favor de seu colega Tarlé, encarcerado, e se associa a uma petição contra a execução de quarenta e oito intelectuais soviéticos.

Mas o debate acadêmico se focaliza na Revolução Francesa, quer seja sobre o alcance dos decretos de ventoso ou, mais ainda, sobre a significação de termidor, que toma então, no contexto soviético, as dimensões de um caso de Estado. Debate de fundo sobre a dialética do movimento popular e da revolução burguesa, e, mais ainda, sobre a maneira de "terminar" a Revolução, debate fundamental e campo minado ao mesmo tempo por suas implicações na história imediata da Rússia estalinista, Mathiez certamente não conheceu todo o pano de fundo, tal como hoje podemos perceber a partir das análises de T. Kondratieva. Mas, em consequência de sua crítica virulenta ao artigo de Buchemaki sobre o termidor, publicado em sua revista, recebe uma admoestação severa de oito historiadores soviéticos – entre os quais Lukin e Dalin, que mais tarde... – ele foi daí para a frente classificado na União Soviética como um daqueles que se juntaram ao campo da burguesia imperialista, e a "Matievutchina" alimentou durante algum tempo as controvérsias soviéticas antes de ser encerrada por argumentos de autoridade. Teremos que nos interrogar, mais para frente, sobre o que representa essa virada, vista de frente: mas para nos atermos à historiografia francesa, o itinerário de Mathiez, nesses dez anos, é representativo de uma evolução que ultrapassa sua pessoa.

Tratando-se de historiadores e intelectuais que, como Mathiez, tinham aderido em 1920 ao partido comunista, o silêncio que se instaura então e que durará até 1934 se explica sem dificuldade pela virada, tomada desde abril de 1922, primeira etapa da bolchevização do partido que ficará mais forte a partir de março de 1924, nas teses sobre a tática do PCF, definindo as novas concepções da luta ideológica. Muitos o abandonam ou foram excluídos. Um estudo comparável àquele que apresentamos sobre Albert Mathiez poderia ser aplicado a Ernest

Labrousse, que oferece uma nova orientação à sua carreira, empreendendo em 1924, sobre as *Origens históricas francesas dos seguros sociais*, uma tese que não terminará nunca, mas que, reformulada, o conduzirá, em 1933, ao seu *Esboço do movimento de preços e rendas na França no século XVIII*, ele próprio anunciador de sua grande obra sobre *A crise da economia francesa às vésperas da Revolução*. "Como nascem as revoluções?", a questão fundamental, em uma ótica comparativa, integrando toda reflexão acumulada ao fio de sua pesquisa, não cessará de solicitar o pensamento labroussiano: fará disso, em 1948, o tema de uma de suas intervenções mais notáveis e mais controversas, quando do centenário da Revolução de 1848. Mas, mesmo que ele não tenha abandonado todo engajamento político, nas diferentes formações socialistas, tornou-se, como Mathiez, e por bastante tempo, aos olhos do marxismo ortodoxo, um dos representantes, por seu "economismo", da historiografia burguesa social-democrata. No interior do partido a problemática da comparação das duas revoluções não têm mais razão de ser: o estudo de Danielle Tartakowsky sobre os primeiros comunistas franceses expõe, através da organização das escolas do partido e da propaganda, o recuo, mesmo a evacuação da história e o primado da prática sobre a teoria. As curvas da produção editorial comunista – obras e artigos de imprensa (revistas e quotidianos) –, estabelecidas por Catherine Benradek, fazem aparecer dez anos vazios, de 1924 a 1934, em que o tema da Revolução Francesa cai para uma quantidade muito baixa. A referência à revolução burguesa não está mais na moda: e, ao inverso, não poderia estar em questão interrogar o modelo soviético, tal como evolui, então, com a instalação da era estalinista.

Conhece-se – sem que seja necessário retomar uma análise bem sabida – a virada espetacular que se inscreve a partir de 1934, e até a véspera da guerra – na atitude do partido comunista em relação à Revolução Francesa, a partir do *Front Populaire*, com a redescoberta e a revalorização dos valores democráticos e patrióticos, no contexto da luta contra a ascensão do fascismo.

Essa virada, que se inscreve espetacularmente na produção editorial (vinte e seis artigos e nenhuma obra na década de 1925-1934, quatorze obras e duzentos e vinte e quatro artigos em cinco anos, de 1934 a 1939), não leva à reabertura de um canteiro que nos interessa. É a França das Luzes, da revolução popular e democrática, e sobretudo do impulso patriótico que é evocada, e foi o objeto de uma reapropriação que não põe mais em causa o modelo soviético da revolução dos tempos novos.

Poderiam, de bom direito, fazer-nos o reproche de termos aqui focalizado a atenção sobre a componente comunista da história revolucionária, quando exatamente ela se caracteriza pelo silêncio, ou elisão. É tanto mais legítimo interrogarmo-nos sobre a historiografia que qualificaremos – para simplificar – de jacobina, ou progressista, como se quiser, reatando com a história universitária o fio interrompido pela morte de Mathiez em 1931. Não faltam, entre os intelectuais – eventualmente historiadores – que a conjuntura da luta antifascista e do *Front populaire* leva a se interrogar sobre o marxismo, e mesmo sobre a União Soviética, representantes dessa corrente, ainda que a historiografia conservadora mantenha posições hegemônicas. Encontramos o exemplo sem dúvida o mais representativo na pessoa de Georges Lefebvre, que se afirma, a partir de sua nomeação na Sorbonne em 1935, como o historiador mais proeminente da Revolução. Para os historiadores que gostam dos atalhos, Georges Lefebvre se inscreve em uma genealogia linear, que leva de Mathiez a Soboul, como representante de uma historiografia jacobina marxisante, mesmo que, diferentemente deles, nunca tivesse possuído pertencimento político oficial. Marxista, não repudiou a etiqueta, reivindicando uma leitura livre de Marx, que conheceu sob a influência de Guesde, mas ainda mais de Jaurès. Mas ele conserva uma liberdade de apreciação que torna ainda mais precioso o testemunho que dá, em fevereiro de 1939, sob a forma de uma conferência pronunciada no círculo Descartes sobre o tema "Os princípios de 1789 no mundo atual", no qual se situa a si próprio como herdeiro da Revolução Francesa por referência aos sistemas autoritários, não apenas na URSS, como seria de se esperar, mas em um mundo dominado pelo perigo fascista.

É um arrazoado em defesa da liberdade, das liberdades tais como foram definidas em 1789, associadas à igualdade diante da lei, à unidade nacional, mas concebidas em perspectiva de universalidade. Para ele, portanto, já de início, o modelo francês proclamado cento e cinquenta anos mais cedo conserva toda sua validade e seu valor de referência. Nada de novo nisso, seríamos tentados de dizer: Lefebvre-Aulard, mesmo combate? Falta muito. Lefebvre, reiterando essa proclamação não faz da liberdade um absoluto. Ele considera, para o bem comum, a possibilidade de suspender e de instaurar uma ditadura transitória de salvação pública. Ele lhe dá, referindo-se à experiência da Primeira República, como limite o direito à existência e um mínimo de igualdade. Mais robespierrista do que leninista, incontestavelmente, Georges Lefebvre, na tradição democrática jacobina francesa, não se coloca, em nenhum momento, na perspectiva de uma subversão revolucionária visando a coletivização. Entretanto ele tem – podemos conceder-lhe essa perspicácia histórica – suficiente clarividência para não se limitar, em absoluto, ao ideal historicamente datado do ano II: é, ao contrário, sobre uma análise dos percursos históricos das sociedades europeias do século XIX ao XX que fundamenta sua argumentação. A liberdade, valor supremo de referência hoje como ontem, foi desnaturada pelo desenvolvimento do capitalismo, gerando a dominação monopolista dos meios de produção e das riquezas para alguns, transpondo para a escala não apenas das nações, mas da Europa, e mesmo, do mundo inteiro pela via do imperialismo colonial a luta de classes daqueles a quem foi recusado o direito à existência. O comunismo é o produto natural dessa luta de classes exacerbada: e é nesse contexto que Lefebvre situa a crise contemporânea das liberdades, colocando o problema das ditaduras no quadro dos "sistemas autoritários" de sua época: em primeiro lugar ditaduras fascistas são assimiladas, das quais

Combates pela Revolução Francesa

ele sublinha a proliferação da Europa central à Itália. Com elas, que são o fruto do compromisso passado pelas burguesias nacionais, reforçadas pelo reflexo de medo das pequenas burguesias em crise, o comunismo tem em comum os métodos, sobre o fundo, porém, de um antagonismo radical. O comunismo engendra as ditaduras fascistas pelo temor que ele inspira, mas estas são, em última análise, apenas o fruto da crise econômica e social do liberalismo contemporâneo, que ocasionou – desde a guerra, sobretudo – uma dúvida profunda sobre os valores de liberdade e de democracia, herança da Revolução Francesa.

A terceira via preconizada por Lefebvre, entre os fascismos e o comunismo, tal como ele é – poderíamos dizer a quarta via, acrescentando a elas o liberalismo burguês em crise –, só pode ser, em fevereiro de 1939, diante desse público de intelectuais democratas, hesitante, dominada pelas perspectivas de prazos que se advinham próximos. Encontra-se aí a herança do pacifismo que prevaleceu em todo o meio ao qual ele pertence, na confissão de um sistema de regulação, de atenuação das desigualdades, de reabsorção dos rancores por vezes legítimos, nascidos da guerra, se é que a Sociedade das Nações possui os meios. Mas essa hipótese parecendo ilusória é em uma abordagem voluntarista, no plano interior, que Lefebvre busca a salvação, por meio de uma revivificação dos valores de liberdade maltratados, uma pedagogia, mas que supõe abordar de frente o problema social sob suas formas contemporâneas. E, diante do perigo exterior, o mesmo voluntarismo prevalece, para afrontar, como fizeram os franceses sob a Primeira República, o conflito inevitável.

Embora se mostre fortemente marcado pela conjuntura do momento, esse texto testemunha, na perspectiva precisa que nos interessa da evolução que se inscreveu em vinte anos: a apologia da ditadura necessária deixou de importar, sob a ameaça das ditaduras fascistas, pois ela não se identifica mais unicamente com uma transição necessária para mudar o mundo. A experiência bolchevista não aparece mais como um modelo, a seguir, mas

251

como uma referência, na verdade prudentemente evocada em um jogo mais complexo. O desacoplamento – se me perdoam a expressão – da Revolução Soviética e de uma Revolução Francesa, preservada como exemplo, apesar do envelhecimento dos valores que ela portou, parece bem um fato concluído.

Nessa volta a uma linha reformista, Georges Lefebvre representa uma leitura dominante então na historiografia progressista da Revolução?

Certamente, não devemos subestimar, na literatura de inspiração não apenas comunista, do qual vimos a floração marcada durante os cinco anos que precedem a guerra, a admiração consagrada à URSS dos planos quinquenais, da edificação de uma sociedade nova, da muralha sonhada contra os progressos do fascismo. Admiração mesclada, não sem o temor que suscita aquilo que se conhece do desenvolvimento do sistema estalinista, conduzindo a silêncios, perplexidades, denúncias também. As tomadas de posição por vezes hesitantes da Liga dos direitos humanos sobre os processos de Moscou trazem o testemunho disso: todas as coisas hoje conhecidas e analisadas (ver, por exemplo, Luzzato: *Il mito della guerra rivoluzionaira... op. cit.*), e que não temos mais a retomar. Mas tudo isso explica essa tomada de distância, cujo texto de Lefebvre oferece a ilustração. Raros são aqueles que se arriscam a continuar agora o jogo das analogias, e unicamente aquilo que devemos à verdade nos impõe de não omitir tal artigo de Jean Bruhat, cuja memória merece muito mais que esta menção, exumando a referência aos trabalhos de Mathiez sobre a conspiração do estrangeiro e os complôs do ano II para sugerir que os processos de Moscou não deixam de ter exemplo na história convulsiva das revoluções. Além disso – não pondo em dúvida a sinceridade do autor – é um testemunho significativo, da percepção longínqua das realidades da União Soviética às vésperas do conflito mundial.

Nesse estado – entendamos, no final dos anos 1930 –, se mudarmos de rota para nos voltarmos momentaneamente em direção à historiografia soviética, poderíamos dizer, arriscando

Combates pela Revolução Francesa

um paradoxo, que existe convergência na divergência, pois é então que os historiadores russos decidiram romper, em um contexto político particular, com a abordagem por analogias que havia ocupado até então, em sua maneira de abordar as duas revoluções, um lugar essencial. Em termos de paralelo, um retorno se impõe para confrontar ao olhar que os historiadores franceses da Revolução lançaram sobre a Revolução Bolchevique, aquele que os historiadores – mas também os teóricos e os políticos – lançaram, na Rússia sobre o precedente de 1789 e mais ainda de 1793. Nós o conduziremos em termos voluntariamente resumidos, e não apenas somente para conservar em relação a isso dimensões honestas: mas essa evolução é hoje bem conhecida por ter sido objeto de abordagens recentes: a tese de Tamara Kondratieva sobre *O impacto da Revolução Francesa na consciência revolucionária na Rússia-URSS* analisou as etapas com precisão; o ensaio de Vittorio Strade retoma suas teses maiores e as diferentes contribuições dos historiadores soviéticos reunidos em 1989 em *A Revolução Francesa e a Rússia*, permitem aprofundar e variar os enfoques.

Esses elementos levam logo a tomar consciência do peso que incidiu nos confrontos teóricos suscitados pela Revolução de Outubro, a herança dos debates antecedentes – há um meio século, por vezes – ao longo do qual os temas maiores que aparecerão tinham sido abordados na continuidade de uma meditação apaixonada sobre a Revolução Francesa. Se nos perdoarem esta ingenuidade, os historiadores franceses foram confrontados, em 1917, com a novidade de uma experiência revolucionária inédita (ainda que tivessem sonhado com ela), enquanto os Russos dispõem de um precedente, senão de um modelo longamente estudado. A reflexão populista, com Herzen, tinha afirmado a necessidade de ultrapassar a Revolução Francesa, de ir além das liberdades formais cujo valor se tinha esgotado, mas ela havia condenado o Terror, desculpável em 1793, agora privado da inocência primeira. Em 1858, Tchernichevski, proclamando-se jacobino, tinha inaugurado uma abordagem por

Michel Vovelle

analogia, ou por assimilação de termos que pesará muito sobre o futuro, embora sua concepção do jacobinismo, fortemente colorido de blanquismo, retornasse, em essência, à violenta tomada do poder por uma minoria – que a conserva. A abordagem, depois o episódio da Revolução de 1905 tinha relançado o debate – Plekhanov escandaliza em 1902 por uma apologia do terror. Lênin afina o tema desenvolvendo o conceito de uma "ditadura das classes baixas" associando "proletariado e campesinato" e se referindo ao precedente francês, definindo, a partir de Marx, o terror do ano II como "método plebeu para terminar de uma vez com os inimigos da burguesia, o absolutismo, o feudalismo e o espírito pequeno burguês". Primeira etapa de uma reflexão destinada a ser reformulada ao fio das circunstâncias. Mas sabemos também que a leitura leninista suscita então as críticas da corrente menchevique, de Martynov, hostil a uma tomada do poder, mesmo temporária, e à ideia de uma ditadura revolucionária no estado de uma eventual revolução burguesa. Se Lênin faz questão de se destacar do blanquismo, associado à ideia de complô, para definir o jacobinismo, ao qual faz apelo em termos de insurreição, não escapa à crítica de Trotsky, então menchevique, que o suspeita de tendências blanquistas, e o acusa de estabelecer uma ponte entre a democracia jacobina burguesa e a democracia proletária... Podemos, sem entrar no detalhe desses confrontos, concluir com T. Kondratieva que, às vésperas de 1917, subsiste, entre os bolcheviques, uma real indecisão diante da analogia que constitui a filiação direta com o jacobinismo.

Mas o tema está presente, tal como o definiu Lênin desde 1904-1906 (*Um passo adiante, dois para trás*): o jacobinismo é a linha que preconiza a Revolução "até o fim", e não o "miserável compromisso", aquela que se apoia na insurreição popular e não nas instituições representativas. É também, como ele sublinhou em 1913, preconizar o centralismo democrático: "Somos pelo centralismo democrático, é certo, somos pelos jacobinos contra os girondinos". São adequações audaciosas que não o impedem de sublinhar o caráter metafórico da associação abrindo espaço para a história. "Isso não significa que queiramos, de todo jeito, copiar os jacobinos de 1793 e fazer das ideias deles seu programa, suas palavras de ordem, seus métodos de ação, os nossos. De modo algum... E ele faz apelo à criatividade dos futuros artesãos de uma "revolução socialista integral."

É bastante notável, se seguimos sobre esse ponto a análise de T. Kondratieva, que a explosão revolucionária de 1917 a 1921 não parece representar, na Rússia, uma incitação a levantar paralelos comparáveis aos que pudemos analisar no contexto francês: semelhanças superficiais na literatura jornalística, assimilações ou contrastes afirmados de modo categórico entre os emigrados (Sturve): os próprios autores bolchevistas insistem geralmente nas diferenças dos dois processos, pondo em evidência o papel do proletariado na experiência bolchevista, a do partido, a dos objetivos buscados pela revolução socialista. O entusiasmo ao menos momentâneo que encontramos na França, em um Mathiez ou um Labrousse, não parece ter sido recompensado por uma evocação positiva do precedente francês. É verdade que esse balanço pode ser nuançado pela constatação da multiplicação das publicações russas de obras sobre a Revolução Francesa, popularizando as imagens de 1789, mas associadas muito frequentemente com julgamentos desfavoráveis sobre os excessos, as violências e o terror, reproduzindo os clichês de uma literatura francesa tradicional. "Visão confusa", conclui o autor, pelo menos no nível de uma opinião que ainda se exprime em liberdade.

Na cúpula, entretanto, entre os teóricos, a análise da conjuntura revolucionária não esgotou, longe disso, as virtualidades do raciocínio por analogia: e já se notou, em Lênin, a nova inflexão que ele dá ao conteúdo do jacobinismo, insistindo agora no tema que ser jacobino é ser jacobino com o povo, o que o leva a apoiar sobre a base popular da ditadura de 1793, definida como a "ditadura das camadas populares e da pequena burguesia". Sob a convenção, a hegemonia arrancada durante algum tempo à burguesia, passaria, por algum período, às mãos das camadas populares; "o povo inteiro... e sobretudo as massas, quer dizer, as classes oprimidas". Para Lênin, esse ultrapassar momentâneo dos objetivos da revolução burguesa teria sido necessário ao seu próprio sucesso. Mas, por aí, 1793 a entrada das massas na cena revolucionária valeria mais como tema de comparação para o estudo de um período de transição, como a primeira etapa de um contínuo revolucionário buscado em 1871 e em 1917.

Mas uma das maiores originalidades da problemática soviética, até a véspera da segunda guerra mundial vai ser a focalização que se opera, tanto por meio do discurso político quanto pela historiografia, sobre o tema de termidor, substituindo o do jacobinismo, ou pelo menos o incluindo, ao mesmo título que o da ditadura em uma problemática que é a do devir da Revolução em curso, enquanto o do terror, por razões evidentes, vai ser progressivamente ocultado. Os episódios desse debate foram analisados amplamente demais para que voltemos aos detalhes deles. T. Kondrativa nota a sua aparição, desde 1918 na crítica apresentada, de diferentes pontos de vista tanto pelos mencheviques (Martov), quanto pelos socialistas revolucionários depois de Brest Litovsk. Mas é a partir de 1920-1921 que os acontecimentos de Kronstadt e os inícios da NEP relançam o tema entre os mencheviques sob forma de uma denúncia da "degenerescência jacobina", desvio pequeno burguês, geradora de ditadura e de terror, comprometendo as lutas do proletariado para uma democracia socialista.

Desse período, os bolcheviques tiveram clara consciência, já que Lênin arriscou, desde 1921, o termo de "autotermidorização": mas é Trotsky quem relança o debate em 1923-1924, usando da perífrase de "degenerescência burocrática": a alusão direta a termidor parece ainda tabu, veremos daqui a pouco por quê. Ele dará o passo em 1927 em uma intervenção vigorosa que acusa Stálin de ser um "jacobino de direita", um "termidoriano", prestes a "fuzilar os jacobinos de esquerda"...

O escândalo vem do fato que, nessas datas, o tema de termidor, designado nomeadamente, foi lançado com sucesso real

Combates pela Revolução Francesa

pelas publicações vindas do exterior, mas bem conhecidas e comentadas, de Ustrjalov, emigrado vindo do partido KD,[9] servindo por um tempo aos lados de Koltchak, mas veiculando um discurso original, o do nacional-bolchevismo, que aceita uma parte das aquisições da Revolução Bolchevique, e do Estado autoritário que ela instalou, mas como uma etapa devendo ser seguida pelo inevitável recuo, do qual Lênin deu a impulsão, instalando a NEP, um verdadeiro termidor. Compreende-se então com quais precauções o termo foi evocado pela classe política soviética.

Mas a palavra havia sido formulada: Bukharin, que ataca Trotsky em 1927, sobre esse tema, é a apenas uma voz em uma barafunda geral, que suscita uma proliferação de escritos. É aqui que a palavra retorna por algum tempo entre os historiadores russos da Revolução Francesa, cujo grupo é de agora em diante estruturado na academia, e que serão evocados como cauções, e parte – por vezes às suas custas – no debate em curso. Simplificando, sem dúvida em excesso, o que estava em jogo, trata-se, a partir de uma análise do termidor francês, de decidir sobre o ponto de saber se a comparação é legítima ou, ao contrário, errada, no contexto de uma Revolução Soviética radicalmente diferente.

Sob a impulsão de Lukin e de seus alunos (S. Monosov, "O que é termidor?") há o esforço em demonstrar que termidor foi, no ano III, uma vitória da grande burguesia, que consolidou a Revolução e a concluiu economicamente. O que não ocorre sem um reexame da fase precedente, da ditadura jacobina do ano II, em que Lukin vê uma ditadura jacobina pequeno-burguesa, apoiada no proletariado. Assim sendo, seguindo uma fórmula consagrada, ela recorreu a métodos plebeus para realizar os objetivos da revolução burguesa, mas só podia tornar-se uma força conservadora, em sua referência ao ideal reacionário da pequena produção artesanal. O papel do movimento popular e de seus

---

9 Partido Constitucional Democrático do Império Russo. (N. T.)

Michel Vovelle

porta-vozes, mesmo de seus aliados, saem contestados, e os hebertistas vão assimilados a uma "pseudoesquerda sectária".

Houve debate: esse esquema rígido se impunha por razões extracientíficas no próprio momento em que historiadores soviéticos, trabalhando sobre fontes francesas, estavam atentos (Frejberg) ao movimento cordelier, em que percebiam uma vanguarda revolucionária, e começavam a discernir o papel dos *sans-culottes*. Os trabalhos de Mathiez, então traduzidos, longe de se conformar com o esquema proposto, colocavam na primavera do ano II, depois da queda dos hebertistas, a inflexão verdadeira antecipadora de termidor, atenuando o lugar da virada oficial.

Compreende-se, nesse contexto, a significação da ofensiva que ocorreu a partir de 1928 na historiografia russa oficial contra Mathiez, e que, no final de grandes discussões, chegou às conclusões apresentadas em 1929 pela primeira conferência pan-russa dos historiadores marxistas de Moscou. Resolvendo, pelo menos em aparência, as divergências que subsistiam, elas punham, no primeiro plano, os problemas a tratar com o da transformação das formações sociais e econômicas, atacando Mathiez em nome da ciência proletária oposta à ciência burguesa e pondo assim um ponto final na "Matezovscina": por ter mal percebido o que estava em jogo do ponto de vista da luta de classes, o historiador ocidental acreditou perceber, de modo errado, antes mesmo de termidor, um recuo termidoriano, estabelecendo uma similitude com a NEP. Lukin tornará seus pontos de vista mais precisos em 1934, em seu trabalho sobre *Lênin e a ditadura jacobina*, onde ele desenvolve o conceito de "ditadura revolucionária" (das classes inferiores) em sua relação com a "ditadura democrática" (necessária à realização da revolução burguesa).

Podemos considerar que o ponto final desse episódio foi trazido em 1941 pelo volume de *História da Revolução Francesa*, publicada então pela Academia das Ciências da URSS, que evacua os pontos litigiosos (o da virada termidoriana e o da "degenerescência" dos jacobinos no poder) para apresentar classicamente o

Combates pela Revolução Francesa

termidor como um golpe de Estado contrarrevolucionário, mas inevitável no quadro de uma Revolução que só podia, de qualquer modo, terminar com o triunfo da burguesia. A cada um sua revolução: ao recuo que notamos na França em Georges Lefebvre sobre os valores democráticos em 1939, corresponde aquele da historiografia russa sobre a especificidade de uma experiência soviética que não tolera nem comparações aventureiras, nem analogias sulfurosas.

A tentação é grande, no ponto em que chegamos, de concluir também o dossiê. É a solução que adota Vittorio Strada. É aquela, acrescentemos, que nos comanda a necessidade de não conferir a essa relação uma dimensão excessiva. Mas nós não sairemos dessas por uma pirueta, passando sob silêncio o meio século que nos separa dos últimos fatos evocados. O debate pode parecer, em certos aspectos, estar cochilando, privado de uma parte da aspereza polêmica que lhe conferiram as circunstâncias do entre guerras.

Permanece subjacente, sem que a referência à Rússia soviética seja sempre explícita, em uma historiografia jacobina do pós-guerra, em que a adesão a uma leitura marxista se afirma com mais vigor, até os trabalhos de Albert Soboul, e em que se pode notar, de 1945 a 1965, pelo menos, a curva espetacularmente ascendente na imprensa e na edição comunista das obras e das publicações consagradas à Revolução Francesa. Encontramos, na controvérsia dos anos 1950 suscitada pela publicação da obra de Daniel Guérin sobre *A luta de classes sob a Revolução Francesa: burgueses e braços nus*, e as objeções que lhe serão apresentadas por Soboul, como o eco ainda vivo do debate dos historiadores soviéticos dos anos 1930. A exemplaridade do modelo soviético não é questionada, mas em uma leitura ortodoxa parece fora de alcance, e Soboul, entretanto, tão contestado então por alguns por seu oportunismo, arrisca ainda, em certa página de seu *Ano I da liberdade*, uma definição do Terror como "meio de eliminação dos elementos socialmente indesejáveis", que seria preferível esquecer.

Mas o essencial me parece, entretanto, notar, nessa corrente de pensamento e mais largamente em uma história social da Revolução que se afirma então, a inflexão que se inscreve nos anos 1950 na direção dos problemas de transição, através dos grandes debates sobre as vias de passagem do feudalismo ao capitalismo, debates estruturados ainda em um quadro de reflexão preciso, mas no qual a política tem um lugar mais modesto. Sobretudo no contexto mais delimitado de uma história social da Revolução, em que a influência de Ernest Labrousse sucede à de Georges Lefebvre, a multiplicação dos estudos de campo conduz a uma visão nova, que recusa os esquemas abstratos sobre os quais se tinha, até então, fundado a discussão.

Não creio buscar paradoxo pondo, no primeiro plano das revisões fundamentais dessa época, o impacto da tese de Albert Soboul, demonstração magistral da ambiguidade do conteúdo de classe da *sans-culotterie* do ano II, definida como um misto, um encontro, com todas as contradições que isso comporta, abrindo uma redescoberta do movimento popular em sua autonomia, e reformulando o problema da dialética de suas relações com a burguesia da montanha. O modelo proposto por Soboul da "revolução burguesa com sustentação popular" representa o compromisso em torno do qual se estabiliza um debate ainda pesado de interrogações.

Nesse contexto, torna-se natural, o terror permanecendo um domínio reservado, que a questão do jacobinismo concentre a atenção dos pesquisadores pondo em causa todas as questões que girem em torno do Estado revolucionário: modelo histórico ou trans-histórico? Claude Mazauric lhe consagrou uma reflexão, formulada nos anos 1960, depois refinada na última década. Ela é reveladora de um percurso em que se mostra a influência da contribuição de Gramsci sobre a reflexão marxista: de um Gramsci que não tínhamos levado em conta – sem dúvida por erro – nesse percurso, mas cuja leitura diferida alimentou então a reflexão francesa. Arriscando uma definição do jacobinismo em sua fase de maturidade, Mazauric o caracteriza por meio de certo número de traços: uma ideologia, que permanece aquela do liberalismo econômico, mas levada pelas circunstâncias no sentido da consideração do bem comum, uma capacidade de iniciativa política na aptidão em formular palavras de ordem, uma estratégia caracterizada por uma vasta rede de alianças sociais e políticas (sem, no entanto, que a hegemonia burguesa seja questionada), um realismo tático implicando o sentido das relações de forças apto a canalizar o movimento popular, a constante pesquisa da unidade, enfim, que constitui os jacobinos em posição de líderes da opinião na perspectiva evocada por Gramsci da "aliança das cidades e dos campos". Frágil equilíbrio conjuntural, arrebentando no final de um ano, com a ruptura da frente revolucionária que ele havia constituído, o recurso acrescido ao terror e à "fuga para adiante ideológica e metafisicamente unitarista" que simboliza o robespierrismo no seu apogeu. Resumir assim essas propostas é pôr em evidência a virada maior que se detecta aí: trata-se agora de jacobinismo histórico, referente à especificidade da experiência francesa do ano II, campo aberto de trabalhos em curso, sem outras perspectivas do que as científicas, quais que tenham sido "o imenso prestígio e o poder de fascínio dessa experiência histórica. Enquanto se opera por etapas sucessivas que não pudemos detalhar mas, no final das contas, em boa ordem, sob a conduta de Claude Mazauric, essa retirada do jacobinismo "trans-histórico" exemplar para um jacobinismo histórico que nunca fez mal a ninguém, hoje menos do que ontem, é do lado da frente, entendamos, das correntes de pensamento que procuraram revisar a leitura da Revolução Francesa que ressurge a tentação de se entregar não ao jogo das analogias e das comparações, mas dos encadeamentos e das heranças.

Fiquem tranquilos: não tenho a ambição, aqui, de analisar a corrente que, desde Talmon *(The origins of Totalitarian Democracy)* até as abordagens de agora em diante clássicas do fenômeno totalitário (A. Arendt, *Reflexões sobre o fenômeno totalitário)*, se interrogou sobre suas origens históricas a partir do século XVIII. Para nos limitarmos mais precisamente à historiografia da Revolução

Francesa propriamente dita, em sua relação explicitamente evocada, ou simplesmente sugerida com a Revolução Russa, podemos nos referir às obras particularmente representativas de François Furet (*Pensar a Revolução, O ateliê da história*). A referência ao totalitarismo soviético e às experiências do século XX está aí evidente e mantida a distância, sugerida na virada de uma frase quando a teoria revolucionária da soberania aparece como grávida de "todas as derivas totalitárias", mesmo do Gulag, do qual a Revolução Francesa teria fornecido a matriz.

Uma referência que se inscreve no nível do político, dos conceitos, e não mais dos confrontos de classe que tinham fornecido o quadro das reflexões de uma historiografia marxista ou marxizante durante todo o período anterior. O retorno a uma leitura crítica da historiografia do século XX apaga, a partir de agora, e é sem dúvida um bem, o recurso obrigado ao modelo oferecido pela Revolução Soviética e à sombra (para alguns, à luz...) que ele havia projetado retrospectivamente sobre a leitura da Revolução Francesa. É a partir de Augustin Cochin, morto em 1914, que se desmontam os mecanismos com os quais a "máquina" jacobina de fabricar a opinião foi experimentada pela primeira vez sob a Revolução Francesa.

Para ilustrar essa abordagem que evocamos sumariamente demais, mas sem intenção polêmica, pode ser sugestivo de partir, como ilustração, do artigo penetrante que Mona Ozouf consagrou em sua obra *A escola da França* a análise do conceito de jacobinismo, e que podemos pôr em paralelo com a análise precedentemente evocada de Claude Mazauric. Por mais diferentes que sejam as conclusões, as duas abordagens não deixam de se assemelhar já que o autor teve o cuidado de definir os traços do jacobinismo histórico, fazendo tábula rasa das estratificações contraditórias de sentidos que transformaram o jacobinismo em uma "hidra maleável". Contentemo-nos em lembrar o que constitui, para ela, os "sete pilares do jacobinismo": centralismo político, centralismo administrativo ("a inteira abstração de todo lugar", da qual falava Saint Just), primazia da salvação pública

Combates pela Revolução Francesa

justificando o reino do extraordinário e o recurso à força coercitiva do terror, manipulação dos eleitos na cúpula, exercício na base de uma pedagogia política, executado sobre uma "suspensão da realidade" em que o princípio triunfa sempre sobre o fato, afirmação, enfim, de "um social", fundamento da ilusão jacobina que repousa sobre a ideia de virtude indivisível do povo. Uma parte desses conceitos não é, julgamos, sem similitude com os traços notados por C. Mazauric, embora eles difiram na conotação positiva ou negativa que lhes associam a um ou outro autor. Mas notamos que M. Ozouf evacua a referência às relações de força e ao contexto de classe que fornecia a estrutura da reflexão de C. Mazauric, das quais ela sublinha, aliás, com humor, certas fraquezas conceptuais (os jacobinos são aqueles, disse Lênin, que vão até o fim... um pouco além, aumenta Mazauric).

Mais ainda do que essa comparação, nela própria esclarecedora, é colocação em perspectiva histórica como procede a autora que interessa aqui, na abordagem que é a nossa. Mona Ozouf analisa a maneira pela qual, segundo ela, a "rica polissemia" do termo jacobinismo foi desviada e como obliterada por uma identificação retrospectiva do jacobinismo a toda Revolução Francesa, ela própria produto de uma identificação com a Revolução Russa. Essas identificações abusivas foram facilitadas, desde 1917, com a contaminação evidente do discurso bolchevique pelo vocabulário jacobino: mas as dificuldades do paralelo acadêmico não escaparam às análises contemporâneas. Mathiez, a quem ela consagra um pouco mais de consideração do que Vittorio Strada, depois Gramsci que leu Mathiez, para tirar dele a imagem de um jacobinismo idealizado, em que o fanatismo se torna energia, a violência, o meio de se opor ao compromisso, por aí mesmo uma referência capaz de iluminar as demandas de uma segunda revolução. O jacobinismo é "dignificado como antecipação geral de uma revolução mais completa", prefiguração do centralismo democrático e da ditadura do proletariado. Para a autora, esses avatares do conceito entre as duas guerras explicam como o jacobinismo "estrutura inflável" pôde levantar voo a partir de 1917, que parecia prometer sua realização, para cair muito miseravelmente no contexto histórico atual. A história ganha com isso, pelo menos, pela reabertura de um debate minado até há pouco.

O discurso revisionista não deixa de ter ambiguidade, tal como o percebemos nos diferentes autores recusando, em M. Ozouf, a continuidade entre as duas revoluções, tal como se exprimiu, de Mathiez a Gramsci e a Mazauric, por meio do tema central do jacobinismo em termos de energia, de realismo, de estratégia de aliança, não evacua em sua relação com o Terror, que ele acusa seus adversários de ter propriamente ocultado.

Permanece o fato que, em M. Ozouf, como em Mazauric, assiste-se um retorno ao jacobinismo "histórico", embora percebido em visadas bem diferentes: despojado na primeira dos ouropéis que o tinham desfigurado/transfigurado, convidando no segundo a uma pesquisa de campo, no terreno da história da Revolução Francesa.

Estamos no fim do fim? Seríamos tentados de dizê-lo no contexto histórico atual, onde a desestruturação do sistema socialista nascido da Revolução de 1917 encontrou seu ponto de chegada. Os historiadores franceses, cada um a seu modo, se voltam para o jacobinismo histórico. Haveria uma análise fina a apresentar da obra coletiva que os historiadores soviéticos propuseram em 1989 sobre *A Revolução Francesa e a Rússia*, sobre as nuances que transparecem de uma contribuição à outra, na reconstrução de um percurso historiográfico, sobre o dito e o não dito. Sem querer me lançar nessa empreitada, lembrarei a perplexidade que foi a minha em junho de 1989, quando do encontro franco-soviético que ocorreu em Paris como prelúdio ao congresso mundial do bicentenário sobre o tema do jacobinismo. O discurso inaugural apresentado por um colega soviético, rompendo com as formulações tradicionais, espantava pelo recurso incessante a metáforas para caracterizar o episódio revolucionário: vocabulário de ordem ética, tais como os anotei (grosseiro, cruel, crueldade, inveja, violência), metáforas

Combates pela Revolução Francesa

naturais (a montanha, o mar, a espuma, os restos trazidos pela vaga, a tempestade que se levanta, o canal de margens sólidas, mas... e quando a água transborda sobre as margens?...). Lênin suplantado por Dostoiévski, mesmo por Rimski-Korsakov? A isso não se limita, decerto, a reflexão atualmente corrente nesse país.

Mas essa inquietação que é também a nossa leva a concluir sobre o tema que me foi solicitado. Tema acadêmico? Um pouco mais do que isso. Decerto, creio ter confirmado como esse exercício de confrontação conduzido desde 1917 entre as duas revoluções contribui, antes de tudo, a nos informar mais ainda do que sobre os mecanismos, sobre o imaginário das revoluções, ilustração do peso das ideias fortes, das imagens, usando de uma linguagem codificada que impressiona ao mesmo tempo por sua inércia e por sua plasticidade, submetido às inflexões do que está em jogo politicamente e ideologicamente, sem cessar reformuladas, que ora favorecem os recursos às analogias e ora impõem o silêncio ou a retirada. A esse título, essa análise traz uma confirmação e às vezes uma atualização em relação aos trabalhos de M. Ozouf, de T. Kondratieva ou V. Strada.

Permanece que, através desses exercícios de estilo, historiadores e teóricos, com seus antolhos e seus *a priori*, confrontaram com obstinação os problemas inerentes, senão à toda subversão revolucionária, pelo menos às revoluções do ciclo que se inscreveu no final do século XVIII ao século XX. Que hoje se recue para a especificidade da experiência e do modelo francês seja apenas talvez o reflexo da urgência que há em empreender a história de outra Revolução, a de 1917. Fechando, talvez prematuramente – em 1989 –, o livro das revoluções dos dois séculos passados, organizados à volta do encadeamento sonhado em termos de conclusão das revoluções Francesa e Russa – para afirmar que não haverá mais revolução, pelo menos não desse modelo, Vittorio Strada talvez tenha se prendido ele próprio na armadilha da história. Há sempre alguma imprudência – quais sejam as nuanças que se ponham – em proclamar o fim da história e o momento chegado no qual o ourobouros morde sua própria cauda.

Concluindo sobre a superioridade da "revolução ocidental" (Inglaterra, América, França) enquanto revolução fundada sobre a liberdade, a mais conforme ao espírito da "super-revolução científica, técnica e industrial" por vir, o autor passa para o esquecimento, um pouco rapidamente, talvez, a esperança secular, e até hoje não realizada, que nutriu os sonhos das "revoluções da igualdade".

É talvez a esse sonho que pensava ainda Ernest Labrousse, quando o encontrei pela última vez na primavera de 1989, poucos dias antes de sua morte. Temos sempre algum escrúpulo em contar as últimas palavras de um falecido. Mas, se essa mensagem me foi assim passada, é para que ela seja transmitida. Consciente de que ele não veria a celebração do bicentenário, com a qual havia sonhado, o velho mestre me agradeceu por eu ter assumido esse encargo. Depois ele acrescentou, e foram suas últimas palavras: "E não se esqueça da grande Revolução de Outubro de 1917".

III
Mentalidades

O acontecimento[1]

Aceitando a honra arriscada de expor as conclusões deste encontro, não posso me impedir de evocar a lembrança do colóquio que organizamos, Philippe Joutard e eu próprio, há sete anos, em Aix-en-Provence, sobre o tema do acontecimento: um assunto que permanecia então muito escabroso, ainda que surgissem, agora, indícios de uma redescoberta. Mas ela era ainda modesta, incerta ainda, e se me permitem este escorço um pouco caricatural, esboçava-se uma espécie de paz dos bravos: de um lado, Pierre Nora insistia sobre o novo lugar do acontecimento, mas para fazer dele um traço específico das sociedades contemporâneas, no final das contas uma divisão do mundo parecia possível, segundo a qual ele abandonava a Emmanuel Leroy-Ladurie e aos discípulos de Fernand Braudel a história da longa duração, senão sem acontecimentos, ao menos com

---

1 Publicado originalmente como comunicação do colóquio de Florença: *L'événement* (1989). In: *Mélanges de l'École Française de Rome: Italie et Méditerranée*, v.104, n.1, 1992.

Michel Vovelle

construções em que este tem um estatuto secundário. Mas é significativo também que, no volume consagrado à nova história, coordenado por Jacques Le Goff, este tenha reservado, em seu prefácio, uma correção fraterna a um dos autores: ai de mim, era eu!; para dizer que ele não endossava, se não todas as minhas dívidas, ao menos as minhas afirmações imprudentes sobre a mutação, a ruptura, o acontecimento, no final das contas, concedendo, aliás, com benevolência, o fato de que há muitos quartos na casa do pai e na nova história. Hoje, não dizemos que o acontecimento foi reabilitado inteiramente e, ainda menos, banalizado, e a própria riqueza deste nosso encontro é testemunha. Mas recebeu, nestes últimos anos, um estatuto que faz dele um lugar de interrogações coletivas; o conceito de acontecimento fundador se impôs com força, como um tema que merece aprofundamento. Enquanto a problemática das causas ou das heranças parece ter sido posta em questão, é o aspecto fundador de um acontecimento que, diferentemente do Ser Supremo, talvez não tenha muito passado, mas que, em todo caso, tem muito futuro, que se impõe à atenção coletiva. Nessa redescoberta do acontecimento, a oportunidade do bicentenário se impôs sem dúvida como elemento adjuvante. Não creio, entretanto, que estejamos hoje reunidos por uma simples razão comemorativa. É um problema muito mais largo que foi debatido, e creio que todos terão apreciado a preocupação dos organizadores de lhe darem essas dimensões pluridisciplinares, por este encontro sadiamente provocador de especialistas em domínios diversos. Tenho algum escrúpulo em confessar que falarei sobretudo como especialista da Revolução. Há nisso, decerto, alguma injustiça em relação dos participantes que vieram de outros horizontes, do tempo curto do jornalismo, tal como foi evocado por Claude Sales, a essa atemporalidade que é a dos cientistas, que nos trouxeram questionamentos essenciais: ao mesmo tempo, tenho escrúpulo e faço reverência, abordando apenas de maneira muito marginal a contribuição deles. Mas estou certo de que os historiadores que compõem a maioria deste auditório tirarão dessas intervenções ensinamentos e matéria para reflexão. Não me sinto com a audácia de ir além dessa respeitosa escuta. Perdoem-me, então, ainda que eu alargue *in fine* o debate, por partir de uma reflexão sobre a Revolução Francesa para tentar, se o professor Benveniste me autoriza a retomar a metáfora que ele empregou esta manhã, distinguir por trás do barulho surdo das copulações anônimas o grito de um nascimento que talvez faça da Revolução Francesa o protótipo de uma leitura renovada do acontecimento.

Seria dar um lugar desmedido à Revolução Francesa, e por aí, ser vítima do mito que ela secretou, dizer que ela modificou a percepção e mesmo o estatuto do acontecimento e, no final das contas, de toda uma parte da leitura histórica? A Revolução Francesa é, nela própria, o acontecimento percebido como diferente, já que ele introduziu uma cesura na marcha do tempo entre o que se torna o Antigo Regime e a aurora dos tempos novos. Ela própria é feita de uma sucessão de acontecimentos encadeados. Penso não ter sido o único sensível a essa dupla leitura do acontecimento revolucionário, ao mesmo tempo como acontecimento global – o acontecimento-advento como se disse – e como encadeamento de acontecimentos que constituem a trama da história. E o conceito de jornada revolucionária que então se elabora é o reflexo. O que há então de novo, ao mesmo tempo na realidade e na percepção que têm os homens?

Passarei muito rapidamente, sem dúvida de modo injusto, para ser breve, sobre o que se poderia definir, plagiando Ernest Labrousse, como acontecimento "de antigo estilo". Sob o Antigo Regime, o que é o acontecimento? Se me perdoarem o caráter impressionista destas poucas anotações, era, antes de tudo, o acontecimento cataclisma: a peste de Marselha, e talvez, mais ainda, nesse universo das Luzes, o terremoto de Lisboa, que foi, certamente, um dos maiores traumatismos na visão do mundo das elites esclarecidas. O acontecimento também, para além dos cataclismos naturais, podia se ligar à ordem do político: assim, o massacre da São Bartolomeu, ou o atentado de Damiens, que evocamos. Do *fait divers avant la lettre*, do *Canard* e dos panfletos volantes, até o atentado do regicida, uma gradação se desenha, definindo os contornos de um acontecimento "de transição" entre essa herança de longa duração e a modernidade. Os acontecimentos do período revolucionário, dos conflitos religiosos aos combates dos parlamentos, nos forneceriam amplas ilustrações sobre esse tema da transição. Não imaginemos unicamente esse acontecimento sob seu rosto trágico; ele é também, é preciso lembrar, a coroação, as entradas festivas, as vitórias, cuja obra recente de Michèle Fogel nos restituiu a celebração, com sua encenação e sua teatralização no universo do Antigo Regime.

Em relação a essas poucas referências pontuais, é forçoso notar que a revolução modifica o estatuto do acontecimento. Os acontecimentos são, a partir daí, relidos à luz da Revolução: triunfo do instante. Para apreendê-lo, basta reler sem forçosamente compartilhar suas ilusões os próprios atores, tais como eles se exprimiram. Atingidos pela novidade da aventura coletiva que vivem, os testemunhos sublinham a rapidez dela. Podemos passar a palavra a Marat, que conclama desde 1789 seus compatriotas, nesta fórmula tão conhecida, mas soberba em termos encantatórios: "Conhecei uma vez o preço da liberdade, conhecei uma vez o preço de um instante...". Três anos mais tarde, Saint Just poderá exclamar: "Nossa liberdade terá passado como uma tempestade, e seu triunfo, como um trovão". Mas a consciência do caráter súbito dessa mudança radical vem acompanhada da segurança que essa mudança é irreversível, que é concebida como uma certeza ou como uma vontade. A metáfora se nutre aqui do vocabulário da terra ou da onda; vejam assim, em Hébert, no *Le Père Duchesne*: "Não se pode mais recuar, porra, é preciso que a Revolução se conclua, um único passo para trás perderá a República". Compartilhando com Lebas um arrepio de inquietação ou de vertigem: "Eis-nos lançados, os caminhos estão bloqueados atrás de nós, temos que avançar quer se queira, quer não, e é agora, sobretudo, que podemos dizer: viver livre ou morrer". Entre aqueles que manejam a metáfora náutica, encontramos

Combates pela Revolução Francesa

mais lirismo e, por vezes, mais serenidade, como Jean Bon Saint--André quando ele escreve a Barère em 1793: "É preciso dizer bem abertamente à Assembleia nacional: sois uma assembleia revolucionária. Devemos conduzir ao porto o navio do Estado ou perecer com ele". Mas aquele que vai mais longe talvez, apesar do caráter que lhe é atribuído de técnico austero, é Cambon, como sabem, do qual não se esperaria esta imagem: "Aportamos enfim na ilha da Liberdade e queimamos o navio que nos conduziu ali".

O fruto de um instante, choque sem retorno, cesura maior, constitui a Revolução inteira com um acontecimento a partir do qual se constrói a história. Mas além dessa primeira constatação, que pesa sobre a percepção do conjunto, convém também nos debruçarmos sobre a maneira pela qual emergem e se fabricam os acontecimentos, tais como são vividos de agora em diante.

O conhecimento do acontecimento deve ser seguido a partir dos níveis elementares de sua divulgação e de sua propagação: e o primeiro grau é o do rumor: o pânico, o medo do antigo estilo cuja expressão espetacular é o Grande Medo, que percorre o espaço francês ou, pelo menos, os dois terços desse espaço em menos de quinze dias, quer dizer, tão rápido quanto o correio real. Ali onde a vaga descristianizadora do ano II levará mais de seis meses para cobrir o espaço nacional, a transmissão por via oral surpreende pela sua rapidez. Além disso, o rumor, sem que seja preciso insistir, é veiculado pelo tema do complô, dos complôs: complô da fome, complô aristocrático, complô mais tarde dos "anarquistas", depois de termidor. O rumor, por sua própria rapidez, nos introduz nos modos da difusão rápida ou lenta do acontecimento real ou suposto. Os isócronos que podemos traçar com real segurança permitem discernir essas duas Franças: a França do silêncio e a França que se mexe, ou que se incendeia. Manejando os milhares de envios ou de correspondências que vão até a Convenção nacional no ano II, tracei esses mapas da França da mobilidade, fazendo aparecer os conservatórios, que nem todos são refúgios da contrarrevolução, mas os da França inerte ou silenciosa, em contraponto com esses grandes eixos

273

Michel Vovelle

da circulação: o eixo Paris-Lyon-Marselha, ou essa difusão linear em direção do norte e do nordeste, que se decalca sobre a própria ramificação das grandes rotas do correio real, depois revolucionário. Difusão rápida ou lenta, que podemos encontrar graças à da imprensa e mais largamente de todas as formas de propagação do impresso. A própria estrutura do acontecimento relatado é muito dependente, como se sabe, desses contrários: lembrem-se de que Marat, quando ele comenta a noite de 4 de agosto, o faz com um atraso de três semanas.

A própria noção do instantâneo na transmissão da informação é, em parte, estrangeira a esses jornalistas que são, porém, os porta-vozes e os reflexos da atualidade. Sem multiplicar os exemplos, vejam as limitações que pesam sobre as ilustrações de um jornal como as *Revolutions de Paris*, e o inevitável descompasso imposto pela transcrição da gravura entre a narração escrita dos acontecimentos e de seus comentários figurados: um mês, dois meses, por vezes mais.

Dessas formas de conhecimento e de difusão do acontecimento que certos primeiros estudos estabeleceram – penso, por exemplo, nos trabalhos de Marcel Reinhard sobre a fuga de Varennes – até a elaboração do acontecimento, somos conduzidos a levar em conta o trabalho do imaginário ou da imagem. Como se opera essa elaboração a partir do jorro inicial, quer ele tome a forma pânica do rumor, ou elaborada da notícia? Essa triagem que constitui o acontecimento não é inocente, na medida em que a Revolução escolhe, põe em evidência alguns fatos, oculta os outros. Seremos levados a voltar sobre esse problema dos silêncios, o que faz que certos acontecimentos maiores não tenham sido explorados, que não exista, como todos sabem bem, uma iconografia do Grande Medo: é sempre a mesma vinheta que se reproduz, na falta de coisa melhor. É que a presença do Grande Medo, que nos parece tão esmagadora, nunca foi constituída em acontecimentos que possam ser reproduzidos, nem, fora algumas raras exceções, os movimentos sociais, as pilhagens das quitandas ou outras perturbações urbanas de 1792-1793. Essa triagem seletiva

Combates pela Revolução Francesa

atinge a constituição de uma memória que se apoia sobre toda uma série de suportes – além da imprensa ou do escrito, a festa representará, nesse domínio, um papel essencial, e não é preciso voltarmo-nos para as análises esclarecedoras de Mona Ozouf sobre a fabricação pela Revolução Francesa de sua própria memória pela própria repetição das celebrações, aniversários, a partir das quais a Revolução seleciona os acontecimentos fundadores aos quais ela se refere. Mas, das cenografias da festa aos outros suportes da memória, um contínuo se desenha: símbolos marcam o acontecimento: a Bastilha, evidentemente, que se identifica com a conquista da liberdade. Mas, para escolher um estereótipo menos divulgado, vejam, por exemplo, o papel marcante que pode ter o aeróstato de Fleurus. A supremacia militar da França é o balão que representa, se se quiser, a tecnologia avançada, ao mesmo tempo que o olho da Revolução sobre o campo de batalha. Todo um conjunto de símbolos e de objetos emblemáticos servem assim para marcar o acontecimento, tal como foi selecionado. Nessa rede dos elementos nos quais se ancora o acontecimento, é evidente que a personificação, por meio de alguns heróis escolhidos, vai representar um papel essencial: Marat, de um lado, na categoria dos mártires da liberdade, Luís XVI do outro: "Filho de São Luís, subi ao céu". Mas, na base desses elementos brevemente lembrados, se esboça como que uma tipologia dos acontecimentos. Queiram perdoar a voluntária simplicidade, mesmo a ingenuidade.

Marquemos, primeiro, a passagem do *fait divers* ao acontecimento, tal como aparece nos quadros históricos da Revolução Francesa, essa série de momentos selecionados e gravados a partir dos desenhos de Prieur, Duplessis Bertaux ou Swebach Desfontaines. Vejam a execução dos irmãos Agasse, tal como está evocada aí. Quem hoje se lembra dos irmãos Agasse? Esses dois fabricantes de *assignats* falsos foram executados – de maneira limpa, certamente, sem terem passado pelos suplícios bárbaros que o antigo regime reservava aos moedeiros falsos. Depois, devolveram os corpos à família, no espírito do novo direito que

275

despontava, à luz de Beccaria. E a anedota acrescenta que a irmã dos Agasse recebeu várias propostas de casamento... Eis um *fait divers* que não se transforma em acontecimento, não mais do que, folheando essas pranchas, "o senhor de Benseval levado em um velho castelo de Brie Comte Robert...".

Nesse segundo nível poderia aparecer o que eu chamaria o acontecimento fabricado: vejam, por exemplo, a conspiração dos punhais. Ao longo desse dia, dois acontecimentos se defrontam, poderíamos dizer. De um lado, o povo parisiense se dirige à torre do castelo de Vincennes para tentar destruí-lo, seguindo o exemplo da Bastilha, impedido pelo senhor de Lafayette e a guarda nacional... e enquanto o senhor de Lafayette está em Vincennes, eis que se reúnem, nas Tulherias, nobres armados de punhais. Talvez para raptar o rei? Vá saber. É o próprio tipo do artefato, do acontecimento fabricado.

Depois, eis o acontecimento que desponta, que se impõe sobre o duplo esquema antagonista da divina surpresa... ou do "pavoroso despertar" (para retomar uma expressão de Marat). De um lado, ou 14 de julho ou a noite do 4 de agosto, nos dois casos com a ênfase posta no instantâneo de um incêndio geral. Ao contrário, o acontecimento catástrofe, mesmo que tenha se esforçado para minimizá-lo, de controlar o alcance dele: é a fuga de Varennes. Tão inesperado, para uma parte do público ao menos, que o 14 de julho, esse acontecimento, a seu modo, não dará menos à Revolução que um curso novo. Para tomar o controle da marcha da Revolução, progressivamente vai se impor o acontecimento preparado, como é o do 10 de agosto de 1792, do 2 de junho de 1793, esses grandes pontos de referência que ritmam a marcha voluntária da Revolução. Esse acontecimento preparado pode fracassar: um acontecimento falho é o do 20 de junho de 1792, ou do 31 de maio de 1793, com seu aspecto de ensaios gerais, de mesmo modo essa mobilização *cordelière* e hebertista dos dias 4 e 5 de setembro de 1793, analisada por Soboul, mas ignorada pela iconografia, e por uma parte da história oficial, voltando, à sua maneira, para a categoria dos acontecimentos ocultados.

Combates pela Revolução Francesa

O ciclo desse percurso pode se acabar sobre o acontecimento símbolo: a festa da Federação, a festa do Ser Supremo, dois grandes encontros maiores que escandem o ciclo festivo da Revolução... Permanece, entretanto, o acontecimento ocultado, aquele que não tem direito à representação iconográfica como vimos, é o caso do Grande Medo.

Essa tipologia, por mais simples que seja, nos introduz ao que poderíamos chamar de ciclo dos acontecimentos. No interior do acontecimento global que representa a Revolução por inteiro, se opõem períodos densos e períodos vazios. Em um nível quantitativo, não é indiferente ver segundo que ritmo e que respiração a Revolução Francesa viveu, a partir do que ela reteve. O encadeamento das setenta e três sequências ilustradas por "quadros históricos da Revolução Francesa" dá uma ideia desse tempo reconstruído (número de episódios por ano):

1787-1788	1789	1790	1791	1792	1793	1794	1795	1796	1797	1798	1799
8	31	14	11	16	19	13	13	5	2	6	7

Constatamos, sem surpresa, a fixação em 1789, acontecimento fundador, e singularmente em julho (30 e 31 episódios considerados) em que o acontecimento é quotidiano, a calma em seguida, apesar de uma retomada nos tempos da "segunda revolução" de 1792 e 1793, e sobretudo a queda sensível durante a época diretorial: é o fim das jornadas revolucionárias. Uma mudança qualitativa acompanha essa ruptura de ritmo. Enquanto as jornadas haviam ritmado desde 1789 as etapas da história, a partir de germinal e de prairial do ano III, outro sistema de pontos de referência cronológicos surge, entre eles as batalhas, começando por aquelas da campanha da Itália, vão fornecer os elementos. Como os golpes de Estado – até brumário, pelo menos – fornecem apenas uma trama larga e irrisória, é fora das fronteiras que agora se molda a história da Revolução, enquanto, no fluxo iconográfico geral, a cena de gênero sobre o tema da festa diretorial se faz crônica do tempo perdido ou reencontrado.

Sente-se o interesse que haveria em confrontar com a série dos "quadros históricos da Revolução" outros suportes gráficos (as ilustrações do jornal de Prudhomme *Les Révolutions de Paris*... e mesmo, vista do outro lado, tal série de gravura sobre o tema "Pragas do Egito ou Estado da França até o estabelecimento da constituição atual"). As séries numismáticas fornecem, elas também à sua maneira, os elementos de uma escansão geral.

No final deste percurso, é imperativo voltar ao acontecimento global, acontecimento-advento, o único que se impõe às pessoas desses tempos, atores e espectadores, sob o nome de Revolução. O que eles viram? Para além do instantâneo, sobre o qual insistimos, e que exprime, para eles, a surpresa do momento, eles se dividiram entre aqueles para quem o choque inicial deve ser sempre retomado, reativado: e pensamos em Jean-Paul Marat, escrevendo, como homem de ciência: "ocorre em nossa Revolução como em uma cristalização interrompida...", para concluir em um apelo à revolução permanente... E, do outro lado, aqueles que, conscientes sem dúvida do caráter irreversível de um acontecimento sem volta, não deixam de sonhar com o acontecimento conclusivo, que termine e que, por meio da festa, quer seja da Federação ou do Ser Supremo, ponha um ponto final no episódio revolucionário.

Resta que, para uns como para os outros, a Revolução permanece inesquecível: o jornalista da época do Diretório que escrevia "somos todos *ci-devant*" exprimia, de modo marcante, essa consciência coletiva de que nada seria jamais como antes.

A Revolução introduz uma nova relação com o tempo: não é imprudente dizer, como Mona Ozouf, que ela marca a invenção do acontecimento de tipo moderno. Mas compreendemos também como ela pode se tornar o lugar de um intenso trabalho da memória coletiva, revisitado sem cessar, Maurice Agulhon nos mostrou, por uma história que até hoje perscruta as suas faces, e tenta reconstituir seu encadeamento.

Identidade e temperamento, a formação das opções coletivas na França moderna: o diálogo entre antropólogos e historiadores[1]

No quadro deste encontro sobre o tema das trocas entre antropologia e história, desejo apresentar uma ilustração que remete a um campo ao mesmo tempo antigo e recentemente revisitado que me parece ilustrativo da necessidade de confrontação dos pontos de vista, tal como é sentida por um lado e pelo outro e, ao mesmo tempo, pode ser ilustrativa dos mal-entendidos ou das incompreensões recíprocas que pesam sobre uma tal empreitada. Escolhi o tema dos temperamentos políticos, mas no sentido mais largo do termo, já que esse conceito, como se sabe, emprestado dos discursos dos politólogos (pensamos na noção de temperamento político tal como foi explicitada e utilizada por François Goguel e outros), pode parecer indiscutivelmente embaçado. Mas esse embaçado é compensado, talvez, pelo caráter acolhedor, e por aí mesmo, operatório, do termo, que engloba tanto as atitudes coletivas no domínio cultural ou

---

1 Publicado originalmente em *Anales de la Fundación Joaquín Costa*, n.8, Huesca, 1991.

no domínio religioso, quanto os comportamentos coletivos diante da família, da vida, da morte, fazendo, por aí mesmo, explodir os quadros estreitos de uma sociologia política à moda antiga. São, no limite, de certo modo, as "visões do mundo", segundo a expressão de Robert Mandrou, postas em questão por meio de todo um feixe de atitudes e de representações. Por essa razão, é um problema geral e de grande amplidão que está formulado, e não uma problemática franco-francesa estreita; não quero permanecer em uma reflexão acadêmica sobre o mapa clássico de referência dos temperamentos políticos franceses tal como é bem conhecida a partir dos mapas dos escrutínios eleitorais, mas também "as" Franças da prática religiosa, que os sociólogos da religião tornaram familiar para nós: duas Franças contrastadas, duas Franças que reproduzem as mesmas divisões, a mesma bipartição do espaço.

Não ficaremos nisso, e eu gostaria de partir da releitura que nos foi proposta há alguns anos, em termos de provocação no melhor sentido da palavra, por antropólogos que nos convidaram, ao mesmo tempo, a reconsiderar esse campo largamente delimitado, já que esses autores alargaram a problemática à Europa, mesmo ao mundo todo, se julgamos pela série de obras que vou agora evocar. A solicitação inicial veio com a edição francesa de 1981 da obra coletiva de Hervé Lebras e Emmanuel Todd, com o título de *A invenção da França*. Foi notada quando saiu, ao mesmo tempo pela originalidade do procedimento e da apresentação, já que submetia o público ao exame de centenas de mapas cuja própria acumulação introduzia a uma reflexão e a uma tese geral sobre a elaboração dessas opções coletivas na França moderna e contemporânea. Fazer surgir, a partir de uma diversidade muito grande de testes ou de indicadores antropológicos – demográficos, culturais, religiosos, políticos –, espaços, convergências, correlações apreciadas a partir de testes estatísticos para se interrogar também sobre o enraizamento dessas opções, em uma duração muito longa desses traços de estabilidade que começam a se mexer apenas na época contemporânea,

Combates pela Revolução Francesa

mesmo muito contemporânea. Tal era a tomada de posição dos autores cuja obra foi acolhida pelo menos com curiosidade, muitas vezes com interesse, ainda que suscitasse, em outros, reticências por vezes acerbas, por vezes divertidas. Conservei a lembrança dos comentários sobre tal mapa que confrontava, por exemplo, a implantação geográfica das parteiras em 1980 com a das fogueiras de feiticeiras no século XVII, o que evidentemente é uma relação estabelecida no mínimo acrobaticamente. Mas cada um na sua via, e sobre um princípio de perseverança, os dois autores, Hervé Le Bras e Emmanuel Todd, prosseguiram seus caminhos: Hervé Le Bras refinou sua problemática em uma obra recente, sob o título de *As três Franças*, publicada pela editora Seuil em 1986, propondo uma tipologia ternária, a respeito da qual voltaremos, dos temperamentos, "familiar", "central", ou parisiense, "católico" ou religioso: aqui, ainda, a relação é bastante provocadora, mas que nuança as conclusões que haviam sido trazidas pela primeira obra de referência sobre *A invenção da França*. Da mesma maneira, Emmanuel Todd poliu e alargou seu modelo em várias obras; *O terceiro planeta*, que ele publicou em 1983, o mais ambicioso, sem dúvida, porque ele extrapolava em escala mundial, e sobretudo em uma obra surgida muito recentemente, sob o título de *A invenção da Europa*, que foi publicada nas edições do Seuil, em 1990, e propõe uma tipologia em escala europeia, ainda uma vez apoiada em uma impressionante bateria de mapas confrontados. Está entre as obras as mais características: *A invenção da França*, e das mais recentes, *As três Franças*, ou *A invenção da Europa*, das quais partirei para tentar caracterizar, o mais possível sem caricaturar, ao mesmo tempo a abordagem e as hipóteses de trabalho desses autores. Se quiserem, chamemos então esse desenvolvimento de "a provocação dos antropólogos", tendo, como subtítulo, "a família no cerne do problema: chaves das atitudes e dos temperamentos coletivos".

Para compreender, parece-me, a argumentação desses autores, creio que convém situá-la de início em um duplo contexto histórico e ideológico. Contexto histórico: o que sustenta

281

a reflexão de Todd e Le Bras é sem dúvida uma reflexão sobre a crise das sociedades contemporâneas, nas últimas décadas. Reflexão sobre o fim das ideologias, sobre a desestruturação dos equilíbrios políticos que podiam parecer enraizados, reflexão sobre a morte das religiões, reflexão, enfim, sobre uma crise de sociedade mais larga, com uma particular atenção prestada ao fenômeno de identidade, notadamente por meio dos problemas atuais da imigração, dos retornos da xenofobia e do racismo. Para além desse contexto histórico da história imediata da França e da Europa a mais contemporânea, é um contexto ideológico também que se inscreve por eles no quadro da crise dos esquemas interpretativos clássicos e sobretudo do esquema que podemos dizer, simplificando muito, marxista, mas um esquema marxista largamente compartilhado, pois eles entendem com isso a interpretação das atitudes coletivas, dos temperamentos, das opiniões coletivas, em referência aos condicionamentos socioeconômicos, e aos pertencimentos de classe. E Hervé Le Bras, em particular, em *As três Franças*. Se ataca a um tema no final das contas banal, mas demonstrativo, desmontando a ideia feita de uma identificação do voto e mais largamente da adesão ao comunismo na França de hoje ou de ontem, ao pertencimento à classe operária. Tal hipótese revela sua fraqueza se nós confrontamos os mapas de referência, de um lado do voto comunista, e, de outro lado, da industrialização e da presença objetiva da classe operária no espaço francês. Eis uma demonstração que não precisa mais ser refeita, mas, para nossos autores, as leituras que remetiam aos códigos de pertencimento socioeconômico estão agora obsoletas, e se chocam com o reconhecimento de bases de resistência no espaço nacional, que remetem a realidades mais enraizadas em uma duração muito longa e cuja chave se encontra na herança longínqua, mas resistente, das estruturas familiares. A família, para eles, está no cerne do dispositivo. Tanto na *Invenção da França* quanto na *Invenção da Europa*, os mapas que Todd ou Le Bras nos propõem remetem aos mapas dos costumes, das práticas sucessórias e, mais largamente, das estruturas

Combates pela Revolução Francesa

familiares a partir da divisão espacial das zonas em que dominam os lares complexos (e, em particular, a realidade da família de tronco meridional), em contraponto com zonas em que triunfou, muito cedo, a família nuclear, a família estreita: tudo isso constituindo um conjunto em que as estruturas familiares se hierarquizam em estruturas igualitárias, autoritárias, desigualitárias, com toda uma gradação e algumas superfícies de superposição. Em *A invenção da Europa*, Emmanuel Todd extrapola para uma cartografia que recobre o conjunto do espaço europeu, apresentando uma síntese dos tipos familiares tais como eles se organizam aí. A família, assim apresentada, é, ao mesmo tempo, elemento de inércia, de estabilidade e de continuidade, mas, ela também, por vias diretas ou ao contrário, mais sofisticadas, condiciona as evoluções das opções coletivas. São formas de resistência ou, ao contrário, de necroses, um termo apreciado por nossos dois autores, dessas estruturas familiares que dependem, em boa parte, as opções coletivas tais como elas se transmitem na longa duração. Nesse esquema, que resumo muito simplesmente, a obra de Hervé Le Bras, *As três Franças*, traz modulações sensíveis e, em particular, se ele sempre atribui à família uma importância essencial, dá também um lugar importante a dois outros parâmetros, de um lado o Estado, o aparelho de Estado, o governo central operando a tomada em mão do espaço nacional na longa duração, comandando uma dialética centro-periferia, que é um poderoso elemento de destruição dessas estruturas familiares ou comunitárias antecedentes. Se o Estado é para ele o segundo referente maior, o terceiro é fornecido pela religião. Do domínio religioso, ele segue a respiração dialética entre ortodoxia e heresia, dos albigenses aos protestantes, não sem antes alguns atalhos audaciosos que fazem o historiador se arrepiar, mas essa respiração secular da dominação e da perda de dominação da religião conduz a um movimento que ele não hesita em qualificar, muito precocemente, de "descristianização", essa evolução inscreve o fenômeno religioso em uma posição ambígua, ao mesmo tempo no discurso da cristandade igualitária,

Michel Vovelle

mas também, a partir de certo momento (a partir, sobretudo, da conquista pós-tridentina), como elemento hierárquico, elemento de conservadorismo, tornando-se o sustentáculo das atitudes defensivas das sociedades familiares ameaçadas. É a uma combinatória no espaço e no tempo que nos convida assim Hervé Le Bras no mapa que ele propõe em *As três Franças* da divisão dos temperamentos repertoriados em temperamento central ou parisiense, que se inscreve, para o essencial, em uma região parisiense desenhada bem largamente, temperamento familiar, o das Franças periféricas do Norte, do Nordeste, do Oeste, mas, mais ainda de um importante dique, enquanto um terceiro elemento, o temperamento católico, que obedece a uma cartografia ao mesmo tempo próxima, mas significativamente dessemelhante daquela do temperamento familiar, pois é possível ser familista e descristianizado; assim, no centro da França.

Eis, resumidas, as teses que esses antropólogos nos propõem. Podemos constatar nelas que, em certo momento, aparece o fato de que a antropologia tem necessidade da história; nem que seja, por vezes, para recusá-la, mas, em todo caso, a marca, ou a marcha, da história se inscreve nesse raciocínio pela descoberta, nesses autores, da importância do acontecimento fundador ou "estruturante" que a Revolução Francesa representou. A Revolução Francesa, teste, prova de verdade central, para pôr a dialética à prova, centro-periferia, a Revolução Francesa, época crucial, momento de verdade também para a problemática da descristianização enquanto etapa da desestruturação de uma civilização cristã. Se os antropólogos têm assim necessidade da história, e se os historiadores se encontram assim interpelados pelas hipóteses de trabalho que lhes são assim propostas, é bem evidente que a história não se encontra verdadeiramente pronta para responder a essa interpelação. O contexto historiográfico no qual nós nos encontramos não torna fácil a instauração do diálogo, nem mesmo evidente. Decerto, os historiadores, eles também, se debruçaram sobre os mapas, sobre os fenômenos de espacialização; eles se debruçaram, se me

Combates pela Revolução Francesa

permitem ainda uma vez resumir talvez abusivamente, em função de várias heranças historiográficas; a primeira, os põe em contato com os politólogos, com a sociologia eleitoral ou religiosa, é a herança de Goguel, de Siegfried também, prolongado até René Rémond, a partir dos estudos de sociologia eleitoral, é também a herança da sociologia religiosa tal como foi praticada por Gabriel Le Bras e pelo cônego Boulard. Mas há também outra herança que é aquela da reflexão, ou das reflexões, da historiografia francesa sobre os fenômenos de identidade. Ela possui seus títulos de nobreza e poderíamos nos referir à última síntese de Fernand Braudel, *Identidade da França*, expressão última de uma visão da história atenta à geografia, aos componentes naturais, ao que poderíamos chamar, retomando a expressão de Michelet, "o trabalho de si sobre si", que leva à elaboração de uma identidade nacional. Essa herança historiográfica está atualmente em vias de renovação, e citarei, nessa perspectiva, a publicação atualmente em curso e bastante avançada dessa *História da França*, publicada pelas edições do Seuil, sob a direção de André Bourguière e de Jacques Revel e que aborda, sucessivamente, em quatro volumes, *O espaço francês*, *O Estado e os poderes*, *O Estado e os conflitos* e, enfim, *As formas da cultura*. Através das diferentes abordagens, são os espaços econômicos, sociais, culturais, de política, também pelo meio de uma reflexão sobre o Estado e sua formação que se encontram tratadas a partir de uma abordagem pragmática, mas da qual devemos notar bem que ela escapa a essas tentativas de modelização ou de interpretação globalizadora ou totalizadora, que caracterizam a abordagem antropológica. O que me impressiona é que essa abordagem, apesar de sua ambição, reflete bastante bem, parece-me, essa pluralidade das histórias que caracteriza a historiografia francesa atual. Encontramos nela historiadores demógrafos, como há historiadores da família, mas diante do fundo de uma compartimentação das histórias que recusa os modelos imprudentes, talvez como reflexo do que evocamos em termos de morte das ideologias. Depois, pode-se dizer também que na historiografia francesa atual, em

285

que um dos traços maiores se inscreve sob a forma do retorno do político no sentido abstrato e conceitual do termo, o diálogo com a abordagem antropológica não parece estar, como se diz, no fundo do método. Da mesma maneira, a ofensiva antiquantitativa que se desenvolve atualmente na historiografia francesa, mas também internacional, e que reabilita os "estudos de caso", em contraponto com os estudos de séries quantificadas, parece-me que não vai no sentido de facilitar o diálogo com os antropólogos. Enfim, o retorno do tempo curto que é certamente também uma das características da conjuntura historiográfica atual, com a reavaliação do acontecimento, se inscreve aparentemente em contraponto com essa leitura de uma respiração plurissecular à qual nos convidam nossos parceiros antropólogos.

O que fazer, então, no que pode parecer uma situação bloqueada de não diálogo? A primeira solução – não será a minha – seria aquela da recusa, da rejeição, uma espécie de pedagogia do desprezo que partiria da constatação que, em suas análises, nossos parceiros antropólogos possuem uma apreensão e um conhecimento da história extremamente simplificada para não dizer insuficiente: desconhecimento da história religiosa: poderíamos notar – mas não me entregarei a esse exercício de aviltamento – os erros caracterizados desses autores quando eles se referem à produção histórica no domínio da história religiosa, escrevendo que o mapa que o historiador Thimothy Tacket acaba de nos propor e da qual falaremos, das reações ao juramento constitucional, em 1791 (o juramento cívico imposto aos padres), lhe foi inspirado pelas pesquisas de Marcel Reinhard sobre os padres abdicatários, quer dizer, sobre a descristianização do ano II. Dou esse exemplo rápido como ilustração de um conhecimento no mínimo superficial da história religiosa, mas isso ocorre também com a história política que é mal dominada e que leva nossos autores a uma leitura muito simplificadora do fenômeno de adesão ou, ao contrário, de recusa da Revolução Francesa. Eles se limitam a um mapa elementar dos movimentos revolucionários, extraído de um atlas histórico caucionado por

Georges Duby, infelizmente, e que não apresenta nenhum valor no sentido propriamente histórico.

A facilidade seria sem dúvida de dizer que não temos nada a ver com essa reconstrução. Creio que é preciso ir mais longe, e levar a sério esse repto ou esse desafio. E, para isso, parece-me bem indispensável retomar esse dossiê desde a base, e de trazer precisamente, a partir de uma abordagem histórica prudente e dominada, os elementos de reflexão que nos permitem senão de decidir sobre o problema, ao menos de nos interrogarmos de maneira mais séria sobre a instalação, sob a Revolução Francesa, no quadro dessa década "estruturante", opções coletivas das quais pode-se medir o alcance até hoje, ou, pelo menos, até ontem.

É um pouco o trabalho que empreendemos por ocasião do bicentenário pelo lançamento de um *Atlas histórico da Revolução Francesa*, do qual já foram publicados cinco fascículos consagrados a diferentes temas: a cultura, o exército, as comunicações e o espaço francês. Esse atlas está apenas nos seus inícios, mas creio que não devemos esperar sua conclusão, que será um empreendimento de longa duração para nos interrogarmos sobre o que podemos propor já, hoje, em termos de geopolítica da Revolução Francesa. É o tema ao qual eu me vinculo atualmente no quadro de uma obra sobre a geopolítica da Revolução Francesa e é, em certa medida, um pouco das primícias, senão de minhas conclusões, ao menos de minhas abordagens que eu gostaria de propor hoje.

Essa pesquisa assume a prudência necessária. Pareceu necessário hierarquizar as diferentes percepções das reações coletivas, com uma prudência sem a qual nos arriscamos de cair no domínio da confusão à qual os antropólogos não escapam. Parto da Revolução "vista de baixo", tal como podemos apreciar a partir dos movimentos camponeses analisados a partir dos dados da tese, infelizmente ainda inédita, do historiador soviético Anatoli Ado, que se presta a uma espacialização bastante precisa desses focos, que nos propõe um estudo cinético deles em que esse jogo de mapas do qual tomamos essencialmente os mapas sintéticos que fazem aparecer dois tipos de movimentos camponeses. Em primeiro lugar, as revoltas de subsistências contra a carestia do grão e do pão, com um epicentro muito fortemente inscrito nas planícies da grande cultura da região parisiense, mas também um fluxo rodaniano, da Borgonha até a Provença. Não é o mesmo mapa, podemos ver, das ações antifeudais, tais como as vemos se inscreverem principalmente na França meridional, englobando uma boa parte do Sudoeste e do Maciço Central, mas também igualmente uma parte do Sudeste mediterrâneo, da região lionesa até a Provença. Esses mapas nos interpelam; ficamos tentados de correlacioná-los com mapas de interpretação e incontestavelmente é o mapa da propriedade, do campesinato proprietário ou de um certo tipo de valorização, como a meação que permite perceber melhor os lugares em que essa revolução camponesa encontrou seus enraizamentos. Estamos muito menos avançados, e é por isso que não insistirei nesse tema no que concerne os estudos das revoluções urbanas, tal como podemos evocá-lo a partir de um mapa extraído de *A história socialista* de Jean Jaurès, que nos confronta com uma semeadura de movimentos urbanos que pareceria, ao contrário, privilegiar a parte Norte da França. A partir dessas revoluções na base, podemos pretender seguir as etapas da formação de um espaço nacional. Permanecemos ainda no nível do gestual, no nível dos movimentos de uma espontaneidade – seja organizada ou controlada –, levando em consideração um certo número de indicadores privilegiados. Eis a revolução do medo ou do pânico, tal como podemos evocar a partir das correntes do Grande Medo, reflexo ainda de uma França fiel à expressão de Mirabeau de um "agregado constituído de povos desunidos". Dispersos através do país, seis epicentros atestam o caráter polinuclear de um pânico que, no entanto, cobriu, em menos de três semanas, o conjunto do espaço nacional. Mas o traço mais marcante é que a impulsão não vem de Paris, mas, ao contrário, explode simultaneamente nos quatro cantos do reino. Da mesma maneira poderíamos

Combates pela Revolução Francesa

classificar nessa mesma abordagem o movimento das federações, que nasce no sudeste da França, no vale do Ródano, e vai explodir através do espaço francês. As federações de 1790, como uma espécie de "anti-Grande Medo", substituem ao pânico inicial a tomada de consciência e a afirmação de uma consciência nacional, patriótica. E escolhi igualmente ilustrar essas revoluções tomadas na raiz a partir de percursos de um suporte simbólico da descoberta da política, da plantação das árvores da liberdade, que nasce, como veem, não em Paris, mas no epicentro das revoltas camponesas, tal como evocamos agora há pouco, nessa região do Quercy e do Périgord, digamos, no Centro-Oeste da França e que explode, que irradia em seguida, no conjunto nacional. Do Medo às federações, podemos seguir, a partir de outros testes ou de outros suportes, as próprias penetrações da politização e da formação de um espaço nacional. É assim que mapas muito sugestivos podem ser estabelecidos – não reproduzi aqui para não abusar dessa expressão gráfica – da imprensa revolucionária e de sua difusão, como podemos nos debruçar sobre os fatos de sociabilidade política, atualmente bem estudados, a partir de um inventário agora terminado dos clubes e das sociedades populares, tais como os vemos implantados no espaço nacional em 1794.

O mapa que foi traçado por uma equipe sob a direção de Jean Boutier e Philippe Boutry solicita diretamente a abordagem conjunta do historiador e do antropólogo; pois é bem nele que apreciamos a herança do tempo longo, a importância da herança das formas de sociabilidade pré-revolucionária que se exprimiam nas confrarias religiosas, e particularmente nas estruturas das confrarias de penitentes. Medimos até que ponto essa penetração das formas de sociabilidade antiga se exprime por meio de uma expressão espacial completamente original, fazendo aparecer a extraordinária densidade das sociedades populares no Sul, particularmente no Sul mediterrâneo, mas também em outras regiões da sociabilidade antiga, como o Limusino, ou o norte do Maciço Central. Seguindo assim a penetração da politização a partir da imprensa, ou da sociabilidade política, apreciamos melhor a dialética Paris-Província; tratando o fluxo dos envios, das correspondências, das petições que são recebidas na convenção nacional do ano II, pude, a partir de um corpus maciço de quinze mil envios, estabelecer um mapa que confronta aos contrastes, não da França revolucionária e da França contrarrevolucionária, mas da França que se movimenta e da França do silêncio, tais como as vemos se inscrever no Oeste, mas também no coração da França, em um Maciço Central largamente recortado, ou na zona interalpina. Eis, portanto, uma abordagem que permite medir o engajamento ou a participação, quer seja feita em um sentido ou no outro, na dinâmica revolucionária. Na categoria desses indicadores, poderíamos nos espantar talvez de não ver surgir a expressão propriamente política, entendo por isso o balanço dos escrutínios eleitorais. Foram estabelecidos, no entanto, mapas da implantação dos deputados *montagnards* na Convenção e, em contraponto da implantação dos deputados girondinos; da mesma maneira que mapas propuseram a contagem dos jacobinos e dos termidorianos sob o Diretório, em contraponto com a contagem dos realistas ou dos contrarrevolucionários. Mas essa expressão política, que remeteria às abordagens da sociologia política atual, só é explorável modestamente, por um período que descobre a política, e em que a taxa de participação nos escrutínios eleitorais permanece extremamente fraca, limitada a uma elite qualificada, tanto que, para tomar um exemplo, o departamento da Vendeia envia à Convenção Nacional deputados que são, todos, *montagnards* legítimos!... Expressão do maximalismo jacobino de uma zona de fronteira. Mede-se, por esse traço, a discordância que pode existir aí entre a sociologia política, tal como podemos exprimi-la a partir dos resultados eleitorais, e as opções coletivas das quais sabemos o que elas são na Vendeia que se insurge contra a Revolução.

É que o político revolucionário passa por outras vias além da política. Apreciamos a importância do acontecimento "estruturante", ao mesmo tempo revelador, catalizador, mas também traumatismo maior que representou o cisma constitucional, por meio da crise religiosa tal como ela se afirma a partir de 1790. Os mapas que refletem melhor essa França dividida em dois são os do juramento que foi imposto ao clero paroquial em 1791, foram estabelecidos de maneira muito precisa pela obra recente de Thimothy Tackett, *A religião, a Igreja, a França*. No mapa dos juramentados de 1791, a adesão ao mesmo tempo ao juramento e a uma ortodoxia revolucionária aparece dominante em uma grande região parisiense recortada largamente, no quarto sudeste, mas em contraponto se inscrevem as zonas de recusa: o Oeste, o Norte, o Nordeste e o lado sudeste do Maciço Central. Essa espacialização encontra uma confirmação importante no mapa que estabeleci, do meu lado, da descristianização do ano II, que é o reflexo fiel disso (a uma exceção aproximada para as regiões alpinas), fazendo aparecer como regiões de intensa descristianização a região parisiense, a França central e uma parte do corredor do Saône e do Ródano.

Esses mapas das atitudes religiosas vão, sentimos bem, muito além do domínio da religião, no sentido estreito do termo; eles nos permitem refinar a espacialização das atitudes coletivas, que podemos completar – mas pulo esse ponto, embora ele seja importante – pelos mapas das resistências à Revolução Francesa: resistência à descristianização, resistência ao impacto centralizador jacobino. Há um, entretanto, que podemos destacar, pois é bastante sugestivo: é o que chamarei de mapa não da revolta aberta, não da contrarrevolução armada, mas o mapa da má vontade. Entendo por aí o mapa das resistências passivas, que se exprimem, em particular na recusa da conscrição, dos recrutamentos de homens, e da partida para as fronteiras dos conscritos recrutados pela República. O mapa dos desertores é muito homogêneo em sua estruturação e não podemos deixar de notar a semelhança que apresenta com os mapas das emoções camponesas, tais com apresentamos, assim como com os mapas do campesinato proprietário, dos pequenos cultivadores do sudeste e do maciço central.

Desse jogo de mapas superpostos que acabo de evocar, que podemos esperar? É preciso revelar os mapas, no sentido mais literal do termo, de jogar com essas confrontações para tentar, precisamente, fazer aparecer um certo número de conclusões ou, em todo caso, de hipóteses de trabalho. Tais como podemos confrontá-las, elas desferem um golpe na explicação proposta por Hervé Le Bras da dialética, do meu ponto de vista muito banalizada, centro-periferia: o argumento é ao mesmo tempo incontestável e constantemente contestável, na medida em que é verdade que uma parte dos movimentos de recusa, quer no domínio político, quer no religioso, se inscreve na França dos antigos domínios de Estado, das províncias periféricas, mas isso não é, absolutamente, a regra. É no coração do espaço francês que explode, por exemplo, o movimento de descristianização do ano II, nessa área central que vai, ao norte do Maciço Central, do Morvan à região de Nevers e no Berry, até a região de Limoges. A dialética centro-periferia se revela grosseiramente operatória, mas assume também todos os seus limites: e poderíamos objetar a isso com a intensidade da politização do Sul mediterrâneo e certas partes do Sudoeste, sobretudo da região de Toulouse, que se inscrevem ao contrário dessa argumentação. Essas regiões viveram intensamente a Revolução.

Preferiríamos nos referir a outra matriz que seria a afirmação de um contraste norte-sul, opondo a França alfabetizada que se inscreve no nordeste de uma linha grosseiramente mediana de Saint-Malo a Genebra, opondo a França culta à França, não da incultura, mas de outras formas culturais, essa dialética norte-sul na realidade aparece apenas como muito parcialmente operatória para explicar as tomadas de posição coletivas. Sem dúvida ela se encontra reproduzida e evocada na cartografia da obediência aos recrutamentos de homens, da docilidade das populações da França setentrional que fornecem pouquíssimos desertores, embora haja nisso um sensível grande número de exceções. Essa outra matriz de referências de fato não dá conta do conjunto das formas do engajamento revolucionário. Parece-me arbitrário e artificial opor uma França do Norte revolucionário e bem pensante, no sentido da ortodoxia revolucionária, a um Sul que iria devagar, embora esse contraste possa ser sugerido a partir de certo número de fatores. Finalmente, encontramo-nos remetidos, como ao mais sugestivo, ao mapa das atitudes religiosas, mais nuançado, mais modulado, e que ao mesmo tempo anuncia muito diretamente o mapa ao mesmo tempo da prática religiosa e das atitudes políticas do período atual. Mas como interpretar esse mapa? Se nos referimos às hipóteses de trabalho dos historiadores atuais e em particular aos comentários com os quais Timothy Tackett acompanhou a análise minuciosa do juramento constitucional, os elementos de interpretação ou de explicação propostos remetem essencialmente a uma herança que é a dos sucessos e dos fracassos da contrarreforma. Contrarreforma bem acolhida, coroada de sucessos em uma França do Oeste, por exemplo, em que a simbiose é realizada entre o corpo eclesiástico e o povo cristão, enquanto, ao contrário, espaços como o da região parisiense, da França do Centro, uma parte também do Sul, esse equilíbrio está longe de ser realizado, e podemos falar senão já de descristianização, pelo menos de evolução profana, ou de secularização. Mas permanece o fato que nós nos inscrevemos aqui em outro sistema explicativo. A redescoberta do religioso, muito característica de toda uma tendência da historiografia francesa atual, pode dar conta do conjunto e da complexidade dos fenômenos que estão nas origens da politização do espaço francês?

Se esse exercício de confronto nos deixa senão em perplexidade, ao menos em interrogações maiores, ele não desfere menos, aparentemente, um rude golpe contra o modelo explicativo dos antropólogos. Podemos julgar pela complexidade e pelas próprias contradições da tentativa de síntese de Emmanuel Todd em *Invenção da Europa*. Os mapas que ele propõe sobre a confrontação do espaço revolucionário e do espaço contrarrevolucionário, na verdade bem arbitrariamente definidos, a partir de elementos tais como a alfabetização ou, no inverso, a recusa da constituição civil do clero, tomado como teste, o primeiro da penetração e difusão das Luzes, o segundo, ao contrário, do poder das recusas coletivas, estão longe de se mostrarem demonstrativas. O espaço "contrarrevolucionário", no final das contas, paradoxalmente, encontra sua realização mais forte em um Oeste que se apresenta majoritariamente como o da família nuclear absoluta. Torna-se completamente artificial fazer da França das resistências, as da família complexa e da família tronco, resistente às agressões do Estado, quando as contraprovas se mostram tão múltiplas.

Concluiremos que o diálogo é impossível? Na base dessa apreciação crítica, justifica-se que me peçam contas. Se recusamos essa leitura, que atitudes propor, e em quais hipóteses de trabalho nos apoiarmos? Muito modestamente, proporei voltar para dar conta de um problema que extravasa largamente o quadro pontual da Revolução Francesa, a uma espécie de combinatória que associa e que, prudentemente, pondera a importância dos diferentes elementos. Levar em conta o peso dos fatores socioeconômicos que, em nossos autores de referência, parece evanescente. O lugar da divisão social da propriedade nobiliária, burguesa, eclesiástica, o peso do sistema feudal e do imposto senhorial, o lugar e o papel das cidades, da urbanização e dos outros traços da modernidade, são elementos que temos tendência demais a evacuar, me parece, como clássicos demais talvez, ou remetendo a um esquema dito marxista de interpretação, em uma historiografia, como em uma antropologia, que têm tendência hoje a virar do "todo social" ao "todo político".

O que não implica, para mim, longe disso, negligenciar os outros parâmetros: o peso do religioso, justamente reavaliado atualmente no quadro desses estudos sobre as resistências e sobre a modelagem das opções coletivas; mais largamente o peso do cultural, do qual percebemos a importância a partir dos estudos sobre a sociabilidade política. Nessa rede de condicionamentos, a família tem, sem dúvida, seu lugar, mais oculto, menos visível, sem fornecer para isso, parece-me, a *ultima ratio*, sem se constituir, em um "todo superdeterminante" que condicionaria secretamente a evolução global. A Revolução Francesa simplesmente não poderia se resumir ao confronto da família complexa ou da família tronco, contra a família nuclear, como também não exprime a luta da periferia contra o centro. O diálogo em termos de mal-entendidos ou de ignorância recíproca entre historiadores e antropólogos também não poderia, para mim, se resumir de maneira caricatural, em um confronto entre tempo longo, de uma história imóvel, ou quase, contra o tempo curto do historiador (talvez um tempo de vista curta?), como não poderíamos restringi-los ao conflito de duas abordagens: criatividade, mas também imprudência e modelização redutora do antropólogo contra a prudência excessiva talvez de uma historiografia que desconfia hoje das grandes sínteses totalizadoras. Por meio desse exemplo, são as questões fundamentais que se encontram propostas: as dos "temperamentos coletivos", expressão falaciosa e falsa clara ideia, talvez, pelo menos conceito operatório... Impõe-se igualmente uma interrogação sobre a memória, sobre a própria realização e transmissão das opções, das atitudes coletivas, em um mundo que muda, mas em que essa transmissão não linear se opera de maneira por vezes quase paradoxal.

Deus morreu, Marx morreu, sobraria só a família? Valor de refúgio até hoje ou, pelo menos, até ontem; ainda que se trate de um engano ou da ilusão de um momento, acredito que esse verdadeiro falso diálogo, esse mal-entendido nos introduz, apesar de tudo – e está aí talvez seu interesse – à evocação muito significativa da paisagem da alma de um momento e da reflexão, em curso tanto entre os historiadores quanto entre os antropólogos.

A mentalidade revolucionária[1]

Sou historiador das mentalidades, sou igualmente, e cada vez mais, em razão das minhas funções, historiador da Revolução Francesa. No primeiro desses caminhos, abordei vários campos desses territórios, singularmente por toda uma série de obras sobre as atitudes coletivas e as representações da morte, na longa duração da Idade Média aos nossos dias. Trabalhei também sobre a festa, tema que só em aparência se inscreve em contraponto com o precedente, e sobre a descristianização das Luzes, interrogando-me sobre o que se passou, no espírito dos provençais, em algum momento por volta de 1750, quando a profusão do barroco deu lugar ao silêncio por um processo que será qualificado, conforme se queira, de laicização, de secularização ou de evolução profana. Fazendo isso, eu já me encontrava no cerne das interrogações que faço à Revolução Francesa, tais

---

1 Conferência proferida na Faculdade de Letras da Universidade de Coimbra em 1986, publicada originalmente em *Revista de História das Ideias*, v.9, t.II, Faculdade de Letras da Universidade de Coimbra, 1987.

como tentei dar a síntese na minha obra sobre a mentalidade revolucionária, apoiando minha análise no recurso às fontes privilegiadas, como a iconografia revolucionária, objeto de meu último livro.

Não escondo as dificuldades dessa abordagem. As mentalidades coletivas, se nos referimos a Mandrou, que falava de "um tempo mais longo", ou a Braudel, que via aí o próprio lugar das derivas de longa duração, não são, por natureza, o lugar dos percursos lentos, mesmo das continuidades e das heranças? Em contraponto radical, portanto, em aparência, com a própria noção de revolução, concebida como mudança brusca, ou mutação. Mas é aí que a busca se torna apaixonante para mim. Interrogando-me ao longo de minhas obras sobre a dialética das duas descristianizações, a do tempo curto e a do tempo longo, a descristianização brutal, voluntária, do ano II, e a outra espontânea, avançando caladamente ao longo do século das Luzes como se confrontasse, em "As metamorfoses da festa", festa de longa duração, de longínqua herança, já folclorizada com a introdução da festa revolucionária, eu me encontrei confrontado com uma série de questões, ingênuas talvez, essenciais em todo caso, na minha opinião: pode-se mudar os homens em dez anos? Há nas mentalidades coletivas das crises, preparadas decerto, mas suscetíveis de se expressarem, transformando-se, no cerne de um abalo revolucionário?

A Revolução Francesa, lugar de experimentação gigantesco, tema de reflexão sempre novo, é a primeira tentativa voluntária e assumida de mudar o mundo de cima abaixo. Sob o tema leitmotiv da regeneração, ela quis fazer nascer um homem novo. Ilusão prometeica, mesmo geradora de consequências maléficas, como já escreveram, ontem e hoje, ou alimento tônico de uma esperança em que podemos nos reencontrar? A Revolução realizou as promessas das Luzes, de uma humanidade melhor, ou ela as perverteu ou traiu? A questão não é pequena; o desvio pela história das mentalidades permite abordá-la de frente.

Um casal antagonista: a esperança e o medo

Georges Lefebvre foi o primeiro, há mais de meio século, que abriu os caminhos de uma história das mentalidades revolucionárias, em obras de uma espantosa modernidade – *La Grande Peur* ou certo artigo célebre sobre as "massas revolucionárias" – definia essa mentalidade como dividida em duas pulsões antagonistas: a esperança e o medo. Tal visão pode parecer exageradamente simplificadora ou datada; creio, ao contrário, que o casal dialético ao qual ela introduz fornece uma das abordagens mais pertinentes de nossa problemática. No grande cadinho da aventura revolucionária se encontram, por meio das mentalidades desses dois componentes, uma que se liga ao passado, mobilizando toda a herança das atitudes antigas, outra abrindo os caminhos do futuro. Quiseram, em uma releitura recente do fenômeno revolucionário, opor, sobre essas bases, duas imagens da Revolução: uma das elites – aristocracia e burguesia misturadas – prestes a se encontrar, na base do consenso das Luzes no cerne de uma Revolução sem revolução, transição reformista para a modernidade; outra a dos grupos populares, camponeses e urbanos, mobilizados à volta de reivindicações passadistas, pondo sua esperança em um sonho milenarista muito antigo, aplicando a esse sonho de justiça arcaico os gestuais e os rituais da violência. É a intrusão não desejada desses grupos populares de 1793, que constituiria a derrapagem da Revolução e o começo da sua deriva.

Certamente, Georges Lefebvre não se teria reconhecido nessa leitura, e creio, de meu lado, que é necessário tomar junto os dois elementos do casal: a esperança e o medo em sua complementaridade. A Revolução Francesa é, no nível das mentalidades, não apenas a esperança e o medo, mas a violência e a fraternidade, a tábula rasa ou o tempo abolido do Antigo Regime, e o tempo reencontrado ou reconstruído, o acontecimento das Luzes e sua ultrapassagem. Os contemporâneos sentiram muito profundamente essa tensão que está no cerne da mentalidade do tempo, e Marat escrevia em 1790: "A filosofia preparou, começou, favoreceu a Revolução atual, isso é incontestável: mas os escritos não são suficientes, é preciso ações; ora ao que devemos a liberdade, senão às rebeliões populares?" Robespierre fará eco a ele, interrogando: "Quereis uma Revolução sem revolução?"

Não se trata, para isso, de conceber a Revolução como um bloco, do qual seria preciso aceitar com reverência, a violência, filha do medo, o Terror em seus próprios excessos em nome de uma necessidade. Essa não é a atitude do historiador, recusando tanto a devoção incondicional quanto o anátema. Mas é necessário compreender, sem ocultar nada, e eis porque partirei voluntariamente, nesse percurso, do que pode nos chocar mais, do primeiro componente, o medo, e sua companheira, a violência.

O fim do medo e a força das coisas

Uma revolução defensiva, mobilizada contra o temor, no fundo bem real de seus adversários, contra o complô, o pacto da fome, depois o complô aristocrático? Esse componente da mentalidade revolucionária se afirma desde os primeiros dias, nas reações parisienses do mês de julho de 1789, e mais ainda nesse fenômeno, incompreendido durante tanto tempo, do Grande Medo que mobiliza o campo na segunda quinzena desse mês, eco repercutido no mundo rural da tomada da Bastilha. Está aí, em uma escala espetacular, já que os três quartos do espaço francês se encontram englobados, o último grande pânico de antigo estilo da França moderna, já que vemos aí camponeses se armarem por medo dos salteadores ou invasores ilusórios: mesmo que isso signifique, na verdade, uma vez a ilusão dissipada, reencontrar realidades bem tangíveis indo ao castelo próximo para queimar ali os papéis que fundam o imposto feudal e senhorial. Toda a ambiguidade desse medo saído, como se diz, do fundo das eras e que, por uma reviravolta espetacular, está nas origens diretas da noite de 4 de agosto, em que se funda o

Combates pela Revolução Francesa

futuro pela abolição do Antigo Regime social, se encontra aí. Além disso, o Grande Medo, se é o maior pânico da história da França, é também seu último. Sei que precisaria nuançar: medos voltaram, em 1790 e sobretudo em 1791, quando da crise de Varennes, mas pontuais, residuais, poderíamos dizer, ainda que pânicos pudessem, ainda, aqui e ali, ser reencontrados na história nacional até a véspera de 1848. Conservando o receio do complô – do pacto de fome ao complô aristocrático, ao do estrangeiro, ou, mais tarde, do anarquismo – a Revolução não deixou por isso de exorcizar o Medo.

Ela o faz pela violência, e creio que, assim como o Medo, esse componente da mentalidade revolucionária não deve ser ocultado. Do mesmo modo que não é legítimo nem historicamente defensável opor duas revoluções, uma generosa e não violenta – talvez 1789 –, outra sanguinária em 1793. Tal hipocrisia mascara a presença da violência no próprio cerne da crise inicial do verão de 1789, culminando no ato de subversão heroico e sangrento da tomada da Bastilha. Em 1789 a violência está presente nos dois campos. Lembremos: a investida sangrenta dos dragões de Lambesc nos jardins das Tulherias dia 12 de julho, a repressão assassina das insurreições camponesas da primavera ao verão, dos bosques normandos à região de Mâcon. Exacebados pela crise, a violência popular se afirma, retoma os velhos gestuais e inventa uma nova simbólica – a da lanterna, enquanto designa seus inimigos – o aristocrata, figura real e fantástica ao mesmo tempo, redefinida sem cessar ao longo da luta. Essa violência da rua, da cidade e do campo, perdura pelas revoluções municipais, se incrusta nos focos da luta mais ardente – de Nancy aos pontos quentes, Nîmes, Avignon, Arles, Marselha, da revolução meridional, se atualiza por meio dos confrontos no campo, de 1790, às grandes revoltas camponesas da primavera e do outono de 1792. Podemos dizer que o ponto culminante, e o mais espetacular dessa violência espontânea, depois assumida, se encontra quando dos massacres parisienses de setembro de 1792, quando a multidão investe as prisões para matar, em centenas, os padres refratários e suspeitos de aristocratismo. É em um acontecimento desse tipo que reencontramos uma das últimas manifestações do medo, no próprio momento em que a França é invadida, e essa pulsão defensiva ou punitiva, da qual falava Lefebvre, busca uma justiça direta e sem intermediário, reencontrando os gestuais antigos da execução.

Essa violência nos interroga pelo próprio excesso de tais manifestações. É ela a expressão de uma brutalidade popular, vinda das profundezas? Mas a burguesia revolucionária, pela voz autorizada de um Barnave, lhe deu sua caução – "o sangue derramado era assim tão puro?" – no dia seguinte ao assassinato de Bertier de Sauvigny. E as violências contrarrevolucionárias dos bandos de *muscadines*[2] da reação termidoriana no ano III não se justificam apenas pela vingança. Para além dessa caução burguesa, a questão fundamental permanece aquela da necessidade dessa violência, em um combate sem piedade entre Revolução e contrarrevolução. É uma questão que volta como um eco, quando nos interrogamos sobre o Terror, de certo modo um meio de segurar as rédeas e de controlar, a partir de 1793, o exercício da violência espontânea das massas. A mentalidade revolucionária exagerou o perigo da contrarrevolução, fazendo dela uma criatura fantástica ou um tigre de papel, como afirmam aqueles que acreditam na deriva, ou na derrapagem da Revolução, ou esses sacrifícios terríveis eram comandados pelas circunstâncias? A violência da luta era bem real, e o perigo não foi um sonho dos revolucionários.

Vencendo o medo, passando pela violência, a mentalidade revolucionária não deixa de sonhar com a tábula rasa e a erradicação daquilo que, para ela, constitui o Antigo Regime: dando corpo e consistência a seus adversários coletivos – o aristocrata, o refratário ou o fanático – como julgamos por meio dos discursos, da canção ou da imagem – partindo ao assalto dos ídolos,

---

2 Nome dado, durante a Revolução, aos monarquistas de elegância requintada. (N. T.)

procedendo à execução do pai, na pessoa do rei, antes de atacar, no ano II, o deus punidor da religião cristã. Quando refletimos, meditando, por exemplo, sobre os discursos dos convencionais quando do processo de Luís XVI, percebemos que há aí toda uma aventura coletiva cuja medida está ainda para ser tomada. As linguagens, ou os gestuais da mascarada ou do auto de fé, quando ocorre o incêndio da descristianização, traduzem as expressões dessa liberação no calor da hora, reencontrando a simbólica carnavalesca do mundo de cabeça para baixo. Foi preciso, sem dúvida, passar por essa etapa, pelos subterrâneos do templo de Sarastro, correndo o risco de encontrar a tropa da Rainha da Noite, para melhor perceber essa outra face da mentalidade revolucionária, mergulhada em esperança, proclamando seus novos valores.

Proclamações sobre fundo de esperança

"Fiat, fiat, sim todo esse bem vai se realizar... tornamo-nos invencíveis", é Camille Desmoulins que escreve isso, desde as primeiras semanas da Revolução: fazendo isso, ele ecoa em sua linguagem a essa camponesa ainda jovem e já envelhecida, que Arthur Young encontrou em uma estrada da Champanha, e que lhe confiou sua esperança de que o mundo ia mudar. A primeira das proclamações, por onde se exprime essa mentalidade revolucionária, é um ato de confiança na própria Revolução, e na irreversibilidade do processo que conduziu a ela: "aportamos na ilha da Liberdade – declara Cambon, entretanto tão pouco lírico – e queimamos as naves que aqui nos trouxeram". Essa confiança inabalável coexiste paradoxalmente com o pessimismo ou a solidão heroica de mais de um dos porta-vozes da Revolução, de um Marat multiplicando os apelos para manter vivaz a mobilização revolucionária, de um Saint-Just ou de um Robespierre empenhados em uma aventura desde cedo concebida como mortal.

Dessa revolução à qual estão prontos a sacrificar tudo, o que eles esperam? A felicidade, sem dúvida, essa "ideia nova na

Europa", como dirá Saint-Just. E é também desde os primeiros tempos que seguem a tomada da Bastilha, quando do serviço fúnebre em honra das vítimas, que o abade Fauché, oficiando em Notre Dame de Paris grita: "Irmãos nesta nave consagrada ao Eterno, juremos que seremos felizes!"

Mas a felicidade, objetivo e fim último, não se concebe sem o triunfo dos valores e conquistas fundamentais que constituem todo um sistema de referências. No quadro de honra dessas conquistas, tal como podemos estabelecer assim depois das contabilizações iconográficas, a liberdade vem em primeiro. O imaginário da Bastilha, tal como acabou de ser estudado por dois pesquisadores alemães, ilustra a fixação naquilo que se tornou o símbolo por excelência da liberação dos franceses. Apresentada nas festas, sob forma de modelos reduzidos, a Bastilha torna-se o símbolo de referência, como o barrete frígio, boné do sans-culotte, usado sobretudo depois da festa da liberação dos suíços patriotas de Châteauvieux, é a expressão individual dela. Uma bela imagem, de extrema simplicidade, ilustra esse sentido: uma mulher, vestida à moda da antiguidade, vista de três quartos: é a república ou a liberdade? Pouco importa – dirige-se a um homem do povo curvado para o chão: "Pegue seu boné". É talvez essa lição de dignidade conquistada que constituirá o vínculo irreversível de muitos, nos grupos populares, na cidade ou no campo, com essa emancipação, tanto quanto as conquistas materiais ligadas à abolição do Antigo Regime social. Deseja-se transmitir essa liberdade conquistada: outra bela imagem – mas elas formam legiões – apresenta uma robusta mulher do povo que, de pé, afastando as pernas e levantando um pouco suas saias, dá passagem a um menino, robusto demais para um recém-nascido. Mas a legenda explicita: "Francês nascido livre". Pois se deseja transmitir essa liberdade àqueles que ainda não gozam dela. Aos homens de cor, até aos escravizados: buscando nos envios vindos de todo o país ao longo do ano II, conservados nos arquivos parlamentares, fico impressionado ao ver, vindos de tal aldeia perdida da Yonne ou do Calvados, textos que jubilam com o decreto da emancipação dos negros, em termos que nada têm de estereotipado – sonham com o que os escravizados poderiam fazer com sua liberdade, e acrescentam que as plantações deveriam ser distribuídas a eles.

Essa liberdade reivindicada, nós a encontramos, em um nível que nada mais tem de encantatório, na prática política seccional de 1793, tal como Albert Soboul a analisou a partir do caso parisiense. A reivindicação exigente e, no limite, irrealista, da democracia direta, que quer que ali onde os sans-culotte estão reunidos em assembleia, em suas secções, lá está o soberano, é a ponta extrema, mas significativa, dessa aspiração libertária. Igualitária também: pois, com a liberdade, a igualdade representa bem, na categoria dos novos valores vividos, a reivindicação fundamental. "Teu igual em direito" assina o *sans-culotte* que, nas suas próprias roupas – calça e *carmagnole*[3] –, manifesta a abolição dos prestígios e falsas aparências da antiga moda. Ele não se limita a essas formas simbólicas: e se conhece também, a partir de Soboul, as reivindicações concretas desses pequenos produtores independentes, que formam o núcleo da *sans-culloterie*, em matéria de subsistências – o pão da igualdade – de direito à vida e ao trabalho. Tanto a imagem quanto a festa sublinham e acentuam esse aspecto. A imagem que retoma o símbolo da herança maçônica, o nível de pedreiro, para evocar, pela alegoria ou pela caricatura, essa nivelação nacional que, aliás, canta o "Ça ira": "É preciso encurtar os gigantes/ E tornar maiores os pequenos/ Todos na mesma altura/ Eis a verdadeira felicidade". E as descrições de festas aldeãs, em sua inventividade, evocam, em tal burgo da Haute-Garonne, um banquete em que os ricos são designados para servirem os pobres, enquanto, em Fontvieille, perto de Arles, por ocasião da festa do Ser Supremo, os aldeões sobem para ver o sol se levantar na colina, desfilando por ordem alfabética para não ofender a igualdade. Ainda que, nessa tríade, a fraternidade, no registro das ocorrências nos

---

3 Casaco estreito com várias filas de botões. (N. T.)

discursos ou nas imagens, se fizesse desejar, é tardiamente que ela substitui a propriedade ou a segurança em que a burguesia constituinte se encontrava. Ela tem seu lugar não apenas nas múltiplas fraternizações que ocorrem nas festas e nos encontros, mas também nesses banquetes fraternos, em que se viu, particularmente em messidor do ano II, pôr as mesas nas ruas para ágapes republicanos.

Poderíamos enumerar em seguida os personagens desse novo panteão dos valores republicanos que a alegoria se compraz em representar – para tentar estabelecer o retrato típico desse *homus novus* que a Revolução tentou propor o modelo, e que não é, em nada, simplesmente ideal.

Mas tal ideal supõe uma tensão contínua e um engajamento sem descanso, cuja própria vida, não apenas dos maiores, de uma borda ou de outra, mas de uma multidão de militantes e de executores mais obscuros, por meio de descritivos, confissões ou interrogações, permite tomar a medida. Esse mundo vive, pelo menos durante algum tempo, em um clima de heroísmo no quotidiano e compreendemos à qual necessidade, diante de um fundo de destruição de ídolos – ou dos heróis de ontem –, um processo parcialmente espontâneo de heroicização coletiva pôde responder, propondo modelos mais próximos, mais humanos que as alegorias morais. Desconfiada diante dos vivos, a Revolução reverencia seus heróis mortos, assim a tríade dos mártires da liberdade – Marat, Chalier, Lepelletier: o primeiro sobretudo em que o pequeno povo revolucionário se reconhece, em suas misérias e na sua paixão. E ouve-se, nas esquinas, mulheres salmodiarem litanias do coração de Marat: "O cor Jesu, o cor Marat..."

Que uma verdadeira religiosidade revolucionária se inscreva na continuidade desses traços de mentalidade não pode surpreender, por mais paradoxal que isso pareça, no próprio momento em que a campanha de descristianização do ano II investe na erradicação do fanatismo e da superstição. Religiosidade de substituição? Se se quiser. Mas compreendemos por quais percursos a proclamação robespierrista da crença na imortalidade da alma e no Ser Supremo, para ele uma necessidade de ordem moral, como única caução desse reino da virtude que se identificava por ele com a Revolução, tenha podido ser acolhida, no quadro da celebração do dia 20 de prairial do ano II, de uma maneira muito mais favorável e menos exterior do que se disse. Na memória coletiva dos contemporâneos a festa do Ser Supremo permaneceu, com a da Federação, uma das lembranças mais marcantes do período.

Partindo das proclamações para tentar buscar o impacto delas, na prática e nas mentalidades quotidianas, sem dúvida nos arriscamos de cair no defeito de um retrato ideal ou idealizado. Não desconheçamos as realidades ou as contradições vividas. Podemos medi-las ao confrontar o retrato tipo do *sans-culotte* parisiense do ano II, tal como nos propõem em termos muito diferentes, Albert Soboul e Richard Cobb, um insistindo nos aspectos positivos dessa experiência coletiva, o outro sobre a intolerância, uma violência para dizer a verdade sobretudo verbal, certo arrivismo, e uma real versatilidade; reconhecemos a dificuldade de definir uma mentalidade coletiva no cerne da grande agitação revolucionária.

Os caminhos da mudança

No cerne dessa efervescência de aventuras individuais, discernimos, entretanto, uma mutação profunda em que se inscreve duravelmente o impacto revolucionário. Podemos falar de invenção da política, se tivermos em mente que os homens das Luzes, e seus predecessores também, fizeram política à maneira deles, através das últimas convulsões da crise jansenista ou dos incêndios das emoções populares: ou seja, com os instrumentos mentais e ideológicos do tempo deles. Mas, fazendo essa reserva, adiro de bom grado à observação de Maurice Agulhon, na sua contribuição à história da França rural, que toda uma parte das mentalidades deve, de agora em diante, ser considerada em termos de política. Uma observação que vai bem além do mundo rural. Do súdito ao cidadão, para plagiar o título de um ensaio anglo-saxão, foi feita toda uma educação, cuja evocação da prática seccional nos deu a ideia.

Mas, da mesma maneira, uma sociabilidade nova tomou nascimento graças aos clubes e às sociedades populares, com os quais se pode medir a diferença com as estruturas antecedentes: sociabilidade tradicional das confrarias de devoção meridionais, ou sociabilidade nova das elites nas lojas maçônicas e nas sociedades de pensamento ou academias. De umas às outras, se certa herança é evidente tanto na forma quanto no fundo, permanece em primeiro lugar que uma difusão maciça ocorreu, já que as pesquisas que estão se terminando enumeram, na França, mais de cinco mil sociedades populares, no momento de seu apogeu, no ano II. Tal penetração, até o tecido das aldeias, particularmente espetacular em certas regiões como o Sul, se acompanha de uma mudança sociológica evidente no recrutamento. Toda uma camada da população que ultrapassa muito os limites das elites esclarecidas foi tocada por isso. A maçonaria se apaga por algum tempo, desmentindo as lendas forjadas na época, retomadas depois sob diferentes formas, do complô nas origens da Revolução, ou do maestro clandestino... Mas ela permanece presente tanto pelo lugar que ocupam seus membros aderentes em todos os níveis – e em todos os campos – na aventura revolucionária, como por tudo o que foi reencontrado do discurso à simbólica revolucionária das ideias fortes das Luzes, das quais ela foi um dos vetores privilegiados. Herança e mutação ao mesmo tempo: por meio de uma pedagogia de novas linguagens que surgem, que podemos perceber pelo exemplo da imprensa e de sua difusão, como pelo da imagem que, da caricatura à alegoria ou à crônica dos acontecimentos, contribui, ela também, ao nascimento das estruturas de uma opinião de tipo moderno. A festa, suporte privilegiado, busca suas linguagens e, a partir da festa da Federação no dia 14 de julho de 1790, ritma as etapas de uma revolução que ilustra sua própria história ao mesmo tempo que exalta o novo sistema de valores.

É a partir dessas novas linguagens que podemos formular a questão, essencial na perspectiva que nos interessa, da parte de espontaneidade e de um condicionamento pelo alto da mentalidade revolucionária, que já foi apresentada largamente ao mesmo tempo como manipulada e relutante – por vezes os dois juntos.

Uma dialética muito mais sutil se revela, na verdade, associando ou opondo as criações da base ao esforço voluntário do poder, assegurando seu sucesso ou seu fracasso.

Sem multiplicar os exemplos, podemos julgar, a partir da dupla tentativa – imensa ambição, quando pensamos – de remodelar as estruturas do tempo e do espaço. A Revolução deixa sua marca profunda e irreversível neste último projeto, legando o sistema métrico e essa reformulação global do espaço francês, da qual nossos departamentos são a herança.

Ela fracassou no primeiro domínio, e o calendário revolucionário não lhe sobreviveu; sem dúvida o peso da herança, sobretudo religiosa, era pesado demais.

Eis o que nos leva, *in fine*, à nossa questão inicial, que é, de fato, central: pode-se mudar os homens em dez anos?

Os limites da mudança: a vida em margem

Espera-se uma objeção, ela não é de pouca monta. Esses traços da mentalidade revolucionária, tais como acreditamos poder representá-los, a quem eles se aplicam? Àqueles que fizeram, ou viveram a Revolução, estando subentendido que existem vários graus de engajamento, que vai da participação ocasional em uma multidão ao militantismo que passa pelas sociedades populares ou assembleias seccionais. De Paris a Marselha, dos estudos de Albert Soboul àqueles que conduzi sobre a Provença, pode-se estimar, com toda a aproximação que comporta essa ordem de grandeza, mas em termos realmente convergentes, de 10% a

Michel Vovelle

15% o número de homens adultos (urbanos) que marcaram presença, mesmo modestamente militante, ao longo da Revolução. É muito? É pouco? Arriscando pecar por otimismo direi que, em seus próprios limites, esse aprendizado da política é impressionante, testemunhando de uma aculturação nova em um quadro que faz explodir amplamente as antigas fronteiras das elites.

Permanece, é claro, essa imensa multidão dos outros – que não são todos contrarrevolucionários, de início ou por cansaço, mas dos quais a massa é sem dúvida constituída por aqueles que viveram não a Revolução, mas "sob a Revolução". Nós nos lembramos do livro de contas dessa burguesa de Nantes, a senhora Hamel, que zela imperturbavelmente pelas tarefas domésticas quando a guerra civil está nas portas da cidade, o federalismo ou o Terror dentro de suas muralhas. Quantas senhoras Hamel, quantos semelhantes seus, homens e mulheres? Embora Richard Cobb tenha acentuado demais, quando lançou o tema da "vida na margem", que seria então a da grande maioria dos franceses, ele evidencia uma realidade importante.

Pode-se tentar um balanço, em um canteiro tão largamente aberto, e que suscita tantas interrogações?

Gosto de citar a fórmula de um jornalista que escrevia sob o diretório, às vésperas do retorno à ordem, e que dizia aos seus contemporâneos: "Nós somos todos *ci-devant*", significando por aí que ninguém poderia pretender ter saído do acontecimento idêntico a si próprio. Qual seja a parte de fracasso que a Revolução teve no sentido de mudar os homens – vimos, pelo exemplo das estruturações do espaço e mais ainda do tempo –, a humanidade que sai dela é uma humanidade diferente.

Ela o é, primeiro, porque em 1789 toda uma evolução antecedente havia preparado os contemporâneos a acolher a mudança. Desde 1750, pelo menos, as visões do mundo haviam mudado, a difusão das Luzes, agente e reflexo ao mesmo tempo, havia aberto o caminho para essa tomada de consciência no calor da hora, da qual o fato revolucionário, poderoso catalisador, acelera o processo.

Ela o é, em seguida, porque esse abalo global não deixa ninguém indiferente, mesmo aqueles dos quais poderemos dizer que nada aprenderam e nada esqueceram. No exílio da emigração, os aristocratas fizeram seus percursos à sua maneira, descobrindo, na Alemanha ou em outros lugares, novos horizontes. Localmente, os indícios eletroscópicos mais maciços das sensibilidades coletivas – diante da morte, diante do casamento, diante da vida – testemunham que, para muitos, entre os quais a Revolução só tocou indiretamente, a face do mundo mudou também.

Ela o é, ainda, porque existem nas mentalidades mutações ocultas ou diferidas. O retorno à ordem imperial, a regressão aparente da Restauração, mascaram, de um lado, toda uma parte das novidades revolucionárias que não deixam de prosseguir com seu percurso subterrâneo. Assim, por exemplo, a festa revolucionária torna-se, em aparência, a lembrança incongruente de uma época estranha e que se quer esquecer: mas como ela foi o lugar da transferência da sacralidade, segundo a feliz expressão de Mona Ozouf, ela revelará toda sua amplidão na segunda parte do século, quando se estabelecerão as regras dos novos cultos cívicos.

Das duas pulsões fundamentais evocadas no início deste percurso, a esperança e o medo, podemos dizer que a Revolução deixou uma dupla herança. Para alguns, deixou o medo – para aqueles que, ainda hoje, vêm nela o mal absoluto, a insuportável subversão das ordens regradas e da continuidade histórica, o delírio da violência. Para os outros, ela deixou a esperança, a ideia de que podemos mudar o mundo. Mistral, nos seus "Memori e raconte" nos retraça a história da velha Riquelle, essa camponesa de Maillane que, às vésperas de 1848, interrogava seu pai para saber "quando voltaria o tempo das maçãs vermelhas". E o jovem Mistral aprende de seu pai que Riquelle, no esplendor de seus dezesseis anos, foi entronizada no altar da igreja da aldeia, no papel da deusa Razão. Para ela, a Revolução era uma lembrança, um sonho, uma esperança. Assim se enraíza e perdura a lembrança de acontecimentos fundadores.

Michel Vovelle

Exatamente quando, hoje, assistimos ao retorno agressivo de um discurso muito antigo, velho como a contrarrevolução, mal e mal atualizado pela adjunção de um vocabulário atual, mas imobilizado no nível do exorcismo ou do anátema, é importante, creio, prosseguir com serenidade, lucidez e respeito, a prospecção desses novos trabalhos que buscam apreciar o que representou em profundidade a experiência revolucionária para aqueles que foram seus atores. E se permitem ao historiador, sem abdicar em nada de suas exigências de método, sair de sua reserva, que nós possamos conservar, ao modo dessa velha de Maillane, em suas zonas de sobra como em sua luz brilhante, a lembrança da Grande Revolução.

O medo na Revolução Francesa[1]

O tema que abordamos pode parecer acadêmico. Já na época, a agitação revolucionária foi associada ao medo: e André Chénier podia falar dos "altares do medo". No final do século XIX, toda uma corrente da historiografia conservadora – dos Goncourt a Taine – nutriu seu medo da revolução em imagens do medo sob a Revolução. Em uma imagem de um expressionismo surpreendente, o caricaturista Gillray tinha apresentado, desde 1820, às classes dirigentes inglesas a figuração fantástica de uma guilhotina em movimento, com suas patas de rã (francesa...): o monstro Revolução à conquista do mundo.

A historiografia republicana – ou clássica – da Revolução apresenta outro discurso: em uma passagem célebre, Georges Lefebvre, iniciador de uma história das mentalidades revolucionárias, reequilibra o debate, evocando os franceses da época divididos em duas pulsões contraditórias: a esperança e o medo,

---

1 Comunicação originalmente apresentada no colóquio da Universidade de Nápoles: *Storia e paura* (dez. 1990).

Michel Vovelle

ilustrando seu propósito em seu ensaio sobre *La Grande Peur* de 1789, mostrando como, de um pânico de antigo estilo, nasce um movimento autenticamente revolucionário. Pode-se dizer hoje que a problemática do medo sob a Revolução Francesa esteja totalmente dominada? Nas fileiras dos precursores, Jean Palou, em sua *História do Medo*, retomava o dossiê do Grande Medo, inserindo-o na continuidade dos medos ancestrais – o salteador, o lobo, a feiticeira... Em uma visão da história das mentalidades, Jean Delumeau, em sua obra *O Medo no Ocidente*, sem ignorar o episódio revolucionário, privilegia igualmente as heranças de longa duração, ilustrando a dificuldade, nesse território de pesquisa, de dar ao tempo curto de uma Revolução o lugar que lhe pertence.

As análises da corrente atual da história dita "revisionista" da Revolução Francesa, sob a pena de F. Furet, reinstalam antes o Terror do que o medo na categoria das problemáticas centrais do período, mesmo que alguns, franceses ou anglo-saxões, insistam no papel da violência (mas recusando, como faz Frédéric Bluche em *Lógicas de um massacre*, a escusa do medo).

Eis, portanto, um terreno a revisitar: na história do medo, ou dos medos, a Revolução Francesa permanece um episódio essencial. O medo se inscreve como um componente importante, mas não o único, nem o elemento que forneceria a explicação fundamental. A Revolução Francesa apresenta uma virada dos medos do antigo estilo para novas faces do medo. Abordarei o problema por meio de uma abordagem analítica, voluntariamente modesta, apresentando sucessivamente os elementos do problema.

Cronologia e encadeamentos do medo sob a revolução

Convém montar o cenário: três ou quatro imagens fortes se impõe no catálogo das ideias feitas que, nem todas, são falsas.

A Revolução de 1789 se abre no campo por meio de um medo, o Grande Medo, que percorre dois terços do espaço

Combates pela Revolução Francesa

francês na segunda quinzena de julho. Sem retomar a história dele, que supomos ser conhecida, devemos lembrar seus caracteres essenciais: a amplidão espetacular, a partir de seis focos ou epicentros iniciais, irradiando em todo o país; a rapidez da transmissão, por via oral e contato direto, de aldeia a aldeia; o caráter pânico, enfim. É por causa do temor vago de salteadores imaginários – por vezes de supostos invasores, ingleses imperiais, saboiardos – que os camponeses correram às armas. Inimigo imaginário, mas no contexto preciso da crise social e de subsistências que afeta então todo o reino, multiplicando os errantes e os vagabundos. Sobretudo, o Grande Medo ilustra a maneira pela qual o pânico foi superado e vencido, desviado de suas características originais de pulsão irracional, quando ele oferece às comunidades a oportunidade de se armarem para formar o embrião das futuras guardas nacionais, e aos camponeses, a ocasião de irem aos castelos para queimar os papéis senhoriais sobre os quais se apoiava o imposto feudal.

Podemos dizer, por isso, que o Grande Medo seja o último que o espaço nacional conheceu? Com essa amplidão, certamente: mas sabemos também que "pequenos" medos ressurgiram nos anos ulteriores: na região parisiense e no Nordeste, em 1790, depois, ainda, no contexto da tentativa de fuga do rei em Varennes, em junho de 1791, na Champanha e à volta de Paris. Mas, ao longo desses medos, podemos seguir uma evolução sensível na politização das motivações. Ainda nesse caso, Georges Lefebvre analisou um episódio característico de um dos medos na volta de Varennes, o assassinato do conde de Dampierre, revelando, por trás da violência do gesto, os elementos de um antigo contencioso entre esse senhor e seus camponeses.

Uma virada ocorre em 1792, com os massacres de setembro que, nos primeiros dias do mês conduzem à execução de mais de mil vítimas nas prisões de Paris, por uma multidão aturdida pelo medo da invasão estrangeira e mais ainda pelo "complô do interior". Aqui, não é um pânico comparável ao Grande Medo, é o medo do "complô aristocrático", que será chamado de, mais tarde, "a punhalada pelas costas" que se exprime com selvageria. A análise dos massacres de setembro está longe de ter sido levada a seu termo. O estudo dos atores – gente pequena, mas que não saíram do populacho, como se disse –, de seu discurso, conduz a aprofundar a noção de reação primitiva, avançada por Lefebvre: um conceito de justiça popular, que desafia a instituição, aparece, certamente misturada com as expressões mais complexas de uma explosão coletiva. O Terror encontra aqui suas raízes na expressão da violência popular.

Podemos arriscar o paradoxo de dizer que o Terror põe um fim aos medos. Fim dos medos, início do medo? Sem dúvida, para todos aqueles que podem ser ameaçados pela lei dos suspeitos, a partir do outono de 1793, e pela repressão do período terrorista. Mas os mecanismos do medo estão invertidos: "A liberdade ou a morte... ou nós a daremos", é assim que a fórmula por vezes se precisa. O exercício do Terror, até a lei de prairial do ano II, que marca o seu apogeu, substitui à violência espontânea uma repressão organizada e canalizada.

Considera-se que o fim do medo ocorre em termidor. O discurso, assim como a iconografia, celebrou a abertura das prisões, denunciaram os excessos do período precedente, passando rapidamente sobre esse outro medo que se instala, como no Sul, no quadro do primeiro Terror Branco e das violências realistas. Mas a temática e o mito da "festa diretorial" se constroem sobre o tema do gozo imediato de uma elite que quer exorcizar o medo de ontem.

Um passo a mais na análise: dos antigos medos aos novos

No quadro cronológico brevemente traçado, podemos já seguir o resvalar sucessivo do medo.

Medo social desde 1789, com sua dupla face, medo dos pequenos e medo das elites. Nas classes populares urbanas como

Combates pela Revolução Francesa

no pequeno campesinato, prevalece o medo da fome – "regente: a miséria", seguindo a expressão célebre de Ernest Labrousse –, ela reativa o tema já presente sob o Antigo Regime do "complô da fome", fomentado pelos atravessadores, mas também pelos grandes, frutos de uma maquinação maquiavélica.

Entre aqueles que têm alguma coisa a perder – lavradores dos campos, burgueses urbanos pequenos ou grandes – o medo da pilhagem e dos salteadores, ou dos errantes, se justapõe a esse primeiro tema, conduzindo a uma atitude repressiva, frequentemente brutal (lembremos, para tomar apenas um exemplo, da severa repressão das insurreições camponesas da região de Mâcon, na primavera de 1789): de onde nasce o caráter ambíguo da conjunção do movimento camponês e das revoluções municipais do verão de 1789, diante de um fundo de desconfiança, mesmo de temor. É também contra os camponeses que as milícias urbanas se formaram, de onde nascerão as guardas nacionais urbanas.

Muito rapidamente assistimos a uma politização do medo: do rumor ao complô, a escalada se precisa. O "complô da fome" vai dar lugar ao "complô aristocrático" a partir do momento em que as posições são tomadas, e quando fica evidente a rejeição da nova ordem das coisas pelos privilegiados.

Nessa escalada, a virada de Varennes, na primavera de 1791, tem um lugar essencial, revelação, para muitos, da traição real, última desmistificação de um soberano que foi visto, durante muito tempo, como um recurso e uma proteção.

A guerra, depois a invasão a partir da primavera de 1792, acentuam a virada, desdobrando o tema do complô. Medo do inimigo exterior: gravuras ilustram as atrocidades austríacas, verdadeiras ou imaginadas. Medo do inimigo interior: nas frentes da guerra civil, a partir de 1793, o termo de salteador reaparece, são os "salteadores da Vendeia" que se vai combater na frente do Oeste. Mas o inimigo interior está em todos os lugares, fomentando a contrarrevolução, quando as suspeitas se generalizam. O "complô do estrangeiro" torna-se parte integrante da luta das facções da primavera do ano II. Os estudos recentes sobre o conceito de estrangeiro durante a Revolução ilustram a maneira como se cristalizam os novos medos e os ódios coletivos.

Logo depois de termidor pode-se falar de um retorno dos medos coletivos em direção aos medos individualizados – o do jacobino ou do comprador de bens nacionais ameaçado pelos degoladores realistas, o do rico fazendeiro da Beauce que teme a visita dos salteadores –, esses "esquentadores" de pés que lhe farão dizer onde escondeu seu pecúlio? Volta, dirão, à casa inicial, o salteador se encontra no final do período, como em suas premissas.

Faces do medo: uma tipologia

O medo toma muitas faces. Nas fileiras dos medos coletivos, o rumor ocupa um lugar essencial, transmitido pela via oral, ou já completado pela imprensa, que faz o eco.

Nos primeiros anos, em 1790 e 1791, a opinião nascente se focaliza em episódios muitas vezes ampliados: das milícias pagas, nas portas de Paris, os "caçadores de barreiras" brutalizam os donos de cabarés e habitantes das periferias, nasce imediatamente o temor de um complô contrarrevolucionário. A conspiração dos "cavaleiros do punhal", esses nobres realistas que se reuniram à noite nas Tulherias, suscita uma literatura e uma iconografia que exageram a respeito da realidade do episódio. Uma barcaça carregada de guardas nacionais naufraga no Ródano em março de 1792, na altura da ponte Saint-Esprit: o acidente suscita perturbações em todo o campo à volta. Medos verdadeiros ou falsos alimentados, propagados, pela imprensa, contribuem para o clima de desconfiança geral.

O medo individual tem seu lugar nesse dispositivo. As memórias e as correspondências fazem eco disso. Em suas memórias, o jornalista e deputado girondino Louvet faz uma crônica dia a dia de sua fuga através da França, da Bretanha a Bordeaux, ao seu retorno a Paris, de um esconderijo a outro, ao sabor de asilos precários e de trajetos noturnos. As cartas das prisões, que foram recentemente estudadas (O. Blanc: *A última carta*) são o eco dessa angústia no dia a dia. Em certos cronistas, como Restif de la Bretonne, que exagera certamente evocando com uma igual convicção o que viu e o que não viu, o quadro de Paris torna-se aquele de um universo do medo.

O tema da noite poderia servir de denominador comum a muitas dessas evocações. Ele estava presente desde o início: em suas narrações do Grande Medo de julho de 1789, Georges Lefebvre evoca esse grande pânico dos aldeões que haviam tomado ceifeiros que terminavam seu trabalho à noite, cantando, por salteadores. Uma estampa com o título de *Viajantes da noite* evoca a fuga de emigrados na sombra propícia que a lanterna de um camponês descobre brutalmente. De fatura já muito romântica – parecendo uma gravura de Chodowieki – uma outra relata a fuga agitada para seu Delfinado natal, do deputado Mounier, *A lanterna está na garupa e viaja com ele*... O tema da noite se completa com aquele do sonho, ou antes, do pesadelo: *O sonho de Marat* é o título de uma aquarela contrarrevolucionária, evocando o Amigo do Povo, sonhando sem dúvida com massacres, com seu sabre e sua lança ao lado de seu leito.

Tais imagens, que refletem toda uma sensibilidade do instante, terão longa duração, transmitidas que foram pela literatura ou pela história. Pensemos na cena célebre da *Morte de Danton*, de Büchner, em que o tribuno procede ao seu exame de consciência angustiado na sombra da noite. Não seria difícil encontrar, em certos historiadores contemporâneos, esse clima que lembra Restif de la Bretonne ou Sébastien Mercier: assim, em Richard Cobb, evocando os mistérios de Lyon, entre Terror e Terror Branco, em que os destinos irrisórios e trágicos dos suicidas parisienses, dos quais ele repertoriou os traços – trapos e objetos familiares – no necrotério. Nesse clima se opera, no imaginário coletivo, a elaboração dos objetos do medo.

Michel Vovelle

Fabricação dos objetos do medo

O medo arrasta objetos e símbolos, animados ou inanimados, ele herdou alguns, renovou seu teatro.

Na lista dos atores, ou dos agentes humanos, há algumas silhuetas familiares. O salteador é bem conhecido, em um imaginário alimentado pela lembrança de Cartouche e de Mandrin. Nas portas de Paris, Fleur d'Épine, um dos longínquos sucessores de Cartouche, estará, ironia do destino, entre as vítimas dos massacres de setembro em Versalhes. Mas esse salteador de tradição, diríamos, vai se politizar, durante algum tempo, tornando-se, como vimos, o "salteador da Vendeia", antes de retomar, na época diretorial, uma fisionomia ambígua, compartilhada entre a dos *chouans* do Oeste ou os salteadores realistas do Sul, entre a rebelião política e a delinquência de direito comum, e esses "esquentadores" das planícies de grande cultura, da Beauce ao Valois ou à Picardia, que pilham e matam por dinheiro. Conhecemos bem os salteadores do bando de Orgères, na Beauce, que fizeram as manchetes. Um de seus chefes, o "belo François", não distribuía, nas audiências de seu processo, seu autorretrato, de fatura ingênua, emplumado como um representante em missão? Mas a justiça do Consulado, que reprimiu as atividades do bando, quis dar um contraexemplo e se pode visitar ainda hoje, em Chartres, as máscaras mortuárias em gesso dos salteadores de Orgères – o belo François, o Vermelho de Auneau, ou o Breton Beberrão...

Em transição com essas silhuetas familiares, o atravessador quase não se mostra nas estampas, figura abstrata, personagem fantástico, a menos que não se lhe seja dado os traços monarquistas de uma das vítimas da revanche popular – assim, Foullon de Doué, massacrado em julho de 1789, com a cabeça espetada na ponta de uma lança, a boca cheia de feno, por ter dito, segundo corria, que o povo podia bem comer capim se não tinha pão...

Novas imagens aparecem, se elaboram, que alimentarão as estampas: é o aristocrata e o emigrado. Ele adquire por vezes um ar fantástico: animal monstruoso, dragão ou hidra, ser compósito reunindo em sua pessoa os atributos simbólicos do Antigo Regime. Mas a figuração antropomórfica vence na caricatura. Ela insiste por vezes no medo que suscita o homem com o punhal, a duplicidade do personagem com dois rostos, Janus hipócrita. Mais frequentemente ela joga com a irrisão, meio de exorcizar o medo: o ataque ao corpo é a regra, opondo à normalidade atlética do herói revolucionário a silhueta descarnada ou, ao contrário, obesa (Mirabeau-Tonel) do aristocrata cuja aparência física reflete as turpitudes e os vícios. Reservam-lhe, em efígie, torturas variadas e execuções. O padre refratário, que se junta ao aristocrata na lista dos objetos de execração, divide a mesma sorte na iconografia: na evocação das perturbações contrarrevolucionárias de Montauban, um monge brandindo um crucifixo para excitar os fanáticos parece sair de uma ilustração do *roman noir*, enquanto a caricatura apresenta o jesuíta, imagem da duplicidade.

Outro objeto de execração, o estrangeiro no ano II é tema, por meio do discurso dos envios, assim como das cenografias da festa e do auto de fé, de uma elaboração, retomando com exageração o traço dos fenótipos por vezes antigos: ferocidade do austríaco, sobre o modelo do *pandur*,[2] fanatismo do espanhol, felonia do italiano (sobretudo depois do assassinato de Bassoille), a palma cabendo ao inglês, que acumula todos os motivos de ódio.

Visto do outro lado, depois de termidor, o jacobino ou o *sans-culotte* vai se encontrar, por sua vez, vestido com os atributos do homem que assusta: pouco lugar aqui para a irrisão, pelo menos na iconografia francesa. Esfarrapado, bêbado, brutal, violento e dissimulado, correndo com a tocha na mão em meio a um campo de ruínas, o *sans-culotte* como o jacobino vão se encontrar no personagem do anarquista, que conhecerá no ano IV, no tempo da conspiração dos iguais, suas expressões mais

---

2 Soldado da infantaria dos Habsburgo. (N. T.)

Michel Vovelle

acentuadas. A anarquia é personificada: ela se torna uma velha, com os seios caídos e cabeleira de medusa, brandindo um punhal.

A gravura inglesa vai mais longe: a imagem fantástica do *sans-culotte*, de Gillray, de todos esses artistas o mais imaginativo, se exprime por meio de composições como *Ceiazinha à moda parisiense*, em que uma família bestial enche a pança em uma refeição antropofágica de corpos esquartejados de aristocratas. Em outra composição, um *sans-culotte*, sentado com a bunda de fora sobre o lampião da esquina, toca violino, dominando a cena de um massacre geral.

Nesse diálogo, em que se defrontam, como em um jogo de espelhos uns e outros, a mulher tem um papel ambíguo, às vezes vítima, às vezes a encarnação da violência e do vício. O medo da mulher, tema caro a Jean Delumeau, se exprimiu depois de termidor pela voz do convencional Drulhe: "É preciso dizer, para honra do meu sexo que, se por vezes encontramos sentimentos ferozes, é quase sempre nas mulheres... Percebe-se que são elas que, nos movimentos populares, se assinalam pelas mais horríveis exaltações, seja que a vingança, essa paixão querida pelas almas fracas seja mais doce aos seus corações, seja que quando elas podem fazer o mal impunemente, elas aproveitam com alegria a oportunidade de compensar a fraqueza que as dispõe na dependência da sorte..." Acrescentando, entretanto, que esse julgamento não se aplica às mulheres de bem.

A imagem que a literatura e a historiografia do século XIX moldará da "tricoteira", instalada ao pé da guilhotina para degustar o espetáculo das execuções capitais, se perfila já aqui. Denuncia-se as amazonas, as tríbades, das quais Theroigne de Méricourt, acusada de haver encorajado os massacres de setembro, é o símbolo. Mas, no campo patriota, essa visão é compartilhada, focalizada no personagem de Maria Antonieta, não apenas Messalina, mas apresentada sob os traços da hiena ou da loba com mamas caídas, associando crueldade e lubricidade.

Se as expressões antropomórficas do medo, por meio da fabricação de personagens emblemáticos que são objetos de execração, revelam assim sua riqueza, os objeto-símbolos têm também seu lugar nesse sistema de signos.

Antes de se tornar, na simbólica revolucionária, a imagem de referência da liberdade conquistada, a Bastilha, nas estampas de 1789, figura, mais de uma vez, como o castelo negro, o dos romances fantásticos. Penetramos em suas profundezas para descobrir aí prisioneiros acorrentados e mesmo – por que não – o homem da máscara de ferro.

Medo exorcizado pelo próprio efeito da vitória do povo parisiense. Outros símbolos vão retomá-lo sucessivamente: a lanterna, que serve para iluminar as esquinas, mas em que se enforcaram também os aristocratas, se autonomiza, torna-se a expressão da vingança popular: nós a vimos perseguir Mounier a caminho da emigração; ela ameaça também, em outra estampa, um orador aristocrata na tribuna da assembleia, e o perfil de Maria Antonieta foi inscrito em um revérbero.

A guilhotina a sucede a partir de 1793. Torna-se a expressão desse medo que se quer inspirar aos inimigos da Revolução. A simbólica da guilhotina foi recentemente estudada (Daniel Arasse): ela aparece em toda sua ambiguidade. Ela é o meio, na gravura contrarrevolucionária, de denunciar os crimes da Revolução, reivindicada por certos gravadores patriotas como o suporte das proclamações vindicativas: mão brandindo a cabeça cortada de "Luís o traidor" serve de aviso: com a da Medusa, ela deve aterrorizar o adversário. Os estrangeiros entram no jogo: e, na abundância de exploração, pelos gravadores germânicos e particular, do tema da guilhotina, advinha-se como que uma fascinação.

Dos objetos-símbolos inanimados às alegorias e ao bestiário, a transição é natural: a hidra, mas também o monstro Veto, ou o monstro Iscariotes, representando a aristocracia, são a expressão disso: o homem selvagem herdado do antigo sistema alegórico aparece como encarnação dos poderes do mal, mais frequentemente do que como protetor. Avança-se para a imagem compósita na qual a Revolução rã com corpo de guilhotina, tal como a concebeu Gillray, nos deu o exemplo ilustrativo.

Michel Vovelle

Mas é, talvez, através dessas figurações emblemáticas que se pode perceber também os caminhos pelos quais os homens daquele tempo tentaram exorcizar o medo.

Para escapar do medo: dos objetos de execração aos heróis protetores

Seguimos, através da iconografia revolucionária, as metamorfoses do gigante: de homem selvagem – Veto ou Iscariotes – ele se tornará, em uma gravura do jornal *Les Révolutions de Paris*, a personificação da força popular: *O povo comedor de reis* é o título dessa representação de um herói gigantesco, espécie de Hércules com o barrete frígio que devora déspotas liliputianos. O tema de Hércules vai se impor no ano II. David recorre a ele em seu *Triunfo do povo francês*, como nas decorações de festas. Positivação do medo por meio do personagem de Hércules, expressão da força invencível do povo: essa imagem deve ser própria para abater os tiranos.

Sem dúvida ela é bem abstrata, embora possa despertar alguns ecos na cultura popular. Mas heróis bem vivos podem ser eleitos para ocupar esse lugar de proteção. A burguesia moderada, na época da constituinte, pensou encontrar um tal intermediário na pessoa de Lafayette. Toda uma mitologia em imagens se elabora à volta do "vencedor dos dois mundos", do comandante da guarda nacional parisiense, em seu cavalo branco, garantia da ordem estabelecida. Ela não resistirá ao exercício da força, quando Lafayette, em julho de 1791, comandará que atirem nos peticionários democratas do Campo de Marte. Finalmente, é Bonaparte, cuja estrela ascende de 1796 a 1799, que assumirá, finalmente, o papel no qual Lafayette fracassou.

Nesse meio-tempo, outros intercessores populares representaram esse papel de recurso, em termos muito diferentes. Vivo, depois morto, Marat, o Amigo do Povo, foi, para uma parte do pequeno povo parisiense, aquele ao qual se escuta, que aconselha, depois a que as mulheres do povo dirigem suas litanias "O cor Jesu, o cor Marat".

Sem mesmo encontrar necessariamente um protetor para o qual se voltar, o imaginário popular fabrica seus heróis e dá vida a eles: tal imagem evoca um herói mítico, inventado na pessoa do "ferreiro da Vendeia", que nos apresenta curiosamente em uma paisagem alpina: tendo sabido, conta a lenda, que os salteadores pululavam na Vendeia, tomou seu pesado martelo de ferreiro para ir combatê-los. Imagem de propaganda incontestavelmente, mas própria para despertar ecos no imaginário popular. O ferreiro da Vendeia é um avatar do "pequeno alfaiate", ou do vindicador popular.

Desse repertório das imagens ou das figurações do medo e dos meios de combatê-lo, convém, entretanto, passar ao gestual, entendamos, às reações concretas ao medo, das mais tradicionais àquelas que o momento revolucionário suscita.

Reações ao medo

Reações "tradicionais"? Elas se inscrevem diferentemente segundo quem se encontra no campo dos dominados, ou dos dominantes.

Os dominantes – entendamos tanto a burguesia que detém o poder local até 1792, quanto os representantes da antiga ordem – não têm de fazer grande esforço de imaginação para encontrar o remédio no exercício da repressão. Georges Lefebvre notava, no mapa do Grande Medo, que as regiões poupadas pelo pânico coletivo eram frequentemente aquelas em que levantes agrários simultâneos ou anteriores tinham trazido a presença de tropas encarregadas de conter as perturbações. Não se poderia mascarar a importância do exercício da violência do Estado: nós a evocamos com camponeses enforcados na região de Mâcon, em julho de 1789, mas as perturbações antifeudais do Quercy, do Périgord e do Limusino, em 1790 e 1791, forneceriam outros

Michel Vovelle

exemplos. A revolução burguesa dos inícios pensou que dava a si própria um potente antídoto ao medo desde outubro de 1789, pelo voto da lei marcial, que demonstrará sua eficácia até o massacre do Campo de Marte no dia 17 de julho de 1791.

A violência dos humildes se inscreve, em complemento e em contraponto, à violência do Estado. Ela toma a forma do massacre, em efígie, por vezes – acabamos de ver isso evocando a iconografia –, mas, com mais frequência, em realidade.

É preciso comentar o massacre? Ele é menos simples de compreender e de interpretar do que se pensa à primeira vista, como pudemos ver a propósito dos massacres de setembro. Por meio dos gestos, e das raras palavras que os acompanham, revelam-se um código e um discurso. Liberação paroxística da angústia, o massacre se associa à festa. Em 1791, quando os marselheses, com algum atraso, tomam as suas bastilhas, os fortes São João e São Nicolau, uma farandola feminina se improvisa, carregando, na ponta de um bastão, as tripas do comandante, o major de Beausset, ao grito de "Quem quer tripas frescas?".

Se Gillray, em sua *Ceiazinha à moda parisiense* evidentemente deu lugar a seus fantasmas ao colocar a antropofagia no cardápio quotidiano dos revolucionários, outros exemplos de reações desse tipo se descobrem: Bernard Conein, comentando os interrogatórios dos massacradores de setembro de 1792, cita expressões características: "Porra de malandro... vou comer o teu fígado... vou fazer um feijão com teus ossos". Verbalidade desmedida: mas Paolo Viola, em seu interessante ensaio *Il trono vuoto*, comenta a execução, perto de Lyon, de Anne Guillin du Montel, detestado senhor de Poleymieux, que dá lugar a cenas de canibalismo... No momento em que se apaga o corpo sagrado do rei, trata-se de se reapropriar da força e do poder, e comer é um dos meios para isso. Não vamos, por causa disso, tornar essa prática, que permanece sem dúvida excepcional, o traço essencial de uma psicologia do massacre, que associa muitos outros elementos, como vimos, evocando a ideia de justiça popular que sustenta a argumentação dos acusados dos massacres de setembro.

Combates pela Revolução Francesa

Na falta de massacre, para esconjurar o medo, por que não o milagre? Em outro campo, em Avignon, em 1791, uma Virgem chora na igreja dos franciscanos. Ela atrai as massas, que executam um jacobino local, o patriota Lescuyer, desencadeando uma espiral de violência. Em 1793, em Forez, perto de Lyon, uma carta em letras de ouro circula, escrita pela mão de Deus para exortar os católicos à resistência: ela mobiliza multidões desses cristãos sem igreja, levantados contra a descristianização. Os combatentes do exército católico e real na Vendeia consideram como um talismã próprio a protegê-los da morte o coração encimado por uma cruz que carregam como emblema.

Em um campo como no outro, o episódio revolucionário pôde despertar, nos grupos milenaristas, por vezes saídos de pequenos cenáculos jansenistas (eliseanos), a imagem do apocalipse e a espera do fim dos tempos que se estima próxima, na base de todos os presságios com os quais se envolve o grande abalo.

A essa rede de reações irracionais, à base, ao medo e à angústia, vai se superpor e depois se substituir um conjunto de outras reações por onde se exprime a novidade – a vontade de construir um mundo livre do medo, e esse outro componente do qual falava Georges Lefebvre: a esperança.

Elas se exprimem inicialmente no sonho unanimista das federações, esse vasto movimento no qual se pode ver como que a expressão de um anti-Grande Medo, vontade de encontro, de unidade e de fraternização, que nasce como o pânico de julho, não em Paris, mas na província, no próprio coração do Delfinado, tão perturbado às vésperas. Estudou-se (E. Liris) a simbólica muito rica das sessenta bandeiras da guarda nacional parisiense que figuraram na grande cerimônia parisiense da Federação do dia 14 de julho de 1790: é interessante, nesse discurso em imagens, decriptar a dialética dos símbolos da esperança e da união, e daqueles – menos numerosos, mas expressivos – que lembram o medo: assim, no distrito de Saint-Marcel, esse camponês, com a foice na mão, que corre através dos campos, sob um céu de tempestade.

Na burguesia constituinte, até 1791 e além, o tema da lei – mesmo o da lei marcial – é o antídoto do medo. Mas, diante do crescimento da contrarrevolução, outros pensam de outro modo. Sob a pena de Marat, em *O Amigo do Povo*, pregam um sistema de autodefesa armado, vigilante, eventualmente massacrando parte das massas populares. Marat, quando propõe a constituição do agrupamento dos "vingadores da lei", faz apelo a que os plebeus se armem. Ele os vê armados de facas, em uma evocação que anuncia mais o *Dos de Mayo* do que a imagem do *sans-culotte*.

A imagem que vai prevalecer, entretanto, a partir de 1792, é aquela desse militante, armado da "santa lança", trazendo na cintura seu sabre "com o fio" (quer dizer, bem afiado). O direito de resistência à opressão, proclamado como um verdadeiro dever pela constituição de 1793, foi substituído à lei marcial burguesa.

A respeito do tema, inicialmente popular *A Revolução ou a morte... ou nós a daremos*, a dialética do medo mudou de sentido. O povo, que se tornou colossal, inspira medo aos seus inimigos: gravuras significativas (*O baile dos déspotas*) exprimem e ilustram a debandada dos monarcas. Uma gravura sobre o tema de *A lanterna mágica* apresenta aos soberanos a imagem daquilo que os espera.

A positivação do medo como meio de fazer a Revolução triunfar encontra novas metáforas: tomadas da ciência, como a eletricidade na "queda em massa" em que os déspotas são fulminados por ordem revolucionária, ou à mitologia, como a cabeça da Medusa. Assim, o Terror, em suas raízes populares, como em suas expressões de elite, se quer resposta vitoriosa ao medo.

Existe, entretanto, outra via – diríamos, mais suave? – que passa pela pedagogia revolucionária. Pode-se ilustrar pelo exemplo daquela dos descristianizadores do ano II. Trata-se, para eles, por meio de seus discursos, de derrubar o universo dos medos ancestrais, o temor omnipresente dos castigos do inferno, sobre o qual se apoiava o império dos padres, ele próprio caução da ordem social monárquica. É o fim dos velhos fornos infernais: Jacqueline, a esposa do *Père Duchesne*, que por vezes toma a palavra nas colunas desse jornal, diz, com uma ingenuidade fingida: "Se existe um deus, o que não é nada garantido, ele não nos criou para nos atormentar e nos fazer sofrer..."

A última ponta desse exorcismo do medo se exprime como um desafio, no gesto, reencontrado em vários lugares desses militantes descristianizadores que, na igreja transformada em templo da Razão, bebem no cálice, gritando: "Se existe um deus, que ele me fulmine". Ao que seus adversários responderão, no século seguinte, quando da volta à ordem e dos medos salutares, evocando, com o tema do *de mortibus persecutorum*, a justa punição desses profanadores.

Pois, com a volta à ordem, o que resta ao herói revolucionário como antídoto do medo? O estoicismo, à maneira da antiguidade, como último recurso. O da morte heroica assumida com dignidade e indiferença, como o exprimem as estampas e seus comentários sobre a morte de Charlier, o jacobino lionês guilhotinado pelos federalistas. Como o exprime o silêncio de Saint-Just em 9 de termidor. Formulação última dessa atitude é o suicídio heroico, tal como foi praticado sob a Revolução, simboliza esse domínio de si que encontramos tanto nos girondinos (Valazé, Roland), quanto nos *montagnards* (Lebas), dia 9 de termidor, e nos "mártires de prairial" do ano III (Goujon, Sombrany), ou entre os babouvistas. Por esse gesto, eles pretendem acertar as contas com o último medo, o da morte.

A Revolução Francesa como uma virada na história do medo

Com essas poucas reflexões, medimos o lugar original que a Revolução Francesa ocupa na história do medo.

Decerto, encontramos aí os medos do "antigo estilo": exorcizados ou recorrentes? Sabemos, certamente, que esses pânicos poderão ser encontrados até 1848 pelo menos, durante tanto quanto a antiga sociedade rural.

Mas tomamos consciência também da importância da descoberta da política e do imenso trabalho de aculturação operado. As repercussões são múltiplas e problemáticas: tomada de consciência pelo individuo de sua liberdade e de sua dignidade, a Revolução inventou também o Terror, que pode ser tomado como um novo avatar do medo, para uso dos tempos futuros.

Ela se termina, mais ainda que no medo imediato, na angústia, fruto da desestruturação dos valores tranquilizantes – morte do rei e, por um tempo, morte de Deus. Os pintores que expõem nos salões da época diretorial exprimem, por vezes, de maneira indireta, esse sentimento constitutivo da nova sensibilidade romântica: assim Bonnemaison, em um quadro que tem por tema *Jovem surpreendida pela tempestade*. Eruditos e pensadores respondem à pesquisa lançada pelo Instituto sob o consulado, por instigação do ministro do interior, Lucien Bonaparte, com o tema de uma reforma do sistema dos rituais mortuários desorganizados pela Revolução.

Cuidado de volta à ordem, revelando, se formos mais longe do que o medo das elites dominantes e dos bem pensantes, o que é a mesma coisa, o quanto o sistema do medo foi profundamente reformulado: não é mais apenas o da emoção popular em relação às subsistências ou à fiscalidade – explosões rotineiras no universo do Antigo Regime. Mas é, agora, também o medo da Revolução. Este terá um belo futuro, até hoje, ou quase...

Em contraponto, a Revolução promoveu um novo valor: a esperança, o desejo de mudar voluntariamente o mundo em nome dessa felicidade, o que é uma ideia nova na Europa. Essa ideia também tem um belo futuro.

Razão e violência na descristianização do ano II[1]

Em aparência, há alguma facilidade em empregar a dialética razão-violência ao falar da descristianização: mas as intervenções precedentes já mostraram o quanto esse teste decisivo tem um lugar importante em nosso tema. Ela nos confronta com o problema de saber até onde penetra a força da ideia, sobretudo quando se trata de uma ideia tão subversiva como essa de erradicar as religiões e igrejas instaladas. A importância desse problema não foi ignorada, e podemos nos voltar para Alphonse Aulard, um dos primeiros a ter proposto questões a fundo, em seu ensaio sobre *O culto da Razão e o culto do Ser Supremo*, e que retorna ao problema em 1926, em termos que podem nos parecer, hoje, ingênuos, pois ele formula a hipótese: a empreitada poderia ter dado certo? Se termidor não tivesse ocorrido, ou se o próprio Robespierre não tivesse posto fim prematuramente

---

1 Comunicação originalmente apresentada no colóquio de Milão, realizado na Casa della Cultura: *La Revoluzione francese: la forza delle idee o la forza delle cose* (1989).

Michel Vovelle

a essa experiência? Decerto, Aulard é bem um homem do seu tempo, sensível às problemáticas que o assediam. Mas, para reformular, tal como nós a podemos considerar hoje, essa questão, ao mesmo tempo ingênua e fundamental, permitam-me partir de uma citação, dando a palavra a um padre do ano II, o cidadão Gros, cura de Saint-Sever, perto de Toulouse, que escreve para a convenção, dia 28 de frimário. Sua carta foi recebida: está inserida nas minutas. Estamos no dia seguinte do decreto sobre a liberdade dos cultos. E eis o que escreve esse padre constitucional:

> Os inimigos de minha religião citam, para apoiar as violências deles, o estado de revolução no qual nos encontramos ainda. Não atentam ao fato de que essa razão depõe contra eles próprios. Um tempo de revolução não passa de um tempo de combate da razão contra a razão, e da força contra a força. Opor a força à razão não é mais a revolução: é opressão, é tirania.

E é em nome desses princípios que ele defende seu direito ao exercício de sua religião. Citação notável que nos põe diante de toda a amplidão do problema. Do inverno de 1793 à primavera de 1794, a descristianização representa a última expressão de um dos sonhos mais essenciais da Revolução, o da regeneração. Desde esse momento ele foi ilustrado, antes mesmo que a violência intervenha. Pensamos no dia 10 de agosto de 1793, nessa festa, sem dúvida uma das mais belas do período, sobre o tema da regeneração e da união dos franceses por ocasião da proclamação no novo texto constitucional. Sobre as ruínas da Bastilha foi erigida a estátua majestosa de uma divindade egípcia, Isis talvez, não importa, que aperta seus seios para fazer jorrar deles a água purificadora, e os membros da convenção, com o presidente Héraut de Sechelles na frente, bebem dessa fonte. Expressão do projeto pedagógico mais ambicioso da Revolução Francesa que encontra sua conclusão no triunfo da razão. Ora, sabemos também que a descristianização do ano II não é, em nada, a realização desse sonho, que se opera aí a confrontação brutal com a própria realidade de um meio que se rebela. Encontra-se aí a força das coisas? O sonho se acha confrontado, se podemos dizer, a uma dupla violência: sua própria violência, aquela mesma que lhe é imposta pelas recusas com as quais ela se depara, e a resistência que lhe é oposta. Nesse incêndio de origem tanto elitista quanto popular, não é mais a razão que fala – um "último combate de uma guerra perdida para salvar a honra [baroud d'honneur]" da velha cultura popular, se me perdoam a expressão, se exprime por meio da mascarada, do auto de fé, da perseguição quotidiana, descobrindo outra coisa que não é a ideia, remetendo a uma base resistentes de longa duração: uma expressão da "força das coisas". Mas essa força das coisas, no caso, e segundo uma ideia mais comumente recebida, se exprimirá mais ainda na resistência de uma população que escapa, regiões inteiras que se rebelam diante dessa ofensiva. Encontramos a reflexão disso no mapa tão contrastado dos sucessos e dos fracassos da descristianização tal como pude traçar. Esse teste decisivo deriva, talvez, seu caráter significativo da própria ambiguidade de sua origem. Bem sabemos que ela não é, de modo algum, uma iniciativa oficial, logo repudiada, como foi, não apenas por Robespierre e seus amigos, não apenas pela maioria da convenção, mas pelo comitê de salvação pública, condenada no seu princípio pelo decreto de frimário sobre a liberdade dos cultos. Mas não se trata de uma medida oficial, como também não se trata de um movimento espontâneo, popular, mesmo que não seja em Paris, como se sabe, mas na província que o movimento nasce.

É talvez dessa ambiguidade que a aventura extrai seu caráter significativo: situando-se entre os dois, nesses grupos politizados que estão na ponta do combate durante esse inverno – e nessa primavera do ano II. Em referência à nossa problemática da força das coisas e da força das ideias, a questão se complexifica por causa disso: força das ideias contra força das coisas, ou ideia contra ideia? Tentarei abordar a partir de alguns temas de reflexão.

Primeiro tema? O triunfo da razão, como podemos segui-lo a partir do próprio discurso, e de sua proclamação ao longo dessas centenas de envios que marcam a abertura dos templos da Razão, as celebrações das festas, ilustrando a maneira como ele é percebido ou, melhor ainda, sonhado. Deixemo-nos levar por esses textos:

"O erro que, de época em época, tinha se propagado acaba de desvanecer, os preconceitos do fanatismo desapareceram, só temos um culto, o da Razão e da Liberdade." (Villemomble, 4 de frimário)

"Pomo-nos no nível da Razão e consolidamos seu Império. Que só ela reine de agora em diante sobre nós, e sede os incansáveis ministros dela." (Comuna de Issy, 4 de frimário).

"Há muito tempo que o fanatismo não existe mais em Gonesse, os gonessianos só reverenciam a Razão; a Igualdade e a Liberdade são seus únicos Deuses, a Unidade e o Indivisível da República os únicos objetos de sua luta... Iluminados pela tocha da Filosofia, profundamente penetrados de horror pela tirania e pela superstição, eles só queimam seus incensos no altar da Pátria e a soberania do povo concentra todas as suas afeições."

Mas a França profunda ecoa essas localidades da proximidade parisiense: ouçamos os patriotas de Saint-Flour.

"Entre nós, nunca mais superstições, nunca mais preconceitos, nunca mais igrejas, nunca mais padres, nossos templos servem hoje à celebração das festas cívicas, o dia da década[2] substituiu a festa do domingo... [o metal dos sinos] vai ser purificado no crisol da filosofia e da Razão." (Comitê revolucionário de Saint-Flour, 4 de frimário do ano II)

Em uma palavra, lendo essas declarações, o problema pode ser eludido: pois, no final das contas, a batalha foi ganha. Todas

---

2 Aqui, no sentido da semana de dez dias, no calendário revolucionário, que substituía a semana tradicional. O dia da década, ou *decadi*. (N. T.)

essas constatações se exprimem no presente, por vezes mesmo no passado, em termos de instantâneo. Couthon, em seu relatório do 14 de frimário, evoca o povo de Puy-de-Dôme, para dizer:

"O povo de Puy-de-Dôme acredita hoje que o único templo digno do Ser Supremo é o mundo, do qual ele é o arquiteto, e que é só apenas no coração do homem que seus altares e o verdadeiro culto devem se encontrar."

O que pode nos surpreender, como surpreende os próprios oradores, parece, é a amplidão do sucesso, o que ainda outros evocam como "a marcha rápida da verdade", assim, em um envio de 10 de frimário do ano II: esperávamos, dizem eles, o triunfo da razão sobre a superstição e o fanatismo desde 1790: "Esse dia chegou, nossa sociedade se alegra com isso, como de um dos maiores benefícios de nossa santa Revolução...". Essa sociedade está convencida que "a égide da liberdade e da igualdade só adquire força na regeneração dos costumes".

Essa constatação de um triunfo pacífico e instantâneo, em meio às festas em que se proclama: "Homens livres, a razão nos chama a seu Templo", e nas quais os assistentes respondem: "Nós não a abandonaremos nunca", encerra a primeira imagem que se impõe a nós. É o milagre da razão, ou da regeneração, como expressão de uma Revolução já concluída. É o que proclama, no Sudoeste, um dos mais ardentes descristianizadores entre os representantes em missão, Dartigoeyte: "Como retraçar o quadro interessante e sublime que apresenta esse dia memorável! Como exprimir todos os sentimentos que me agitam, todos os afetos que me tomam! Esses lugares, outrora consagrados ao erro, convertidos de repente em um templo da verdade; essa cátedra, durante tanto tempo órgão da mentira, que se tornou oráculo da razão; a imagem santa da liberdade substituindo os antigos absurdos ídolos; os emblemas da igualdade em todas as paredes, os atributos do republicanismo em todas as cabeças; esses hinos, esses cantos patrióticos, essa afluência de todas as idades e de todos os sexos, essa alegria, esses transportes, tudo me anuncia o impulso de um grande povo em direção à razão;

tudo me diz que o reino da mentira cessou, e que os franceses, dignos enfim da Liberdade, não reconhecem outro culto a não ser o da Pátria, outros dogmas a não ser o da verdade".

Tal milagre é proclamado por outros, assim, o convencional Milhaud:

"Um raio de luz que brilha no interior destes muros no alto da Montanha penetrou até nós. Que mudanças ele provocou em nossas ideias. Tudo o que chamamos dogma, mistério, cerimônias sagradas, tornou-se motivo de risada de nossas crianças. Não temos outro culto a não ser o da razão e da liberdade."

O que uns dizem, outros o mimam nas cenografias das mascaradas do inverno de 1793. Vejam, em Seyssel, no Ain, essa espécie de mimodrama em que se evoca, no seio do auto de fé, isto:

"Um indivíduo burlescamente vestido de roupas sacerdotais, com solidéu e casula, representa o fanatismo e, saindo por detrás do altar, olha com espanto a deusa Razão. Ela lhe mostra os direitos do homem: assustado, ele procura fugir, mas os jacobinos que vigiam o acorrentam. Saem então da igreja com os berloques da superstição. Quatro jacobinos trazem um confessionário que colocam ao lado do templo da Razão: um oficial municipal armado de um machado separa os dois lados... milagre! Assim separado, o confessionário toma a forma de uma guarita, onde um guarda nacional entra, cantando: 'Vigiemos a Salvação do Império'. Depois amontoam-se os berloques da superstição na fogueira e queimados: 'Iam atirar ali o fanatismo quando, tirando sua fantasia burlesca, que ele joga às chamas, aparece vestido como guarda nacional, abjura o erro e a mentira que ensinou até então e jura professar apenas os princípios republicanos'."

A própria festa brinca, portanto, com o instantâneo. Mas, de fato, por trás dessa surpresa ou desse milagre da razão, aparece claro, quando se lê os textos, que essa mudança só é profunda porque trata-se de um retorno à religião natural, Milhaud o diz ainda:

"Essa religião, tão antiga quanto o mundo, não tem milagres para produzir em seu favor; mas o que prova sua origem celeste é o assentimento universal que ela recebeu dos habitantes dos dois hemisférios, selvagens e civilizados; é o bem que ela faz às nações que a respeitaram; é o mal que ela preveniu ou reparou. Homem de má-fé, entra em seu próprio coração, consulta tua razão, escuta o grito de tua consciência, percorre o mundo físico, vê o que se passa na ordem moral, e diga-me se é possível negar a existência."

A razão pode, decerto, aparecer como a conclusão de um percurso, que remete ao século das Luzes, o fruto de um progresso tanto quanto um retorno às origens. É ainda Dartigoeyte quem fala, para reconhecer essa dívida:

"Oradores, Escritores, que, por meio de vossas prédicas eloquentes preparáveis há trinta anos essas reformas memoráveis; e vós, Legisladores filósofos, que tendes a coragem de executá-las, que vos sejam rendidas graças imortais!"

Mas o que foi assim preparado na longa duração das décadas precedentes o foi também pelos combates dos inícios da Revolução, em lutas que lembram certos atores.

Aqui se inscreve uma importante peripécia: esse triunfo instantâneo e rápido só se concebe por referência àquilo que ele destrói. Ora, isso não é pouca coisa, é o fanatismo do qual se evoca, em contraponto, a imagem fantástica:

"Esse tirano feroz que, do alto das nuvens mostra uma cabeça aterradora, e cujo olho assustador ameaça os mortais do alto; monstro destruidor, que libertando o homem da vergonha, o freio o mais poderoso que a natureza lhe deu, submete suas opiniões, subjuga sua consciência, embriaga sua razão, fascina sua vista, degrada-o abaixo das bestas ferozes que, ao menos, só se estraçalham pelo interesse de suas próprias paixões, e deixa no seio dos povos desnorteados germes quase indestrutíveis de intolerância e de discórdia." (Milhaud em Béziers, 30 de frimário do ano II)

Mesmo que seja preciso, ainda, que as representações figuradas da festa prolonguem e explicitem visualmente o conteúdo do discurso:

Michel Vovelle

"O fanatismo era representado por um *San-Benito*, uma tiara, um punhal, tochas ardentes, víboras, solidéus, casulas, bastões pastorais, bulas e o múleo do papa."

Violência contra violência: diante do fanatismo, nenhuma piedade. O triunfalismo sereno dá lugar ao ódio, e como afirma Dartigoyete, "o dia das vinganças chegou":

"Uma revolução, da qual não foi dado ao espírito humano prever as consequências, nem calcular os efeitos: uma revolução terrível, mas necessária, abalou todo o sistema de nossos hábitos e de nossas instituições: acelerada em sua marcha, pelos próprios obstáculos que a malevolência ou a perfídia ousaram opor a ela, lançou-se como uma torrente no seio da França, derribando os corpos, desenraizando os preconceitos, rolando em seu turbilhão imenso as leis e as opiniões, os homens e as coisas; e não poupando nada do que podia atrasar sua marcha em direção ao grande e sublime objetivo de uma regeneração universal. No seio desse vasto abalo, e entre a ruína rápida de todas as partes de nosso antigo governo, só a superstição, escapada da catástrofe geral, parecia sobreviver à própria Nação. De pé, no meio da ruína universal, esse ídolo orgulhoso parecia desafiar sua destruição e provocar o poder do povo. Enfim, o dia das vinganças veio: o raio atingiu esse colosso odioso, e sua súbita dispersão provou que nada é impossível ao poder de uma Nação livre e esclarecida."

Essa violência, muito real se nos referimos à materialidade das violações aos objetos do culto, e também aos homens, foi denunciada por aqueles que foram as vítimas disso, padres abdicatários arrependidos, evocando a época das desordens:

"Os altares dedicados ao verdadeiro Deus foram derrubados e seus templos totalmente devastados e convertidos em lugares de prostituição", diz um habitante do Var, enquanto F. Morand, na Charente, se lembra da época "em que chegaram, por demasiada infelicidade, nesta região, a derrubar os altares e profanar tudo o que havia de mais sagrado"; "tempos deploráveis", escreve o camponês Seren, quando as igrejas foram pilhadas e os ministros forçados a abandonar suas funções".

Mas ela foi não apenas assumida, mas reivindicada por aqueles que foram os atores. Entre aqueles que se glorificaram disso, podemos citar, pela exemplaridade do caso (apesar de uma última palinódia...), o representante Javogues, célebre por suas expedições em Forez, e que não hesita em atacar diretamente, por meio da pessoa de Couthon, a política de moderação do comitê de salvação pública:

"Não entendo a proclamação do Comitê de Salvação Pública para retardar ainda os progressos da Revolução. Aparentemente Couthon tem necessidade de uma religião qualquer para sustentar o reino dos patifes. O verdadeiro meio de estabelecer o germe das guerras civis de religião é falar delas. Todas as medidas coercitivas que tomais contra os camaleões que se dizem apóstolos das diferentes seitas serão eludidas: seria muito mais simples fuzilá-los..." E Javogues cita em exemplo a política expeditiva que ele aplicou em Saône-et-Loire "em que todos os padres e todos os charlatões da corte de Roma vinham espontaneamente depositar no altar da filosofia as máscaras da superstição e do fanatismo".

Um discurso da imprecação se elabora, não apenas entre os representantes em missão que, com obstinação defendem sua linha política, mas também nas sociedades populares, nos próprios locais de um combate travado com fúria. Escutemos os *sans-culottes* do Hérault, em um de seus envios:

"Sinistros charlatões em que abismo não precipitastes [o homem saído das mãos da natureza]. Bárbaro fanatismo, calcula teus horrores: a terra regada à sangue, o universo juncado de cadáveres, eis a análise de teus malefícios. Mil veles eles fizeram empalidecer o astro brilhante do dia. Vós que fostes os autores ou os cúmplices disso, profanareis por mais tempo esse templo da igualdade? E com que audácia ousaríeis conspurcá-lo com vossa indigna presença? Que há de comum entre vós e esses homens livres?"

Essa violência tem suas justificações: ela é a legítima contrapartida e expiatória da violência do outro bordo, como o exprimem os *sans-culottes* de Beaurepaire, em Isère, que queimam seu "confessionário em expiação dos auto de fé sanguinários em que tantos milhares de vítimas do fanatismo foram imoladas por bárbaros inquisidores".

Ela também é necessária em razão do aviltamento de uma humanidade mistificada por séculos de obscurantismo, e que se recusa a sair disso espontaneamente, com os *sans-culottes* de Bourbonne o expõem, mesmo que eles queiram se limitar a uma "suave violência":

"Cidadãos, Irmãos e Amigos.

"Reunidos para celebrar a Festa da Razão, temos a lamentar de não ter podido completar essa Festa por uma presença maior de nossos Concidadãos. Essa circunstância poderá permitir que algumas pessoas pensem que, até que a Razão tenha aumentado seu progresso, seria prematuro celebrá-la; mas a Sociedade popular de Bourbonne julgou, por unanimidade, que era tempo de prestar uma homenagem pública à Razão: ela acreditou que homens habituados a viver nas trevas não podiam facilmente sentir todo o horror dela; que seria necessário arrancá-los daí e obrigá-los, para dizer assim, a gozar das vantagens da luz, semelhantes à infância, quando amparamos seus passos hesitantes, e que forçamos, por meio de alguma violência, a se afastar dos perigos que a cercam.

"A Razão foi dada ao homem em partilha; ela o distingue dos brutos. Mas, sabe-se, a Razão, escravizada na maioria dentre eles, pela ignorância e pelos preconceitos, serve-lhes em modo pior do que apenas o instinto serve aos outros animais: ela é quase nula entre os homens dos quais acabo de falar; e o instinto que a completa entre os mais selvagens, está também pervertido no Estado social pelos abusos que o dominam."

Tentamos, em uma de nossas obras (*Religião e Revolução*) analisar de maneira sistemática a evolução do discurso descristianizador a partir do próprio vocabulário de centenas de envios recebidos pela convenção, de vendemiário a germinal do ano II, durante os sete meses em que a campanha descristianizadora se

Combates pela Revolução Francesa

incha ao se difundir no país. Primeira abordagem de um estudo a ser aprofundado... Classificadas segundo certo número de rubricas, as referências do contado e do ponderado em função de seu peso relativo no corpus analisado revelam uma evolução sensível:

	Vend.	Brum.	Frim.	Niv.	Pluv.	Vent.	Germ.
Categorias (A Razão)	8,4	8,2	15	13,3	13	14,1	11
Princípios (o apelo ao sentimento)	19,2	13,9	12,7	11,6	10	11,5	9,3
Finalidades (liberdade/igualdade)	29,3	27,2	21,5	25,6	25,7	25,1	31,5
Recusa (o anátema)	7,4	23	27	25	23,7	19,6	18,6
Sagrado explícito (adorar, milagre)	9,7	6,4	6,1	6,3	5,8	5,3	5,5
Sagrado na história (messianismo)	1,7	2,5	1,7	3,5	3,7	3,1	3,2
Sagrado nas formas (Deus o eterno)	4,4	3,4	4,2	2,5	4	3,6	2,8
Modalidades positivas (regeneração)	4,6	2,5	2,8	3,2	2,1	2,5	1,6
Modalidades neutras (virtudes tradicionais)	11,1	8,2	5,9	3,6	6,7	9	9,3
Modalidades negativas (destruição, execração)	4	4,7	3,2	5,3	5,1	5,2	7,7

(em% das ocorrências levantadas no corpus analisado)

A esperança da regeneração se esgota ao mesmo tempo que a efusão otimista, enquanto o vocabulário do anátema se incha. A imagem inicial do pacífico triunfo da razão estagna, ou se apaga diante da tomada de consciência das resistências com as quais ela se depara.

Medimos a amplidão dessas resistências à descristianização; começamos a analisar as formas, e propusemos, em nosso ensaio mais recente, um esboço do mapa dos focos da recusa, que são apenas os epicentros os mais visíveis da má vontade que se generaliza, particularmente no campo, do inverno à primavera.

Sem querer retomar esse estudo que nos levaria longe, deixemos a palavra a algumas testemunhas e interlocutores privilegiados.

Eis um padre, aquele mesmo que evocamos o testemunho como introdução, o cidadão Gros, cura de Saint-Sever:

"Cidadãos representantes.

"Eis-nos chegados ao tempo em que, sob uma constituição, que assegura nossa liberdade, um cidadão zelador de sua religião e que gostaria de defendê-la contra os ataques que procedem de todos os lados, não pode publicar seu pensamento sem se expor a ser vítima de uma espantosa perseguição. Sob pretexto de igualdade, aniquila-se a igualdade dos direitos; sob pretexto de liberdade uma porção do povo trata a outra como escravo. Se somos iguais em direitos, peço que me seja permitido escrever em favor de minha religião, já que é permitido falar e escrever contra ela. Se somos livres igualmente, peço poder gozar de meu direito, de fazer tudo o que não prejudique os direitos de outrem. Ora, minha religião não pode prejudicar ninguém; ela só pode fazer bem a todos aqueles que a praticarão. Observo que a religião não é o fanatismo, como o fanatismo não é a religião. Não é uma religião falsa que quero defender; é aquela de todos os fiéis; aquela que deu a consistência aos impérios, é aquela pela qual a República Francesa pode tornar-se florescente; e sem a qual, semelhante demais a um navio exposto a um mar tempestuoso, ela será o jogo eterno das paixões e da inconstância." (O cidadão Gros, *ci-devant* cura de Saint-Sever, à Convenção, Toulouse, 28 de frimário do ano II)

Mas o que esse padre patriota reivindica, em termos comedidos e dignos, reflete uma atitude que é cada vez mais compartilhada por vários responsáveis da ação revolucionária direta, representantes em missão, tais como o convencional Godefroy, enviado em pluvioso do ano II para reprimir as perturbações religiosas que ocorreram não longe de Paris, em Seine-et-Marne. É mais do que uma declaração de ortodoxia robespierrista que ele nos propõe: um balanço, em uma região que não tem a reputação de ser contrarrevolucionária:

Combates pela Revolução Francesa

"Terminarei vos dizendo que, em todos os lugares, a massa do povo é boa, que em todos os lugares tem-se muita confiança na representação nacional: mas que, também, a revolução tem ainda inimigos ocultos que ousam se mostrar patriotas e que, por meio de medidas excessivas, tendem, nada menos do que derrubar, se fosse possível, o edifício de nossa santa Liberdade.

"Uma coisa que não devemos deixar escapar é que, em muitas comunas, as mulheres, que são mais imbuídas de preconceitos religiosos, atormentam seus maridos sobre os temores que a pretensa abolição da religião lhes inspira. Tal é o espírito dos cidadãos do campo. Portanto eles têm necessidade de luzes, pois esse sistema espalhado em todos os lugares leva a desolação para as famílias. Era, portanto, essencial dar a conhecer o decreto sobre a liberdade dos cultos: foi o que tive o cuidado de anunciar e de propagar, observando que aqueles que recusavam as cerimônias religiosas também deviam ter suas opiniões livres. Em todos os lugares também se espera, com impaciência, a organização das escolas primárias; seria urgente encarregar dessa organização os comissários enviados nos departamentos para o estabelecimento do governo revolucionário.

"Enfim, é importante impedir seus pretensos filósofos que desprezam todo culto, de propagar, com um modo tirânico, suas opiniões.

"Decerto, esses homens não são nem filósofos, nem políticos; eles conhecem muito pouco o coração humano; querem tudo subjugar a seus modos singulares de pensar, e chamam isso de o culto da Razão. Céus!... Que razão?... A perseguição!... sem esclarecer os fracos e os extraviados. Minha alma se confunde nessas reflexões.

"Povo francês, tu nasceste para a liberdade, pois tua sabedoria te preservou de muitas armadilhas: ela te preservará de novos ardis levantados contra a liberdade."

Mas esses responsáveis em missão não são os únicos a se interrogarem. Na própria base, nas sociedades populares dos burgos e dos campos, os patriotas começaram, por sua vez, a ficar perplexos diante das reações hostis de uma boa parte da população. Um eco de suas discussões, na forma de um texto frequentemente saboroso, misturando boa vontade, bom senso, e certa dose de ingenuidade, é oferecido pelo copioso relatório, recebido no dia 24 de pluvioso, da Sociedade Popular de Charolles em Saône-et-Loire. O tema é anunciado logo de início como "a derrubada dos altares do fanatismo ocasionou, em algumas comunas do campo, massas que, todas, foram constituídas por mulheres". E é esse traço, exagerado, sem dúvida, mas reflexo de realidades, que solicita a reflexão do redator. Trata-se de uma consequência do "ascendente que os impostores têm sobre as mulheres e sobre seu gosto pelo misterioso"? Voltando-se para o passado próximo, nosso antropólogo charolês lembra o que representava o repouso dominical, "as mulheres idosas aproveitavam desse longo passeio [no caminho da igreja] para contar suas velhas histórias com suas velhas comadres... encontravam na estrada ou na cidade amigos, parentes revistos com prazer... seguiam-se refeições e, na volta, convites que conduziam uma parente na casa de outra". É evidente, para "aquelas que os anos logo gelarão as paixões... essa suave e estimável recreação tinha muitas delícias". Mas se era assim para as velhas, o que era então o domingo para "as moças cuja idade faz apelo ao mais doce desejo da natureza"! Compreende-se a extrema impaciência delas, "esperava-se na entrada da estrada comum", dançava-se.

A partir de agora, quando chega o dia da década,[3] "sobra para os homens o recurso que eles sempre tiveram": os velhos vão ao cabaré, fazem negócios. Os jovens bebem, privados de suas "amáveis aldeãs", brigam frequentemente. Quanto às mulheres, elas não têm mais nada a fazer na aldeia. As mães se desconsolam em suas povoações, as moças também, e brotam manifestações. Se a necessidade de recreação é necessária para as forças morais, principalmente (sabe-se) para as mulheres,

---

3 No original em francês, "*décade*": dia de descanso no calendário revolucionário. (N. T.)

por causa de sua constituição física, é constante que as moças da aldeia se acostumem dificilmente às privações que podem prologar seu celibato: "em todas as regiões, o prazer do amor é o maior de todos os prazeres". Festa e danças para a década compensariam as mulheres "e é o que pedem, sob uma forma constrangida... nas comunas em que esse enigma foi percebido os oficiais municipais organizaram, sem muito custo, essa diversão". E o analista conclui um pouco prosaicamente que, se consideramos que um padre custava duas mil libras por ano, teremos, com um terço disso, excelentes republicanos e poucos padres – "o benefício é incalculável".

Na primavera do ano II, quando, apesar do decreto de frimário sobre a liberdade dos cultos, o movimento descristianizador ganhou todo o espaço nacional, às vésperas da parada (quase) definitiva que a repressão do movimento hebertista trará em germinal, interrogações surgem.

Na prática, várias estratégias se defrontam. O *forcing* maximalista de um Javogues, em Forez, de um Albitte em Bresse e nos Alpes, se faz raro, mesmo que subsistam focos de ativismo tardio sob a dupla pressão da tomada de rédeas pelo comitê da salvação pública, e das dificuldades encontradas diante de uma resistência crescente das populações, a via intermediária – entendamos essa pedagogia realista e comedida em que se encontram representantes e uma parte dos patriotas locais – pede tempo, e não poderia se inscrever senão na longa duração. Conhecemos a terceira via que será escolhida por Robespierre, por meio da tentativa de religião cívica proposta pelo decreto do dia 18 de floreal sobre o Ser Supremo e a imortalidade da alma. Compromisso realista ou fuga para adiante na metafísica? A brevidade da experiência, interrompida em 9 de termidor, não permite responder.

A descristianização do ano II não se solda por um balanço totalmente negativo, um golpe por nada, o delírio de um instante. A paisagem religiosa e, mais largamente, a paisagem mental dos Franceses foi profundamente afetada por isso, e as consequências duráveis, não simplesmente nessa parte da França em que o jacobinismo rural trai os efeitos em uma longa duração mais do que secular. Mas, através dessa experiência paroxística, em que se chocam o voluntarismo de uma parte do movimento revolucionário e uma resistência enraizada, sem dúvida majoritária, podemos nos interrogar sobre o próprio tema deste encontro: a força das ideias e a força das coisas? Mas onde estão as ideias, e onde estão as coisas, neste combate em que se defrontam duas visões do mundo?

Os Azuis da Bretanha[1]

Vocês me pediram para apresentar as conclusões deste colóquio. Faço de boa vontade, mas não sem escrúpulos, convencido de que é Roger Dupuy, escondido em algum canto desta sala, que deveria, por suas qualidades, ser investido dessa responsabilidade. Não me furtarei, entretanto, e sem pretender a um papel de árbitro, do qual não tenho a competência para vestir, tentarei trazer um olhar exterior, mas que nada tem de estrangeiro ao exame das problemáticas às quais vocês nos convidaram.

A sessão à qual acabamos de assistir viu se exprimir não um mal-estar, mas uma interrogação reformulada: por meio da questão: "O que aconteceu com os Azuis?", fomos remetidos ao

---

1 Publicado originalmente nas atas do colóquio de Saint-Brieuc: *Les Bleus de Bretagne* (Ploufragan, out. 1990). Federação "Côtes-du-Nord, 1989", Saint-Brieuc, 1991. [No título original em francês, *"Les Bleus de Bretagne"*: apoiadores da Revolução, que tinham uma farda azul para se distinguir dos "brancos", os monarquistas. (N. T.)]

Michel Vovelle

problema inicial de saber quais são os critérios que permitem definir os Azuis da Bretanha na longa duração, da Revolução até hoje.

É o vínculo com a República? Atualmente, fora alguns, penso que poucos o contestam, mesmo na Bretanha! É o anticlericalismo? A referência voltou com constância, mas certas contribuições nos fizeram surgir o anticlericalismo no fim do século passado ou do início deste século sob traços bem distantes e como que exóticos. Se esse teste permanece ainda completamente descriminador para identificar o Azul da Bretanha no cerne de alguns testes decisivos, ele sem dúvida não é mais, hoje, o maior critério em função do qual se operam as divisões. No final das contas, seríamos tentados, como se fez, de definir os Azuis pelo "movimento", em relação à "resistência" e ao passado: codificação que permanece muito fora de foco para ser totalmente convincente.

A questão fica aberta e vou dizer-lhes muito simplesmente, sem pretender decidir – não tenham esperanças, pois se arriscariam a se decepcionarem –, como vivi pessoalmente este encontro e os três dias extremamente ricos e densos deste colóquio. Fazendo isso, aceito, portanto, representar o árbitro inocente, ainda que minha inocência possa ser recusada, mas, em todo caso, rogando-lhes desculpar, por causa deste papel de estrangeiro, minhas ignorâncias e mesmo minhas ingenuidades.

Começarei falando, não de mim, mas de um estudo que estou realizando e que será uma "geopolítica da Revolução Francesa": entendamos por isso que tento estudar, a partir de todos os parâmetros de que podemos dispor, como a Revolução Francesa fez nascer um espaço, e em particular um espaço político que, por certos aspectos, prolongou-se até nossos dias. Trabalho árduo e que me confronta com numerosos problemas; essa invenção do político ou da política, esse surgimento do qual a Revolução Francesa é o lugar, é certamente uma das viradas maiores da entrada da França na modernidade. Mas, se evoco esse trabalho, é para passar diretamente e sem mais tardar à Bretanha: em meu baralho de cartas, o que ela representa? Se me

348

Combates pela Revolução Francesa

permitem este atalho: quando analiso as dezenas de milhares de envios recebidos pela convenção, vindos de todo o país, o primeiro ponto que mais sobressai é que a Bretanha não responde. Entendo por isso que, no fluxo dos envios, na respiração Paris--província, a Bretanha pertence às regiões que se voltam para si mesmas, que se fecham no silêncio. Ela não é a única nesse caso, entra no quadro de um grande Oeste diferentemente modulado, segundo os critérios adotados, mas que por vezes anexa não apenas as margens armoricanas e a Vendeia, mas também uma parte da região do Loire. De um tal silêncio, podemos reencontrar o equivalente no lado sudeste do maciço central, mas também na maior parte da França do nordeste. Tudo isto sugere e faz já apelo, com muitas precisões, aos mapas da sociologia política contemporânea à qual ficamos habituados – digamos até 1978 –, para não interrogar.

Para tentar explicar esse silêncio, creio ser indispensável de nos voltarmos para a abordagem que foi seguida no quadro deste colóquio e à qual fico feliz em prestar homenagem, quer dizer, associar a visão macroscópica à escala do inteiro espaço francês, a esses estudos em profundidade que, em um quadro regional ou monográfico mais ou menos largamente modulado, se esforçam para ir mais longe do que a constatação e, no quadro de uma rede mais fina, passar simplesmente do como ao porquê? Único meio de enfrentar o problema dos "temperamentos coletivos", palavra da qual não gosto muito por sua imprecisão, mas que uso como todo mundo por sua comodidade, das opções coletivas, e das constatações às quais elas nos confrontam por sua continuidade, por sua obstinação, por sua inércia, às vezes. A viagem à qual vocês nos convidaram no quadro deste colóquio me evoca – fiquem tranquilos, não falarei mais de mim na sequência – outra de minhas publicações recentes: reeditei e fiz a introdução para as memórias de Louvet, deputado girondino. Se as cito é porque, nessas memórias de Louvet, há a narração de sua viagem trágica de Paris até Caen, até a Bretanha que ele atravessa para se embarcar para ir até Bordeaux, depois

Saint-Émilion, onde perderá seus companheiros, Petion, Guadet e outros, para voltar clandestinamente através da França revolucionária até Paris. A viagem de Louvet e de seus companheiros através da Bretanha é uma viagem estranha; viagem ao fim da noite, viagem no medo onde o vemos bater em todas as portas, solicitando o apoio desses munícipes que eles esperavam que aderissem maciçamente ao federalismo e que, pelo melhor, os ajudam (mas sem se mostrar muito) a ir buscar mais longe, os transportando de uma cidade a outra por caminhos noturnos. É essa viagem à qual nós fomos convidados através da Bretanha.

O estudo que este colóquio apresenta se inscreve assim em uma série de que gosto de lembrar a riqueza: as pesquisas levadas desde muito tempo pelos pesquisadores bretões, em Rennes ou em outros lugares, e que farei chegar até o colóquio de 1982 sobre "Os camponeses e a política" que, desde o início, propunha toda uma série de problemáticas e de abordagens locais e gerais. Essa pesquisa, em seguida, no quadro do bicentenário da Revolução, encontrou um ponto de aplicação por meio de uma problemática, ainda uma vez muito larga, no colóquio de Rennes sobre "As resistências à Revolução Francesa". Roger Dupuy lembrou disso ao abrir este colóquio: de certa maneira, o estudo dos Azuis da Bretanha pode parecer estar em paralelo à abordagem das resistências à Revolução em um cuidado de equilíbrio igualitário, mas estou seguro de que não é simplesmente por uma preocupação de equilíbrio burguês que essa abordagem foi seguida. É que os Azuis da Bretanha nos interrogam pela continuidade de uma opção política, que está, talvez, hoje, se desfazendo ou perdendo seu caráter operatório, mas que teve, ainda assim, uma longevidade quase bissecular.

Em função de uma progressão que se impunha, este colóquio se articulou em dois momentos sucessivos. Em uma primeira etapa, é a Revolução Francesa que foi interrogada diretamente e isso poderia se intitular: "O Azul existe e nós os encontramos". Essa primeira sequência sobre a história revolucionária foi conduzida a partir de vários níveis de abordagens

Combates pela Revolução Francesa

seguindo uma abordagem ao mesmo tempo segura, prudente e inovadora. Primeiro, estudos de caso, quer dizer, no final das contas, uma tentativa de traçar não o perfil ideal do Azul, mas, a partir de certo número de percursos individuais, caracterizar o que constitui a própria originalidade desses Azuis, daqueles que foram designados assim desde o período revolucionário. Essa primeira atitude levou a confrontar certo número de personalidades cujos traços comuns se impõem, mas que apresentam uma variedade real; desde o "patriota de 89", tal como aparece no estado da revolução tomada no estado nascente, a partir da correspondência de Laville Leroxhe, apresentada pelo sr. Estienne, até esses Azuis mais pronunciados ou revelados no próprio coração do episódio revolucionário, cujo retrato foi proposto a partir daquele de Alain Delaunay e de Nicolas Armez que abordo a partir dos estudos do sr. Duval e da sra. Baldini, na medida em que são republicanos declarados, convencidos. Podemos discutir o caso de Alain de Launay, cujo oportunismo é sem dúvida um dos traços característicos, mas que corresponde a uma das imagens esperadas, a do burguês que aproveitou, mesmo que isso termine mal, o episódio revolucionário para assentar sua carreira e sua situação material. Ao contrário, o retrato de Nicolas Armez o confronta a um herói incontestavelmente mais desinteressado, a um patriota declarado, que segue o movimento revolucionário até sua fase jacobina, e se define por certo número de traços: o republicanismo, o jacobinismo e esse componente talvez mais específico das regiões do Oeste, a ênfase posta na descristianização, enquanto o programa social desse republicano, que permanece, apesar de tudo moderado em sua opção, continua limitado. Depois, descobrimos também outra categoria de Azuis que o diário de Jean Conan permitiu ilustrar e que nos faz sair do grupo dos burgueses ou dos personagens importantes para revelar a existência de Azuis de extração popular, mas que viveram, eles também, à maneira deles, a aventura revolucionária. Eis um personagem que não é menos complexo do que os precedentes, pois ele nos confronta ao paradoxo de um crente que é ao mesmo tempo um dos agentes ativos da descristianização, de um anticlericanismo agressivo.

Ao lado desses percursos individuais, os pesquisadores trouxeram o fruto de certo número de estudos sintéticos, ou semissintéticos, a partir da análise de sociedades urbanas. Na própria medida em que surge o fato que a adesão à Revolução Francesa, quais sejam suas dimensões populares, é um fenômeno que caracteriza essencialmente a burguesia, esses estudos urbanos propuseram análises em termos de sociologia política, atingindo tanto Saint-Brieux quanto Lorient, Vannes, mesmos lugares mais modestos que têm o interesse de nos fazer penetrar em outro nível da rede urbana-aldeã, a pequena cidade ou o grande burgo (Moncontour, uma cidade já, no interior de suas muralhas). Ao longo das apresentações, vimos também a evocação de Guingamp, com seus operários "preguiçosos e bêbados", do qual um cronista hostil traça o retrato. Essa cidade que é lugar de eleição dos Azuis parece bem seguindo uma codificação incontestavelmente simples demais, mas que se impõe imediatamente com uma força real, como a cidade assediada. Em contraponto de uma planície que escapa em boa parte ao domínio do novo regime, ela é o próprio refúgio do exercício dos poderes revolucionários. Mas, além dessa simplicidade aparente, o que resulta da confrontação das diferentes monografias é a própria complexidade desses meios urbanos; sua adesão não é monolítica, ela reflete divisões sociais muito marcadas e as estratégias da burguesia urbana devem se definir também em função das atitudes dos grupos populares, que por vezes permaneceram majoritariamente favoráveis à Revolução e por vezes, ao contrário, tiveram uma atitude hostil. Uma tipologia diferenciada das cidades se desenha aqui, constantemente questionada ao longo de uma história da qual Roger Dupuy lembrou utilmente as diferentes etapas e a respiração de conjunto, segundo uma estratégia fluida que comporta alianças sucessivas entre o grupo das personalidades republicanas e as classes populares.

Combates pela Revolução Francesa

Além desses dois níveis de abordagem que associam o estudo de caso às sociologias urbanas, foi formulada a questão, mais delicada ainda, da existência dos campos "azuis" ou patriotas: a resposta é incontestavelmente positiva, ainda que sejam ilhas que desenham, para retomar a expressão de Roger Dupuy, áreas desigualmente desenvolvidas, globalmente minoritárias em uma geografia contrastada nas quais, no entanto, existem incontestavelmente camponeses aliados à Revolução. Não podemos aqui eludir um problema complexo de cronologia para estudar a passagem de uma adesão inicial, que parece bem grande, situando a Bretanha na categoria das regiões francesas na origem mais fortemente engajada no movimento revolucionário, e que vai chegar, sabe-se bem desde os estudos de Roger Dupuy e outros pesquisadores, a essa virada mais precoce do que se acreditava, pois ela se desenha a partir de 1791 e de 1792, sobretudo. Duplo problema de cronologia e de necessidade de uma geografia fina da qual nós pudemos tomar consciência quando, nos interrogando ao longo de uma discussão sobre a opção do Tregor, fomos levados a distinguir entre a opinião do Norte e do Sul, o Norte permanecendo fiel à Revolução, enquanto a parte Sudeste, desde 1792, foi sacudida pelas emoções populares do mês de setembro.

Tudo isso conduz, em um movimento ascendente e progressivo, a pôr no lugar os elementos do que podemos chamar de uma geopolítica mais ampla da Bretanha revolucionária, abordada no nível de um departamento pelo estudo de Bernard Gainot, sobre o departamento do Morbihan, em uma perspectiva "moderna" de sociologia eleitoral, mas que nos confronta com as dificuldades da exploração dos dados dos escrutínios eleitorais no período revolucionário. No entanto, ela permite modular, quantificar a amplidão do engajamento na Revolução Francesa desse grupo que só apreendemos a partir de destinos individuais nos meios urbanos, e ponderar a situação sem dúvida minoritária (mas esperávamos isso) desses Azuis da Bretanha, em um quadro departamental. Da mesma maneira, as

353

comunicações de Alain Croix e de Roger Dupuy nos confrontaram a esses jogos de cartas que é importante embaralhar para não tirar explicações definitivas, mas tentar, a partir de correlações percebidas, hipóteses de trabalho sobre os parâmetros suscetíveis de explicar, da maneira mais pertinente, o modo pelo qual as opções coletivas foram escolhidas. É a isso que chegam as abordagens que foram seguidas na primeira parte de nosso colóquio: embaralhar as cartas e, exatamente por aí, chegar, como o fez Roger Dupuy, a uma tentativa de caracterização dos Azuis da Bretanha, em seu perfil social, como nos traços que os caracterizam no nível ideológico. Da mesma maneira, a partir das abordagens da sra. Lebel ou de Bernard Gainot, nós pudemos seguir, ou apreender em flagrante, as abordagens ou procedimentos desse aprendizado da República, a partir das sociedades populares e do exercício do sufrágio, que deram nascimento a essa classe política. Essa abordagem é natural, poderão dizer, mas era necessário pô-la em prática, e fico feliz em constatar até que ponto ela nos confronta, não a resultados definitivos, mas a uma problemática reformulada.

Do tempo curto ao tempo longo de dois séculos de história, quando passamos, na segunda parte deste colóquio, aos destinos desses Azuis da Bretanha, da Revolução a nossos dias, outras questões, novas, foram formuladas. Foi possível se interrogar a respeito da memória popular, que é muito mais difícil a apreender, na medida em que, de certo modo, ela não pode ser percebida a não ser de maneira oblíqua, a partir de constatações de continuidade, de enraizamento geográfico, de atitudes coletivas tais que se perpetuaram em uma longa duração plurissecular. Oportunidade de lembrar – nós já sabíamos, mas era preciso dizer – que a memória não é inerte, que ela deve ter manutenção, ou ao contrário, pode ser ocultada, mas que pode também ser o objeto de reapropriações. E são os avatares dessas heranças e dessa memória que foram seguidos, nas últimas sessões deste colóquio, nos deixando com o sentimento de um combate que, ao longo das décadas, é retomado com uma vivacidade real, mas que, de certo modo, se esgota – tive esse sentimento com a amargura, no final das contas, do fracasso da empreitada de Armand Dayot, para ressuscitar os Azuis da Bretanha um século depois. Essa empreitada que aparece quase desesperada para dar uma aparência de vida a uma continuidade. Da mesma maneira, de certo modo, o caráter, irrisório em alguns aspectos, dos confrontos de fim de século que a crônica de Paimpol pôde nos trazer, pode nos deixar com a impressão de uma herança que perdeu, ao longo do século, sua vivacidade e sua rudeza. A tentação é grande – pudemos surpreendê-la no final do século XIX – de passar os bretões para as perdas e danos: o veredito implacável da *Assiete au Beurre*, tal como foi apresentado, a elaboração de um etno-tipo do bretão em uma caricatura, feito de atraso, de sujeira, de beberagem, o todo se referindo ao peso da superstição, representa uma maneira, sem dúvida extrema, de abdicar nessa França que conquista suas colônias exteriores, mas que descobre suas colônias do interior, diante do caso bretão.

Mas nós somos levados, ao longo deste encontro, a ir para além dessa impressão ou dessa constatação desabusada, quando tomamos consciência, a partir das comunicações que foram apresentadas sobre a memória coletiva, de um percurso que durou enquanto o combate ideológico foi vivaz, aquele que passa pelo confronto fundamental entre a religião, de um lado, e, de outro, o progresso, as Luzes, dos quais os reitores da universidade da época da Monarquia de Julho são ainda, ao modo deles, os representantes. Dessa trajetória, pudemos seguir, sem pretender a uma exaustividade ilusória, as fases ou as etapas; uma memória envergonhada de si própria em certos aspectos, tais como apareceu na comunicação de Jean-Clément Martin; aquela de uma lembrança que não ousa se afirmar, nem florescer. Jean-Clément Martin propondo, de certo modo, o complemento dialético de sua bela pesquisa sobre o modo como foi fabricado, na Vendeia, a partir de um trabalho sobre a memória coletiva, nos confrontou ao paradoxo da fabricação de uma "não memória" dos heróis, de um não funcionamento da heroificação revolucionária, no quadro dessas províncias do Oeste. Da mesma maneira, Michel Denis conduziu a nos interrogarmos sobre a impossível – diríamos impossível? –, em todo caso, a difícil reconciliação com o catolicismo. Com ele, a questão de saber se podemos falar de "Azuis católicos" foi formulada em termos muito firmes. Seria, sem dúvida, necessário esperar, no século XIX e mesmo no século XX, o sentimento que o catolicismo de um lado, a sociedade bretã do outro, mudaram, para que ocorra a resolução do paradoxo. Da mesma maneira, fomos confrontados com o difícil encontro entre a identidade bretã tal como ela se impõe no imaginário coletivo do século XIX aos nossos dias: com seus mal-entendidos ou seus equívocos de uma Revolução Francesa ora denunciada como centralizadora, ora, inversamente, como dedicada à continuidade de uma Bretanha popular mítica dos bonés vermelhos até os movimentos revolucionários de 1789.

Em contraponto a esses elementos que exprimem toda complexidade dos percursos do século XIX, fui marcado pela continuidade e pela perseverança de esforços incessantemente recomeçados, para fazer com que a Revolução e seu sistema de valores penetrassem na Bretanha. Que se trate da ação pedagógica dos reitores, que se trate de outras formas de pedagogia que evocamos por meio da música revolucionária, depois no quadro do movimento orfeônico do século XIX, tivemos amostras dessa política voluntária, esse voluntarismo dos Azuis da Bretanha que não abdicaram e que prosseguiram o que consideram como um combate sem piedade. Por essa razão, finalmente, a crônica de Paimpol ou a abordagem do anticlericalismo do fim de século, se vamos para além do caráter aparentemente irrisório que evoquei há pouco, me parecem, ao contrário, extremamente reveladores. É um conflito altamente simbólico que ocorre em Tréguier, na oposição entre a estátua de Renan e o "calvário do protesto", pois se trata do confronto dessas duas Franças, a da razão simbolizada por essa Atenas um pouco magra, protegendo um sábio cansado, e, abaixo, o

Combates pela Revolução Francesa

desencadeamento das paixões do calvário do protesto. Tudo isso lembra a aspereza de um combate ideológico que conserva ainda, no final do século, toda sua vivacidade.

Enfim, fomos confrontados também com a história imediata, pelo menos a história próxima, e, por aí mesmo, à questão de saber se toda essa herança morreu com a extinção desse universo de altas personalidades de direita, ou de personalidades patriotas, tal como pôde se prolongar no final do século XIX e ainda, sem dúvida, até o início do século XX. Para dizer a verdade, todo o sistema referencial no qual os Azuis contra os Brancos formavam uma expressão mais do que cômoda, fundamental, não foi, no final das contas, questionado. Sem dúvida, pudemos assistir a uma espécie de reapropriação da memória azul por uma Bretanha "vermelha", se se quiser, ao longo de uma evolução que, de etapa em etapa, conduziu à situação e ao quadro político atual: ela nos incita a uma reformulação em profundidade das interrogações às quais fomos levados até agora. É indiscutível que o mapa das eleições de 1978, ao qual me referirei por comodidade, confrontou – todos aqueles que se interessam por essa sociologia política que carrega consigo um tal poder de heranças de longa duração – ao questionamento de certo número de certezas que acreditávamos assentadas duravelmente. Tínhamos interiorizado a tal ponto o duplo mapa, o da sociologia eleitoral e o da prática religiosa no século XX em seu mimetismo especular; tínhamos descoberto com tanto espanto no início, em seguida com um espanto que se tornou blasé, que esse mapa aprofundava suas raízes naquele que podemos traçar no momento de verdade da Revolução Francesa, em que essas opções foram escolhidas, no final das contas, durante dois séculos, que nós a acreditávamos intangíveis. Ora, eis que, no tempo curto das últimas décadas pudermos perceber que, afinal, o Sul vermelho regredia, que ele não era mais vermelho: quando o Var passou de 51% a 49%, todo um sistema de explicações foi posto em causa. Deve-se espantar? O que é mais espantoso não é que as coisas tenham mudado, é que elas tenham levado tanto

357

tempo para mudar, e que tenha sido necessário mais de um século de abalos sociais em profundidade para que as opções coletivas se modificassem por sua vez. Não me espanto com a Bretanha, pois a surpresa foi também essa espécie de virada que, no próprio momento em que o Sul vermelho perdia sua personalidade secular, fez com que a França branca, a do Nordeste, mas mais espetacularmente a da Bretanha, se tenha colorido de modo diferente, esboçando o que pode parecer como uma escorregada ou como uma conversão para a esquerda, da qual será importante, em seguida, verificar a estabilidade ou o caráter frágil.

Mas, incontestavelmente, eis que a Bretanha de hoje nos confronta com realidades diferentes; nós o tínhamos sentido a partir da dificuldade de nos limitarmos à dicotomia simples, simples demais, entre Brancos e Azuis da Bretanha, da necessidade de introduzir o tricolor, e questionar, por aí mesmo, a dialética elementar do conservadorismo e do movimento; esses conceitos são, ainda hoje, operatórios?

Se este encontro só tivesse como interesse de nos permitir a interrogação sobre a longevidade dessas estruturas formais, mas, ao mesmo tempo, sobre a dialética que as une às modificações das estruturas demográficas, econômicas, sociais, tais como elas as condicionam com prolongamento ou inércia desiguais, este colóquio não teria errado seu alvo. Mas creio, finalmente, e é nesse ponto que concluirei, que ele permanecerá como um dos colóquios verdadeiramente importantes deste período do bicentenário.

Há, se me permitem esta simplificação um pouco rústica talvez, dois tipos de bons colóquios: aqueles que abrem um campo de trabalho, e aquele que, sem o fechar, dão uma pincelada conclusiva. O colóquio sobre as resistências à Revolução abriu incontestavelmente campos de trabalho de grande futuro e sobre os quais devemos nos debruçar longamente. Resta ainda trabalhar sobre o tema que foi abordado durante estes três dias. Mas o que me impressiona é até que ponto ele se apresentou como o resultado de estudos, de pesquisas de equipes, conduzidas com coordenação, em sincronia nos diferentes departamentos bretões em volta de uma mesma problemática, e chegando, não a conclusões definitivas, mas a hipóteses de trabalho ricas e moduladas; é, portanto, um colóquio não de abertura, não de conclusão, mas um colóquio que faz o balanço ao mesmo tempo que convida a prosseguir. Como tal, é exemplar. E é porque lhes agradeço, mais uma vez, de terem me convidado para participar dele.

A infância e a família na Revolução Francesa[1]

A celebração do bicentenário suscitou numerosas publicações. Vejo aí, com a experiência, o fruto de uma demanda imensa, de uma ampla mobilização dos pesquisadores e, se sempre é presunçoso fazer um julgamento de valor quando se está fortemente implicado em uma aventura, nunca encontrei, até agora, alguma que fosse verdadeiramente fútil. Foram abordados temas verdadeiros, testemunho da riqueza da solicitação que representam, para nós, hoje, as problemáticas da Revolução Francesa. E este livro, do qual tenho o prazer e a honra de escrever a introdução, é certamente um dos mais importantes que se possa apresentar ou considerar. Pode nos espantar por sua novidade. Imaginemo-nos, por um momento, há um século, no tempo do primeiro centenário: quem teria, então, a ideia de propor um encontro sobre a criança e a família? Essa problemática é nova. Não completamente: tem já algumas décadas. Mas, se

---

1 Publicado originalmente como *L'Enfant, la famille et la Révolution Française*. Paris: Olivier Orban, 1990.

nos referimos aos trabalhos de Philippe Ariès que, um dos primeiros, propôs os problemas da evolução das representações coletivas e dos comportamentos em volta da criança e da família, constatamos que se trata de uma pesquisa viva, que se insere diretamente nos temas os mais inovadores do que se chama a Nova História.

No entanto, à primeira vista, o paradoxo permanece. A criança, a família, são estruturas que parecem se inscrever na longa duração, própria a essas evoluções plurisseculares. Imagina-se, à volta da criança e da família, evoluções lentas. E eis que introduzimos, nesta problemática aberta, uma consideração sobre a mutação, sobre a ruptura, sobre a Revolução. Tem a Revolução Francesa seu lugar, e que lugar, nessa história do que condiciona tão profundamente, tão intimamente, a vida dos homens, no nível da família, e na relação à criança? Ao inverso, como e de que maneira esse tema da infância e da família se impõe na pesquisa, ou nas pesquisas ao longo da Revolução Francesa? Muito modestamente, a partir mais de hipóteses de trabalho do que de afirmações, e diante dessa interrogação, tentarei definir alguns marcos.

Como historiador das mentalidades, partirei não das realidades demográficas, jurídicas, sociais, mas da imagem ou do imaginário para tentar fazer sentir até que ponto essa problemática da infância e da família interessa à Revolução Francesa. Mais precisamente, eu me apoiarei em duas imagens defrontadas, duas imagens da família em revolução.

Notemos, primeiramente, o lugar que ocupa a família no imaginário revolucionário, um lugar que logo se impõe. Estamos no 14 de julho, e o que se canta? "Não há mais Bastilha, há só uma família." Podem dizer: são versos; mas são muito mais do que uma fórmula. A canção, aqui, opõe dois mundos, dois universos: o da Bastilha, símbolo, emblema do Antigo Regime, lugar do arbitrário real, aquele em que se prendia os filhos de família, certas vezes, mas também referência a um outro mundo. E essa visão do mundo novo, de uma cidade nova que toma as características de uma grande família, referindo-se às próprias expressões da Revolução Francesa, a volta de uma rejeição e de um sonho. Apresentando-se como uma família, o mundo revolucionário, o projeto revolucionário, parte de um primeiro movimento, que é um movimento de rejeição. No imaginário revolucionário, o Antigo Regime é a corrupção, é um universo contrário à ordem natural. Esse mundo da sociedade de ordens secretou uma imagem e estruturas familiares, mistura de fantasmais e de realidades, que se vai associar ao tema da corrupção do Antigo Regime. Aquela do mundo da corte é o exemplo disso, a fixação exacerbada na pessoa de Maria Antonieta será progressivamente o símbolo. Maria Antonieta, mais do que a mãe ruim, mais do que a mulher ruim e a esposa ruim, é a mulher da acusação, atroz sem dúvida, mas ultrapassando a anedota de Hébert no processo: Maria Antonieta, aquela que tentou depravar seu filho. Imagem sem dúvida fantástica, mas reveladora da projeção sobre o mundo da corte, sobre essa família real, em que o rei está cercado por seus irmãos, por essa família indigna, que será a evidência e a própria expressão de um Antigo Regime, sinônimo de depravação que não se quer mais ver.

Ao contrário, a Revolução nos propõe seu sonho familiar. Lembremo-nos desse belo texto, tão citado: a definição do *sans--culotte* por si próprio: "Um *sans-culotte*, senhores aristocratas!" E o *sans-culotte* se apresenta; ele se apresenta em sua realidade física, com seu sabre, com sua atividade na secção, mas ele não se esquece que é, não apenas um trabalhador, mas um trabalhador que ganha para sustentar sua família; tem mulher e filhos, o *sans-culotte*. O que ele diz assim, diretamente, ingenuamente, poderíamos dizer, se encontra ilustrado na iconografia, nos guaches de Le Sueur ilustrando o passeio do *sans-culotte* com sua família, é a família estreita: um filho, dois filhos; é a família popular parisiense do final do século XVIII. Esse ideal da família, pintado nos guaches de Le Sueur, nós o encontramos também nesse retrato do convencional Gérard e de sua família, tal como David nos oferece.

Michel Vovelle

Assim se manifesta a sensibilidade, esse orgulho, essa relação privilegiada com a família que a Revolução sonhou. Ela não apenas a sonhou no nível de suas expressões fugitivas ou impressionistas, mas ela lhe deu a forma, exprimiu-a no próprio quadro em que desejou se representar, nas cenografias da festa. Mona Ozouf foi a primeira a insistir sobre a importância, na festa revolucionária, dessa simbólica das idades que se afirma também como uma simbólica da família, repousando sobre um arranjo harmonioso das idades, dos sexos, dos estatutos no interior da cidade sonhada.

Mas, se a Revolução nos aparece, em suas rejeições e em seus sonhos, ter dado à família uma importância central, devemos igualmente restituir em contraponto a outra imagem, a outra leitura: a Revolução não como uma nova leitura da família, mas como a morte da família.

Esse discurso contrarrevolucionário nasce no próprio cerne do acontecimento. São as imagens da família real, o adeus do rei à sua família na prisão do Temple, é também, como expressão de escândalo, a imagem da srta. de Sombreuil e dos massacres de setembro. A srta. de Sombreuil beberá o copo de sangue? – que era vinho talvez, não entremos nesse debate. Beberá esse copo de sangue que lhe oferecem para salvar a vida de seu pai? A família é agredida nesse discurso, nessa leitura, em que parece que a Revolução Francesa a faz explodir e lhe confere formas monstruosas. Os casais nus das vendeanas e dos padres refratários que são levados para as barcas de fundo chato do Loire, mais do que uma caricatura, é a antifamília. O casamento dos padres, que um erudito do fim do século passado evocava como "orgias impuras, saturnais, paganismo"; e, além disso, a mulher que sai de seu papel, tornando-se a "amazona", na pessoa de Théroigne de Méricourt, tomando os traços da deusa Razão para terminar em termos menos trágicos, mas que são denunciados também no afrouxamento dos bons costumes (o divórcio, a festa diretorial), tudo isso constitui uma imagem não menos fantástica de um dossiê que foi estabelecido desde aquele tempo contra a Revolução

Francesa. Ele se conclui, no pensamento contrarrevolucionário fundador da Restauração, com o apelo a uma família restaurada. E sabemos o quanto, no pensamento de um Bolnald, para citar apenas ele, a família está no cerne de um dispositivo de uma restauração que passa por ela, como a monarquia é o núcleo de referência na escala do Estado, o tudo remetendo à onipotência divina. Nessa estrutura em três andares e nesse discurso que terá longa posteridade, medimos a importância que, em contraponto, o pensamento contrarrevolucionário oferece ao tema da família.

Por essas duas imagens eu quis, não provocar, não agredir, mas contribuir a desenhar, talvez, a amplidão do problema em relação à toda a Revolução.

Podemos nos espantar com a vivacidade do contraste. Ele não tinha, às vésperas da Revolução, uma espécie de encontro à volta de uma nova imagem da família, em volta de uma sensibilidade nova da qual um rousseauismo difuso, mas difundido, teria sido também a expressão? Acredito que sim, e penso que Philippe Ariès teve razão em pôr o acento sobre essa evolução na afetividade, na sensibilidade das elites e na de grupos sociais mais largamente definidos. A promoção da criança, que toma toda sua amplidão na segunda metade do século XVIII, é certamente um fato que não deve ser esquecido.

Essa leitura, que está na atmosfera da época, coabitava com outros discursos e outras heranças: a herança cristã, no domínio da família, da moral familiar, da relação com a criança permanecia muito forte – vejam as *Memórias* de Manon Roland – e ditava as normas, as referências, a própria codificação das leituras sobre a família e sobre a pedagogia. Essa herança cristã tinha seu equivalente nos discursos laicizados de um pensamento das Luzes que permanecia, em relação à atitude diante da família, marcada pelo populacionismo e por uma filosofia muito precisa veiculada há muito tempo.

Decerto, em contraponto, poderíamos evocar – mas trata-se mais do que a expressão de alguns? – o espírito que anima os

Michel Vovelle

herdeiros dos libertinos, esses poucos que, no pensamento das Luzes, se inscrevem na margem do discurso o mais amplamente recebido: Sade, é claro, ou o marquês d'Argens de *Tereza filósofa*, explica a arte do prazer sem medo. De certo modo, essa corrente da revolta, da explosão das estruturas não é negligenciável; ele manterá um lugar secundário no episódio revolucionário.

Entretanto, o problema da família está na ordem do dia; ele é formulado não apenas no nível do discurso, mas no das práticas familiares. Se a família tradicional resiste (basta lembrar os episódios de *A vida de meu pai*, de Restif de la Bretonne, para perceber o quanto a família à moda antiga conserva sua força), ela foi sem dúvida abalada por evoluções subterrâneas que haviam começado. A família tradicional, sim, mas, dizem-nos em Meulan, nos anos 1770, já 10% talvez dos casais podem ser postos na categoria dos contraceptivos voluntários, se é que não são organizados.

Aliás, nessa família de longa herança, sente-se também tensões, estalos. Lendo as obras de Yves Castan, sobre *Honestidade e relações sociais no Languedoc do século XVIII*, adivinha-se o que eu chamaria, para simplificar, a "revolta dos caçulas". É nessa província, em que o sistema da família-tronco parece tão enraizado, que nasce a contestação dentro da família. Na França do Norte também, em que se opera a concentração das grandes propriedades das quais nos falava Georges Lefebvre, aparece a inquietação dos pais, dos lavradores que não conseguem estabelecer seus filhos homens, a encontrar-lhes uma propriedade, um sítio rural.

A questão da família já foi colocada. A questão é de saber como a Revolução se defrontou com ela.

Duas possibilidades se impõem por si só, para formular o problema. Uma política voluntária, não monolítica, mas elaborada ao longo da década revolucionária, cujos temas são logo afirmados e cuja filosofia vai ser rapidamente legível: a laicização. Ela vai atacar primeiro o celibato (simbolizado pelo celibato dos padres), pela abertura das clausuras dos conventos, pelo desenvolvimento de um discurso que está no fio direto do discurso populacionista, e pela abolição dos tempos proibidos ao casamento e, assim, ela vai favorecer a inserção da família em uma rede de relações, de textos de referência que as destacam e emancipam do laço e do monopólio tradicional da religião. A expressão mais forte, mesmo a mais escandalosa, dessa emancipação, é certamente a instauração do divórcio, tradução, em seu símbolo e em suas consequências, dessa nova leitura.

Mas, depois da laicização, aparece o que eu chamaria de "desfeudalização". Trata-se de entrar na modernidade de um novo direito que se refere ao direito natural. Vai atacar essas heranças do direito sucessório, das formas remanescentes do direito da primogenitura, para definir ao mesmo tempo outra relação familiar entre pais e filhos, mas também uma nova relação entre homens e mulheres. Conhecemos, ao mesmo tempo, os limites e a importância – e penso nos estudos recentes de Elisabeth Guibert, insistindo nessa contradição, vivida ou assumida, mas tão visível, da emancipação civil da mulher que tropeça ali onde se trata de lhe dar os direitos cívicos e que a mantém em seu estatuto, ou em seu estado, de minoridade.

Mas a mulher não é a única afetada ou tocada por um conjunto de reformas que visa mais diretamente ainda a criança: no que se refere ao direito da criança, devemos lembrar o reconhecimento do filho natural que representa uma promoção, aí também, mais do que simbólica na continuidade do direito e das reivindicações das Luzes. Para dizer a verdade, essa afirmação de um direito novo, e a legislação social que o acompanha, aquilo que se refere à assistência e às concretizações, mesmo modestas, do direito à vida, do direito à existência, atingem diretamente a família em seus elementos, em seus elos mais fracos, mais frágeis (o velho, a viúva). A Revolução, em sua política voluntária, enfrenta, portanto, diretamente, a problemática da família e, por seu projeto pedagógico, ela designa a criança – em um lugar novo – como o personagem essencial da rede familiar.

Além de uma política voluntária, a abordagem da relação da Revolução com a criança e com a família se exprime também em

Michel Vovelle

termos de força das coisas, se manifesta pela maneira com a qual a Revolução Francesa viveu, no quotidiano, a nova relação com a criança e com a família. Uma força das coisas que se encarna em certo número de elementos pelos quais a Revolução se encontra, quer ela queira, quer não, confrontada a uma situação diferente. A família muda, nem que seja apenas por causa dessa grande comoção, nessa grande desordem demográfica que vê, entre 1791 e 1795, mas para além disso, ainda, toda uma parte da população se mobilizar: vai e vem das populações urbanas, deslocalização mais modesta, mas sensível também, de uma parte das populações rurais em função da guerra civil, em função da pressão da crise econômica, não apenas em 1789, mas, mais ainda talvez, em 1795 e 1796; essa agitação que afeta as próprias práticas familiares é, sem dúvida, responsável por esse incêndio, por essa febre de casamentos que explode em 1792, antes mesmo da declaração de guerra, mas sobretudo a partir de 1793 e em 1794. Tudo isso, de fato, agride as estruturas da família, inclusive, a partir de 1792, a situação de guerra, o recrutamento dos voluntários, a partida dos jovens de vinte e vinte e cinco anos.

A força das coisas é também esse crisol de uma experiência coletiva da prática política que vai favorecer, no quadro das assembleias seccionais, mas mais ainda no quadro das sociedades populares, dos clubes, das sociedades fraternais, uma tomada de consciência coletiva de elementos de mudança que, até então, tinham sido mantidos na sombra ou no silêncio. A promoção da mulher, essa experiência da prática política, dando acesso a uma consciência cívica, foi uma experiência crucial. Tanto, e tão bem, que poderíamos seguir a aventura da criança e a aventura da mulher, confrontadas com a Revolução.

A emergência da criança se encontra em sua promoção: a partir dos primeiros clubes juvenis e dos primeiros pequenos batalhões, das guardas nacionais infantis ou juvenis que são criadas desde 1791 e vão se multiplicar em 1792, até essa espécie de consagração da criança heroica, no coração do ano II, por meio da imagem dos heróis-meninos (Bara, Viala, outros ainda que ficaram mais anônimos), testemunhando do lugar que a Revolução combatente atribui à criança, até que se volte, em uma última sequência, a essas festas diretoriais em que a criança, fechada na "sala verde", do que parece com uma distribuição dos prêmios, volta, talvez, a um papel que ela não deixou a não ser momentaneamente.

A mesma curva se desenha, de certo modo, em paralelo, para a aventura da mulher por meio da promoção, cuja sequência revolucionária foi, para ela, o momento privilegiado, e do qual nós conhecemos, decerto, os limites e o inacabamento, mas que se exprimiu entre as militantes, as "amazonas", como se dizia agressivamente. Claire Lacombe, cabeça da Sociedade das Republicanas Revolucionárias, os militantes no quotidiano atestaram dessa promoção vivida, reivindicada pela mulher.

O próprio casal sofreu e revela essas modificações. A união livre do *sans-culotte*, tal como ela foi evocada por Albert Soboul, essa maneira diferente de viver a união, e que já se encontrava nos meios populares parisienses ou de certas cidades de província um terreno de acolhida, se afirma sob a Revolução. O divórcio, ele também, com seus limites – simples regularização de situações por vezes muito longamente suportadas há anos –, permite a afirmação de certa reivindicação e de certo direito, que tem seu lugar nessa aventura da Revolução no seio da própria família.

Se tentamos uma espécie de balanço – prematuro, está claro: é o leitor que deve fazê-lo –, podemos nos perguntar qual é exatamente o impacto do tempo curto da Revolução sobre as estruturas da família que parecem destinadas a se mover no tempo longo, das "derivas de longa duração", para retomar a expressão de Braudel. Decerto, os pesos do tempo longo, nós os conhecemos. Temos que a Revolução Francesa, apesar do que dirão disso os legitimistas – o próprio Balzac – no início da Restauração, não fez explodir a família, não realizou essa espécie de apocalipse que denunciaram desde aquela época e à qual a reduziram no fantasma contrarrevolucionário.

Peso e inércia da família: apesar da legislação revolucionária, apesar mesmo do código civil, a grande família, as grandes famílias da região de Nevers perdurarão, com a cumplicidade dos notários, até os anos 1840. Quando a família Jault, na região de Nevers, explodiu, tinha ainda algumas dezenas de irmãos e de primos por volta de 1839. A família é uma estrutura resistente.

Nesse balanço, convém também de levar em conta, contudo, da volta à ordem como o fim de uma esperança, como o fim de um momento, quer se trate da criança, quer se trate da mulher. Se quiséssemos ser o "advogado do diabo", poderíamos tratar o episódio revolucionário em termos de decepção, em termos de esperança fracassada. Na simbologia revolucionária, na categoria das alegorias que exprimem mais do que imagens abstratas, assistiu-se, durante algum tempo, no cerne da Revolução, à promoção da mulher sobre o apagamento momentâneo do deus-rei e do deus-pai. São as alegorias femininas – liberdade, igualdade, fraternidade, razão, união, verdade – que durante algum tempo se situaram no proscênio. E depois veio o Hércules popular, expressão emblemática da força popular que, desde o ano II, recuperou o controle daquelas frágeis criaturas femininas. Tal como ele nos é apresentado na iconografia – desde o ano II e mais ainda sob o diretório –, carrega em sua mão as figuras miniaturizadas da liberdade ou da igualdade, ou as enlaça de modo protetor na moeda de cinco francos da época diretorial. O homem retomou o controle da situação. Certamente a família, tal como é evocada na simbólica das idades, pode aparecer também como a expressão, no quadro da festa, dessa ficção de uma Revolução que quer negar as realidades sociais, as realidades dos diferentes estatutos para apresentar uma imagem unificadora, harmoniosa, mas, também, mistificadora.

E, decerto, podemos nos interrogar também quando nos debruçamos sobre o destino da criança. Podemos nos perguntar, como o fazia Jean Massin, se essas crianças, Bara e Viala, não foram o objeto de uma promoção suspeita por parte do Comitê de Salvação Pública, cuidadoso em reduzir a devoção, malvista,

Combates pela Revolução Francesa

segundo eles, aos mártires da liberdade: Marat, Charlier e Le Peletier. Então, criança manipulada em modo póstumo? O argumento me parece talvez artificioso, mas devemos nos interrogar sobre essa utilização da criança, como podemos propor a questão de um fracasso quando se segue a evolução da Escola dos Órfãos da Pátria, de Leonard Bourdon, instalada em base tão rousseauista de uma pedagogia florescente, antes de se tornar uma espécie de escola de crianças de tropa, destinada a formar jovens soldados; ela se termina de maneira pouco gloriosa sob o diretório, quando essas crianças maltrapilhas foram dispersadas. Fim de uma experiência, entre outras, cujo retorno à ordem, tal como o exprimirá o Código Civil e sua legislação, seria o ponto final.

Se introduzi tal peripécia, ou inquietação, não é para concluir com esse tema, pois, finalmente, trata-se de interrogação que nos permite melhor medir, em contraponto, a importância de um balanço que se exprime em termos de mudanças irreversíveis. No nível das realidades, mas, mais ainda no nível das proclamações e do que Ernest Labrousse chamava as antecipações, a Revolução Francesa preencheu seu papel de abalo fundamental, de provocação. Ideias foram avançadas, experiências foram tentadas, mesmo que conservem um caráter efêmero, tanto na instituição do divórcio, que se vê reduzida a pouca coisa pela legislação consular, quanto nos sonhos e nos projetos pedagógicos. Em termos de esperança, a Revolução Francesa foi um gigantesco crisol de experimentação. Decerto, as alegorias da liberdade, da igualdade, da fraternidade, vão se apagar por algum tempo, mas é apenas uma hibernação provisória: elas ressurgirão com as "Marianas" de 1848 e do século XIX. Da mesma maneira que os projetos, quer sejam pedagógicos, ou outros, depois de um período subterrâneo, conservarão esse poder de atração, de mobilização. As audácias da Revolução Francesa no domínio da infância e da família não serão esquecidas.

Creio que é a Marat, um de meus velhos amigos, que darei a palavra em conclusão: "Conhecei por um instante o preço da liberdade". A Revolução Francesa, no domínio da família e da relação com a infância, foi esse instante privilegiado de experimentação e de descoberta. Embora ela fosse apenas isso, poderíamos dizer que vivemos ainda sobre uma parte das esperanças e sobre toda uma parte das dinâmicas fecundas que ela iniciou.

A infância heroica sob a
Revolução Francesa[1]

Não é uma completa originalidade da Revolução Francesa o fato de ter seus heróis crianças: para os franceses de 1793, a Antiguidade já fornecia exemplos. Revoluções e guerras revolucionárias do século XIX ao XX, da Rússia à China, criaram esses heróis-símbolos, cuja própria juventude reforça o caráter exemplar.

Mas foi de fato sob a grande Revolução – e, singularmente, em 1793 e 1794 – que um modelo se constituiu, destinado a uma longa posteridade, na pedagogia e no imaginário da República. Se Bara e Viala não evocam talvez muita coisa para os jovens de hoje, a lembrança deles foi transmitida desde o início da Terceira República até pouco tempo atrás, pelas imagens dos livros de classe, pela estrofe do "Chant du Départ",[2] que nos fazia invejar o destino dos dois meninos heroicos.

---

1 Publicado originalmente no catálogo da exposição *La Mort de Bara*. Avignon: Musée Lapidaire, 1988.
2 Literalmente, "Canção de partida": composição revolucionária de Étienne Nicolas Méhul, lançada em 1794. (N. T.)

Michel Vovelle

Esboçar em poucos traços essa aventura convida a inscrevê-la em um duplo contexto: a imagem e a valorização da infância sob a Revolução, de um lado, e de outro, o culto dos mártires da liberdade no qual eles se inseriram.

Da criança-esperança à criança exemplar

Já se insistiu, com razão, desde os trabalhos de Mona Ozouf, na importância que o momento revolucionário confere à simbólica das idades, tal como se reflete nos discursos, e se encontra ilustrada na cenografia da festa. Aqui não é o lugar de nos interrogarmos sobre as causas dessa ênfase – que substitui à desigualdade das condições o encadeamento harmonioso das classes de idade na cidade ideal. Não faltavam modelos, encontrados em Esparta, onde a criança se prepara para ser guerreira, onde os velhos ilustram a sabedoria e os exemplos passados. Mas, sem voltar, senão ao Dilúvio, pelo menos à antiguidade clássica, devemos lembrar como essa valorização da imagem da criança, tal como caminhou do século XVI ao XVIII, pôde desabrochar na sensibilidade rousseauista das Luzes. Leitores do *Émile*, os homens da Revolução, como sonhavam com um homem novo, desejaram fazer nascer e criar até a idade adulta uma criança regenerada. Uma estampa muito sugestiva na sua simplicidade nos apresenta, no ano II, uma robusta mulher do povo, de pé, afastando as pernas e levantando um pouco suas saias para deixar sair um forte menino, um pouco grande para um recém-nascido: e a legenda diz "Francês, nascido livre".

O conjunto dos projetos pedagógicos da Revolução confirma esse cuidado. Mas, ao invés de nos adentrarmos nesse caminho, o que nos levaria muito longe, que nos seja permitido, da mesma maneira que fizemos ao analisar as festas Revolucionárias no Sul provençal, seguir as aparições e as faces sucessivas da criança tais como vão surgindo. Dizendo a verdade, ela não se impõe logo de início porque é em 1792 que vemos aparecer, em

Arles, o grupo de duas crianças e dois velhos, complementarmente associados em uma simbólica que anuncia a importância que tomará a simbólica das idades. Mas, pouco depois, em outubro de 1792, em Avignon, a plantação das árvores da liberdade se faz na presença dos "quatro pequenos batalhões das quatro escolas gratuitas", que se reencontrarão em 1793, no momento das cerimônias funerais celebradas em memória de Marat. Esses batalhões juvenis se encontram, senão em todos os lugares, ao menos em muitas cidades, sobretudo no Sul: assim, em Nice, em que desfilam em nivoso do ano II para celebrar a retomada de Toulon. Essa imagem se substitui gradualmente, nessas regiões, a outra visão tradicional da "juventude" como corpo constituído, com a qual ela coexiste por vezes, já que a festa de Arles, que acabamos de evocar, tinha um lugar para um carro de "jovens cantando e brindando".

O momento não é mais para essas evocações báquicas; a criança sendo o futuro guerreiro, é esse aspecto heroico que o ano II acentuará. Em Fréjus, no dia 30 de nivoso do ano II, quando ocorreu um desfile de uma extrema profusão, organizado em quadros vivos sucessivos, a criança onipresente oferece diferentes faces: um grupo de crianças carregando as tábuas da lei abre o cortejo, mas outros motivos ilustram os temas patrióticos e morais: a coragem – um jovem tambor, com a mão cortada, não cessa de dar o toque de ataque com aquela que tinha lhe restado; a piedade filial – um menino de Bayonne solicita o privilégio de partir para a frente de guerra com seu pai – ... e o cortejo se conclui com o grupo dos doze jovens esparciatas que retomam com os velhos o célebre diálogo: "Fomos outrora jovens, valentes e ousados", lembram os anciãos...

"E todos nós o seremos
De tal maneira que vos ultrapassaremos", respondem os jovens.

Esse clichê guerreiro não exclui outro, que põe o acento na dimensão pedagógica da participação juvenil. A criança é frequentemente escolhida como porta-voz da comunidade, para recitar um discurso ou cantar um hino cívico, é nesse papel que o

Michel Vovelle

encontramos, em Aix-en-Provence até prairial do ano II, quando desfilam as crianças das escolas e, seguindo uma herança mais antiga, os órfãos das instituições de caridade.

Em todos os lugares, o alto momento dessa simbólica que dá à criança um lugar importante, é a festa do Ser Supremo, no dia 20 de prairial do ano II. Dirão que o roteiro preciso, redigido por David, tem aí um papel importante, mas ele foi seguido, ao menos nas cidades, e encontramos aí a criança do nascimento (já que as parteiras apresentam os recém-nascidos do ano) até sua entrada na vida: se as mães conduzem suas filhas, que carregam um buquê, os pais vão acompanhados de seus filhos, já armados de um sabre para servir a pátria.

Se decidimos concluir com esse tema o ciclo da década revolucionária, não apreciamos menos a originalidade do episódio heroico do ano II. Certamente, o ciclo das festas diretoriais que reserva um importante lugar à juventude não se esquece que o jovem de hoje é o guerreiro de amanhã. Na festa da juventude que, com a dos velhos e dos esposos escandem o ciclo anual das festas morais, os antigos entregam suas armas aos jovens de 16 anos. Mas, nessa dialética que o associa ao velho (como é o caso igualmente na festa da juventude ou na da soberania da República), o adolescente retoma, diríamos, uma posição mais deferente e submissa. Aos pequenos batalhões de 1793 sucede o cortejo ponderado dos "professores primários e seus alunos", que tem, várias vezes, o papel de mascarar, por sua presença obrigatória, a indigência de cortejos ralos. A festa da Juventude que tende a encerrar, no espaço fechado de uma "sala verde", toma aspectos de distribuição de prêmios, em que as crianças perdem suas composturas heroicas; assim, em Pertuis, no ano VII, quando são vestidos com roupas "cuja cor era o símbolo do candor adolescente", para lhes fazer apresentar esquetes e espetáculos preparados (*Fanfan et Nicolas*[3] ou *Le devin*

---

3 *Fanfan et Nicolas, ou Les frères de lait* [Fanfan e Nicolau, ou Os irmãos de leite], comédia de Madame de Beaunoir, de 1784. (N. T.)

du village[4] em Cavaillon, nesse mesmo ano). Simultaneamente, nesse Sul do qual tomamos nossos exemplos, a "juventude", no sentido tradicional, reestabelece, abertamente ou não, as festividades do antigo *romerage*,[5] ou festa votiva. Uma página foi virada.

Bom fio condutor, a festa nos permite, portanto, apreender uma respiração global, ao longo dos sucessivos rostos que a Revolução deu à juventude. E, por ele, podemos apreciar o momento central em que, por algum tempo, a criança vai se tornar um dos símbolos mais representativos do heroísmo da nação que se bate.

Os mártires da liberdade

Essa sequência coincide com aquela que vê se afirmar, em uma religiosidade cívica à busca de novas mediações – mais próximas talvez do que as entidades abstratas que têm por nome liberdade, natureza ou razão –, o culto dos mártires da liberdade.

Quando seguimos, nas diferentes etapas da Revolução, os caminhos da heroicização, constatamos com que prudência os atores do drama coletivo enfocaram o problema do grande homem, ou simplesmente do personagem exemplar. Não tinham eles começado por "derrubar o ídolo", nesse processo de dessacralização da pessoa real que, de 1789 a 1793, fez passar do rei-pai, protetor de seus súditos, ao objeto de execração que a caricatura nos fez conhecer, sobretudo depois da fuga a Varennes, passando pela denúncia do "Santo-Veto", para dar ao gordo Capet uma figura bestial, antes de proclamar "Luís o Traidor, lê tua sentença"? Sob sua forma mais direta, o igualitarismo revolucionário se exprimiu, sem meias palavras, nas estrofes da

---

4 *O adivinho da aldeia*, ópera em um ato, com texto e música de Jean-Jacques Rousseau, de 1752. (N. T.)

5 Expressão provençal para "romaria". (N. T.)

Carmagnole: "É preciso encurtar os gigantes/ E tornar os pequenos maiores/ Todos com a mesma altura/ Eis a verdadeira felicidade".

É verdade que os primeiros anos da Revolução mostram a ascensão, no mínimo efêmera, desses heróis de substituição, que foram o recurso de um momento: sucessivamente Necker, Mirabeau ou Lafayette representaram esse papel, para serem desprezados mais tarde, quando a marcha da Revolução os classifica como contrarrevolucionários. O primeiro enterrado no Panteão, quando morreu em 1791, Mirabeau terá apenas uma curta temporada nesse lugar estabelecido para honrar os grandes homens. E ancestrais respeitados terão a preferência dessa estada: Voltaire, que recebe as honras do Panteão na primavera de 1791, Rousseau, mais tardiamente, no ano II.

Os girondinos exprimiram, durante sua última grande ofensiva contra os líderes da montanha – Danton, Marat, Robespierre –, na primavera de 1793, uma desconfiança do grande homem e de suas ambições, que não é específica a eles: Robespierre não havia, nos debates sobre a paz e a guerra do inverno de 1792, manifestado seu receio de que um conflito não servisse de trampolim ao poder pessoal de um general vitorioso? E embora tenham dito, debaixo do pano antes de termidor – assim, quando ocorreu a festa do Ser Supremo –, abertamente e com insistência em seguida, a respeito de suas aspirações ao poder pessoal, ele próprio cuidadosamente evitou tudo o que podia se assemelhar ao que chamaríamos hoje de culto à personalidade.

Vendo com desconfiança o herói vivo, a Revolução jacobina do ano II celebrará com ênfase seus heróis mortos. Mais do que uma opção política voluntária, essa atitude coletiva reflete um movimento de opinião cujas raízes populares são fortes. Recentemente se estudou, em relação à morte de Marat, o processo pelo qual se elaborou, na opinião e no povo, o personagem póstumo do *Ami du Peuple*, a partir do cerimonial de seus funerais, das reações e do discurso coletivo. Marat não foi o primeiro daqueles que vamos designar como os mártires da liberdade.

Lepeletier de Saint-Fargeau, convencional regicida assassinado no dia 20 de janeiro de 1793 pelo guarda do corpo Paris, tinha aberto a carreira dessas vítimas ilustres, honrado com funerais imponentes organizados por David, celebrado em toda a República por meio de cerimônias frequentemente espontâneas em um primeiro momento, organizadas em seguida, no quadro de uma medida geral. Um terceiro mártir vem completar essa tríade – arriscaremos dizer trindade? – republicana, na pessoa de Charlier, o jacobino de Lyon condenado à morte e guilhotinado pelos federalistas revoltosos contra a convenção. O grupo dos mártires da liberdade suscitou toda uma série de manifestações coletivas, do inverno de 1793 para Lepeletier, à primavera de 1794, associando cortejos e celebrações, deixando traços tanto nos nomes de batismo quanto na toponímia dos nomes de lugares republicanizados. O mapa que se pôde desenhar dos sítios em que essa toponímia se impõe recobre de modo bastante fiel ao da descristianização não apenas ativa, mas recebida; e das áreas de jacobinismo majoritário, ou das frentes de reconquista com força aberta, da montanha, sob a contrarrevolução.

Em seu projeto de culto cívico, que conduzirá da Razão ao Ser Supremo, a revolução jacobina do ano II foi levada a retomar e a aceitar, por vezes com reticências, criações situadas no nível popular. Marat, particularmente, suscitou no povo pequeno, não apenas parisiense, mas provincial também, formas de devoção em que se reencontram empréstimos às formas da liturgia cristã, levados até as litanias: "O cor Jesu, o cor Marat".

Reduzir à tríade maior dos três "mártires da liberdade", o trabalho de heroicização revolucionária seria ver aí apenas um aspecto, certamente importante, mas não exclusivo. Foram evidenciados, seguindo Albert Soboul, o fervor que se consagra, no oeste republicano, às "santas patriotas", santa Pataude, a santa de asas tricolores; outras ainda, moças dos bosques massacradas pelos vendeanos e pelos *chouans* por terem abastecido ou dado informações aos patriotas. Devoções espontâneas, que permaneceram vivazes por vezes, até ontem no mundo das aldeias. Essas

manifestações populares, como se pode suspeitar, ficaram ignoradas nas instâncias superiores. Mas o comitê de salvação pública, ou a Convenção, tiveram, em relação a esse problema, uma
política refletida. Se aceitaram e oficializaram o culto dos mártires da liberdade, encorajaram a exaltação das virtudes cívicas,
celebração de outras vítimas da contrarrevolução, como o representante Beauvais, ou generais mortos em combate, mas puseram ainda mais em valor traços coletivos de bravura, tais como
o heroísmo dos marinheiros do navio *Le Vengeur* que se sacrifi-
cou, ao largo de Ouessant, diante de um cruzador inglês superior em número, para permitir a passagem de um carregamento
de trigo vindo das Américas. Façanha que foi embelezada, como
se disse? Talvez, mas significativa do clima coletivo de heroísmo
no quotidiano. Na tribuna da convenção, Barère, porta-voz do
comitê de salvação pública, assinala os traços que lhe são transmitidos; no púlpito dos oradores desfilam peticionários e dele-
gações que fazem a mesma coisa, acolhe-se os gloriosos feridos
e inválidos. O deputado Leonard Bourdon empreende a publicação dos anais heroicos da República, que retraçam as ações de
todos os heróis obscuros que merecem escapar ao anonimato.
Alguns foram conservados: a mãe de família que pôs em fuga
os rebeldes vendeanos ameaçando fazer explodir um tonel de
pólvora, ou o "ferreiro da Vendeia" que partiu com seu pesado
martelo para combater os "salteadores", permanecem como personagens um pouco ou totalmente lendários. Outros tiveram a
celebridade passageira, dos quais esquecemos os nomes, como
esse jovem Darruder, cujos discursos e a gravura nos falam de
seu heroísmo, mas que não está sozinho no conjunto dos heróis juvenis. Alguns se impuseram, valorizados por uma decisão involuntária, como é o caso de Bara e de Viala, aos quais cabe
agora situar seus lugares nessa abundante coorte.

De Bara, de Viala, o destino invejável

Por que Bara e Viala, mas não Darruder? Podemos epilogar sobre as razões pelas quais se operou essa escolha. Em sua biografia de Marat, Jean Massin via aí o fruto de uma deliberada manobra, escrevendo: à trindade que veneram os *sans-culotte* – Marat acompanhado por Lepeletier e Charlier – os robespierristas fazem o esforço de acrescentar Bara e Viala: as demandas populares reivindicarão com menor facilidade esses dois adolescentes heroicos do que o Amigo do Povo.

Simples demais, supondo talvez mais maquiavelismo consciente do que ocorreu, essa hipótese não explica todas as razões da escolha e do momento. Disposto no proscênio pelo célebre discurso de Robespierre no dia 18 de floreal do ano II, quando um e outro foram mortos em 1793, quase um ano antes, Bara e Viala respondem certamente ao projeto pedagógico e cívico de Robespierre, quando ele apresenta, ao mesmo tempo que o decreto sobre o Ser Supremo e a imortalidade da alma, seu plano organizado das celebrações cívicas e morais. Mortos jovens, 14 anos para Bara, 13 para Viala, combatendo para a República, esses heróis, adornados com suas inocências, não podiam ofuscar ninguém. Mas não representam símbolos insignificantes. Bara, vítima dos salteadores da Vendeia, Viala abatido pelos federalistas marselheses, são figuras altamente emblemáticas da luta pela unidade e indivisibilidade da República.

Joseph Bara, nascido em Palaiseau em 1779, filho merecedor de uma família modesta e que, como será contado, enviava, para manter sua família, o que ele havia economizado de seu soldo, servia na Vendeia sob as ordens do general Desmarres, sob o uniforme de hussardo, apesar de sua idade jovem. Conduzindo cavalos, cai em uma emboscada, e ordenado pelos vendeanos a gritar "viva o rei", ele grita "viva a República", antes de ser massacrado. Logo essa façanha é conhecida e narrada, e Bara se torna o objeto de louvores e de celebrações, antes que a aventura em paralelo de Agricol Viala não seja também valorizada.

Agricol Viala, um ano mais jovem, nasceu em Avignon em 1780, ele também de família modesta, mas sobrinho de Agricol Moureau, patriota e jacobino local de primeiro plano. Por causa disso, comandou a "pequena guarda nacional" – um desses batalhões de crianças dos quais já vimos o papel na pedagogia e nas festas revolucionárias de 1793. Quando os federalistas do exército departamental marselhês enfrentaram, em julho de 1793, as tropas da convenção, no vale do Ródano, os soldados de Avignon, que permaneciam fiéis à República, tentaram impedir a passagem deles nas margens do Durance. Foi aí que, tentando cortar a machadadas o cabo da balsa de Bompas, o jovem Viala foi metralhado e depois morto pelos contrarrevolucionários. Sua aventura foi relatada em uma carta que seu tio, então preso em Paris com base em acusações mentirosas, endereçou ao Incorruptível; ela não foi completamente ignorada, tendo sido, no inverno, o objeto de uma crônica no jornal *Hommes Libres*, de Lavallée. Mas, na sequência do contato direto, que provoca aliás a libertação e a reabilitação de Moureau, Robespierre foi levado a associá-lo a Bara em seu discurso do dia 18 de floreal: "Por qual esquecimento e por qual ingratidão deixaram no olvido um herói ainda mais jovem e digno das homenagens da posteridade?..."

Barère se junta a esse elogio: no dia 18 de floreal a convenção segue essas opiniões votando aos dois heróis meninos as honras do Panteão e prevê uma cerimônia, que uma série de gestos simbólicos preparam: recepção na Convenção dia 3 de prairial de Moureau e de uma delegação de patriotas vinda de Avignon... É então que Marie-Joseph Chénier, em uma estrofe do *Chant du Départ*, canta o heroísmo desses dois meninos juntos.

Mas a ida ao Panteão, prevista para 30 de messidor, e preparada por uma campanha de imprensa, é adiada, por razões materiais – foi, pelo menos, o que se disse – para o dia 10 de termidor. A queda de Robespierre e de seus amigos, executados nesse dia, substitui um espetáculo sangrento à apoteose prevista. A cerimônia é adiada *sine die* e nunca ocorrerá.

Combates pela Revolução Francesa

É, portanto, com a imagem de um fiasco que nos deixa a aventura póstuma de Bara e de Viala, pelo menos na própria época. Entretanto, pelo menos para o primeiro dos dois, o personagem, conhecido por mais tempo, tinha tido a possibilidade de se impor à atenção: desde o inverno de 1793-1794, os novos calendários republicanos do ano II figuraram o perfil do pequeno Bara, para completar a tríade Marat-Lepeletier, Charlier, na categoria dos mártires da liberdade. O mapa da toponímia "heroica" da Revolução Francesa faz aparecer seu nome, muito menos presente, decerto, do que o de Marat, ou mesmo de Lepeletier, em certos lugares em que se adivinha o ativismo dos representantes em missão: na região de Lyon, no Sudoeste (Dordonha, Landes, Ariège), na Provença enfim, das Bouches-du-Rhone ao Var. De modo bastante paradoxal, em uma Provença festiva que ignora ainda seus heróis (mas que talvez também não tenha muita vontade de despertar a lembrança do episódio federalista), é Bara que vemos celebrado no dia 30 de nivoso em Fréjus, em uma dessas festas que já assinalamos. Ele ainda está perdido em uma multidão de outros heróis, mas no dia 19 de messidor, na região de Arles, os comitês maratistas organizam uma festa em sua honra, que toma a forma de um piquenique coletivo, como nos é relatado.

"Viram nesse passeio que todos os que não estavam armados traziam nas costas um pequeno saco de pano com um pão ou uma garrafa, ou um odre cheio de vinho... Diante das autoridades, levaram uma santa montanha e a guilhotina, que era deslocada nas praças... *Ça ira!*[6] Praça do Novo Mercado, homens, mulheres e meninas sentaram-se no chão, misturadas, e devoraram as provisões trazidas."

Para Jean Massin, que suspeitava que nossos inocentes heróis haviam contribuído a edulcorar a veia popular, os patriotas arlesianos trouxeram uma resposta veemente.

---

6 Referência a "*Ah! Ça ira!*" ["Ah! Vai dar certo!"], canção revolucionária de 1790. (N. T.)

"Lançado" em floreal, o personagem de Viala teve muito pouco tempo para se impor. Constatamos sua ausência na toponímia dos lugares revolucionários e a iconografia, quer seja popular ou elaborada, introduz apenas a partir de messidor a imagem do menino com o machado, carregando o instrumento de sua proeza, como os santos mártires carregavam os de seu suplício.

Avignon, porém, tinha a obrigação de não se esquecer dele. Na data de 30 de messidor, no dia em que deveria inicialmente ocorrer a cerimônia parisiense, celebrarão a festa "em honra a Bara e Viala". Um dossiê importante nos permite de imaginar com precisão o que foi a celebração, pois a ata é acompanhada por uma série de discursos das autoridades, de um companheiro de Viala, o jovem Arid, seu "ajudante", do próprio pai de Viala... sem esquecer uma série de comunicações e de romanças, que corrigem a impressão de silêncio a respeito da qual poderíamos ter. Ao lado de canções de circunstância compostas por participantes locais, executa-se, com efeito, uma romança de Devienne (letra de Piot) em memória de Viala e, depois, em antecipação de uma cerimônia que não ocorreu, a composição de Méhul sobre uma ária de marcha intitulada "Hino cantado pelo povo na festa de Bara e de Viala, dia 10 de termidor":

> O belo dia marcado pela glória
> Brilha em nossas muralhas soberbas
> Acorrei, filhos da vitória,
> Reuni-vos em todos os lugares...
> Honra, Honra à memória
> De Bara, de Viala, mortos pela liberdade
> Cantemos, cantemos, que nossos hinos de glória
> Subam até a morada da Imortalidade.

Do estilo triunfal de Méhul, ao gênero elegíaco das romanças:

> Vinde, jovens de Avignon,
> Escutai a tocante história

De um menino que do nome francês
Neste dia realça a glória...

As músicas acompanharam um cortejo que levava os bustos dos dois heróis, seguidos por dois cenotáfios, pela família de Viala, com paradas diante dos altares da pátria até o templo do Ser Supremo. Liturgia imponente que mostra apenas o defeito de ter sido... a primeira e a última.

Do esquecimento à redescoberta

Agricol Moureau, o tio jacobino, tinha desejado que uma pirâmide fosse elevada em honra ao seu sobrinho, em Avignon ou nas margens do Durança. Ela é procurada em vão.

Bara e Viala, heróis meninos, comprometidos por terem sido "descobertos" por Robespierre, foram rejeitados ao esquecimento durante o período termidoriano e diretorial. Astúcia ou paradoxo da história, o belo esboço de David para a morte de Bara testemunha ao mesmo tempo de uma aventura interrompida, e parece estabelecer uma fraternidade póstuma entre os dois adolescentes, evocando em Avignon a lembrança do menino de Palaiseau.

A história tratou ambos com clemência desigual. O pequeno Bara, ainda que se argumentasse, como sempre ocorre, sobre as circunstâncias precisas de sua morte e sobre suas últimas palavras, parece ter resistido melhor aos ataques da erudição contrarrevolucionária. Sobretudo, ele forneceu ao legendário da Terceira República, e a suas expressões na pedagogia da escola primária, um herói emblemático de escolha. Da grande arte fim de século às ilustrações dos livros de sala de aula, a imagem se fixou do jovem hussardo heroico que morre gritando "viva a República". No Sul, que foi branco antes de ser durante muito tempo vermelho depois de 1848, não se poupou a memória de Viala, visando talvez, por meio dele, o tio Moureau, babouvista depois de ter sido jacobino, "o homem vermelho do Vaucluse", como se escreveu muito cedo. E seria concluir pouco gloriosamente evocando as histórias desses velhos eruditos que se interrogavam para saber se o jovem turbulento não tinha sido castigado um pouco rudemente por ter mostrado seu traseiro aos federalistas marselheses! Desviemos nossos olhares dessas tristes perspectivas. A nudez heroica do Bara de David, no museu de Avignon, nos conduz a outra aventura, mais verdadeira sem dúvida, mesmo que seja tecida ao mesmo tempo pela história e pela lenda, a da República do ano II por quem essa juventude heroica soube aceitar o sacrifício supremo.

M'an pas manquat: aquo es egaou, mori per la libertat.[7]

---

7 Frase em provençal; literalmente: "Eles me acertaram: não importa, morro pela liberdade". (N. T.)

Da razão ao Ser Supremo[1]

Estamos bem seguros de saber, no fundo, o que foi, no ano II, o culto da Razão? Formulada brutalmente, a questão pode parecer paradoxal.

No nível das ideias e dos clichês recebidos, conservamos a lembrança da cerimônia no dia 20 de brumário, na catedral de Paris, como naquelas que lhe fizeram eco, em Strasbourg, Nevers, Nancy, Bordeaux ou outros lugares. As crônicas locais do final do século XIX relataram, sem poupar detalhes, o que ocorreu em mais de um lugar. Mas, para muitos, até hoje, prevalece a imagem do ateísmo triunfante de um punhado de exagerados, ilustrada pela presença dessas deusas vivas, em que toda uma tradição quis ver prostitutas ou bailarinas da Ópera. Manter-se neste nível seria, decerto, desconhecer toda uma historiografia que, na virada de nosso século, enfrentou com mérito esse problema. Alphonse Aulard, desde 1892, tratava em um ensaio que

---

1 Publicado originalmente nos *Annalen der Internationalen Gesellchaft für Dialektische Philosophie Societas Hegeliana*, v.VI, 1989.

permanece uma referência insubstituível sobre o tema *O culto da Razão e o culto do Ser Supremo*, enquanto, em 1895, o abade Sicard publicava *Em busca de uma religião civil* e que Albert Mathiez tratava das *Origens dos cultos revolucionários*.

Temos, portanto, sérias referências e hipóteses assentadas. Elas estão longe de solucionar todos os problemas. O que representa, na verdade, essa Razão, reverenciada sob os traços de uma deusa? Questão que podemos formular em vários níveis, o dos emissores, ou dos promotores, ateus ou deístas? Herdeiros de Helvétius ou de Jean-Jacques? – o dos receptores, dos executores, que asseguraram a difusão do movimento e, mais ainda, essa massa considerada reticente e que, entretanto, a amplidão do movimento o prova, não foi maciçamente indiferente ou hostil a essa nova mensagem. Mas o que ela percebeu, ou melhor, o que ela fez disso?

Com esta primeira ordem de problemas, surge outra série de interrogações. Robespierre e o comitê de salvação pública, como a maioria da convenção, recusaram o culto da Razão, sendo os primeiros a afirmarem a assimilação entre Razão e ateísmo. Em reação, Robespierre fez triunfar, no seu relatório do dia 18 de floreal, a afirmação da crença no Ser Supremo e na imortalidade da alma, preâmbulo das grandes celebrações do dia 20 de prairial em honra ao Ser Supremo em Paris, mas também na província. Como essa virada foi vivida: devemos crer, como vários dentre nossos autores de referência que, para muitos, a diferença não foi grande e, por isso mesmo, a transição foi fácil? Em uma palavra, o Ser Supremo já estava presente no culto da Razão? E, no entanto, na própria época uma torrente de envios felicitou a convenção de ter prescrito o ateísmo e posto as bases de um novo culto cívico.

Em que medida o Ser Supremo, por sua vez, tocou as massas? O sucesso e a amplidão das celebrações do dia 29 de prairial refletem apenas um ato efêmero de conformismo cívico, que a queda de Robespierre reduzirá a nada?

Dispomos hoje de uma massa de informações muito mais considerável do que nossos predecessores. O estudo da descris-

Combates pela Revolução Francesa

tianização do ano II, em seu conjunto, suscitou, de uns vinte anos para cá, monografias e sínteses. A publicação contínua dos *Arquivos Parlamentares*, pondo à disposição dos pesquisadores mais de cinco mil envios descristianizadores, permite avançar mais na pesquisa, para além da visão ainda impressionista que podia ser a de Aulard ou de Mathiez. A problemática, também, evoluiu: é sem preliminares que podemos, hoje, nos interrogar sobre um tema durante muito tempo saturado de preconceitos e tabus.

Nesse conjunto complexo de fenômenos que associamos, do inverno de 1793 à primavera de 1794, sob o título de descristianização, o culto da Razão tem um lugar essencial. Forma o contraponto de tudo aquilo que se refere à derrubada do que era qualificado então de fanatismo e superstição. Ataque contra a Igreja em suas estruturas materiais, por fechamento e mesmo destruição dos lugares de culto, autos de fé do mobiliário sagrado e apropriação dos sinos e da prataria, assim como de seu capital humano, pelas abdicações do sacerdócio ou casamento dos eclesiásticos. Em contrapartida, o culto da Razão se inscreve em um quadro que engloba manifestações, associando elementos de um sistema festivo de iniciativa por vezes governamental (as festas para a retomada de Toulon, as cerimônias *décadaires*), frequentemente espontâneas (as festas para os mártires da liberdade, Marat, Lepeletier, Charlier), desembocando no culto dos mártires da liberdade. Nesse conjunto, a partir do exemplo dado no dia 20 de brumário, na antiga catedral de Paris, as celebrações das festas da Razão e, de maneira mais durável, a transformação das igrejas em templos da Razão, ocupam um lugar notável: é o que nutre toda uma memória e lega a uma historiografia frequentemente hostil o clichê das deusas Razão, encarnações vivas do novo culto, nos cortejos ou cerimônias cívicas.

A essa história, que é a de um movimento imposto e criado ao mesmo tempo, mistura de espontaneidade e de imposição, de conformismo e de desrespeito às diretivas do Estado, por isso mesmo se desenvolvendo lentamente em dez meses ao todo, se superpõe, em termos bem diferentes, o culto do Ser Supremo: vinda do alto, a verdade se impõe aqui brutalmente, durante uma breve sequência, três meses ao todo, do qual o mês de prairial é o pivô. Da Razão ao Ser Supremo, como se opera a transição ou a reviravolta em termos de repúdio? É esse percurso que podemos nos esforçar de seguir, a partir dos envios e relatórios coletados nos *Arquivos Parlamentares*, como documentos recolhidos na fonte e que tratam tanto da abertura dos templos, quanto da celebração do culto ou das festas da Razão: três elementos que frequentemente caminham lado a lado, tal como são evocados no processo verbal da festa inaugural.

As secções parisienses ou as comunas próximas da capital são as primeiras a fazer o anúncio do fim, de brumário a frimário do ano II.

"O erro que, de época em época, tinha se propagado, acaba de desvanecer, os preconceitos do fanatismo desapareceram, só temos como culto o da Razão e da Liberdade." (Villemomble, 4 de frimário)

"Pomo-nos no nível da Razão e consolidamos seu Império. Que só ela reine de agora em diante sobre nós, e sede vós os incansáveis ministros dela." (Comuna de Issy, 4 de frimário)

"Uma deputação da Secção de Brutus... renuncia ao culto do erro... Não reconhecem outro Deus a não ser a Natureza, outro culto a não ser o da Verdade." (5 de frimário)

Muito rapidamente, é uma enxurrada que parte de toda a província, mesmo longínqua, refletindo a propagação do movimento a partir dos epicentros iniciais: o Centro da França, Allier, Nièvre e a região parisiense.

Mil envios (984, para ser preciso) materializam na convenção o desenvolvimento daquilo que chamamos as aventuras da Razão.

Em relação ao movimento geral dos envios descristianizadores, como em referência aos outros gestos que pudemos medir (iconoclasmos, abdicações...), o culto da Razão assume sua importância (27% dos envios), ainda que ela seja menor do que as adesões ao Ser Supremo (33%). Sobretudo, o movimento segue longamente, não se limitando à brutal labareda do inverno, como a maior parte dos gestos destrutores: um primeiro impulso em frimário, decerto, mas um segundo mais marcado, na primavera, entre pluvioso e germinal, com um máximo em ventoso, que concentra um quinto desses envios em homenagem à Razão. E, finalmente, é apenas a partir de prairial que um declínio acentuado se inscreve, sem que a Razão se apague completamente diante do Ser Supremo já que, apesar de todas as filtragens, contamos ainda uns sessenta envios até termidor. Conhecemos o segredo dessa perseverança, seguindo nos mapas a difusão de uma onda que permanece, fora algumas exceções, confinada na região parisiense, alguns lugares no Centro da França e no Norte, em brumário, explode em frimário na França central, se difunde nas Franças "periféricas" do Sul e do Oeste na primavera, não sem conhecer um despertar marcado nos departamentos em torno de Paris, da Normandia à Yonne. O balanço global materializa o contraste entre as zonas fortemente marcadas: região parisiense, centro da França, região de Lyon e vale do Ródano, uma parte do Sul mediterrâneo e alguns lugares do Sudoeste; e as da recusa: um grande Oeste atlântico, o Nordeste, o coração do maciço central, a zona interalpina e os Pirineus.

Evidentemente, os mil envios a partir dos quais nós extrapolamos só representa a parte submersa do iceberg, o que foi conhecido em Paris. Lá onde podemos, com base em monografias departamentais aprofundadas, confrontar esse reflexo com a realidade das coisas, medimos a verdadeira amplidão do movimento. Assim, sabemos que o Gard, que enviou 21 notificações, viu se abrirem 233 templos da Razão, ou seja, dez vezes mais. Se transpuséssemos essa proporção ao conjunto da França, seria possível supor, grosseiramente, que um quarto das comunas francesas abriram um templo da Razão. Proporção talvez um pouco indulgente, pois o Gard não é uma amostra de referência verdadeiramente média; mas podemos reter essa ordem de grandeza como imagem global da difusão do novo culto.

Da abertura dos templos à celebração das festas, a distinção é frequentemente difícil, pois as duas cerimônias coincidem em muitos casos. As festas da Razão tiveram um lugar importante no complexo festivo que se vê desdobrar principalmente no inverno de 1794, afetando um movimento que não se confunde completamente com o incêndio descristianizador: o máximo se inscreve não em frimário, mês crucial em mais de um ponto, mas dois meses mais tarde, em pluvioso, ou seja, do final de janeiro a 20 de fevereiro. A curva sobe sensivelmente em nivoso, culmina em pluvioso, mantém-se em ventoso em um nível elevado para começar a descer sensivelmente em germinal. É um movimento que cai, sem fôlego, que será relançado, mas por um dia apenas, em prairial, no início do verão, pela festa do Ser Supremo. Há certamente de uma zona a outra algum descompasso: assim, no Sudeste, a metade a mais setentrional dos departamentos se afirma desde nivoso, com uma retomada em ventoso; o Sul, ao contrário, concentra sua temporada festiva em pluvioso. Mas não se tem, aqui, a impressão de um lento movimento de propagação: é facilmente explicável; uma parte importante das festas, suportes das manifestações registradas, são as festas para os mártires da liberdade e as festas para a celebração da retomada de Toulon. Objeto de uma incitação oficial, elas foram, em todos os lugares, celebradas com pouco tempo de diferença, mais em nivoso, no Norte, em pluvioso no Sul. A Festa da Razão se insere, portanto, em um conjunto que podemos, simplificando, classificar sob três rubricas: celebração das vitórias da República (40% do total das festas no Sudeste, 50% no Sudoeste), festas da Razão, ou festas "decadárias" (40% no Sudeste, 32% no Sudoeste), festas dos mártires da liberdade (20% no Sudeste, 15% no Sudoeste). Essas cerimônias são conhecidas geralmente nas cidades com alguma importância: a celebração delas ocorre em dois impulsos maiores, um no inverno, a partir de brumário e, sobretudo, em frimário, o outro no início da primavera, começando por vezes desde pluvioso, mas a maioria dos casos culminando em ventoso e germinal.

Do epicentro da França Central ao Sul mediterrâneo, encontramos a contraprova e a confirmação do que ocorre no Norte. Em frimário, o Centro e a região de Lyon entram na dança (Bourges, Lyon, Saint-Étienne, Feurs, Yssingeaux, Grenoble... mas também Montpellier, Béziers, foco precoce no Sul). O exemplo das cidades é seguido aí, sem tardar, na aldeia ou no burgo (La Guillotière, Neuville, Anse no Ródano). Em nivoso, o Ain é tomado, depois, em pluvioso, os Alpes são tocados (Chambéry, Saint Marcellin... Gap e Digne) e logo o Sul (Aix-en-Provence, o Gard). Mas, nessa região, as grandes festas da Razão só ocorrerão tardiamente, em ventoso (Arles, Draguignan, Manosque), e mesmo em germinal apenas, em Marselha, singularmente atrasada. A cronologia das cidades importantes que as monografias impressas revelam, o fluxo dos envios, permitem acrescentar burgos e aldeias: provas de que, sem dúvida, o mundo rural, ou o mundo dos burgos, não desconheceu essas festas. Se a abertura dos templos da Razão nos apareceu, segundo o testemunho das fontes, como um fenômeno que nada tem de medíocre, a celebração das festas e a personificação da deusa em uma dessas grandes liturgias que marcaram duravelmente as imaginações permanece, até maiores informações, o privilégio de uma minoria de aglomerações. Mas, talvez, seja falta de testemunhos: Maillane não era um burgo importante quando Riquelle, a velha a quem Mistral se referirá muito mais tarde, figurava ali a deusa Razão, no esplendor dos seus dezessete anos... como também não era Renaison, no Loire, exemplo de um tipo diferente já que escolheram aí, para encarnar a deusa, uma velha de mais de cem anos, bastante vigorosa, no entanto, porque ela pôs muito entusiasmo ao gritar várias vezes "viva a República, viva a montanha".

É a partir desse duplo corpus: inauguração de templos, festas da Razão, que podemos tentar satisfazer o que permanece nossa curiosidade principal: o que é, então, a deusa Razão? Essa curiosidade surge como tardia. Confessemos que, fora das grandes festividades nacionais de brumário (de Paris a Strasbourg), os relatórios que utilizamos propõem poucas descrições das personificações da Razão. Logo, de modo evidente, essas evocações não foram muito bem-vindas. Mas o que não encontramos nos Arquivos parlamentares se descobre mais frequentemente no segredo dos arquivos locais: que nos permitam de nos limitarmos ao caso da Provença, que revela uma ilustração talvez excepcional por sua riqueza.

O caso mais geral permanece o da mulher que se transforma em estátua viva: deusa Liberdade, deusa Razão, Vitória; em Entrevaux, para celebrar a retomada de Toulon no dia 25 de janeiro de 1794, a Vitória, sob os traços de uma jovem cidadã, é levada em um carro, enquanto a deusa Liberdade avança sob o dossel, que nunca havia recebido um tal uso. Em Nice, é a deusa Liberdade que triunfa em nivoso do ano II; em Digne, Madeleine, moça patriota da sociedade popular, oferece no templo da Razão, na antiga igreja de São Jerônimo, a imagem da nova divindade meio deitada sob um dossel de veludo vermelho, envolvida por uma túnica de linho. Em Fréjus (30 de nivoso), a cidadã Franc representa o papel da Razão, enquanto a cidadã Laget, como deusa da Liberdade, canta estrofes apropriadas. Liberdade ou Razão? O olho popular teria feito a diferença desse detalhe...? Para Coulet, um tecelão de Avignon, que mantém seu livro diário, cronista precioso, trata-se da "Mãe da pátria" e talvez seja assim que o olho popular as tenha percebido, antes que as deusas Razão marselhesas, a célebre "Cavale" e a "Fassy" não paguem com uma atroz morte no ano III, sob os golpes dos degoladores realistas, o preço de terem sido as deusas de um dia.

Os roteiros da festa oferecem então uma imagem ambígua, no nível das práticas: Razão, Vitória ou Liberdade, deusas femininas intercambiáveis. O próprio discurso seria mais preciso, se retomarmos o fluxo das correspondências registradas no dia a dia?

Segundo um corpus constituído a partir dos envios recebidos pela convenção, no próprio coração da campanha, ou seja, entre frimário e pluvioso, analisei algumas dezenas de envios significativos, para tentar perceber o que representa a Razão, tanto por meio de designações e invocações dos discursos e envios, quanto a partir das decorações e dos quadros vivos da festa.

É forçoso constatar uma grande diversidade, que justifica a perplexidade de Romme, quando ele declarava, dia 29 de nivoso, na convenção, em um discurso sobre as festas "decadárias": "Aqui, celebramos festas à Razão, ali, à memória dos grandes homens e dos mártires da Liberdade que se quer honrar. Por toda parte, dedica-se a embelezar essas festas, mas existem poucas regulares".

Deixando mesmo de lado os mártires da Liberdade, mesmo que os reencontremos em uma passada do cortejo, parece claro, depois de análise, que a Razão, por ser onipresente, ou quase (o que é evidente por si só, mas há um décimo dos casos os quais ela não figura, eclipsada pela Liberdade ou pela Natureza), vem raramente sozinha. Um verdadeiro panteão se desenha, fazendo cortejo à Razão e que podemos ordenar em uma espécie de placar das ocorrências encontradas:

Em cada 10 ocorrências, presença de:

Razão	9 vezes
Liberdade	6
Ser Supremo	4
Igualdade	3,5
Natureza	2
Fraternidade	1
Filosofia	1
Verdade	0,5
União-Unidade	0,5
Mártires	0,5
República	0,3
Pátria	0,3
Gênero Humano	0,3

Essas companheiras, porque são entidades femininas majoritariamente, ocupam um lugar variável segundo o caso, em um conjunto que toma, por vezes, a amplidão de uma verdadeira nebulosa: frequentemente auxiliares, mas que podem ser também companheiras, em igualdade, por vezes rivais. Uma relação ambígua se tece, ou em termos de complementaridade ou de substituição.

Antes de analisar os diferentes casos, pode-se, em primeira abordagem, estabelecer algumas constatações, por vezes espantosas. Assim, a modéstia da República ou da Pátria: Alphonse Aulard teria se enganado, quando via no culto da Razão a expressão do sentimento patriótico das condições precisas da luta revolucionária do ano II, ou a Razão é a máscara por trás da qual esse sentimento aparece?

Espantamo-nos menos com o lugar no qual fica a Liberdade, em quase dois terços dos casos, associada à Razão. A hierarquia que se desenha entre a Liberdade (seis casos em dez), Igualdade (três casos) e Fraternidade (1 caso) nada tem para surpreender aqueles que praticaram não apenas o discurso, mas a estampa também. É aquela que prevalece geralmente no *"hit parade"* dos novos valores proclamados, em que sabemos com que modéstia a Fraternidade, em particular, abre seu caminho. A Natureza ocupa, nesse dispositivo, um lugar específico, aparentemente limitado, mas complementar, como veremos, fazendo avançar o estudo das relações que unem esses diferentes elementos. Ali onde ela aparece, não é como comparsa ou auxiliar, o que é o caso da verdade ou da filosofia, mas como referência suprema. Sob esse aspecto, seu papel deve ser apreciado por referência ao Ser Supremo, presente em quatro casos sobre dez, segundo em importância, o que poderá aparecer inesperado. Em realidade, de imediato, entre Razão, Natureza e o Ser Supremo, se esboça um jogo complexo. Por vezes a Razão é a voz do Ser Supremo, em um sistema em que a Natureza foi excluída, por vezes a Razão é a expressão da Natureza, uma ordem que não tem necessidade de se referir ao Ser Supremo. Mas um terceiro caso existe, fazendo da Razão a filha da Natureza, ela própria criada pelo Ser Supremo.

Passamos aqui da contagem, no que ela tem de empobrecedora, ou de redutora, à reconstrução de um sistema, se é que ele existe. Tarefa árdua, pois as formulações estão longe de serem simples, reflexos de uma elaboração do instante, longe de ser dominada.

Se há culto, qual é a divindade? Abrem-se templos, mas para quem? O emprego desses termos é marcado por uma real ambiguidade: são muito raros os que vão diretamente ao objetivo, como esses clubistas de Chevry que declaram que seu único culto é o da Razão (29 de nivoso), ou esses jovens da Secção das Lanças, em Paris, que recitam: "De agora em diante, a sadia Razão fará nossa religião" (26 de nivoso).

Outros tergiversam: a Razão "estende seu império... só ela reina" (comuna de Issy, 4 de frimário), embora a palavra seja lançada no final: "A Razão, essa soberana do Universo, essa verdadeira e única divindade das Nações, enfim estabelece seu Império" (departamento de Charente, 30 de frimário).

Culto, império, homenagem, reino: o impreciso das designações exprime as contradições vividas e as diferentes percepções, na prática, de uma verdade que se busca.

Se tentamos uma classificação, a Razão sozinha e única "deusa" só aparece, na verdade, em um décimo dos casos: uma primeira variante lhe associa a Verdade e/ou a Filosofia, que lhe abrem a via ("a Verdade é compreender. Devemos prestar homenagem à Razão", Marsigny, Saône-et-Loire, 29 de nivoso), mas o caso mais frequente é aquele que, sem pôr em causa sua preeminência, põe a seu lado a Liberdade e a Igualdade, em uma relação mais frequentemente imprecisa, por vezes subordinado ("a Razão que sempre se apoiou na Liberdade e na Igualdade estabelece, portanto, enfim, seu reino entre os Franceses", Cosne-sur-Loire, 27 de nivoso).

Mas ocorre também que a relação se inverta. A Razão não será então mais do que a emissária da Liberdade. Assim, em uma festa celebrada na Nièvre, dia 1 de pluvioso, um cartaz proclama: "A Razão é eterna", mas ele é carregado diante do carro da Liberdade... que descerá para entrar... no templo da Razão.

Por vezes, é a Pátria, e não a Liberdade, que representa esse papel de referente supremo. Assim, em Tours (dia 20 de frimário), em que se canta: "Razão, sede nosso guia único", concluindo, entretanto, por: "A salvação da República/ é o culto que quer a lei". Mas o caso mais frequente, um quarto das ocorrências, permanece aquele em que o culto da Razão se faz por delegação do Ser Supremo, que permanece o último recurso.

A deusa Razão não é, portanto, verdadeiramente uma "deusa" ainda, com todas as nuanças que acabamos de introduzir, apenas nos dois terços dos casos. A Liberdade pode ser sua rival direta, mais frequentemente do que a Pátria. Mas o verdadeiro debate se inscreve entre a Natureza e o Ser Supremo, com vantagem para este último.

Decerto, a Natureza é por vezes invocada em posição dominante, mesmo exclusiva: no dia 5 de frimário, os cidadãos da Secção de Brutus dizem reconhecer apenas, como deus, a Natureza e como culto, a Verdade; mais prudentes, ou indecisos, os cidadãos de Lucernay, na Nièvre, jogam seus ídolos nojentos no fogo, purificando seu templo, "esperando que o culto da Razão ou da Natureza seja professado". E os habitantes de Tours, já citados acima, subordinam a Razão à Natureza:

> Amável filha da Natureza
> Companheira da Igualdade
> Não é com a impostura
> Que pode viver a Liberdade.

Estão próximos do espírito que anima o cidadão Hollier em sua "Ode à Razão", apresentada dia 20 de nivoso:

> Razão, filha da Natureza
> E mãe da Verdade
> Raios de tua pura clareza
> Envolvem a Liberdade
> ...

E que sua companheira fiel
A Igualdade fixe, junto dela,
A felicidade e as virtudes.

Sistemas complexos se desenham, esboçando verdadeiras genealogias, esforços de sincretismo meritórios, cuja petição dos jovens da secção de Lazowsky em Paris, dia 20 de pluvioso, dão talvez o exemplo mais acabado: erguendo-se... "contra aqueles que tentaram fazer acreditar em outra felicidade fora da República una e indivisível e em outra divindade além do Ser Supremo, cujo culto é a Razão e em presença do qual a montanha inabalável torna seus decretos salutares e cujos mártires são Marat, Peletier, Charlier, os amigos de Lazowsky e os altos defensores dos direitos do povo: Viva a República, viva a Montanha".

Mas vemos por esse exemplo que o Ser Supremo já está lá. Toma um lugar considerável, em mais de um terço dos envios, como aquele sem quem a Natureza e a Razão não seriam nada. Em Paris, o cidadão Mibek, prestando homenagem à Razão, sublinha a hierarquia das causas: "Razão divina, emanação do Ser Supremo que regra segundo sua vontade os destinos dos homens e dos impérios..." (30 de frimário). Outro cidadão inspirado recorre à metáfora do cego, no caso o cidadão a quem o Criador, "esse ser benfeitor nos deu pelo menos um bastão para nos conduzir, e esse guia é a Razão". Na mesma data, do outro lado da França, o representante Milhaut em Béziers, embora prestando homenagem à Razão e à Moral Universal, volta-se para o Ser Supremo "cujo Templo é o Universo", "juiz incorruptível e supremo, infalível e soberanamente bom...". Seu colega Dartigoeyte, ardente descristianizador, entretanto, não fala de outro modo no Gers, à Montanha Marat, quando proclama: "O sol da Verdade se levanta. Deus é esse ser incompreensível, mas necessário, esse princípio de todo bem, essa fonte de toda volúpia..."

A Razão, como a Natureza, se submete, portanto, ao grande arquiteto, embora participem de sua grandeza e de sua eternidade, e se canta:

> Oh Razão, teu império abraça a Natureza
> Sede, de ora em diante, o Guia dos mortais
> Que todos os seres incensem teus altares
> Quando, saindo de seu repouso,
> O Ser Eterno quis criar os mundos,
> Tu presidiste seus trabalhos
> Eterna como ele próprio
> Dirigiste sua mão suprema
> Quando, de todos os celestes corpos
> Ele regrava os acordes pomposos...

Por meio da homenagem à Razão, muitos reencontram assim o Ser Supremo. Pastoret, no discurso que pronuncia em Montauban no dia 23 de nivoso, explicita essa abordagem: "É preciso um culto ao homem, mas um culto que a Razão possa confessar e que seja digno da inteligência soberana, da qual ela é uma emanação sagrada... Há apenas um Ser Supremo. Cheio de ti, meu coração te adora..."

Pode-se dizer, entretanto, que o debate já esteja resolvido? Que entre Natureza e Ser Supremo, sob a cobertura da Razão, o consenso pende decididamente para o grande arquiteto? Surpreendendo reticências, mesmo alguma impaciência em relação ao grande ordenador, cuja autoridade usurpada camuflou os crimes do fanatismo e da superstição e, como lemos mais acima, desse "ser incompreensível, mas necessário".

Pelo menos, tomam suas precauções: a Sociedade popular de Soissons, no dia 10 de frimário, põe os cidadãos em guarda: "Não sofrei mais a não ser sob um novo jugo, nossa razão permanece submetida", para concluir:

> À volta do mundo, ser justo e poderoso
> Nós te adoramos em toda a natureza
> Mas rejeitando toda crença obscura
> Para subir a ti mais dignamente
> Queremos invocar-te livremente.

Ao que fazem eco os cidadãos de La Châtre:

Ser ordenador dos mundos
Cuidados vãos, cantos confusos
Em tuas moradas profundas
Não mais te fatigarão.

E outros vão ainda mais longe:

Longe de decidir alguma coisa sobre esse ser supremo
Mantenhamos, ao adorá-lo, um silêncio profundo
Sua natureza é imensa e o espírito nela se confunde
Para saber o que ele é, é preciso ser ele próprio
O temor fez os deuses, a audácia fez os reis.

Não são esses porta-vozes isolados que terão a última palavra. Da razão ao Ser supremo, nos deixando levar assim pelo próprio curso dos textos que, de Paris à província, elaboram, desse modo, por pinceladas sucessivas, os elementos de um sistema a partir da prática coletiva, não há evidência de um hiato tão importante que não seja percebido, visto do alto, através das definições das grandes opções coletivas que, de frimário a floreal, vão orientar o novo curso das coisas, a partir da proclamação da Imortalidade da alma e do Ser Supremo. Na maioria dos discursos explícitos, ele já estava bem ali, esperando sua hora. O que explica, talvez, que o novo culto tenha recebido uma acolhida maciça, se podemos julgar pelos traços que nos restaram. Mil e duzentos e trinta e cinco envios, em menos de quatro meses, de floreal a termidor, a respeito do tema comum da aprovação do decreto do dia 18 de floreal sobre a imortalidade da alma e, em seguida, da proclamação do Ser Supremo: é considerável, e esse corpus maciço é o mais importante de todos aqueles que tivemos de levar em conta. Em pouco tempo, no levantamento dos envios aprovativos, o Ser Supremo recebe mais sufrágios do que a Razão não reuniu em dez meses. Uma leitura crítica objetará

que a maioria dessas adesões permanecem proclamações gratuitas, que conviria, em uma justa apreciação das coisas, confrontar
com a estatística das celebrações do Ser Supremo, cujo balanço,
interrompido pelo dia 9 de termidor, não pode ser estabelecido.
Depois, se confrontará as condições nas quais se operou a instalação do culto da razão: imposto e espontâneo, oficial e marginal ao mesmo tempo, pulo no desconhecido, ao grande gesto
de conformismo tranquilizador que representou a adesão ao Ser
Supremo. Com isso, nos espantamos menos de um sucesso tão
amplo, aparentemente. Foi possível medir, além disso, que o Ser
Supremo não foi ignorado nos tempos em que triunfava a razão.

O novo culto será menos tolerante. Podemos seguir dia por
dia, nos envios recebidos pela convenção no dia seguinte ao
do grande discurso do dia 18 de floreal, o modo como tudo dá
uma reviravolta. No dia 24 de floreal, os oficiais municipais de
Chagny, em Saône-et-Loire, ainda informaram que sua comuna,
abjurando o culto católico, estabeleceu o culto da Razão e, no
dia 25, a modesta sociedade popular de Dornecy, na Nièvre, faz
a mesma coisa: mas é nesse mesmo dia que o conselho geral da
Comuna de Paris, com a mão na massa e melhor situado para
sentir de onde o vento sopra, anuncia que vai mandar apagar as
inscrições dos "Templos da Razão", para substituí-los por "Templo do Ser Supremo". Um impulso seguido pelas secções parisienses nos dias que se sucedem imediatamente, mas não sem
reticências perceptíveis: dia 26 de floreal, aprovação dos "princípios religiosos", sem precisões maiores e, no dia 6 de prairial, a secção do Observatório anuncia uma palestra sobre o Ser
Supremo... "no templo da Razão". É necessário esperar os envios recebidos em messidor para que a inflexão ocorra e que, de
Choisy-sur-Seine (5 de messidor) em Sommerwiller (Meurthe,
dia 7 de messidor), evita-se de ora em diante toda mistura de gêneros. Alguns vão mais longe e fazem questão de manifestar que
captaram bem a mensagem; e para tomar alguns exemplos meridionais, no Hérault, repudia-se retrospectivamente a perseguição e a intolerância, no Vaucluse ou nas Bouches-du-Rhône,

Combates pela Revolução Francesa

denuncia-se duramente o ateísmo; nos Basses-Alpes, a Sociedade popular de Entrevaux afirma com ênfase seu horror pelo ateísmo "destruidor de toda ordem e de toda moral" (dia 1 de termidor). Essas argumentações, que correm em socorro da vitória e da autoridade, são talvez menos convincentes do que o discurso secreto que pudemos adivinhar precedentemente.

O caráter maciço do fluxo dos envios testemunha, de qualquer modo, que a corrente passou, e ainda que eles se refiram apenas, reflexo empobrecido, a 3% das localidades francesas. A mobilização foi rápida, concentrada no essencial do fim de floreal a messidor e prairial (por voltas de quinhentos envios para cada um desses meses). A consequência de termidor pede para ser interpretada porque, a partir do dia 10 de termidor, tais correspondências não foram mais evidenciadas, antes de serem simplesmente jogadas fora. De tal maneira que o mapa da difusão do culto do Ser Supremo, tal como podemos propor, permanecerá para sempre incompleto, sem perder, por isso, seu interesse, nem seu poder sugestivo: a maioria dos envios precoces em floreal e prairial, em uma França do Norte do Loire que recobre a região parisiense, o Norte e o Nordeste, se insinua em direção do oeste, ao mesmo tempo encontrando, das margens armoricanas até a Bretanha, um primeiro dique de recusas. O Sul está atrasado, fora algumas exceções pontuais, especialmente no vale do Ródano e na Provença. Mas podemos acrescentar aí alguns departamentos (exceções que confirmam a regra) em que a presença conhecida de representantes robespierristas dinâmicos apressam o movimento (Ariège, Pyrénées-Orientales). Nuanças ou modulações que não afetam uma constatação maciça que toma todo seu valor quando comparamos esse mapa de difusão aos do culto da Razão. A Razão: explosão polinuclear, ainda que o foco parisiense ocupe aí um bom lugar, e, depois, pela difusão a partir desses focos. O Ser Supremo: Paris comanda, as servidões das estradas e da transmissão de um influxo nacional centralizado dão conta, essencialmente, das modalidades de propagação a partir de uma França setentrional, a primeira a ser atingida.

Michel Vovelle

O que não quer dizer que o culto do Ser Supremo seja igualmente recebido em todos os lugares. O mapa que faz o balanço, cumulativo, nos contrastes que revela, permanece um teste de amplidão nacional. À primeira vista, somos tentados de ficarmos marcados por uma real continuidade da Razão ao Ser Supremo, na repartição espacial e, de fato, se nos referimos aos mapas estabelecidos a propósito do culto da Razão em função do número de endereços, há um contraste marcado apenas em uns quinze departamentos; a paisagem global permanece, pondo em valor a maior parte da região parisiense, o eixo Paris-Lyon-Marselha pela Borgonha e pelo vale do Ródano, o Sul, do Languedoc e da Provença, mas também uma parte do Sudoeste, seguindo o vale do Garonne. Em contraponto, é sempre no Oeste, no Nordeste e no coração do Maciço Central que se inscrevem as zonas que recusam as novidades, quer se chamem Razão ou Ser Supremo.

Em um segundo exame, porém, pode-se detectar derivas sensíveis: certos departamentos tagarelas, quando foram visitados pelo culto da Razão, calam-se, de agora em diante; outros que tinham oposto uma resistência teimosa mostram-se muito mais acolhedores ao Ser Supremo. Este marca pontos em vários lugares: em uma parte do Oeste (Calvados, Manche, Orne, Ille-et-Vilaine), como do Nordeste (Côte-d'Or, Haute-Marne, Meurthe) ou no Sudeste alpino e provençal (Haute e Basses-Alpes, Var...). Uns vinte departamentos ilustram, assim, essa progressão, lugares com descristianização medíocre (região alpina) ou minoritária (margens armoricanas), para as quais o reestabelecimento de um culto, mesmo bem diferente do antigo, parece bem-vindo. Ao inverso, a cartografia do espaço no interior do qual o "escore" da Razão ficou superior ao do Ser Supremo revela as regiões homogêneas que nada devem ao acaso. Se a imediata proximidade parisiense (Seine, Seine-et-Oise e Seine-e-Marne) reage obediente às impulsões do novo culto, no norte como no sudeste de Paris, até o centro anterior, é a mesma coisa no centro-oeste da Saône-et-Loire ao Mont-Blanc, passando pelo Ain e Isère, como em certos departamentos do Sul (Gard, Vaucluse).

Combates pela Revolução Francesa

O que concluir desses comportamentos contrastados? Por vezes, podemos ver neles a confirmação de uma resistência mais forte, mas apta a se exprimir de duas maneiras, pela recusa do Ser Supremo, vinculado à da Razão, como por uma atitude mais acolhedora a uma solicitação menos traumatizante do que a precedente.

Podemos ver também, na apatia de certas zonas precedentemente tocadas, a reação indiferente de regiões afetadas de modo forte demais nos meses precedentes para se lançarem em uma nova aventura: poderia ser o caso no centro e na região de Lyon ou do norte dos Alpes. Em todo caso, não é, certamente, insignificante que um departamento como o do Gard (levando em conta também sua situação confessional específica), que tinha mandado trinta e seis envios sobre a Razão, envie apenas quatorze em honra do Ser Supremo, enquanto não longe, na Provença e no Comtat, a adesão é relativamente maciça, em uma região de descristianização tardia e mole, em que o sucesso é mais vivo e como que inesperado.

Se quisermos tentar esboçar uma conclusão sobre um tema que revela assim toda sua complexidade, parece que seja necessário reformular um certo número de ideias feitas.

De frimário a floreal do ano II, Robespierre, mas ele está longe de ser o único, contribuiu para o estabelecimento da adequação entre ateísmo e culto da Razão, e é a estátua do ateísmo que queima na fogueira do auto de fé do dia 20 de prairial. Paradoxo da história, esse clichê muito cômodo foi recebido e retomado por toda uma tradição historiográfica conservadora ou clerical que não podia se satisfazer com essa imagem.

Em continuidade, mais do que em contradição, com as análises de Alphonse Aulard na base de uma documentação alargada, é possível, hoje, de percebermos o que foi, verdadeiramente, o culto da Razão, prática complexa, elaborada no concreto, forma de sincretismos diversos associando à Razão, a Liberdade, a Pátria, o culto dos mártires da Liberdade. Nesse novo credo, o naturalismo materialista das Luzes não é inexistente e faz ouvir

405

sua voz, mas de maneira minoritária. De fato, o Ser Supremo está já ali, atestado em mais de um caso e compreende-se melhor como, da Razão ao Ser Supremo, a virada foi assumida de maneira muito menos traumatizante do que se pode pensar. Ao invés de um reflexo pelo qual Aulard, em sua época, via predominar uma atitude patriótica ou de defesa cívica da França agredida, parece-nos que é no quadro de uma religião natural que não poderia ainda dispensar a presença tranquilizadora do Ser Supremo, que se operou esse retorno ou essa passagem. Permanece o fato que nem todos foram enganados e que as discordâncias significativas que se inscrevem nos mapas de acolhida feita à Razão e ao Ser Supremo mostram que os atores, mesmo modestos, desse combate nas nuvens perceberam a malícia que havia ali, e não foram tão ingênuos como se poderia acreditar. Em seu próprio fracasso, o episódio do culto da Razão permanece um dos episódios mais significativos e duravelmente marcantes da Revolução cultural de 1793-1794.

IV
Imagens

Saint-Denis, ou O juízo final dos reis[1]

É, para mim, um prazer e uma honra abrir este colóquio organizado sob o tema "Saint-Denis ou o juízo final dos reis". Em grande número de encontros científicos que ocorrem atualmente no quadro do bicentenário da Revolução Francesa, nota-se que as iniciativas tiveram frequentemente o cuidado de evidenciar, em um lugar e em um sítio dado, uma problemática geral que responde particularmente ao gênio local. Foi assim que nossos colegas de Rennes trataram das resistências à Revolução, o que permitia pôr em contexto o problema das contrarrevoluções camponesas. Foi assim que nossos colegas e seus amigos de Lille falaram de protoindustrialização, aí ainda em um sítio inteiramente adaptado, da mesma maneira que nossos amigos occitanos se debruçam sobre o problema da língua e das identidades regionais.

---

1 Publicado originalmente como introdução ao colóquio *Saint-Denis, ou Le jugement dernier des rois* (1989). La Garenne-Colombes: Éditions de l'Espace Européen, 1990.

Então, qual podia ser uma ideia melhor para uma cidade como Saint-Denis, cuja posição simbólica permanece considerável, necrópole real, mas lugar também – é preciso dizer – da expulsão revolucionária da presença real pela profanação dos túmulos monárquicos, que tomar emprestado de Sylvain Maréchal o título de sua célebre peça tratando de "Saint-Denis ou o juízo final dos reis"?

Isso significa abordar uma problemática que os organizadores, aliás, quiseram que fosse dupla. Tratava-se de colocar e de seguir, ao longo das primeiras sequências, as questões teóricas, históricas, jurídicas, ligadas a essa aniquilação da pessoa real, a execução dessa monarquia da qual procede a Revolução Francesa, em suas diferentes implicações. Mas fico também agradecido aos organizadores pelo fato de terem querido acrescentar a essa primeira sequência uma última rubrica que, dessa tábula rasa da monarquia promoveu o surgimento, ou o nascimento, da ideia republicana.

Duas condutas, na minha opinião, complementares e necessárias. Pois parece-me que, no ciclo das celebrações atuais do bicentenário, esquece-se muito, e mesmo demais, que a Revolução Francesa também é a República. Talvez alguém se lembre disso em 1992, mas em 1992 vai se falar de tantas coisas! Mal saímos da descoberta da América para entrar na Europa, e temo um pouco que, nesse contexto, nossa Primeira República fique esquecida. É melhor então ser prudente, e ter a audácia de afirmar: 1789 é a República!

Claro, os historiadores meticulosos podem contestar. Mas que me permitam evocar, em intenção deles, uma anedota contada a mim por Maurice Agulhon, que termina atualmente seu segundo volume sobre as *Mariannes*, e é, portanto, uma boa página inédita que transmito. Ele me falou de um monumento à República que se encontra na Gironde. Creio que é em Andernos. Nesse monumento, os patriotas de Andernos lembraram três datas fundadoras: 1870, é evidente, 1849, o que é igualmente compreensível, mas a terceira data inscrita no pedestal é

Combates pela Revolução Francesa

mais estranha: 21 de setembro de 1789. Ficamos espantados e pensamos que, nesse fim do século XIX, os funcionários municipais aprendiam a história da França, eram educados, e que cometeram ali um erro imperdoável.

Mas, na realidade, é mais do que um erro, é um lapso e, dessa maneira, um lapso revelador. Para eles, 1789 é a Revolução Francesa, e a Revolução Francesa era a República. De onde o curto-circuito que, quanto a mim, não me escandaliza. 1789 é a República, mas era preciso ainda, para isso, passar sobre o corpo do rei. Esse curto-circuito, que opero assim de maneira um pouco ligeira, resume o percurso dessa aventura de mais de três anos que viu a degradação progressiva da imagem real.

Os homens da Revolução tiveram consciência de que, para estabelecer esse novo regime, essa regeneração que eles desejaram, era preciso derrubar a monarquia. Não tiveram essa consciência desde o começo. Tiveram de percorrer esse caminho que não era evidente no início. Penso, é claro, nesses grandes porta-vozes aos quais nos referimos como que espontaneamente. Penso em meu velho amigo Jean-Paul Marat que, em *O Amigo do Povo*, em 1790 e 1791, digamos, até Varennes, não é o antimonarquista que se esperaria. Talvez porque para Marat, para o Marat que foi o autor de *Correntes da escravidão*, por definição, o príncipe representa o adversário. De onde certa indiferença, de certo modo, à própria pessoa monárquica ou outra, em que se cristaliza a representação do executivo ou do aparelho do Estado. Desse modo, Marat permanece durante todo um período, em suma, tolerante em relação à presença de um Luís XVI, desde que este seja suficientemente inconsistente ou inofensivo, para que a marcha revolucionária siga seu caminho. Marat, talvez, porque ele é mais livre do que outros, enquanto suíço, não tem tradições ou heranças monárquicas que pesam, é bastante indiferente. Sabe-se (não multiplicarei os exemplos) que, em Robespierre também a opção republicana avança progressivamente, como em muitos outros, que serão os pais fundadores da República.

Esse caminho, tal como tiveram de fazer, passa por certo número de etapas que permitiram operar essa destruição progressiva da imagem do rei-pai, do rei revestido por um poder de essência divina, desse rei-providência, ao qual os cadernos de reclamações eram ainda dirigidos com confiança real.

Do rei-pai a essas imagens que vamos ver se introduzirem progressivamente, *saint Veto*, protetor dos emigrados e dos padres refratários, uma passagem se operou, desde os primeiros anos da Revolução. Esse caminho não foi forçosamente linear. Houve, parece-me, na medida em que se desgastava a imagem real, a tentação de encontrar "ídolos" de substituição. Emprego aqui uma linguagem maratista. Sucessivamente, Necker, Mirabeau e, talvez, mais ainda, La Fayette, aliás "Gilles César", como diz Marat, ocuparam esse lugar de substituição, de vicariato, em relação a uma presença real que perdia sua consistência e se desgastava.

Mas esses ídolos de um dia ruíram, perderam, e por vezes muito rapidamente – vejam o caso de Necker, mas vejam também no caso de Mirabeau, a brevidade de sua glória póstuma –, toda consistência para deixar surgir, de modo ainda mais cru, o que eu chamaria as diferentes etapas da morte do rei.

As mortes do rei podemos, sem sofisticar, enumerá-las a partir dos acontecimentos que escandem o andamento. A primeira seria, talvez, a das jornadas dos dias 5 e 6 de outubro de 1789, apesar da ilusão que, quando vão buscar em Versalhes "o padeiro, a padeira e o pequeno ajudante da padaria", investem ainda, talvez, uma parte dos grupos populares – mas eles são tão ingênuos assim? – na presença real com um peso e um valor mágico. Mas se trata já, para vários outros, os mais conscientes, bem mais de se assenhorar da pessoa real do que beneficiar das indulgências que decorrem dessa presença.

Se podemos ainda discutir a respeito dessa primeira morte dos dias de outubro, incontestavelmente a segunda morte do rei é a de Varennes, a da partida para Varennes, e desse retorno – vocês bem sabem – entre duas alas de parisienses, no silêncio

Combates pela Revolução Francesa

glacial dessa entrada na capital: "quem aplaudir o rei apanhará; quem insultará o rei será enforcado".

Podemos dizer que, no final das contas, a terceira morte, a do dia 10 de agosto, aquela que preludia à morte física do rei e vê, desde o dia 11 de agosto, a derrubada das estátuas reais nas praças parisienses, essa morte do dia 10 de agosto se inscreve na prolongação direta de uma dinâmica que já estava instalada desde Varennes.

Essa degradação da imagem real não para no dia 21 de janeiro de 1793. Digamos mesmo que a virada do dia 21 de janeiro terá efeitos complexos, ambíguos. Até essa data, a iconografia nos permite seguir suas etapas sucessivas, do rei-pai ao rei constitucional, que se tornou pai de família, e ensina seu filho a ler a declaração dos direitos do homem, até o rei emprisionado – "eu sanciono" –, até "Saint Veto, protetor dos aristocratas", depois ao rei infantilizado dos dias que se seguiram à fuga de Varennes. Eis que o representam como um garoto pueril e comentam, nessa imagem: "Ele tem o cérebro cheio de ratos, tem suas botas cheias de ratos, e... suas meias também". A cantiga infantil toma um Luís XVI infantilizado para conduzi-lo à última etapa da bestialização da pessoa real, o rei porco instalado em seu barril, rodeado de garrafas, e que seu ancestral Henrique IV tem dificuldade em identificar: "Onde então está meu neto? Eh, o quê? É um porco".

Ora, dessa aventura da imagem real, no sentido literal do termo, passamos, a partir do dia 21 de janeiro, à redescoberta pela iconografia contrarrevolucionária europeia de um rei celebrado por uma profusa hagiografia, e que vai voltar a ser o filho de São Luís, "filho de São Luís, subi ao céu". Vai se mostrar, nessas gravuras, a gesta do martírio e da paixão de Luís XVI. Mas, em contraponto, outro estilo de gravura, propriamente revolucionário, proposto por Villeneuve, revela uma violência não contida, apresentando a cabeça de Luís XVI como a própria cabeça da medusa, e comenta: "Luís, o traidor, lê tua sentença!"

Essa dupla aventura póstuma de Luís XVI nos mostra quanta violência está pressuposta no acontecimento da execução. E seria necessário seguir essas próprias consequências no tempo curto da Revolução, através dos ecos dessa execução, desse traumatismo coletivo que foi a execução do rei.

Fico impressionado, e falarei disso hoje à tarde, com a importância do primeiro aniversário da morte do rei em pleno coração do incêndio descristianizador, e quando a temática da destruição da realeza e, mais largamente, dos déspotas, se mistura muito intimamente à temática da descristianização. A morte de Deus, o encontro, nesse episódio, da morte do rei e da descristianização violenta, certamente não é fortuito, nessa temporada carnavalesca em que se celebra o mundo de cabeça para baixo. Assim, o tema da morte do rei então se alarga, da morte de Luís XVI à derrubada do conjunto dos déspotas, do sistema monárquico em toda a Europa. E a imagem aqui, como precedentemente, nos ajuda a seguir esse objetivo. Estamos muito longe da crítica pontual e ainda comedida dos primeiros tempos da Revolução, quando se zombava de Leopoldo II chamando-o de "homem de duas caras", de um lado, déspota esclarecido; e do outro apenas déspota. Depois, zombou-se ainda mais de Catarina II que afirmou, precocemente, sua hostilidade à Revolução Francesa e que a gravura de 1791 evoca de maneira bastante desrespeitosa no tema de *A pernada imperial de Moscou a Istambul*", uma pernada que permite aos soberanos situados embaixo desse exercício acrobático mergulhar em um abismo de reflexões a respeito da pessoa da imperatriz. Isso ainda é guerra de epigramas, de gosto mais ou menos bom. Mas logo nasce a ideia de um jogo de massacre coletivo. Uma imagem evoca a "queda em massa", em que a eletricidade republicana se espalha de um lado para o outro da Europa, fazendo cair os déspotas como em um boliche. Tudo se termina por uma debandada geral, o mais frequentemente, nessas imagens em que os déspotas são bombardeados com os projéteis de uma bateria de *sans-culottes* extremamente rabelaisianos que utilizam armas

Combates pela Revolução Francesa

biodegradáveis, mas aparentemente eficazes, para esmagar com seu desprezo, se posso me exprimir assim, a multidão dos soberanos da Europa monárquica. Essa queda dos tiranos coroados aparece como a última subversão, e última realização, da promessa da Liberdade feita ao povo.

E é assim que, se vocês permitirem, chegados no próprio momento em que a tropa dos déspotas parece se afogar em um golfo de desprezo e de execração, podemos reencontrar o que será a última etapa de nosso percurso em contraponto com essa tábula rasa: a própria ideia da República, tal como aqueles que condenaram Luís XVI a conceberam, não com a bonomia zombeteira das caricaturas ou das imagens, mas em termos trágicos, com a consciência da entrada em um novo mundo. Lembrem-se de Cambon: "Aportamos enfim na ilha da Liberdade e queimamos o navio que nos conduziu ali..."

Mas se deram esse passo decisivo, do qual apreciam o caráter sem retorno, é porque têm o sentimento de ter fundado essa República, da qual Camille Desmoulins nos propõe a definição: "A Liberdade é a suavidade das máximas republicanas". Suavidade das máximas republicanas que vai aliás definir ou precisar, ali ainda, em uma das belas fórmulas das quais ele tem o segredo. Escreveu: "A Divisa das Repúblicas são os ventos que sopram sobre as ondas do mar: *tollunt sed attollunt*, eles os agitam, mas eles os elevam. Fora disso, não vejo, na República, outra coisa a não ser a calma do despotismo e a superfície unida das águas estagnadas". Essa fórmula de Camille Desmoulins, "eles os agitam, mas eles os elevam", já é uma fórmula romântica que anuncia Goethe ou Schubert, "o Espírito que sopra sobre as águas". Essa bela fórmula é, ao mesmo tempo, uma definição. Para Desmoulins, a República não é um regime nem um sistema, pois o regime ou o sistema é o do pântano. A República é um movimento, é uma dinâmica, é uma exigência. E a experiência da Revolução Francesa permanece aquela de uma República como conquista sempre ameaçada, como responsabilidade coletiva, uma responsabilidade coletiva que é a de todos os cidadãos.

E essa República, que é como a Liberdade, a defender incessantemente e incessantemente a conquistar, é talvez Saint-Just, que citarei depois de Desmoulins, que nos permite defini-la como exigência. Saint-Just escreve, em *As instituições republicanas*, "ouço dizer muitas pessoas dizerem que elas fizeram a Revolução. Elas se enganam, pois trata-se da obra do povo. E sabem o que é necessário fazer hoje, o que só pertence ao próprio legislador? É a República".

Partindo dos reis, chegamos à República, é esse o percurso, parece-me, que vai conduzir a reflexão deste colóquio. Só pretendi trazer-lhes algumas poucas reflexões inevitavelmente impressionistas sobre esses terrenos que lhes servirão de suporte aos debates. Desejo-lhes uma reflexão fecunda e construtiva e agradeço-lhes.

Os autos de fé das pessoas reais nas mascaradas do ano II[1]

Gostaria de lembrar muito simplesmente, evocando alguns temas, o lugar que vai tomar no gestual revolucionário o tema, não somente da morte do rei, mas da morte dos reis. Para fazer isso, partirei do estudo do auto de fé de um lado, e o da mascarada do outro, o auto de fé muito mais frequentemente evocado do que a mascarada que pressupõe uma cenografia muito mais complexa e organizada. Em um breve percurso, tentarei ritmar as etapas, os próprios momentos dessa emergência progressiva. E depois, em forma de conclusão, virão alguns temas de análise ou de reflexão. Minha descrição buscará a maioria de seus exemplos nesse mundo meridional que conheço melhor, por ter estudado as estruturas ao mesmo tempo festivas e subversivas. Mas não me limitarei a esse âmbito, particularmente no período que vai de 1793 a 1794.

---

1 Publicado originalmente como comunicação no colóquio *Saint-Denis, ou Le jugement dernier des rois* (1989). La Garenne-Colombes: Éditions de l'Espace Européen, 1990.

Deve-se convir que o auto de fé e parcialmente a mascarada não são invenções específicas do ano II, e que é permitido seguir os progressos, as aparições sucessivas dessas gestuais populares, que não são especificamente revolucionárias. Manequins, que sejam de Loménie de Brienne ou de outros, foram queimados e, contudo, é uma tradição. Paris nos apresenta episódios de auto de fé desde 1790 e 1791 e todo mundo conhece a gravura de Prieur sobre a queima do manequim do papa Pio VI, nos jardins do Palais-Royal. Da mesma maneira, o auto de fé está presente nas expressões populares da província e, no caso, do Sul, desde 1790. Assim, por exemplo, desde o dia 17 de novembro de 1790, os habitantes de Aix-en-Provence, por instigação de sua Sociedade popular, vão instalar seu novo tribunal de distrito no próprio lugar, segundo dizem, em que o antigo parlamento sediou. E essa entronização que poderia ser extremamente acadêmica, de fato, se transforma, sob a pressão da multidão dos cidadãos que tinham precedido a marcha do cortejo oficial, em uma espécie de auto de fé no qual, nos dizem, "os cidadãos tentam purificar por seu patriotismo a sala do palácio dos últimos sentimentos com os quais ela ficou infectada pela presença dos parlamentares". Nessa fogueira festiva, dizem-nos, "a Sociedade teria desejado queimar aí todos os vestígios do Antigo Regime". O auto de fé não é ainda efetivo, ele já é sonhado.

Durante esse mesmo período, outras formas de manifestações próximas do auto de fé ou da mascarada surgem sem que cenografias elaboradas as acompanhem, mas podemos pôr na categoria desse outro tipo de gesto os enforcamentos de manequins de personagens odiados. Em Marselha, dia 30 de janeiro de 1791, e ainda no dia 6 de fevereiro de 1792, encontramos pendurados nas lanternas os manequins dos contrarrevolucionários notórios. A prática se reencontrará em todo esse mundo meridional de 1791 a 1792 inclusive.

O que impressiona são as datas, pois resulta que, muitas vezes, essas manifestações se inscrevem em uma sequência carnavalesca largamente traçada, quer dizer, do dia de Reis até o

Combates pela Revolução Francesa

período do carnaval propriamente dito. Ao longo dessa escalada, a primavera de 1792 nos faz passar a formas mais complexas que são as do cortejo irrisório que ousa agora se expor em público. Não é ainda um cortejo irrisório que ataca, como é claro, abertamente as pessoas reais, mas penso, por exemplo, em Avignon, em que o retorno dos *glaciéristes*[2] que haviam sido exilados toma um ar triunfal. Fazem-se preceder por uma série de carros: um carro da juventude, mas ainda um carro de Baco que é arrastado por vinte e dois asnos. Outras sequências podem ser evocadas: penso em um passeio grotesco, extremamente precoce, em Arles, no mês de abril de 1792, em que carregam um busto do Pai eterno, "forçando, contam, mulheres, moças e velhos a cuspir nele".

Como se pode ver, os elementos fundamentais da mascarada e do auto de fé estão já presentes. Vamos vê-los explodir em um primeiro impulso, de agosto de 1792 a dezembro, em suma, das fogueiras festivas pela queda do Palácio das Tulherias, até o processo do rei. Assim, em Aix-en-Provence, no dia primeiro de agosto de 1792, queima-se uma árvore morta carregada dos atributos da feudalidade e da realeza. Dirão que não é uma originalidade meridional: essa árvore morta evoca certamente de muito perto a bela gravura de Prieur que ilustra a festa da Federação parisiense no dia 14 de julho de 1792 e onde, precisamente, queimaram uma árvore carregada com os brasões da feudalidade.

Da mesma maneira, em Nice, dia 18 de novembro de 1792, vê-se os citadinos, para celebrar sua liberdade recentemente conquistada, queimar uma coroa. Trata-se sem dúvida dos atributos do rei do Piemonte, mas já é pessoa real que é diretamente visada. Mas depois da primeira explosão caracterizada, é a de janeiro de 1793, a dos carnavais ou dessas aberturas da temporada

---

2 Participantes do *Massacre de la Glacière*, ocorrido no palácio dos Papas, em Avignon, nos dias 16 e 17 de outubro de 1791. Foram encerrados e massacrados na torre da *Glaciére* cerca de sessenta resistentes à anexação do território de Avignon, então pertencente à Igreja, à França. (N. T.)

Michel Vovelle

carnavalesca que, no Sul, de Arles a Avignon ou Mônaco, se assemelham, com ataque, desta vez direto, em um período que vê o processo e a execução do rei, à pessoa real. Em Avignon, pendura-se na lanterna – é portanto ainda o antigo cerimonial, se posso dizer assim – a efígie do rei e da rainha. Em Mônaco, queimam-se as insígnias da realeza.

Mas, se podemos seguir assim o avanço progressivo desse cerimonial, é, bem evidentemente um ano mais tarde, em uma sequência que poderíamos dizer de aniversário, mas que se confunde com o incêndio descristianizador, que esse cerimonial, que agride, ao mesmo tempo, a antiga religião, todos os símbolos e atributos da realeza, encontra sua expressão mais ampla. De agora em diante, haveria um paradoxo em fazer da mascarada e do auto de fé uma originalidade meridional. De fato, seria esquecer que essa mascarada, sob sua forma descristianizadora, encontra suas primeiras expressões em volta de Paris, nas manifestações descristianizadoras das aldeias de Ris, de Mennecy e das outras comunidades aldeãs do entorno parisiense. Seria também esquecer esse outro epicentro da descristianização que é representado pelo Nièvre e pelo Allier.

A França setentrional não ignorou, portanto, as mascaradas, ainda que os ecos que podemos notar nos envios transmitidos à convenção não sejam numerosos nos processos verbais dos arquivos parlamentares. Dirão que se trata de uma amostra residual muito severamente depurada, selecionada. Sem dúvida, mas três mascaradas para o Nordeste, sete no Noroeste, para meia dúzia no Sudeste, e mesma coisa no Sudoeste: é pouco. Isso nos fornece, entretanto, certo número de amostras que poderemos explorar, como isso já pode ser sugerido por certos contrastes regionais, particularmente o silêncio de um Nordeste pouco marcado pela descristianização. São pontos sobre os quais não insistirei.

A França do Norte oferece alguns exemplos de mascaradas que, transbordando a partir da manifestação propriamente descristianizadora, focalizada no exorcismo dos objetos (e da

Combates pela Revolução Francesa

"baixela", como se diz) do culto, ataca, primeiro, um soberano particular na pessoa do papa. Vejam, assim, em Beaumont, em Seine-et-Marne, "um auto de fé dos mais solenes, tendo feito justiça a todos os simulacros de madeira, vis objetos de uma estúpida adoração, um burro vestido como pessoas reais". Vejam, no Loir-et-Cher. É em ventoso, mas voltaremos a respeito dessa data. "Via-se sobre um túmulo os despojos do realismo e da superstição, representados pelas coroas de flores-de-lis, solidéus, casulas, escapulários, leitoris e águias. Pitt e Coburg se elevavam no meio desse amontoado impuro. O primeiro trazia, nas costas, esta inscrição: "O inimigo do gênero humano", o segundo, esta inscrição: "O real escravo de um salteador coroado". O todo era puxado por um asno vestido com sobrepeliz e casula, trazendo esta inscrição: "Sou mais útil do que um Rei".

É talvez ainda mais sintomático, neste mesmo mês de ventoso, encontrar, em uma Bretanha que se mostra aparentemente, não como uma fronteira de catolicismo, mas como uma fronteira de descristianização, uma cenografia burlesca, tal como aquela que nos propõem os *sans-culottes* de Dol, em Ille-et-Villaine. "Na primeira 'década', convidamos Pio VI e o último tirano para assistir às cerimônias. Tínhamos feito preparar para esta festa um fogo festivo na praça Brutus, e queimado duas velhas (estátuas) fantasiadas com o fanatismo religioso. Uma como um tirano, coroado de flores-de-lis, a outra como papa, com tiara e múleo." Aqui, a destruição dos ídolos, a queima das estátuas de madeira, passam, por meio de seus travestimentos grosseiros, para a pessoa real e pontifical. Sem multiplicar esses exemplos, vindos da França setentrional, eu me contentarei, para terminar, com Saint-Valéry-sur-Somme onde, nos dizem, "um quadro de São Luís se encontrava na igreja, em que havíamos reunido os cidadãos. Um de nós propôs de dar um fim nele. Imediatamente, a tela foi rasgada em pedaços e a moldura queimada ao pé da estátua da Liberdade. Esse triunfo sobre a superstição realista e religiosa (a assimilação é, portanto, constante, [nota do autor]) não nos pareceu indigna de vossa expectativa. Dançou-se a *Carmagnole* em torno de um auto de fé de um novo gênero e o hino dos marselheses foi cantado por várias vezes".

Se essas formas de expressão não se mostram, portanto, ignoradas na França do Norte, o que nos levará a propor o problema da difusão dos modelos e de seu surgimento, é, sem dúvida, em um grande Sudeste, começando pela França central, que vamos encontrar as formas mais desenvolvidas dos roteiros da mascarada e do auto de fé.

É na Nièvre que ela foi atestada pela primeira vez. Não lembrarei, porque conhecidas, conhecidas demais talvez, as manifestações em Allier, depois em Nevers, mesmo, com essa resposta de Fouché, no ponto de debate, muito rabelaisiano, aliás, que lhe submetem. É um ponto escolástico saber se era lícito coroar um burro. E Fouché responde que "seria aviltar demais o animal".

No mês que segue, a coroação do burro se encontra em Lyon, quando ocorre a apoteose de Charlier, e se vê acontecer a mascarada com um burro usando mitra. Podemos, desde aí, seguir a pista desse cortejo do burro mitrado. Ele é retomado em nivoso, a partir do modelo de Lyon, tanto em Armes quanto em Armeville, quer dizer Saint-Etienne, dia 10 de nivoso, por ocasião da festa da retomada de Toulon, em que a cenografia toma toda sua amplidão: "Uma carroça, puxada por burros e que traz também, sobre o esterco, as efígies dos soberanos", enquanto se vê também figurar, no cortejo carnavalesco da cidade de Toulon, evidentemente no coração da festa. Mas, para confessar, em uma tabuleta: "Sou a puta dos Reis". Esse roteiro vai se encontrar em Montbrisé, quer dizer, em Montbrison, no dia seguinte, na Festa da Razão, para explodir em seguida em toda região de Lyon: em Anse, em Commune-Franche, quer dizer Villefranche, em que o passeio do burro se termina com a queima dos manequins de Capet e do fanatismo. Em Ardèche, enfim, seguindo o mesmo modelo, vemos, em Viviers, "os velhos ídolos do orgulho aristocrático levados para o auto de fé em uma carroça de esterco puxada por burros".

Nessas bases, podemos nos perguntar se se trata de uma curiosidade limitada à França central, ou mais precisamente da região de Lyon. De fato, encontramos esse modelo no quadro meridional, seguindo o vale do Ródano, nessa Provença em que vimos, pelos exemplos precedentes, o roteiro de toda uma tradição já instalada. Aqui, é de setembro de 1793 a março de 1794, quer dizer, até ventoso do ano II que culmina a vaga dos autos de fé.

Os mais elementares vão se reduzir ao passeio dos despojos do Antigo Regime, aos quais acrescenta-se aqueles do federalismo e da superstição – será o caso em Toulon e Nice –, seguido de sua fogueira em praça pública. A prática do auto de fé, muito mais espalhada do que a da mascarada, encontra-se assim nas grandes cidades meridionais: Marselha, Arles, Avignon, Toulon, Brignoles ou Draguignan, Nice, Grasse ou Antibes; mas também nos burgos mais modestos, que se trate de Rognes, de Roquevaire ou de Entrevaux. Os retratos reais, os brasões se acrescentam aos solidéus e aos confessionários, como ao colarinho dos padres. Em certo número de casos e, para ser preciso, em quatro casos, ao meu conhecimento, o cortejo que precede o auto de fé vai tomar os ritos carnavalescos do *Charivari*,[3] adaptando-os à situação.

Em Arles, dia 3 de outubro, é um *sans-culotte* que foi amarrado em um burro, e que aceita, com mérito, sem dúvida, representar o papel de um contrarrevolucionário, de um *chiffoniste*[4] que é vítima de zombarias durante todo seu trajeto. Em Grasse, como em Mônaco, em pluvioso e em ventoso – quer dizer, em pleno carnaval –, é proposto um processo de *Caramantran*,[5] porque se julga, de maneira póstuma, o tirano Capet. Em Mônaco, é um manequim vestido com trapos papais que é objeto desse

---

3 "Tumulto organizado": até o século XIX, era associado a vaias e barulho de protesto contra casamentos de idosos com jovens, terminando com o pagamento de uma multa por parte dos vaiados. Em alguns lugares, o casal devia cavalgar um burro de maneira grotesca. (N. T.)

4 Nome dado aos membros do partido realista. (N. T.)

5 Boneco gigante do carnaval provençal. (N. T.)

processo. Mas, nos dois casos, o percurso termina como deve terminar um processo de *Caramantran*, quer dizer, seja queimado, seja afogado. Em Grasse, queimam o manequim de Capet, e em Mônaco atiram ao mar, na praia, segundo todas as tradições, o manequim pontifical.

A Provença podia, portanto, acolher sem surpresa, esse tipo de manifestação. A mascarada desse tipo se encontra particularmente na Provença oriental ou na região de Nice. Em Entrevaux ou em Nice, fazem desfilar um asno, um manequim do tirano que, nos dizem, "durante muito tempo conspurcou este território", e nos dizem: "depois um manequim vestido com trapos papais, arrastado na frente de um canhão, desfilou por todas as ruas". Quais sejam as riquezas dessas manifestações provençais, devemos, entretanto, reconhecer que o cortejo completo dos burros mitrados, ou vestidos com roupas sacerdotais, encontra-se aqui apenas em dois lugares, sob a forma desenvolvida que vimos no centro da França. Em Arles, em janeiro de 1794, por ocasião da retomada de Toulon, os três manequins do papa, do rei da Inglaterra e do rei da Espanha foram em seguida queimados na praça, e acontece a mesma coisa em Entrevaux que empilha, antes de atirá-los ao fogo, os quatro manequins dos déspotas execrados: o rei do Piemonte, Capet, o papa, depois, igualmente, se tenho boa memória, a "Grande Catarina". E é em um "carro puxado por burricos ruins" que são levados à fogueira coletiva.

Aqui, portanto, a mascarada, como o auto de fé, tomara os aspectos de fogueiras coletivas. Para concluir com essas poucas imagens, que me seja permitido propor uma série de reflexões que são também questões, problematizações.

É preciso concluir o ciclo. O que ocorre depois dessa sequência do inverno e da primavera do ano II? É o fim do auto de fé e do carnaval? Na realidade, o ponto final, mas, ao mesmo tempo, a negação ou o exorcismo dessa teatralização é – vocês bem sabem – a fogueira do dia 20 de prairial: com a queima da estátua do ateísmo, para fazer surgir a da sabedoria. Mas o que também nos impressiona é que na prática popular nem todo mundo

Combates pela Revolução Francesa

compreendeu que queimavam ainda uma vez, mas que era preciso parar. Entendamos por isso que os *sans-culotte* de Draguignan, no dia 20 de prairial, não queimaram a estátua do ateísmo, queimaram os solidéus de seus padres. Estavam com o atraso de uma guerra, ou de meia-descristianização.

Sob o diretório, fora a aplicação literal do cerimonial oficial do aniversário do dia 9 de termidor, em Avignon ou Marselha, marcado pelo duplo auto de fé da realeza de um lado, mas também da "tirania", manifestações oficiais, codificadas e regradas, podemos assinalar, de tempos em tempos, como se fossem fracos ecos das fogueiras do ano II, uma ocasião em que se procede a uma queima coletiva.

Assim, em Orange, no ano VII, ou seja, quando de um dos últimos retornos do "neojacobinismo", queimam-se os atributos do despotismo. Nesse mesmo ano, aliás, os desocupados de Nice, nos dizem os textos ou as crônicas, "têm um jogo que consiste em tomar como alvo, no *jeu de palets*,[6] flores-de-lis". O que testemunha ao mesmo tempo de uma continuidade e de uma regressão, em nível puramente lúdico, do que foi a demonstração revolucionária.

Concluo em algumas palavras. E vocês perdoarão o caráter voluntariamente lacônico das questões que formulo. Seguimos uma respiração global, ela confronta certo número de roteiros, progressivamente elaborados. O do auto de fé, tanto sob a forma de fogueira quanto da queima da árvore seca ou da árvore morta, mas também do roteiro mais elaborado, mais construído, do cortejo ou da mascarada, com charrete e o desfile de burros carregando manequins dos déspotas pontificais ou reais.

Enfim, terceiro modo, o processo e a execução em efígie, seja dos manequins, seja dos quadros, seja dos atores. As vítimas são geralmente Capet e sua mulher. Mas, mais largamente, trata-se bem do "baile dos déspotas", para retomar o título de uma caricatura conhecida, em que se encontram os bodes expiatórios

---

6 Jogo com fichas, discos ou botões. (N. T.)

da iconografia da época. Quer dizer, em primeiro lugar o "tirano de Roma", o papa, mas também, na ordem, o rei do Piemonte (talvez porque meus exemplos sejam extraídos, em sua maioria, do Sudeste), mas também do imperador, do rei da Prússia e a grande Catarina que tem talvez, também, em função do modelo iconográfico, direito a um tratamento de favor. Seus asseclas têm também seu lugar: Pitt, Cobourg, principalmente. Em volta desses roteiros, podemos esboçar uma geografia do fenômeno: região parisiense, mas também o Centro da França, da região de Nevers até a de Lyon, que parece ter sido uma das áreas mais explosivas. Enfim, o Sul, em que a propagação pelo vale do Ródano encontra um meio receptivo graças à base de uma herança particularmente viva.

Mas os exemplos da França do Norte nos mostram que não se trata de um movimento de propagação linear. Eu tinha – e confesso minha ilusão –, durante algum tempo, esperado poder seguir o rastro dessa propagação do cortejo do burro mitrado, de Nevers a Entrevaux, seguindo o trajeto dos batalhões voluntários. De fato, essa propagação linear, à qual pensava também Richard Cobb a respeito do trajeto – para ele – do exército revolucionário parisiense, entre Paris e Lyon, passando por Yonne, não me parece inexistente, mas ela não explica os focos isolados, tais como vimos surgir no espaço francês de Dol-de-Bretagne até Saint-Valéry-sur-Somme. De fato, aqui, intervém outras mediações, outros suportes, seja pela imprensa, seja pelo panfleto, seja pela iconografia, ao sabor dos deslocamentos dos agentes exógenos do movimento descristianizador. Certamente, esses agentes se designam com bastante nitidez: os exércitos revolucionários, os batalhões de voluntários incontestavelmente também. O que se passa em Entrevaux, essa pequena fortaleza da fronteira que não chega a dois mil habitantes, seria inconcebível se não tivéssemos um batalhão de voluntários.

Não subestimemos, ao lado desses elementos exógenos, o papel dos provocadores locais: os clubes, as municipalidades, uma participação realmente popular que as minutas revelam ou

Combates pela Revolução Francesa

atestam. Penso em tal exemplo que foi explorado em um dos números do *Monde Alpin et Rhodanien*, que se passa em Haute-Savoie, na região de Thonon, creio, e onde, em volta da fogueira das vaidades reais, aristocráticas e cristãs, se revela um bando de seres horríveis, e, entre eles, aquele chamado de "Dragão", sem dúvida porque serviu nos dragões. Personagem de antigo soldado denunciado tão constantemente em todas as emoções populares, mas ao mesmo tempo se adivinha todo um fundo de referências à cultura popular tradicional no texto que relata o fato. E é o "Dragão" que força o padre a dançar em volta do auto de fé da fogueira. Eis uma boa ilustração de uma participação popular à grande liberação coletiva e que leva a sublinhar a dimensão carnavalesca do movimento. O aniversário da morte do rei que coincide com o incêndio de descristianização se inscreve entre nivoso e a festa da celebração da retomada de Toulon (quase sempre desviada de sua significação inicial), para tomar as formas de uma explosão, ao mesmo tempo contra a descristianização e contra a realeza. Mas é, ao mesmo tempo, a festa dos reis ou, melhor dizendo, a antifesta dos reis que vai em seguida se prolongar até o segundo impulso de ventoso, no ano II, no próprio centro do período carnavalesco. Dimensões carnavalescas do julgamento e queima de *Caramantran*, modalidades da execução, retomada no Sul dos rituais antigos: a herança da contestação popular é aqui evidente.

Mas onde se vê também o que esse conjunto de manifestações pode ter de original. Pois surpreendemos o encontro da cultura popular da subversão, da qual direi, para ser breve, que é, de certo modo, o combate perdido de antemão. Porém, esse encontro é ao mesmo tempo alimentado e como que reavivado pela difusão nacional dos modelos das imagens, dos gestuais sugeridos, tais como os encontramos na mesma época nas gravuras, que se trate do *Baile dos déspotas* ou da *Lanterna mágica*. Testemunha, por aí, sobre a importância do fenômeno de aculturação ou de politização no calor da hora, cujo período enquadrou os grupos populares urbanos e rurais.

A simbologia da República no mundo das alegorias revolucionárias[1]

Frequentemente espanta o caráter discreto – furtivo, disseram – da Proclamação da República no dia 21 de setembro de 1792 e da aparente dificuldade dos convencionais, senão em dar o passo, ao menos em designar sua criação. Seríamos tentados a fazer a mesma observação, tratando-se do lugar que a República ocupa no universo das alegorias revolucionárias. Sabe-se, porém, como elas foram importantes na pedagogia cívica pela imagem ou outras expressões gráficas, como nas cenografias da festa. Os suportes são múltiplos, do quadro alegórico, no gênero elevado, à estampa em todas suas formas, nas moedas e medalhas, ou na escultura e mesmo na louça. Cada um ao seu modo, dá corpo, diríamos, a esse novo Panteão das figurações antropomórficas dos novos valores revolucionários, no mais das vezes evocados sob a forma de criaturas femininas, vestidas ou desvestidas à moda da antiguidade, ainda que o sexo masculino

---

1 Publicado originalmente no catálogo da exposição realizada na Monnaie de Paris, set. 1992.

também encontre aí seu lugar, sob os traços adolescentes do gênio da França, ou através da robusta virilidade de Hércules, que simboliza a força do povo francês.

Nesse universo de imaginação, o lugar da República pode parecer espantosamente modesto, em vários níveis. Assim acontece, por exemplo, no ano II, quando a festa descristianizadora faz explodir os parâmetros estabelecidos e codificados do cortejo revolucionário: a deusa Razão desfila raramente sozinha, nas centenas de roteiros que pudemos analisar; mas entre suas companheiras – ou suas comparsas – a República tem um papel modesto (ver quadro a seguir).

Tanto quanto no caso da Pátria, temos o direito de nos espantar de uma tal discrição.

Os associados da Razão nas festas do ano II (por cem casos)

60%	40%	35%	20%	10%	5%	3%
Liberdade	Ser Supremo	Igualdade	Natureza	Fraternidade Filosofia	Verdade União-Unidade	República Pátria Gênero humano

Mas as confirmações não faltam: quer nos voltemos para a análise do discurso, para a contagem das ocorrências, tal como foi feito em alguns corpora oratórios, ou na contagem das estampas que permitem as grandes coleções da Biblioteca Nacional (de Vinck, Hennin...), a mesma hierarquia (com nuanças) se desenha: no placar das "noções conceitos", ou dos novos valores promovidos, a Liberdade ganha em todos, de maneira indiscutível e por vezes esmagadora, seguida, com respeitosa distância, pela Igualdade, e longe atrás, ainda, pela Fraternidade, recém-chegada que abre seu caminho. E a República é ainda mais modestamente representada, como a Pátria, a Natureza, ou a Unidade-Indivisibilidade.

Não nos espantemos mais do que é preciso. Um símbolo pode esconder outro, melhor ainda, se identificar com ele, ou o

Combates pela Revolução Francesa

acolher para se confundir com ele, pelo menos em parte. Maurice Agulhon, que trata disso, aliás, demostrou magistralmente como a Liberdade, valor central de referência, pôde representar esse papel em relação à República. É, aliás, explicável: a iconologia tradicional, que foi formulada na idade clássica por Cesare Ripa, atualizada no final do Antigo Regime por Gravelot e Cochin, fornecia modelos, onde buscar as noções tradicionais: a Revolução não se privou disso, mesmo que as tivesse posto na ordem do dia, em versão profana e republicana. Mas a República, tão diferente dos modelos antigos ou modernos, criação sem igual, pedia esforços de invenção e, pelo menos, de composição e de reunião de diferentes elementos buscados na iconologia clássica e apropriados para exprimir sua natureza.

É aqui que convém voltar ao corpus das expressões figuradas da República durante a década revolucionária, que dissemos modesta em comparação às outras: através dos diferentes suportes evocados acima, conta-se, no entanto, por dezenas, essas figurações suscetíveis não apenas de introduzir um perfil tipo, mas a situar essa imagem de referência no sistema ao qual ela pertence. Sabemos que o próprio tipo de representação influi sobre sua natureza: a pintura, o desenho ou a estampa se prestam a desenvolvimentos alegóricos complexos que a medalha, ou o papel timbrado não autoriza. Constantes e variações se combinam, no entanto, para autorizar uma tentativa de reconstituição dos percursos da imagem da República durante essa década, tal como a percebem os contemporâneos.

É na pintura, no desenho e por vezes na estampa que podemos melhor identificar a República, situando-a no seio do grupo ao qual pertence, uma família quase, com suas relações de filiação, de proteção e, por vezes, de antagonismo. O belo desenho que Vien, o mestre de David, tinha proposto no concurso do ano II, parece reproduzir, em forma de cortejo triunfal, um dos roteiros da festa que evocamos acima. Vestida à moda da antiguidade, mas, neste caso, sem nada na cabeça, a República, sentada em seu carro estende, em uma das mãos, um ramo pacífico; em

Michel Vovelle

outra, uma cornucópia da abundância. A Liberdade e a Igualdade a assistem, de pé, atrás dela, apresentando o feixe do lictor e o triângulo do pedreiro que são seus emblemas distintivos, mas que elas codividem assim com a República. O carro vem puxado por Hércules que é, desde 1793, expressão simbólica da força popular; a Natureza, envolvida por *putti*, parece prosternar à passagem do cortejo, que uma Fama com trombeta sobrevoa, no mais puro estilo da alegoria clássica. Inserida entre vários personagens, cada um portador de seus atributos, mas reunidos à volta dela, a República, aqui, federa, e poderíamos mesmo dizer, sem forçar demais o traço, que ela impõe sua presença unificadora. Podemos pensar no projeto de David para o pano de boca sobre *O triunfo do povo francês*, em que o lugar aqui ocupado pela República é tomado pelo Hércules popular, que segura em sua mão as silhuetas miniaturizadas da Liberdade e da Igualdade. Em Vien, Hércules (domado?) põe sua força a serviço da República. Sente-se o interesse de seguir, a partir dessas composições, a dialética complexa – consciente ou não – que une os diferentes parceiros: não vale a pena nos demorarmos mais do que o necessário sobre essa *Alegoria da República*, tríptico (hoje no museu de Vizille) em que Clément e Augustin Belle reciclaram, em 1794, uma composição alegórica anterior à Revolução, com essa característica que... a República está ausente e é a França que recebe a homenagem da Natureza e do povo francês, no interior de uma composição com simbolismo alambicado. Mas, mais simples e expressiva, aparece a tela do arlesiano Réattu, elaborada em várias versões, sobre o tema do *Triunfo da República*. A deusa é levada em um andor por guerreiros nus, mas usando o barrete frígio, e que ocupam o lugar anteriormente conferido a Hércules. Ela abre seu caminho pela força declarada, em um clima atormentado, em que um guerreiro lhe dá passagem derrubando seus inimigos ao chão. Mas ela é guiada ao mesmo tempo por Minerva, de pé, atrás dela, e pelo gênio da Revolução ou do povo francês, atleta nu e alado, coroado de luz. Seguindo-a, avança o sábio cortejo dos valores republicanos.

Essa visão dinâmica da República conquistadora permanece parcialmente aquela que prevalece na época diretorial: encontramos versões simplificadas dela, mas de uma beleza incontestável nesses papéis timbrados das cartas que os generais do exército da Itália fazem, então, gravar por artistas franceses ou italianos, com o tema da República conquistadora, na hora das repúblicas irmãs. Quer se trate de Mac Donald ou de Berthier, a mesma equipe de desenhista-gravador (Chabrier gravada por Folo), figurou um globo terrestre, percorrido com grandes passos pela República Francesa, dando a mão, no segundo caso, com o gênio do povo francês, esse jovem nu, carregando uma tocha, que parece mais seguir do que guiar uma República tão popular quanto pugnaz, com a lança na mão, seio descoberto, na cabeça o boné da liberdade.

Tudo se prepara, entretanto, para voltar à ordem com a composição que Fragonard filho propõe como frontispício ao último tomo dos *Quadros históricos da Revolução*, de 1798, embora o tema seja aparentemente o mesmo: o carro da República esmaga ou afugenta os déspotas e seus asseclas. Com o barrete frígio e levando um feixe de lictor, a República é assistida por Minerva, portadora de uma lança, precedida pela Fama ou pela Vitória que sobrevoa a cena, seguida pela Paz e pela Abundância: não se trata mais da Liberdade ou da Igualdade, as figurações da força popular desapareceram... Mais um esforço, e o mesmo Fragonard filho saberá transpor na própria República a égide e o capacete de Minerva, para definitivamente torná-la bem-comportada e apta a simbolizar o regime consular. De um lado para o outro, de um encontro ao outro, a imagem da Primeira República se curva e se molda nos poucos anos de sua existência. Diz-me com quem andas e te direi quem és...

Permanece o fato de que, ao lado dessas composições elaboradas, com vários personagens, a República, desde 1793, encontrou uma identidade, e ela parece sozinha na maioria de nossas referências iconográficas. Progressivamente, uma imagem se instalou, ainda que possamos dizer que os elementos constitutivos de base já estão reunidos no papel timbrado do comitê de salvação pública no ano II: e Maurice Agulhon lembrou as etapas, nas origens da "Mariana". Sem pretender retomar seus traços, para uma demonstração que não precisa mais ser feita, contentemo-nos em traçar o retrato ideal dessa República de 1793 a 1799, tal como um pequeno corpus compósito – quadros, estampas, papéis timbrados, moedas e medalhas –, pouco mais de vinte peças, o sugere:

As atitudes da República (em um corpus de 22 elementos)

Debout			Assise	
Em movimento	Em representação simples	Em busto	Em uma cadeira	Em uma cadeira de triunfo
4	6	2	6	4

O aspecto da República

Sem nada na cabeça	Coroa de louros	Boné da Liberdade	Capacete	Égide	Asas	Seios nus	
						Um só	Os dois
4	2	12	3	1	1	2	2
						4	

Os acessórios da República

Lança	Boné em uma lança	Feixe de lictor	Montanha	Gládio	Bandeira	Clava	Raio
2	8	1	1	0	1	5	

Tábuas da lei	Triângulo do pedreiro	Balança	Cornucópia da abundância	Ramos	Águia	Galo
3	7	2	1	2	1	4

Esse retrato não é fixo, mesmo que a escassez de nossa amostragem não permita introduzir uma periodização que seria ao menos imprudente. Mas a atitude da República evolui ao sabor das circunstâncias: em movimento, na medalha muito bela dos vencedores do 10 de agosto de 1792, "Exemplo aos povos", em que quebra o cetro sob seu pé, estabiliza-se a partir de 1793, de frente ou de perfil (como no papel timbrado do CSP), "em representação simples", se nos permitirmos aplicar-lhe a fórmula pela qual Alphonse Dupont designava os santos da imaginária popular. Um busto por vezes basta; assim, nas estampas de Boizot ou de Darcis, em que ela oferece seu seio a todos os franceses, e por vezes, um perfil, como na moeda gravada por Dupré. O período pós-termidoriano a leva para duas direções aparentemente contraditórias: ele a hieratiza sentando-a em uma cadeira (assim, no projeto de Quatremère de Quincy para o Panteão), mas pode também, já vimos, impulsioná-la à conquista do mundo nos papéis timbrados dos generais do exército da Itália, uma via intermediária sendo oferecida por esses triunfos da República, que associam as duas abordagens em Réattu, Prudhon ou Fragonard filho.

O aspecto da República, como os acessórios que a acompanham, revelam o caráter compósito das contribuições da qual adveio, de onde deriva, sem dúvida, sua multiplicidade, que contrasta com a codificação, em suma simples, que permitia ao homem culto (tendo lido Cesare Ripa ou Cochin) reconhecer *Prudentia*, por exemplo, graças a seu espelho e sua serpente... A República toma emprestado de todos os lados, beneficia de novos achados: mas mesmo em uma amostragem reduzida como a nossa, certas frequências se impõem mais do que outras, e designam a origem dos empréstimos. À iconografia da Liberdade, já instalada, ela deve seu boné, que põe na cabeça ou a apresenta na ponta de uma lança; mesma coisa para o feixe do lictor: incontestavelmente a República se identifica de maneira forte com a Liberdade, de quem é a garantia. Mas a Igualdade lhe empresta seu triângulo do pedreiro; em um número menor de casos, embora notável, a Fraternidade a convida a revelar seus seios; e a Justiça lhe oferece suas balanças, por vezes seus raios; enquanto ela deve à Pátria o galo gaulês, que por vezes pousa sobre seu boné.

Personagem compósito, embora tenda nitidamente a se identificar com a Liberdade, valor supremo, a República aspira naturalmente a concentrar, em sua pessoa, as aquisições mais preciosas da Revolução. Certamente, elas são frágeis: e assim como podemos suspeitar, pelas atitudes sucessivas do personagem alegórico, as etapas da marcha revolucionária, da mesma maneira não se tem dificuldade em opor uma República combativa do ano II, por vezes sentada no alto da Montanha, armada pela lança e agitando o raio, à República que promete a paz e a abundância, mesmo que tenha de trocar seu boné pelo capacete de Minerva, e a esconder o seio que sua impudente generosidade tinha revelado...

Em sua simplicidade, o busto de perfil com o barrete frígio, gravado por Dupré, resume essa descoberta que dá todo seu sentido à experiência da década revolucionária: a de uma República que se identifica pela conquista da Liberdade. Não é um encontro tão banal como parece.

A alteração da imagem real através da estampa e da canção (1788-1794)[1]

Como contribuição ao estudo da formação da opinião e das formas de propaganda, desejei abordar, a partir de um caso preciso, a elaboração e a transmissão das imagens, não pela imprensa (embora ela esteja implicada parcialmente), mas a partir dos suportes, à primeira vista mais diretos – não ousamos dizer mais "populares" – que são a imagem e a canção.

O primeiro desses domínios, o da iconografia, está atualmente em pleno desenvolvimento, investido pelas múltiplas pesquisas que, ao longo dos artigos, de ensaios e de colóquios, renovaram largamente a temática e as abordagens. O segundo, sem ser desconhecido, espera ainda um investimento científico conforme as curiosidades de hoje, ainda que os grandes *corpora* herdados da época positivista, tal como a obra de Constant Pierre, nos ofereçam uma colheita que pode ser explorada

---

1 Comunicação apresentada no colóquio de Haifa: *Presse d'élite, presse populaire sous la Révolution Française* (maio 1988). Publicado originalmente em *Studies on Voltaire and the 18th Century*, n.287, 1991.

Michel Vovelle

largamente. Pareceu-me interessante pôr em relação as duas séries de mensagem, veiculadas pela imagem e a canção por aquilo que elas têm em comum: uma pedagogia direta que tenta atingir um público largo, recorrendo ao atalho, à alegoria, ao símbolo.

Nessa perspectiva, o tema escolhido é um dos mais centrais que se possam encontrar. Seguir os avatares da imagem real, na alteração que a afeta às vésperas da Revolução até a morte do soberano, é referir-se a um dos índices mais significativos da mentalidade revolucionária. Desde suas premissas, a Revolução nos confronta com o duplo movimento do que se percebeu, desde aquele tempo, em termos de destruição dos ídolos, ao mesmo tempo que personalidades de substituição se impunham à atenção coletiva – Necker, Mirabeau, La Fayette. Recursos momentâneos, objetos de admiração rapidamente contestados, em uma época em que a marcha dos acontecimentos é impiedosa, condenando à execração aqueles que ela incensava ontem. Desde 1793, o temor do culto da personalidade impõe o culto do herói morto, o dos mártires da liberdade, cuja tríade Marat-Lepeletier--Chalier é representativa no ano II. Nesse dispositivo global, a imagem real em contestação, antes de se tornar mais tarde, para os monarquistas, o objeto de uma devoção póstuma, ocupa um lugar de referência particularmente significativo.

O duplo testemunho entrelaçado da imagem e da canção remete, em etapa inicial, ao que podemos designar, até 1789, como o tempo do respeito. O rei-pai e protetor ao qual se referem, com confiança, os cadernos de reclamações e ainda a grande maioria dos escritos patrióticos de 1789 oferecem, nas gravuras que popularizam junto ao público os retratos oficiais de Duplessis, ou de outros, os traços inalterados do soberano em majestade, sozinho ou associado à rainha Maria Antonieta, revestido com as insígnias do poder. Não devemos, sem dúvida, nos enganarmos antedatando certas peças póstumas – como esse quadro tão reproduzido que evoca o rei distribuindo suas esmolas a camponeses necessitados durante o inverno cruel de 1789: foi um dos sucessos do salão... de 1818. Mas a canção, espontânea ou inspirada, tinha, desde os primeiros anos do reino, exprimido as esperanças que se depositavam no novo soberano:

> Agora ouçam, pequenos e grandes,
> A história de um rei de 20 anos
> Que vai nos trazer em França
> Os bons costumes e a abundância.

Uma propaganda orquestrada havia comentado seus éditos:

> Enfim, a gent'vimos os éditos
> Do rei Luís Dezesseis
> Lendo eles em Paris
> A gent'acreditamos morrer de felicidade.

Segundo uma prática comum, é em um estilo "popular" que são transcritos os sentimentos da gentalha em relação ao soberano, assim, nessas "considerações políticas dos Senhores ilustres do mercado do pão":

> É aí qu'o melhor dos reis
> Conhecerá o que quer a França...
> Um bom pai e bons filhos
> S'amarão e ficarão contentes.

Esse modelo, porém, não é sem equívoco, a medalha tem seu outro lado. No contexto da crise política pré-revolucionária, a pessoa do rei se impõe em contraponto aos personagens negativos – os maus conselheiros, ou o ambiente da corte:

> Por uma sábia experiência
> Luís, aprendereis um dia
> Que é às custas da França
> Que se faz sucesso na corte...

A iconografia ecoa esse tema, que não poupa os ministros, que a opinião culpa: conhece-se a caricatura célebre que apresenta, por ocasião da assembleia dos ilustres [*assemblée des notables*], Calonne com os traços de um macaco cozinheiro, pedindo aos privilegiados, a quem ele, aparentemente, solicita os conselhos – um bando de perus e outras aves – com que molho eles querem ser comidos.

Mais livre, e já desrespeitosa, a caricatura inglesa da época põe em cena o próprio personagem real, quando apresenta o mesmo Calonne fazendo o soberano visitar os cofres vazios do reino, enquanto alguns aproveitadores, carregados de despojos, se eclipsam discretamente.

Denunciando uns – Calonne ou Loménie de Brienne – com mais ou menos discernimento nessa época incerta, faz-se apelo, sem dúvida, à arbitragem suprema do soberano:

Nosso bom rei de França
Expulsou da sua presença
Esses perversos conselheiros
Verdadeiros suportes dos infernos.

Mas, às vezes, vai-se mais longe, levando a audácia (assim, nos refrões de "O que pretendem esses ministros") até pôr em causa a própria responsabilidade do rei, mesmo tomando todas as precauções:

Todos, nesse senado augusto
Mais atrevidos do que Sejano
Fazem aparecer um príncipe augusto
Sob as vestes de um tirano.
[...]
Desses homens sacrílegos
Luís conhece, então, a esperança
Todos, com suas armadilhas danadas
Ardem por derrubar-te.

[...]
Esse soberano legítimo
É o povo que te ouve
Que te perdoa o crime
Que cometes agora.

Tanto quanto pela denúncia dos maus conselheiros, é pela emergência em contraponto do personagem providencial, no caso, Necker, que a imagem real se acha diretamente ou insidiosamente contestada. Cuidadosamente orquestrada, a propaganda do banqueiro de Genebra faz dele o salvador da monarquia, o protetor do soberano, de quem apresenta a efígie, o condutor do carro do Estado, o bom conselheiro... antes de ser, ele próprio, arrastado em uma condenação que o apresentará desde o fim de 1789, como o malabarista ou escamoteador enfim desmascarado.

A imagem do soberano, portanto, não deixa de ser contestada em 1789, ainda que a crítica do poder pareça, em geral, poupar sua pessoa. Seria ainda necessário levar em conta uma corrente mais subterrânea, na qual os ambientes da corte representaram seu papel, sem que seja necessário, para isso, diminuir o papel dessa pequena literatura dos marginais que alimentam o fluxo dos panfletos, folhas volantes, e refrões que atacam a pessoa física e moral do rei: conhecemos o panfleto datado de 1787, que já leva ao extremo o ataque à pessoa real:

Enquanto ele era imbecil
Poderíamos perdoá-lo
Mas querendo ser déspota
Vai ser necessário matá-lo.

Mas as fraquezas reais – não ainda seu gosto pela bebida, mas já suas incapacidades sexuais – alimentam já, há muitos anos, o repertório da literatura que corre debaixo do pano: assim, esta canção que celebra em termos irônicos o feliz e tardio nascimento do delfim ("Do Delfim o nascimento/ encantava Paris inteira...") e que se termina com uma alusão fescenina ao rei serralheiro:

> O rei disse para a rainha
> Foda seu marido
> Não foi sem dificuldade
> Que a obra teve sucesso
> Eu não acreditava na aventura
> Ia mesmo abandoná-la
> Mas de tanto revirar
> Consegui forçar a fechadura.

Seríamos tentados, nesse domínio, de acreditar na anterioridade da canção – mais móbil, mais volátil – em relação à estampa: isso se deve, sem dúvida, à discrição dos conservadores do "inferno" das bibliotecas, dos quais alguns estudos em curso (Antoine de Baecque) descobrem, hoje, as desrespeitosas riquezas.

Mas se, apesar de tudo, a pessoa real permanece globalmente sem ser atacada, a não ser por uma corrente que podemos supor ser marginal, a da rainha Maria Antonieta confronta um cliché já formado. Estamos bem longe das romanças que a acolheram:

> Bela, o olho deve admirá-la
> Rainha, a Europa a reverencia
> Mas a França deve adorá-la
> Ela é sua rainha e sua mãe.

Na peça de Vaudeville apresentada na ocasião da Assembleia dos Ilustres, o personagem fútil e astuto da rainha já tem sua presença.

> Calonne, não é que eu o ame
> Mas o ouro que ele não nega

Quando estou em algum embaraço
Então, é a ele mesmo que me dirijo
Minha favorita faz a mesma coisa
E depois nós rimos baixinho...

A imagem já vai mais longe, acompanhando os panfletos e relatórios secretos que detalham os excessos verdadeiros ou supostos da rainha – em todos os gêneros, que se trate do cavaleiro de Coigny ou da senhora de Polignac: "Não respiro mais a não ser por ti. Um beijo, meu Belo Anjo!" Gravura cuidada, na tradição do romance libertino da época, notemos: não é ainda a um público popular a quem se dirige esse discurso. E, no entanto... Desde 1789, um suposto "Lamento de Maria-Antonieta" confessa:

Ouço a cólera do povo
Ele me acusa, e eu gemo.

Ao que responde, como uma confirmação, em outubro do mesmo ano, o "O filii national":[2]

Todos os esbirros da rameira
Conti, Condé, Bourbon, d'Enghien
E o d'Artois celerado
Aleluia
Tinham junto resolvido
De conseguir nosso último tostão.

Podemos tentar, desde 1789, um primeiro ponto a respeito da difusão social de imagens e clichês dos quais pode se ver que são mais complexos do que parecem em um primeiro momento? Seria certamente muito esquemático distinguir registros, opondo as expressões de uma fronda aristocrática, paradoxalmente a mais desrespeitosa nos ataques diretos às pessoas reais,

---

2 Canção de 1789. (N. T.)

familiares demais para não estarem já sacralizadas, um registro burguês mais "político", mesmo que as ambiguidades permaneçam vultosas na designação dos adversários, e um nível popular, ainda fiel à imagem herdada do rei-pai e protetor. O bom povo está, sem dúvida, menos ingênuo do que parece. Mas é o choque revolucionário que vai oferecer à circulação das imagens uma amplidão nova.

De julho a outubro de 1789, a irrupção da Revolução violenta impõe a todos a redefinição da imagem real. Poderíamos, decerto, pensar que a tomada da Bastilha no dia 14 de julho não afeta, a não ser em medida limitada, a pessoa do soberano. Uma transferência simbólica ocorreu imediatamente, que cristalizou na velha fortaleza a hostilidade coletiva, focalizando sua agressividade sobre comparsas – Lambesc ou de Launay – poupando Luís XVI.

Foi assim, pelo menos, que se quis ver, na época, necessidade imperiosa demais para uma burguesia constituinte, que não concebe ainda ficar sem rei. E se a iconografia se encarniça, se me perdoam a expressão, na destruição do antigo símbolo do arbitrário real, adivinhamos como que uma necessidade de compensação na ênfase centrada nos episódios de reconciliação e de deferência, dos quais o dia 17 de julho, quando o rei visita os parisienses e recebe a *cocarde*[3] das mãos de Bailly é o símbolo orquestrado com complacência.

Porém, o alcance profundo do acontecimento não passou em silêncio para todos e a canção sobre "a tomada da Bastilha" que celebra a boa notícia em termos de milagre ("É verdade que estou acordado/ E que meus olhos estão abertos!"), termina com uma interrogação ameaçadora:

> Quem reinava sobre minha pátria?
> Quem, então, lhe dava as leis?
> Eram, em sua fúria,
> Monstros ou reis?

---

3 Insígnia com as cores nacionais da França. (N. T.)

Combates pela Revolução Francesa

[...]
Saturnos abomináveis,
Que devorais vossos filhos,
Que com os prantos dos miseráveis
Engordais os cortesãos,
Se alguns deuses tutelares,
Vos ofereceram aos mortais,
Foi para serem pais,
Ou carrascos coroados?

Mas ao bom povo, que se trata de manter nos limites sadios, vai-se propor imagens e refrãos pacificadores: depois das jornadas de outubro, apresentarão as damas do mercado que vieram saudar o rei, de volta à sua capital, como gostarão de lembrar no dia do primeiro do ano de 1790 ao evocar o rei e sua família recebendo uma delegação do povo de Paris. E se canta:

Noss'bom rei gosta de Paris
Isso revigora os espíritos
'Tá aí a salvaguarda
De nossa honra e d'nosso amor.

Tal discurso, cuja redação em estilo chulo mostra a quem ele é destinado, pode ser modulado diferentemente, deixando perceber por trás do desejo de pacificação uma vigilância que permanece desperta: assim, no "túmulo dos aristocratas", redigido por ocasião da festa da federação, dia 14 de julho de 1790, e que não peca por excesso de complacência em relação aos nobres interpelados ("Aristocrata, estás aí fodido/ o Campo de Marte te enfia a pá no cu"), a fidelidade monárquica reafirmada permanece prudente:

Não esqueçamos nada e brindemos a Luís
Uma saúde e a todos seus amigos
Não esqueçamos de nada, e estimemos Luís.

Michel Vovelle

Conservamos a impressão, nesse período em que o unanimismo de rigor está contestado pelas inquietações renovadas, que se busca elaborar uma nova imagem de marca para esse soberano que se tornou rei dos franceses. A imagem insiste no tema do rei cidadão, que ensina a seu filho a declaração dos direitos do homem, na história de um encontro edificante, quando do passeio no jardim das Tulherias, de um jovem cidadão patriota que apresenta as armas... Ênfase em uma família real aburguesada, diríamos, bem-comportada, à qual o povo parisiense parece dar lições de moral.

Equilíbrio difícil e que bem logo deixa perceber a inquietação e depois a desconfiança dos patriotas. Luís XVI foi proclamado "restaurador da Liberdade francesa": jogando com as palavras, a gravura o apresenta sob os traços de um estalajadeiro desajeitado, *O restaurador embaraçado*.[4] Evitando igualmente o ataque frontal ao recorrer à metáfora, outra gravura o apresenta como pegureiro de pastoral, o "mestre do rebanho", a quem um sátiro feio, "a besta negra" em quem os iniciados reconhecem o abade Maury insinua maus pensamentos – "diferir e sobretudo seguir a opinião do estrangeiro".

Uma das expressões mais sugestivas dessa etapa ambígua é proposta por uma gravura que, sob o título de *Vai, não vai*, apresenta o rei, ainda vestido com os atributos da soberania, amarrado, costas contra costas, com a França, uma menina ainda, usando o barrete da Liberdade... postura bem incômoda.

Depois, tudo vira em 1791: o tema da duplicidade real se impõe. Como Bailly, La Fayette ou Barnave a quem a caricatura já infligira esse tratamento, o próprio rei vai se tornar o homem de duas faces, o "rei Janus" que declara, de um lado, a um deputado "respeitarei a constituição" e, de outro, a um padre refratário "destruirei a constituição" (trata-se sem dúvida, ainda, da constituição civil do clero). O tempo se aproxima em que será

---

4 Trocadilho com a palavra *"restaurateur"*, que pode significar "aquele que restaura", mas também "dono de restaurante". (N. T.)

Combates pela Revolução Francesa

representado – com a fisionomia ainda digna, e os trajes reais, mas envolvido por uma nuvem de tempestade, sob os traços de "santo Veto, patrono dos emigrantes e dos refratários".

Cai a máscara: em trajes de sagração, mas muito mal apoiado em um cetro quebrado, Luís XVI tira a máscara... uma moringa aparece no lugar de sua cabeça: "Ah, o moringão", comenta a legenda dessa decapitação em efígie.

Coroa na cabeça, mas privado de toda majestade real, ele joga baralho com um *sans-culotte* que usa o barrete frígio, e comenta, com amargura vulgar: "Afastei os corações [copas], há espadas, estou na lona".[5]

Decerto, a proclamação da constituinte em setembro de 1791 fará ressurgir uma breve série de iconografias dos leais sobre o tema da aceitação real – ainda que, por vezes, se reutilize, adaptando ao gosto do momento, as gravuras de 1789..., mas, evidentemente, a confiança foi perdida: ela o foi, em todo caso, desde Varennes, como veremos em breve o papel de virada decisiva nessa evolução.

Mas, antes, vale assinalar que a rainha, de seu lado, há muito tempo que não tem mais nada a perder. Se não respeitosa, ao menos meio contida por um resto de prudência em relação ao rei, a caricatura não tem, para a rainha, moderação alguma. Ela se torna "a galinha da Áustria",[6] capaz de deglutir ouro e prata, mas incapaz de digerir a constituição. Mais audaciosamente ainda, embora na tradição da gravura libertina, levanta ousadamente suas saias para mostrar a La Fayette o altar muito singular sobre o qual ele presta juramento... "Minha Constituição".

Diante dessa escalada visual, a iconografia monarquista e contrarrevolucionária não está inativa durante esse período. Ela

---

5 No original em francês, *"Je suis capot"*: trocadilho com Capet, sobrenome da família real da França. (N. T.)

6 No original em francês, *"La poule d'Autryche"*: trocadilho com "Áustria" e "avestruz". Na gravura, Maria Antonieta vinha desenhada como uma avestruz. (N. T.)

tem suportes na imprensa dos *Amigos do rei*, assim como nos *Atos dos apóstolos*, anima uma campanha defensiva que não é sem vigor, organizada, pode-se dizer, em volta de alguns *leitmotiv*. O do prisioneiro, ou da prisioneira, no caso da rainha. O tema do passeio nas Tulherias porá assim o acento nos dois guardas nacionais que acompanham a rainha e seus filhos.

É o rei constitucional, monarca sob vigilância, que suscita um tema bastante popular, parece, por ter conhecido muitas variantes: sentado em seu escritório, Luís XVI está em uma jaula – e um tipo qualquer, mas por vezes seu cunhado, o imperador, o questiona... "Que fazeis aí? Sanciono."

De prisioneiro, ele vai se tornar mártir: uma estranha composição, sob o título *O novo calvário* o apresenta crucificado, entre seus dois irmãos, o conde de Provença e o conde de Artois (podemos nos perguntar qual é o bom ladrão), enquanto a rainha, como Maria, se lamenta, e que a duquesa de Polignac, de joelhos, representa o papel de Madalena, que parece lhe convir muito bem. Com hábito de monge (jacobino, sem dúvida), Robespierre, a cavalo, que não teríamos reconhecido sem o recurso da legenda, tende ao soberano uma esponja embebida no fel. Imagem complexa demais, como toda uma parte dessa iconografia realista, para ser decriptada facilmente. Visa um público de iniciados. Os caricaturistas ingleses que fazem eco a esse tema, do outro lado da Mancha, também não simplificam, talvez porque fazem referência a uma temática que lhes é familiar no contexto britânico. Assim, na caçada a cavalo e com cães, evoca-se Luís XVI com os traços de um cervo perseguido pelos caçadores – seus inimigos, o duque de Orleans e alguns outros. Outra gravura inglesa, quase shakespeariana, poderíamos dizer, disfarça o duque de Orleans e Mirabeau vestindo-os de mulher, armados de punhais, que tentam de se introduzir nos apartamentos reais guardados por La Fayette... Visões fantásticas para uso do público inglês.

No entanto, esse discurso monarquista em imagens não vai sem espírito de revanche: a contrarrevolução, não desarmada, imagina um Luís XVI em majestade, na tribuna da assembleia,

com o cetro em uma das mãos e na outra um chicote de co-
cheiro, para dar chibatadas nos insolentes. Mais realista, outra
gravura desenvolve o tema do rei serralheiro, que se dirige a seu
glorioso ancestral Luís XIV.

> O Pai dos Bourbons, alivia então minha pena
> Devo passar meus dias a me fabricar correntes?

Ao que o rei Sol, que aparece em uma nuvem, responde de maneira muito ajuizada em aparência: "Espera a próxima legislatura".

A verdadeira liberação violenta, explosão de desrespeito, se
inscreve entre a fuga a Varennes em junho de 1791 e a invasão
das Tulherias pelo povo parisiense no dia 20 de junho de 1792,
dois acontecimentos abundantemente documentados, ritmando
as etapas de um ano decisivo em que as gravuras se multiplicam.
Percebe-se aí o choque do acontecimento, confirmação brutal
de suspeitas mantidas há muito tempo. É um furor patriótico
que se exprime diretamente na canção da *Perseguição e retorno da
família real*:

> Partiram sem que nada os segure
> Deixem que façam, não irão muito longe...
> Para se terminar com o veredito:
> Um povo livre reconhece os encantos
> De não mais estar na categoria de vossos súditos...

A estampa ecoa, bordando com a maior liberdade a respeito
dos detalhes mal conhecidos e, assim, mais bem imaginados, da
fuga. Imagina-se a fuga nos esgotos das Tulherias de uma família real à qual se acrescenta o conde de Provença. Os homens,
abundantemente providos de chifres, os personagens femini-
nos vestidos de modo muito ousado, abrem um caminho na
lama, enquanto Bailly, ignorando o que se trama nessa cloaca,
evacua sem cerimônia sobre a pessoa real. Sobrecarga pela via
do excremento e da sexualidade, vontade de desrespeito levada

ao extremo. Os caricaturistas ingleses recorrem aos mesmos meios: a berlinda real se torna um cabriolé, que se chamava vulgarmente de "penico", o que permite intitular *Fuga da família real em um penico*, uma caricatura que dá à perseguição um aspecto grotesco.

Nesses temas anunciados na sequência de Varennes, o episódio de 20 de junho, depois, em seguida o de 10 de agosto de 1792 completarão com algumas pinceladas complementares: da conduta do rei diante da multidão que invadiu as Tulherias, a iconografia realista sublinhará a coragem real, como do heroísmo de Mme. Elisabeth, aceitando os ultrajes destinados à rainha. A caricatura patriótica bordará sobre um duplo tema: o rei usando o barrete vermelho, "o rei bebe", reminiscência folclórica da festa dos reis, mas carregada de subentendidos. Toda uma gradação se desenha nas expressões de desrespeito por meio de uma série de variantes. A mais anódina permanece simpática, suscetível de uma leitura positiva – o rei cidadão trocou a coroa pelo barrete nacional, bebe como um homem do povo à saúde da nação. Mas, em outra versão, acumulam-se as garrafas aos pés do bêbado. O ataque degradante encontrará sua expressão última na estampa que imagina, em termos de saída honrosa a translação do soberano à prisão do Templo no dia seguinte a 10 de agosto: com o barrete frígio, mas em camisa, como um condenado, Luís XVI enfrenta a última etapa da degradação de sua majestade real. Ele não passa do Luís gordo de quem a canção zomba.

> Pobre *sire*, não tens mais veto
> Rei enganador de um povo tão justo
> Vá, Gordo Luís, não passas de um zero.

Sem poder entrar, por causa de sua prolixidade, na análise detalhada dessa iconografia de 1791 a 1792, podemos tentar reunir seus traços. É o rei em sua verdadeira natureza, enfim revelada, que se encontra apresentado: a duplicidade, na qual a *Romança ao gordo Luís* insiste, mas mais largamente, como uma

Combates pela Revolução Francesa

reminiscência antiga à cavalgada dos vícios, eis os pecados capitais: a cólera, evocada pela imagem em *A Grande cólera de Capet, o velho* (aliás, em contraponto irrisório com as grandes cóleras do pai Duchesne), em que se vê o rei quebrar com seu cetro terminado por uma *marotte*[7] espelhos, relógios e móveis. Os furores do gordo Luís terminam-se em loucura, em desvario, o que ilustra uma das mais estranhas dessas produções, na qual ratos saem da boca do soberano que se deixa conduzir por uma criança: "Ele tem cheio de ratos seus miolos, suas botas, e suas meias", desfia a lenda em forma de canção infantil. Mas a cavalgada dos vícios não para aí: a gulodice é frequentemente evocada. Uma gravura inglesa sobre o tema do *Guloso* alcançado em Varennes por ter se atrasado na refeição é igualmente conhecida em versão francesa. E a gulodice se precisa no tema da bebedeira real, o que não é inteiramente uma novidade, mas a partir de agora um *leitmotiv*. A avareza não é ignorada, mesmo que fosse por um tratamento ao contrário: a efígie real, reproduzida em uma moeda, torna-se um grande tostão que ninguém quer mais.

Nos ingleses e nos franceses, o mais imperdoável ao soberano decaído é sem dúvida a indignidade, a covardia e a fraqueza. Luís XVI é aquele que se disfarçou como criado. Era serralheiro, ei-lo como camareiro ou cabelereiro, dizendo: "Dou minha volta na França", ou penteando a rainha. Ele próprio precedeu a inversão dos papéis ao qual termina essa aventura na coroação ao contrário no dia que segue o 10 de agosto. O mundo está de cabeça para baixo, mas por culpa dele.

Insiste-se na inversão dos papéis sexuais, nas evocações de sua submissão a Maria Antonieta que o manobra a seu bel prazer. Nessa dialética, é ela quem comanda, ela quem, na "pernada de Paris a Montmidy", em que faz o *grand écart*, revelando o abismo de suas torpezas, carrega em suas costas toda a família real. Compreende-se que, diante dela, outros sentimentos

---

7 Cetro com uma cabeça encapuzada cheia de guizos, atributo de bufões ou loucos. (N. T.)

surjam, em que o ódio emerge, sem eclipsar totalmente o ataque de caráter sexual. Compensação honrosa de Maria Antonieta: evoca-se tanto pela canção quanto pela imagem. Sonham abertamente com assassinato – evocam a austríaca se atirando em um poço e confessando à sua mãe: "Estava sedenta do sangue dos franceses, não podendo estancar minha sede, meu desespero me mergulhou no fundo do poço". Madame Veto, que o *Ça ira* denuncia agressivamente, vê sua efígie inscrita no fundo da lanterna, anunciando a vingança popular.

A última etapa dessa evolução, e que merece ser tratada à parte, é o processo de bestialização que ataca, com uma particular predileção, as pessoas reais. Um estudo preciso do tema, à primeira vista estranho, foi apresentado por Annie Duprat em um colóquio recente. Assinalemos brevemente as conclusões. A aparição do monarca sob os traços de um porco impressionou os contemporâneos: um testemunho ocular, Lescure, escreve em agosto de 1792: "As galerias do Palais Royal, as da Assembleia nacional estão atapetadas de caricaturas que representam as torpezas de Luís o traidor. Está representado como um porco coroado".

Na verdade, o levantamento de A. Duprat mostra que, em cento e vinte caricaturas do rei, durante o período, mais de umas vinte recorrem à bestialização, das quais dois terços lhe dão os traços de um porco – ainda que ele possa, eventualmente, tornar-se peru, serpente... ou vaca, assim na imagem intitulada *A Trindade dos Bourbon*, onde pasta alegremente:

> Sim, meu pitéu é de mais de um milhão
> Vossa crença nela
> Que um glutão prefere sua França
> Ao gluglu da garrafa?

O tema do porco permite ainda de forçar no traço: um camponês, trazendo da feira o rei porco, queixa-se: "Ah, o maldito animal, ele me custou tanto para engordar"; em outra, o animal mantido na coleira (por um cordão azul), por Maria Antonieta,

Combates pela Revolução Francesa

devora um queijo; uma dessas representações mais conhecidas figura o rei Henrique IV em busca de seu neto: *"Ventre Saint Gris,*[8] onde então está meu neto? [...] O quê? É este porco?"* Pois sim, porco com face humana, Luís XVI instalado em um tonel está cercado por um cemitério de garrafas vazias ou começadas. Baixeza, gulodice, com o acento posto na beberagem, eis o que exprime essa metamorfose, mas também a crueldade de um animal que tinha a reputação de ser malvado, mesmo sanguinário (em *Vós me conhecestes muito tarde*).

Sobre esse tema, a canção não ficou para trás e ecoa a iconografia, com a melodia de "Era uma vez uma moça":

> Considerai a fuga e a prisão
> Desse bando de porcos
> Cidade, burgo e aldeia
> Tudo se apressa em correr
> Atrás de um *sire* tão gordo
> Só um cão, um cão fiel
> Que guarda bem seu rebanho
> Põe-se sempre de sentinela
> E controla mil animais
> O toicinho ia nos faltar
> Mas nós os alcançamos.

Nesse último combate de imagens e de refrãos, a luta em defesa da propaganda realista se asfixia, esmagada pela amplidão da ofensiva multiforme dos patriotas. Até à primavera, esgrimiu-se em vão com os líderes jacobinos, como Pétion, que é invectivado (*Resposta ao Senhor Pétion*):

> Em nome do Senado jacobita
> Eu venho vos felicitar
> [...]

---

8 Exclamação de espanto. Supõe-se que foi muito usada por Henrique IV. (N. T.)

De um rei-pai da Pátria
Sois o mortal inimigo
E se tivésseis gênio
Seríeis sem dúvida um Cromwell.

Uma virada, prevista, é representada pelo processo e pela morte do rei. Apresenta, entretanto, aspectos à primeira vista inesperados, cujo mais impressionante é, sem dúvida, o retorno ao estilo nobre. Decerto, uma corrente caçoísta se prolonga, assim, nos refrões de Ladré:

Sabeis que fui rei
Como meu avô
Não façais como eu
Tiranos da terra
Como um sol eclipsado
Estou bem embaraçado
Sou Lululu, sou uisuisuis
Sou Lu, sou Uis
Sou Luís Dezesseis
Que não está nada à vontade.

Ou neste lamento que sanciona, associando o destino real à de um delinquente medíocre, o fim da dessacralização do soberano:

Ele podia ser feliz
Sendo rei na terra
Para ele, é pena
Que fosse sem caráter
É preciso ter uma cabeça para ser coroado
Sendo fraco e burro demais
Foi guilhotinado.

Essa compaixão desdenhosa torna-se irrisão aberta na caricatura inglesa. Os artistas de além-Mancha não esperaram

Combates pela Revolução Francesa

1793 para difamar um soberano diante do qual nenhum respeito os une. Última falta de gosto, se consideramos que a hagiografia real vai, daí a pouco, encontrar na Inglaterra um terreno de eleição, eles se entregam a isso alegremente, durante o cativeiro e a prisão do Templo, evocada por meio de brigas de casal vulgares, e mesmo quando na partida para o cadafalso, em que Gillray apresenta Luís XVI em frangalhos, descabelado, lamentável, com a garrafa na mão para beber um grande copo de vinho tinto, para compensar talvez os efeitos da cólica cujo descontrole de seus esfíncteres inunda o solo. Um monge, tal como os ingleses imaginam, brande seu crucifixo, Maria Antonieta é uma megera histérica, os guardas se irritam ou dão risadas francas. Só um inglês poderia se permitir essa escalada ao obsceno.

A gravura francesa é de um gênero bem diferente, pondo--se ao diapasão dos desdobramentos oratórios do processo do rei, ela reencontra o estilo nobre – o que não quer dizer misericordioso. É nas gravuras de Villeneuve, jacobino declarado e terrorista convicto, que encontramos a série mais notável. Alusão bíblica ao *Mene, Tequel, Parsim*, em *Luís o Traidor lê tua sentença*, a mão que sai da parede escreve com a pena a fórmula que condena: "Deus calculou teu reino". Mais brutal ainda, mas no mesmo estilo despojado, buscando o efeito de choque. "Matéria para reflexão aos malabaristas coroados", oferece como tema de meditação a cabeça cortada do rei, brandida, um tema que desenvolve *Ecce Veto*, do mesmo gravador. Villeneuve não se atém a esse laconismo: cede à prolixidade quando evoca, em um tema conhecido desde o início da Revolução, a recepção de Luís XVI nos infernos, acolhido por uma rica plateia de cabeças coroadas..., mas também dos decapitados que o precederam, e que lhe apresentam, como são Denis, sua cabeça cortada.

Essa veia ao mesmo tempo frenética e controlada, muito dominada em Villeneuve, apelando ao julgamento divino e fazendo da cabeça cortada do rei a da Medusa, bastante própria a infundir pavor nos contrarrevolucionários, correspondeu a uma sensibilidade espalhada, encontrou seu público? Sem ir assim tão longe, a canção é por vezes brutal:

> Dia vinte e um de janeiro
> Setecentos e Noventa e Três
> Capet Último Tirano
> Que chamavam de Luís XVI
> Recebeu seu presente
> Por ter conspirado
> Esse fujão de Varennes
> Foi então guilhotinado.

Mas, recorrendo à virada complacente do estilo vulgar – o que não fazia Villeneuve –, um refrão reencontra a veia da "Matéria de reflexão para os malabaristas coroados", sob o título de *O rei da Prússia e o imperador*:

> Senhores déspotas, vos'peruca é coisa velha
> Pois a gente somos cachorros
> Com pontapés, com socos
> A gente quebraremos a sua cara e o seu queixo.

Testemunho bastante raro, e por isso mesmo é mais sério, sabemos que essas imagens das cabeças cortadas foram denunciadas por um membro da comuna robespierrista, como capazes de desviar o público da Revolução. O debate fica, portanto, aberto a partir daí sobre os caminhos e os meios de uma pedagogia apropriada.

É que a execução do rei, e logo da rainha, depois de Mme. Elisabeth, suscitam uma contracorrente hagiográfica, que vai ter grande futuro, no estrangeiro como na França, transmitido pelos meios da imigração. Ele se exprime no estilo do lamento:

> Nomeai-os, portanto, nomeai para mim os súditos
> Dos quais minha mão assinou a sentença...

ou no gênero elegíaco do *Adeus de Luís*:

> Vá, morre, Luís infeliz demais
> Depois de tantos males inauditos
> Leitores, terminai meu suplício.

As grandes séries gravadas em Londres – por Schiavonetti ou outros –, muito diferentes das caricaturas de um Gillray, as medalhas gravadas na Alemanha, todo um fluxo mais alusivo sobre o tema do salgueiro-chorão e do cenotáfio, ou sob a divisa "filho de são Luís, subi ao céu", vão responder à demanda desses meios monarquistas, e à corrente de sensibilidade mantida no tema da Europa. Nós pararemos a pesquisa nessa etapa de seu desenvolvimento.

Sobre o tema da degradação da imagem real, ela nos entrega, no fim das contas, uma colheita rica, confrontando-nos com uma problemática mais complexa do que essa evolução aparentemente linear sugeria.

Se a imagem e a canção nos confrontam, parece, com uma evolução idêntica, cujas etapas e os temas se respondem, cada suporte não deixa de adotar seus ritmos próprios: às vésperas da Revolução, nos anos que precedem 1789, tem-se a impressão de um avanço da canção, mais explícita, mais agressiva por vezes, enquanto a gravura, mais bem controlada talvez, permaneceu confinada no inferno das séries libertinas. Mas ela se recupera com juros: a partir sobretudo de 1791, nos tempos das imagens em liberdade, a brutalidade do ataque gráfico é surpreendente. Não é completamente específica desse tema: é então, mesmo, igualmente, que explode a corrente da imagem anticlerical, recorrendo à mesma linguagem da caricatura. Seria forçar a nota estabelecer um paralelo entre caricatura e canção vulgar, duas linguagens da irrisão, mas essas duas formas de expressão "liberadas", senão espontâneas, se asfixiam a partir de 1793.

Nos dois registros de expressão – gravura e canção – coexistem, com efeito, os dois estilos, estilo nobre e estilo popular, ou vulgar. Este último revela, por meio dos refrões, toda sua ambiguidade. Forneceu, durante muito tempo uma boa receita para fabricar o consenso exprimindo a suposta voz de um povo de boa índole. Mas existe também uma variedade "massacrante" que, da canção do Champ de Mars (*Aristocrata, estás então fodido*) à do rei da Prússia (*A gente quebraremos a sua cara e o seu queixo*), parece querer se pôr no diapasão da violência popular espontânea.

A mesma dialética se revela no domínio da gravura. Às vésperas da Revolução, as gravuras libertinas do "Inferno" das bibliotecas, tais como aquelas que evocam as lubricidades da rainha, são de fator e difusão elitistas e é a evolução que se inscreve em 1790-1791 que faz emergir uma produção, senão popular, ao menos destinada ao povo. Uma pedagogia se procura, se encontra com mais ou menos eficácia. Pode-se confrontar, a esse respeito, a complexidade ou a sofisticação alusiva da caricatura ou da alegoria contrarrevolucionária com a boa diferença da produção patriótica.

Linguagens populares se elaboram, com seu léxico e sua sintaxe. Recorre-se ao *leitmotiv* e aos sinais de reconhecimento: a garrafa que vai acompanhar a imagem do rei bêbado; mas se reutiliza também linguagens conhecidas ou codificadas, como os da imagem devocional (Santo Veto, Ecce Veto); não se despreza o trocadilho graficamente transcrito (a pernada de Paris a Montmidy), o calembur (a galinha da Áustria), a canção infantil popular (ele tem cheio de ratos seus miolos, suas botas, e suas meias). Porque o rei, sem dúvida, não pode ser agredido fisicamente como o aristocrata ou o padre refratário (sua fisionomia é conhecida, reconhecível), atravessa-se o limite da bestialização, conservando seu rosto, entrando na via de uma simbólica animal.

Sexualidade e alusões escatológicas ocupam seu lugar nesse novo imaginário da realeza. As alusões sexuais eram diretas, desde o início, nas gravuras libertinas passadas por baixo do pano, e essa veia prosseguiu em 1790-1791, adaptando-se às novas linguagens mais desenvolvidas na caricatura (a pernada de Paris a Montmidy). Mas se o sexual e o escatológico coabitam por vezes com facilidade (assim, na fuga a Varennes pelos esgotos), notamos também, sobre esse tema, que a imagem popular é mais facilmente escatológica do que sexualmente livre – conservando certo comedimento e alguns tabus.

Imagem e canção aparecem por meio desses traços como suportes específicos da modelagem da opinião, ao mesmo tempo que os reflexos de uma sensibilidade ao acontecimento. Somos tentados de compará-las com o discurso mantido paralelamente na imprensa. Esta recorreu à ilustração – mas, como se sabe, de maneira limitada – em certos jornais patriotas (les *Révolutions de France et de Brabant*, as *Révolutions de Paris*) ou contrarrevolucionários (*Les Actes des apôtres*), mas esse terreno de encontro permanece limitado. Podemos apreciar ainda melhor a especificidade das mídias que exploramos aqui: melhor do que na imprensa que, com exceção do *Père Duchesne*, permanece no estilo nobre, mesmo quando é imprecativo em um Marat. Encontramos aqui a expressão de um imaginário, criador de imagens, e, por sequência, dos suportes a representações coletivas.

No meio do caminho do que se diz na rua, do grito, da injúria, do fantasma ou do rumor em liberdade, a imagem e a canção gozam de uma licença da qual aproveitamos diretamente.

V
Tomando partido

Sobre o "Danton" de Wajda:
a Revolução não é um "delírio"[1]

O filme que Andrzej Wajda acaba de consagrar a Danton, ainda que não tivesse sido acompanhado por uma importante campanha de lançamento, não poderia passar despercebido: como seu herói, ele é monumental.

Trata-se de um amplo afresco com soberbas imagens, composto como muitos quadros, é um movimento não precipitado, mas poderoso. É, sobretudo, uma obra que nos interpela e que não poderia nos deixar indiferentes.

É como historiador que vou tentar refletir sobre ele, como historiador da Revolução Francesa: não enquanto perito para formular julgamentos acadêmicos ou eruditos, mas para, ao contrário, tentar dizer, no fundo, como o percebi, não serenamente, pois acredito que nenhum historiador pôde, há mais de um século e meio, falar sem paixão do caso Danton. Nenhum autor, deveria dizer, porque, para mim, como para muitos outros, o ponto de partida da aventura póstuma de Danton, dessa vida na

---

1 2 nov.-7 jan. 1983.

memória coletiva, que conta tanto, sem dúvida, quanto os fatos em seu exame minucioso, começa decerto em 1835, quando um rapaz de vinte e dois anos, Georges Büchner, escreve essa admirável *Morte de Danton*, que deveria esperar um século para ser representada e descoberta. Büchner, ao mesmo tempo um romântico e um revolucionário, foi o primeiro a colocar os dados do problema, instalado no casal antagonista Danton-Robespierre. Não é depreciar a obra de Andrzej Wajda dizer que as melhores sequências do filme de hoje se encontram já em Büchner.

Mas, ao longo desse século XIX das revoluções, era inevitável que Danton fosse um dos eleitos da historiografia revolucionária romântica. Michelet foi fascinado por ele, Louis Blanc, muito mais reservado, também se defrontou com ele. É, significativamente, a época positivista que vê se elaborar o mito de Danton, com o próprio Auguste Comte, como com Robinet, autor, em 1865, de uma dissertação sobre a vida privada de Danton. Depois, a Terceira República, a dos manuais escolares e das estátuas na praça pública, vai celebrar o herói pondo a ênfase, por razões evidentes, na estatura patriótica daquele que reclamou contra os inimigos da República: "Audácia, mais audácia, sempre audácia".

Mas a história erudita ou universitária não ficou para trás e, no fim do século passado, Alphonse Aulard, primeiro titular da cátedra de história da Revolução na Sorbonne, se mostra o paladino e o defensor de Danton. Defensor, pois, desde essa época, a imagem do tribuno torna-se o objeto de uma polêmica do mais alto nível, opondo, por meio de historiadores, Danton e Robespierre. A figura de Robespierre tinha, ela também, avançado ao longo do século, embora de maneira diferente. Entre anátemas absolutos de todos aqueles que viam nele a encarnação do Terror e da Revolução sanguinária, e nossa tradição, que vai de Buonarotti aos primeiros socialistas revolucionários, depois aos pensadores do movimento socialista e revolucionário no final do século, Albert Mathiez se tornou, nas primeiras décadas de nosso século, o historiador de Robespierre, como Aulard era de Danton, opondo uma imagem da Revolução nutrida

Combates pela Revolução Francesa

de pensamento socialista à leitura dantoniana, elaborada por Aulard, para uso da república radical. Áspera polêmica, da qual reli as páginas para esta ocasião, ao menos parcialmente, pois ela salta de ano em ano, com artigos e balanços.

Nos tempos em que o movimento socialista se interrogava sobre as vias e os meios de uma subversão do antigo mundo, pela Revolução, Danton e Robespierre tornavam-se, nos quadros tradicionais de uma história evenemencial, os símbolos, se não vivos, pelo menos vibrantes ainda de duas escolhas. É bem assim que Jaurès via o debate, em sua *História socialista da Revolução Francesa* e, significativamente, em 1907, é sob a égide da Sociedade dos estudos robespierristas que se agrupavam os historiadores franceses da Revolução.

O debate, renovado com rudeza nos anos 1920 por uma Revolução Russa que erguia estátuas a Danton, mas batizava um de seus encouraçados de *Robespierre*, interpelava bem mais longe do que o círculo dos eruditos: Anatole France ou Romain Rolland, escritores mais próximos da esquerda revolucionária, o refletiram, ambos. E é nesse contexto dos anos de 1920 a 1930 que se inscreve a peça polonesa de Przybyszewska, que forneceu a Wajda e a seu roteirista Jean-Claude Carrière a sinopse de seu filme.

Julgarão talvez um pouco longo nosso desvio pela história, ou pela historiografia, para compreender e apreciar a obra que nos é proposta em 1983. Creio que ele foi indispensável, sobretudo hoje, em que toda uma cultura histórica de base, particularmente sobre a Revolução Francesa, desapareceu.

Danton hoje vai surgir, para a quase totalidade do público, como um herói novo a descobrir totalmente. É apagar toda essa estratificação de herança superposta que acabei de evocar, e que, para ser breve, resumirei no horizonte dos anos 1980 em duas imagens complementares, embora contraditórias: o que representa Danton hoje, em relação à história e à lenda. Em relação à lenda, mesmo erodida ou banalizada pelo esquecimento, Danton ganhou no *hit-parade* das praças públicas e das placas nas esquinas, como na literatura de vulgarização. Esse herói corpulento e potente, cujas fraquezas, aliás, no mais das vezes, ignoradas, humanizam ainda mais a silhueta, teve direito a todas as indulgências de uma burguesia republicana que se reconhecia nele. Ao contrário, Robespierre não foi favorecido: é verdade que ele teve apenas uma estátua bem tardiamente em Saint-Denis, e que só uma estação de metrô, em um subúrbio que Andrzej Wajda, no folheto de apresentação de seu filme, lembra que ela é comunista, honra o tribuno. Quero crer que é por ingenuidade que Wajda extrai argumento dessa ocultação bem-sucedida, desse silêncio bem mantido demais para não ser suspeito e, para concluir, que Robespierre nunca foi popular e que é no personagem de Danton que o povo "se encontra". Ele não sabe que a burguesia nunca pôde perdoar a Robespierre de ter sido o porta-voz e o agente o mais conseque, porque o mais radical, de SUA revolução democrática? Mas nem todos se enganaram. Eu participava, há algum tempo, em Nîmes, de um encontro sobre a Revolução e sobre a imagem que ela deixou nessa região de forte tradição republicana. Os republicanos de 1848-1849 e aqueles que foram aprisionados e deportados em 1851 por terem defendido a liberdade contra Luís-Napoleão Bonaparte tinham, em seus círculos e em seus grupos clandestinos, heróis que eles reverenciavam. Mas, você acredita, Andrzej Wajda? Não é "Viva Danton!" que eles gritavam, mas "Viva Robespierre!".

No entanto, se não está em questão esconder, no nível do legendário nacional, a desgraça tenaz de Robespierre na categoria de herói fetiche da tradição política, no domínio da história é incontestavelmente um movimento inverso que se inscreve. Se voltamos em pensamento aos grandes debates do início do século, Danton contra Robespierre, é incontestavelmente Danton que perdeu e, na minha opinião, duplamente. No plano da história erudita, que não é, por isso, totalmente obsoleta, a desmistificação do personagem, "o ídolo podre", segundo a expressão de Robespierre, foi confirmada de maneira incontestável e não há mais, hoje, historiadores que contestem os aspectos ambíguos do indivíduo, ao mesmo tempo líder popular capaz de intuições fulgurantes e de iniciativas ousadas, e político de incontestável duplicidade.

Sim, é verdade que Danton, quase desde o início de sua carreira, tinha, digamos, negociado com Mirabeau e com a corte, com Dumouriez a ponto de trair, com a facção de Orléans, com a Inglaterra... É verdade que ele tinha grande necessidade de dinheiro, que ele recebeu, e nunca pôde justificar o emprego dos haveres de seu ministério: longe de ser um dossiê fajuto, a relação estabelecida em comum por Robespierre e por Saint-Just para seu processo está sem dúvida aquém da verdade, pois uma parte das intuições ou das íntimas convicções de seus acusadores foram mais do que confirmadas ulteriormente. Poderíamos acrescentar a respeito do cinismo do tribuno popular em relação à massa popular, essa "puta" que ele despreza, como em relação a uma versatilidade, ou mesmo uma covardia, como o abandono *in extremis* de Camille Desmoulins para salvar a própria cabeça seria um exemplo pouco glorioso. Mas, na verdade, sim, por que acrescentar? Creio, ao contrário, que é preciso, agora, no quadro de outra historiografia menos sôfrega para distribuir os bons ou os maus pontos, tentar compreender, recolocar Danton nesse grupo complexo dos dantonistas, emanação dos meios nascidos da Revolução, ávidos por se aproveitar e se prevalecer dela. Uma burguesia que não se confunde com aquela mais estruturada e instalada, da qual saiu a Gironde. Nesses meios, que é preciso evitar de julgar, como fazem os robespierristas, Danton não é, como escreveu Andrzej Wajda, artificialmente amalgamado com "delinquentes econômicos", para as necessidades de um processo fabricado: ele banha nisso, e está totalmente imerso aí, por meio da pessoa de seu mais íntimo colaborador, Fabre d'Églantine.

Para mim, isso não tira nada do lugar, muitas vezes decisivo, que ele ocupou na Revolução.

Mas, se quero tomar minhas distâncias com essa história que julga e que condena, e que era ainda aquela de Albert Mathiez, é exatamente porque não é mais a nossa. Entendamos que a historiografia da Revolução Francesa, desde esses tempos, deu passos de gigante. Além dos atores que ocupam o proscênio, a atenção se voltou para as massas populares, para esses homens e essas mulheres que viveram a Revolução: *sans-culottes* de Paris, das cidades e do campo. Foram estudados em seu recrutamento, sua ideologia, e sua mentalidade. É necessário lembrar a obra monumental do saudoso Albert Soboul sobre *Os sans-culottes parisienses*... Canteiro aberto e que está ainda apenas em seus inícios. Mas compreendemos, nessa nova visada que tende a devolver a Revolução para as massas que a fizeram, como as problemáticas de ontem podem parecer obsoletas. O filme de Wajda se abre com as imagens do retorno de Danton de Arcis-sur-Aube, entre outubro e novembro de 1793. Inscreve-se nos quatro meses do inverno, às vésperas da primavera de 1794, que é bem, para mim, como para muitos outros, a época crucial em que se representa todo o drama da grande revolução democrática. Formulá-lo, ao fundo, é relativizar, contudo, o duelo Danton-Robespierre diante do verdadeiro objeto do jogo, pois é o momento no qual a aliança entre a burguesia da montanha, que anima o comitê de salvação pública e o movimento popular dos *sans-culotte*, cuja união havia permitido de triunfar nesse momento em que a Revolução era assediada de todos os lados, essa aliança se fixa, se fissura. "A Revolução está congelada", dirá logo Saint-Just. Isso pelo enquadramento do movimento popular desde o outono de 1793, até a primavera de 1794, quando do processo dos hebertistas, às vésperas do de Danton.

Mas não é o líder desse movimento popular que foi atingido na pessoa de Danton, nessa época; ele já era, para os *sans-culottes*, bem esse "ídolo podre", do qual falará Robespierre. Os verdadeiros líderes são outros, a procurar nas fileiras desses responsáveis por vezes anônimos, por vezes mais conhecidos: houve os "enfurecidos" [*enragés*], os primeiros reprimidos, depois o movimento foi canalizado pelo jornalista Hébert, *Le père Duchesne*. Andrzej Wajda não conhece esses interlocutores, as fontes das quais ele se inspira, nos anos 1920, são anteriores à revelação deles. Não seria grave, se isso não falsificasse tudo, e não é apenas um simples pedantismo de historiador notar que, na cronologia anexada à apresentação do filme, confunde-se *enragés* e hebertistas. Mas essa ignorância faz passar ao lado do problema fundamental, não apenas para os historiadores: como uma Revolução se congelou? Como se opera a ruptura, mas, ao inverso, como o formidável impulso das massas que pedem democracia e liberdade pode se conciliar com a disciplina de ferro de uma Revolução agredida que se dota de estruturas as mais impiedosas para sua própria sobrevivência?

Que não me façam dizer, ao colocar o caso Danton nessa interrogação imensa e, por alguns aspectos sempre atuais, sobre a Revolução, que Andrzej Wajda se enganou de tema. Isso seria muito impertinente, e não ambiciono refazer seu roteiro. Não mais que não subestimo a amplidão do problema que subsiste, mais fundamental ainda se é possível graças a essa aventura, e que é, para além das relações do povo e da Revolução, simplesmente aquele da violência revolucionária e de sua legitimação. Os maiores entre aqueles que abriram a via dessa história tinham percebido esse problema. Mas não conheço, sobre esse ponto, poucas páginas tão fortes como as de Jaurès, explicando a quedas das facções hebertistas e dantonistas em nome das necessidades da luta revolucionária.

"Nos períodos calmos e lentos da vida das sociedades, basta retirar o poder aos partidos que não respondem às necessidades presentes. Os partidos despossuídos podem preparar sua lenta revanche sem paralisar o partido que o possui. Mas quando um grande país revolucionário luta ao mesmo tempo contra as facções interiores armadas e contra o mundo, quando a menor hesitação ou o menor erro podem comprometer durante séculos talvez o destino da ordem nova, os que dirigem essa imensa empreitada não têm o tempo de converter os dissidentes, convencer os adversários. Não podem dar grande espaço ao espírito da disputa ou ao espírito do arranjo. É preciso que eles combatam, é preciso que ajam, e para conservar intacta toda sua força de ação, para não a dispersar, pedem à morte de fazer à volta deles a una-nimidade imediata da qual têm necessidade."

Releio esse texto de Jaurès, meço não apenas toda a força e toda clarividência dele, mas todos os perigos e todas as interro-gações, em cascata, que ele nos propõe, à luz de todas as nossas experiências. Eu teria gostado que Andrzej Wajda meditasse so-bre esse texto. A problemática à qual ele nos remete permanece aquela da historiografia romântica, na tradição de Büchner, o que não é um pequeno cumprimento. Mas um Büchner simplifi-cado, não popularizado, mas empobrecido.

No fundo das coisas, é a própria Revolução que é questio-nada, como fatalidade, como delírio, diriam alguns de nossos historiadores: essa Revolução que, como Saturno, devora seus fi-lhos. Nessa visada, a tentação era bem essa de voltar, apesar de si próprio, apesar de uma luta interior que se sente em todo o filme, a uma oposição em preto e branco: de um lado, Danton, ou a Re-volução de rosto humano, de outro, Robespierre, ou a Revolução congelada e desumanizadora. E é o que me perturba ao assistir a esse filme muito belo que, para milhares de pessoas, vai repre-sentar uma descoberta da Revolução Francesa. Amei e admirei os momentos brilhantes, soberbamente tratados: a cena no ateliê de David, ou mesmo o *tête-à-tête* Danton-Robespierre no restaurante do Palais Royal, e outros mais. Mas a beleza ou o impulso criador não conseguem eliminar meu constrangimento diante da inflexão da História – não no nível baixo da materialidade dos fatos, pouco importa que a última cena seja pura ficção – mas do sentido ge-ral. Danton, herói passivo em suas próprias fraquezas, torna-se a encarnação do povo amordaçado, cuja voz progressivamente se extingue. Sentimos falta de Büchner que tinha sabido levar em conta também o cinismo ao mesmo tempo que o remorso (nessa bela cena noturna da peça, onde volta a lembrança dos massa-cres de setembro).

Ao inverso, amordaçaram Robespierre, esfinge inquietante ou torturada; quase que se percebe apenas nas expressões de sua fisionomia, ou em suas transpirações agônicas, os sentimentos que o agitam. Nesse processo de Danton, transformado em processo de Robespierre, é a ele que a palavra foi recusada. Admiramos, aí ainda, o gênio de Büchner que, confrontado com esse problema, tinha escolhido fazer Robespierre pronunciar seus próprios discursos.

O comitê de salvação pública é ainda mais maltratado, se é possível: Saint-Just, o arcanjo da morte na tradição jacobina, torna-se um carinha inquietante e equívoco, Couthon, um histérico em cadeira de rodas. Collot, Billaud-Varenne, bêbados avinhados que esvaziam garrafas... Não clamo contra o crime de lesa-majestade revolucionária, mas as necessidades da dramatização que Wajda invoca justificam uma visão tão distorcida?

O personagem que mais me impressiona é o povo: reduzido ao papel de espectador passivo, a filas esfomeadas e aterrorizadas nas calçadas. Onde estão os jacobinos, percebidos com os traços caricaturais de soldados brutais e de policiais? Danton se identifica a tal ponto, na sua solidão, a todo o povo, que ele sugou sua substância. Reduzida a um universo carcerário, à fome, à polícia e à delação, essa Revolução do ano II foi privada de sua dimensão heroica e como que de sua alma. Permanecemos na ambiguidade da cena final em que o autor revela sua perturbação, desejando compartilhá-la conosco. Ao pé da cama em que Robespierre, messias revolucionário, vive por antecipação sua própria paixão, Éleonore Duplay traz um garotinho, a quem ela ensina, ralhando, a recitar a Declaração dos Direitos, e lhe faz recitar de maneira mecânica: a fisionomia do Incorruptível se ilumina imperceptivelmente. Permanecemos com nossa perturbação: é bem essa a ideia emancipadora forte da Grande Revolução que se exprime como ponto final dessa via de sangue e de violência? É a expressão de uma normalização bem-sucedida e desesperante?

Andrzej Wajda desejou, e disse em suas entrevistas, que se evite toda transposição com o drama que seu país vive hoje, embora, em certos momentos, o paralelismo seja evidente. Respeitarei esse desejo, pois penso que tais paralelos (outros o farão, mas sem cuidado de delicadeza nem de espírito histórico) só podem desservir tanto a Revolução Francesa quanto a Polônia, essa Polônia que busca sua via no sofrimento e por duros caminhos. Essa Polônia que não podemos esquecer e que é importante para nós.

Mas é porque penso nisso que faço questão de dizer a Andrzej Wajda – pouco importa se me classificarem na categoria dos velhos jacobinos de ontem: não, Andrzej Wajda, a Revolução não é uma fatalidade, um "delírio" ou um abismo. A Revolução, cabe a nós sonhá-la, construí-la segundo a imagem de nosso tempo, de nosso país, de nossas exigências de democracia, que devem ser imensas, na altura daqueles que evocamos a memória.

Você evocou a de Danton; desejo que Robespierre encontre, nos próximos anos, um criador tão talentoso como você. Porque, se me permitem citar ainda mais uma vez Jaurès:

"Estou com ele e é ao lado dele que vou me sentar entre os jacobinos".

Por que ainda somos robespierristas?[1]

Retomando, mas com uma significativa modificação, o título escolhido por um dos meus grandes predecessores na Sorbonne, A. Mathiez que, no dia 14 de janeiro de 1920 tinha, sob uma forma aparentemente ingênua – falsamente ingênua, sem dúvida –, respondido à questão: "Por que somos robespierristas?", tenho consciência de me inscrever em uma tradição que é assinalada também por outras etapas: em 1933, no dia 15 de outubro, G. Lefebvre pronunciou nesta cidade, por ocasião da inauguração do busto de Maximilien Robespierre, uma conferência que se queria, ela também, de algum modo, como uma defesa. Sem multiplicar as referências, sem me apoiar, se posso falar assim, em uma bibliografia ou por trás dessas presenças que, aliás, são fortes, que me seja permitido lembrar também a contribuição de meu predecessor e amigo Jean Bruhat em 1958, por ocasião do bicentenário do nascimento de Robespierre.

---

1 Publicado originalmente no periódico *Annales Historiques de la Révolution Française*, n.4, 1988.

Relendo, consultando, para falar para vocês hoje, todos esses textos de referências, fiquei impressionado por algumas linhas de forças, por algumas constantes, ao mesmo tempo que o início de um movimento a respeito do modo como o Incorruptível foi apresentado.

No nível das constantes, partirei, se me permitirem, de uma evidência: Robespierre deve ser defendido; é por isso que uns e outros tomaram a palavra, é por isso que Mathiez, em 1920, quis responder à questão "Por que somos robespierristas?". Fundador, em 1908, da Sociedade dos estudos robespierristas, bem viva ainda hoje, ele fazia questão de explicar: por que Robespierre, por que essa referência emblemática? Para fazer isso, ele lembrava as acusações que tradicionalmente foram dirigidas a esse Robespierre que é descrito como o responsável pelo sangue do Terror, que é descrito ainda como o grande pontífice do Ser Supremo e que é estigmatizado também, lembrava, como aquele que conduziu Danton diante do tribunal revolucionário. Mathiez explicava de onde vêm essas imagens, que por trás desses clichês forjados com parcialidade surge um outro Robespierre, que se impõe com força. G. Lefebvre retomava, em 1933, esse argumento, inaugurando em Arras o busto de Robespierre no quadro de um discurso que, quando se lê a resenha nos arquivos, nos impressiona pelo escândalo que provocou, pois era, em 1933, um escândalo evocar a memória desse grande cidadão em sua própria cidade natal, mesmo que a prefeitura de Arras, na época, representada na pessoa de um prefeito republicano, o sr. Delansonne, não tivesse assumido em tomar suas responsabilidades e a se associar a essa manifestação cívica. Uma coragem que não foi perfeitamente sustentada em seguida, porque hoje o busto de Robespierre foi relegado na sala de trás do prédio municipal, de onde, talvez, o acontecimento do bicentenário o fará sair. Mas vocês sentem, nesses episódios, que Robespierre é um desses heróis que é preciso defender. É G. Lefebvre que nos lembra, no discurso de 1933, as grandes fases de uma evolução que se prolonga em mais de um século. Como Robespierre, em

Combates pela Revolução Francesa

idas e vindas, foi banido da memória, depois redescoberto, e não devido a momentos de acaso, mas quando se tratava, quando se trata, de se mobilizar para defender a República.

Certamente, podemos lembrar o dossiê que a acusação estabeleceu desde a própria época revolucionária, desde termidor ou na própria véspera de termidor, esse discurso da calúnia, da maledicência, da ignorância e da má-fé – Robespierre queria se casar com Madame Royale, queria repor Luís XVII no trono? Queria tratar em segredo com a Inglaterra? Era ele esse ambicioso que fez reinar o regime do Terror para eliminar seus rivais, o incapaz orgulhoso, o grande sacerdote fanático? Desde aquela época, apesar de tudo, devemos lembrar que o homem, para além dessas vozes da calúnia, mereceu a homenagem e, mesmo, daqueles que foram seus inimigos, daqueles que o abateram em termidor. Lembrem-se de Cambacérès que não é, em absoluto, um revolucionário extremista e que, na própria época do império, no apogeu das honras, declara que "o julgamento definitivo de Robespierre é remetido à posteridade". E os próprios termidorianos, Cambon, Barras, ou Barère, lembraram que não estava em questão, que não podia estar em questão, pôr em dúvida as convicções, a honestidade, a devoção à República Francesa por Robespierre. É essa homenagem prestada por seus próprios inimigos que explica por que vemos os republicanos do século XIX, essa geração de Godefroy Cavaignac, ele próprio filho do convencional montanhês, referir-se à pessoa de Robespierre que redescobrem e reabilitam e dos quais fazem um personagem emblemático, porta-voz das novas reivindicações nas quais se reconhecem, citando como texto de referência os quatro artigos que Robespierre propunha acrescentar à nova Declaração dos direitos do homem, em abril de 1794, esses quatro artigos que, estabelecendo os limites do direito de propriedade lhes dão as demarcações que são as do direito à existência, e as do direito à vida. E, dessa geração dos republicanos dos anos 1830, passamos diretamente a essa outra herança que foi transmitida nas prisões da monarquia de julho por Buonarotti, por esse sobrevivente da conspiração de Babeuf. Babeuf tinha sido hostil a Robespierre antes de meditar depois sobre a perda que havia significado a partir de sua queda, Buonarotti, seu companheiro, foi um dos que contribuíram a reestabelecer essa imagem positiva, essa imagem gloriosa de Robespierre.

Ao longo desse percurso, lembramos também como entre os historiadores românticos, de Michelet a Quinet, alguns tomaram suas distâncias com o Incorruptível, dirigindo a ele essas acusações que reencontraremos: Quinet, hostil ao grande pontífice do Ser Supremo por não ter completado esse grande movimento da descristianização substituindo a ela a instauração de moral cívica laicizada. Depois os fundadores da III República, para retomar a própria expressão de G. Lefebvre que é um eufemismo, por vezes julgaram Robespierre comprometedor; e, nos diz Georges Lefebvre, para que Danton fosse exaltado, era preciso vilipendiar Rosbespierre. Mas G. Lefebvre nos lembra também que por trás do duo trágico Danton-Robespierre, em volta do qual se cristaliza o debate ideológico sobre a Revolução no final do século XIX, é outra série de questões em jogo que se perfilam em profundidade. Por meio da condenação de Robespierre, é o ideal da democracia social que se encontra condenada e posta em causa. E compreendemos melhor ainda que é no momento do caso Dreyfus, nos lembra G. Lefebvre, enquanto se cria um movimento para a defesa da República e dos valores republicanos que a lembrança de Robespierre ressuscita com Clemenceau. Certamente, havia já precedentes; certamente, tinha-se já, nos meios republicanos e socialistas, em um socialista utópico como Laponneraye, que tinha recolhido as lembranças de Charlotte Robespierre e exumado essa imagem esquecida, mas, é no final do século XIX, que "a lembrança de Robespierre ressuscitou" e G. Lefebvre acrescenta: na primeira fileira daqueles que lhe fizeram justiça, é preciso citar o grande homem cujo gênio foi uma luz para tantos homens da minha geração, o cidadão J. Jaurès, que, dizia ele, em 1933, "estaria hoje entre nós"...

Combates pela Revolução Francesa

"Preocupado em sua história socialista de reencontrar no surgimento da democracia os primeiros gênios do movimento socialista, ele tinha também encontrado em seu caminho os quatro artigos de 1793. Seu gênio generoso e nobre, cuidadoso em preservar a democracia, o enchia de uma dolorosa simpatia pelo destino de Maximilien Robespierre, campeão resoluto da paz, obrigado pelas faltas de outrem de tomar em mãos a defesa da democracia titubeante e assumir a responsabilidade terrível das medidas que asseguraram seu triunfo..."

Mas o que é verdade dessa redescoberta de Robespierre no início do século se verifica também na história ulterior. Avanços, recuos, todo o período dos anos 1930 ao *Friont populaire* viu a valorização de uma nova imagem de Robespierre. A inauguração de um busto em Saint-Denis, de uma estação de metrô em Montreuil, e a instalação do busto do Incorruptível em Arras, em 1933, anunciavam, de certo modo, a virada dos anos futuros.

Permanece o fato de que, apesar de tudo, ainda hoje a imagem ou a fisionomia de Robespierre permanece não apenas obscurecida, mas alterada: para um autor que o defende e o invoca, como Max Gallo em sua "Carta aberta aos novos *muscadins*",[2] quantos outros recorrem à linguagem da irrisão! Foi publicado, na ficção de um romance histórico *Antoine e Maximilien, ou O terror sem a virtude*, uma palhaçada que evoca Robespierre como um desequilibrado sexual acrescido de um temível erotômano sobre quem Saint-Just exerceria sua vingança com o tiro de pistola tradicionalmente atribuído ao policial Merda. Tudo é possível nessas ficções do romance histórico, ainda que isso ofereça pretexto a certos historiadores, do Institut[3] ou de outro lugar, para declararem que tais romances históricos têm mais de valor que o

---

2 *"Muscadin"*: durante a Revolução, nome dado aos monarquistas elegantes. (N. T.)

3 Referência ao Institut de France, entidade de enorme prestígio que reúne as cinco grandes academias francesas: Académie Française, Académie des Inscriptions et Belles-Lettres, Académie des Sciences, Académie des Beaux-Arts e Académie des Sciences Morales et Politiques. (N. T.)

próprio trabalho dos historiadores. No *hit-parade* das sondagens tais como praticamos hoje, se Robespierre surge no fim da lista como o menos amado, com Marat, enquanto Lafayette cavalga no primeiro lugar com seu cavalo branco, percebemos o sucesso desse discurso de ódio, alimentado durante muito tempo, conscientemente alimentado.

Robespierre, o mal-amado e, no entanto... no entanto, em contraponto com essa primeira imagem, eis que descobrimos toda uma tradição de fervor, toda uma tradição de leituras que, na historiografia do século XIX aos nossos dias, instalaram os elementos dessa admiração que podemos consagrar a Robespierre a títulos diversos.

Robespierre, se me permitem resumir em alguns termos o que representa para nós, além de todas as ideias, de todos os estereótipos hostis, Robespierre permanece, se posso dizer assim, o *outro* amigo do povo – como Marat se disse, e foi recebido como "o Amigo do Povo", Robespierre se caracteriza, em todas as suas declarações, mas também em toda uma atitude afirmada desde os inícios da constituinte, em 1789, como o defensor do povo. Fala para o povo, o "pequeno povo", mas também para todos os deserdados, os excluídos, os judeus, os atores, os escravos, os soldados e suas famílias, e esse Robespierre constituinte se encontra, assim, fiel ao redator do caderno de reclamações dos "sapateiros menores" da cidade de Arras na primavera de 1789, emprestando sua pena aos mais modestos desses artesãos, em continuidade com o autor do apelo à nação artesiana sobre a necessidade de reformar os estados de Artois, no qual ele tinha denunciado "os que especulam com a miséria e com a ignorância desses homens que habitam em nossa cidade e nosso campo e que são absorvidos inteiramente pelos cuidados que exigem a conservação de suas existências". Esses homens, ele os defendeu até o fim nesse último, nesse grande discurso, pronunciado na noite do 8 termidor aos jacobinos:

"Ela existe, essa ambição generosa de fundar na terra a 1ª República do mundo, esse egoísmo dos homens não degradados que encontram uma volúpia celeste na calma de uma consciência pura e no espetáculo delicioso da felicidade pública, vós a sentis nesse momento em vossas almas, eu a sinto na minha..." Lirismo, dirão, mas lirismo que se torna trágico na perspectiva de uma assumida morte que se sabe próxima. Esse Robespierre em peruca empoada e que conserva sempre as aparências exteriores da respeitabilidade não hesitou em dizer, quando foi preciso, ou seja, em 1792: "Nós somos os *sans-culottes* e a gentalha". Soube associar sua sorte a esse mundo do povo e do pequeno povo, pondo não apenas as bases ou os temas da democracia, do ideal democrático, mas também de uma democracia concebida como uma democracia social. Ouçamos aí, ainda uma vez, a sua voz:

"O povo, que outro obstáculo há à instrução do povo? A miséria. Quando então o povo será esclarecido? Quando haverá pão. Que os ricos e o governo cessarão de subornar penas e línguas pérfidas para enganá-lo. Tão logo o interesse deles se confundir com o do povo... Quando o interesse deles será confundido com o do povo? Jamais..."

E esse Robespierre que propõe assim um ideal social que não é o da socialização dos meios de produção, nem o de uma sociedade socialista, mas no próprio contexto de sua época, o de uma sociedade de pequenos produtores, cada um possuindo uma terra, um pequeno ateliê, uma pequena loja, capaz de alimentar sua família, encontra, no final das contas, o ideal igualitário da *sans-culotterie* das cidades e do campo. Põe em forma suas aspirações, tais como as encontramos nesses quatro artigos que ele havia proposto de acrescentar à declaração dos direitos de 1793:

Artigo 1: a propriedade é o direito que cada cidadão tem de gozar e de dispor da porção de bens que lhe é garantida pela lei.

Artigo 2: o direito de propriedade é limitado, como os outros, pela obrigação de respeitar os direitos de outrem.

Artigo 3: não se pode prejudicar nem a segurança, nem a liberdade, nem a existência, nem a propriedade de nossos semelhantes...

Toda posse – artigo 4 – toda transação que viole esse princípio é essencialmente ilícita e imoral.

Aqui se exprime toda uma filosofia, a mesma que Saint-Just resumirá em suas *Instituições Republicanas*: "É preciso que o homem viva independente".

Robespierre, homem da democracia, Robespierre, homem de uma democracia social, é também o patriota, e se me permitirem a expressão, no seu aspecto paradoxal ou aparentemente contraditório, é um patriota universalista. É o homem que se bateu pela paz, é o homem que se bateu contra o perigo da guerra, contra a entrada da Revolução em uma aventura belicosa em direção da qual se voltavam alegre e imprudentemente o partido da gironda, e outros ainda, na base de uma atitude muito mais equívoca e incerta. Contra a guerra, Robespierre se bateu, contra a guerra ele argumentou, denunciou e, cito-o ainda uma vez, "o espírito de despotismo e de dominação natural aos militares de todos os países". Mas o autor clarividente que denunciou a guerra é aquele que, quando ela estourou, quando a França foi invadida, ele a geriu com tenacidade, com obstinação e, até o fim, no próprio interior do Comitê de Salvação Pública.

Coexistem dois rostos de Robespierre: o pacifista, o universalista também que proclama que "a linguagem da Revolução Francesa não está reservada ao próprio povo francês, mas se dirige a toda humanidade". No que ele se encontra com a própria filosofia da Revolução. Da mesma maneira que é, ao mesmo tempo, patriota e universalista, Robespierre nos aparece simultaneamente como legalista e como o partidário mais convencido da Revolução, da própria necessidade da abordagem revolucionária.

Já disseram, já lembraram: Robespierre não fomentou a insurreição. Nunca o vemos na primeira fila dos levantes e seus escrúpulos também são conhecidos às vésperas do dia 31 de maio e 2 de junho de 1793, às vésperas da queda dos girondinos. Mas é também aquele que, quando toma consciência que a insurreição se tornou necessária, ele a aceita, a invoca e exprime esse

Combates pela Revolução Francesa

dever de insurreição que reflete para ele a aliança necessária, ele o diz e eu o cito ainda "do povo e dos burgueses". Dessa burguesia da montanha que compreendeu que apenas essa política de aliança era o meio de salvar a Revolução Francesa. E é nesse encontro, se quiserem, de clarividência, de realismo, de clara consciência da necessidade da estratégia de aliança que exclui toda ideia de oportunismo, que vemos aparecer o outro traço dessa personalidade de Robespierre que exprimirei em termos de exigência moral.

Robespierre foi, desde o início, designado pelo povo parisiense como o Incorruptível. É o homem do engajamento até a morte, e aí, ainda, mesmo seus adversários, mesmo seus inimigos o reconheceram. Mirabeau, vocês bem sabem, dizia dele: "Ele vai longe, acredita em tudo o que diz" e o *Le Courrier de Provence*, seu jornal, acrescentava então: "Todos os partidos concordam em prestar ao senhor Robespierre a justiça de que ele nunca renegou os princípios da liberdade e não há muitos membros aos quais se possa fazer o mesmo elogio". Camille Desmoulins dizia de Robespierre que ele era o comentário vivo da Declaração dos direitos. E Adrien Duport afirmava que ele ocupava, na constituinte, "uma cadeira de direito natural". Sem multiplicar as citações e os exemplos, Barère que, ele também, em termidor se voltou contra Robespierre, reconheceu: "Ele foi sempre severo como os princípios e a razão".

E, enfim, Dubois Crancé, com quem ele teve um conflito muito duro, disse: "Nunca seus maiores detratores puderam acusá-lo de um instante de desregramento. Tal como era no começo, tal o encontraremos no final. As calúnias e os próprios ultrages nunca o desencorajaram. Eu o vi resistir à toda a assembleia e pedir, como homem que sente sua dignidade, que o presidente a chamasse à ordem, e para concluir, Robespierre foi um rochedo inexpugnável".

Em Robespierre, essa firmeza, essa incorruptibilidade, repousam na íntima convicção que é uma crença na virtude, tal como ele próprio exprime. Vamos dar a ele a palavra, depois de

Michel Vovelle

ter escutado os outros, as testemunhas; "A alma da República é a virtude. É o amor da pátria, a devoção magnânima que confunde todos os interesses no interesse geral. Os inimigos da República são os egoístas covardes, são os ambiciosos e os corruptos". E essa luta pela virtude, vocês sabem que ele a conduziu até o fim, até esse supremo engajamento que nos deixa nesse último adeus.

> O último tormento do justo em sua última hora
> E o único pelo qual serei então dilacerado
> É de ver, morrendo, a pálida e sombria inveja
> Destilar na minha fronte o opróbrio e a infâmia
> De morrer pelo povo e de ser abominado por isso.

É a partir destes traços brevemente lembrados – mas importava fazê-lo do começo ao fim, porque foram, durante muito tempo, adulterados e obscurecidos – que podemos refutar em cada termo os pontos da argumentação que eu evocava na introdução. Robespierre ditador? Mas Robespierre se caracteriza por uma política de um espantoso legalismo. Quem não se lembra de ter visto reproduzida a assinatura incompleta de Robespierre na noite do 9 de termidor, essa assinatura inacabada de apelo ao levante, à insurreição contra as tropas da Convenção: essa assinatura que Robespierre não quis dar pois, finalmente, ele permanece o homem que respeita até o fim a própria legalidade do regime da Convenção de onde ele derivava seus poderes. Ao invés de uma ditadura pessoal, é uma direção colegial de que se trata no governo de luta do Comitê de Salvação Pública, em que as tensões, mas também em que a solidariedade, foram a própria alma da vitória.

Robespierre terrorista? Não tentemos inocentá-lo lembrando as responsabilidades do Comitê de Segurança Geral, lembrando também as responsabilidades no grande incêndio terrorista de prairial e de messidor, daqueles que tiveram interesse, para enfraquecer a própria posição do governo revolucionário, de acentuar o balanço trágico do Terror. Tais argumentos poderiam se desenvolver, não entremos nesse debate.

Lembremos, entretanto, que Robespierre não foi daqueles que fomentaram o Terror gratuito, mas foi daqueles, ao contrário, que lançou sobre os representantes em missão os mais terroristas, o olhar mais vigilante, o mais severo. E é isso também que não lhe foi perdoado em termidor. Sem dúvida solidário ao Terror, na medida em que ele lhe aparece como a própria expressão dessa necessidade do governo revolucionário, nada tem de sanguinário e é uma contradição em aparência que se inscreve entre Robespierre que, sob a constituinte, tinha pedido a abolição da pena de morte e aquele que, pela força das coisas, será encarregado de aplicar a própria política do Terror.

Quanto a essa inculpação, ou essa apreciação, que fez dele o pontífice do Ser Supremo, ele também se justificou por isso: explicou ao que respondia para ele o recurso que formula em seu célebre discurso do 19 de floreal do ano II, fazendo decretar que o povo francês "reconhece a existência do Ser Supremo e da imortalidade da alma". Para Robespierre, no sistema da virtude que é o seu, a imortalidade da alma é a condição necessária para que essa justiça, que não existe na terra, seja realizada em um além que ele imagina: "Os bons e os maus desaparecem deste mundo..." Mas, para Robespierre, eles não devem desaparecer da mesma maneira: a alma imortal deve ser caucionada por esse Ser Supremo que é, no fim das contas, a garantia da virtude que ele invoca. E, lá ainda, não podemos deixar de lembrar o que ele nos diz a respeito: "Invocar o nome da providência e emitir uma ideia do ser eterno que influencia essencialmente o destino das nações, que me parece, a mim, proteger de um modo todo particular a Revolução Francesa, não é uma ideia muito arriscada, é um sentimento do meu coração, um sentimento que me é necessário. E como não me seria necessário, a mim que, entregue, na Assembleia Constituinte a todas as paixões, a todas as vis intrigas e envolvido por tantos inimigos numerosos, sustentei-me sozinho com minha alma, como poderia eu ter podido sustentar trabalhos que estão acima da força humana se não tivesse elevado minha alma a Deus? Sem muito aprofundar essa ideia encorajadora, esse sentimento divino que me compensou de todas as vantagens oferecidas a todos que queriam trair o povo". Assim, esse Ser Supremo é de fato uma necessidade de ordem ética, uma necessidade de ordem moral, na própria situação trágica em que está encerrado.

Eis as próprias constantes desse dossiê Robespierre tal como podemos apresentá-lo, hoje como ontem, tal como nos propuseram Mathiez, Georges Lefebvre, no arrazoado a seu respeito. É um arrazoado repetitivo? É um arrazoado de defesa? Não acredito. Hoje, podemos dizer sem dúvida que nossa visão, como nossa abordagem de Robespierre, mudou como a história muda. Como mudam não apenas os métodos da pesquisa, mas também da sensibilidade coletiva. Vivemos, senão o fim dos heróis, ao menos o fim dessa personalização que lia a história a partir de certo número de grandes individualidades, a partir desses combates nas nuvens em que se defrontavam, sob a pena de Alphonse Aulard e de Albert Mathiez, Robespierre e Danton, história radical contra a história socialista. Não escrevemos mais, não escreveremos mais, como Mathiez e Aulard e acrescentarei, aliás, para não culpar esses grandes predecessores, que eles próprios não deram uma imagem tão caricatural como dizem de seus heróis. Relendo recentemente Aulard, para as necessidades de uma biografia, fui sensível ao fato de que o mestre, catalogado como dantonista, e dantonista estreito, fazia questão de dizer que, na sua opinião, não era bom se abrigar por trás do herói e que ele próprio não reconhecia a não ser um herói, um herói coletivo, o povo... "ao qual pertencemos", acrescentava.

Ora, foi bem isso que a própria marcha da história sancionou: a história social tal como se desenvolveu ao longo do nosso século XX fez emergir as massas anônimas, essas massas populares, camponesas ou urbanas, e essa história coletiva daqueles que não puderam se dar ao luxo de uma biografia individual, mas que moldaram a história: é bem essa que fazemos hoje, por meio das abordagens de uma história social estruturada e formulada de maneira diferente. E é nesse contexto, sem dúvida, que certos

Combates pela Revolução Francesa

debates podem nos parecer obsoletos, antigos, que esse combate Danton contra Robespierre pode nos parecer de outra época. É também nesse contexto que não podemos evacuar totalmente outra questão formulada na própria medida em que emergiu a imagem de um movimento popular do qual Albert Soboul e alguns outros mostraram a autonomia, o poder e, finalmente, as ideias fortes e a política específica. Em que medida Robespierre foi o representante dessa corrente ou, ao contrário, por sua política, como por aquela dessa burguesia da montanha, contribuiu, e em que medida, para esterilizar ou congelar (para retomar Saint-Just) a expressão desse movimento popular. Divórcio ou incompreensão entre Robespierre e esse povo pelo qual ele vive e morre? É verdade que nos estudos dos historiadores de hoje ou de ontem, de Daniel Guérin a Albert Soboul ou a Walter Markov, vemos aparecer essa personalidade coletiva dos *enragés*, de Jacques Roux, de Varlet, de Leclerc... e dessas massas populares que os seguem, e se reconhecem neles, mas também que podemos tomar as medidas de uma incompreensão dessa burguesia montanhesa da qual Robespierre permanece como expressão ou representante. Não foi ele que, falando da luta pela subsistência ou pelo pão, se arrisca a dizer "vamos ficar considerando essas fúteis mercadorias?". Porque ele não tem o sentimento, sem dúvida, da própria importância dessa problemática, isso lhe parece um derivativo em relação às urgências políticas do momento.

Mas tal questionamento não consegue alterar, parece-me, a própria imagem que conservamos de Robespierre, ele permite simplesmente tomar um salutar recuo que leva a apreciar melhor o que permanece vivo na própria personalidade do incorruptível. Pôr Robespierre em perspectiva histórica, com seus limites, devidos ao tempo em que vive, à sua formação, às suas escolhas, não é o amesquinhar. Podemos, hoje, no quadro de uma sensibilidade diferente, melhor compreender do que Lefebvre ou que Mathiez, o Robespierre do Ser Supremo que procura, nessa busca metafísica, a própria caução ao seu ideal de virtude, sem forçosamente fazer dele, como no recente livro de Henri Guillemin, um místico, pois esse místico é ao mesmo tempo um racionalista, o próprio homem que defendeu, quando era advogado em Arras, um habitante de Saint-Omer atacado por ter posto um para-raios em sua casa. Robespierre racionalista – Robespierre adorador do Ser Supremo na tradição rousseauista, essas são contradições de sua geração. Podemos compreender melhor hoje os limites de sua visão da sociedade. Já Georges Lefebvre tinha insistido no ponto que não se podia encerrar Robespierre no ideal do pequeno burguês, mas que era preciso apresentá-lo, contudo, no que permanece vivo de sua mensagem. Integrar assim Robespierre na evolução de um pensamento histórico que avançou, progrediu, que substituiu aos heróis individuais a análise ou estudo dos atores coletivos da história, não quer dizer por isso que nos seja necessário proceder a uma segunda execução de Robespierre, de imolá-lo uma segunda vez. Não é necessário que o herói seja adornado com a beleza do morto para podermos apreciá-lo.

O que permanece vivo, e é essa finalmente a ideia com a qual eu gostaria de concluir, é o próprio movimento que o levou, é uma qualidade de fervor e de empenho vital, é uma abordagem – o ideal democrático, o amor pelo povo, a vontade (e retomo aqui uma fórmula de Georges Lefebvre) "de construir uma sociedade feliz". E é isso que permanece profundamente enraizado na imagem que podemos conservar do Incorruptível.

Poderíamos concluir de modo interrogativo, como o fazia Albert Mathiez em 1920:

"Não sei se os terei convencido, dizia ele, mas lhes terei dito, pelo menos sem reticências, o que somos e o que queremos. Acreditamos que nossa sociedade, a Sociedade dos Estudos Robespierristas serviu, desde 1908, com coragem e desinteresse, não tanto a causa de um homem, nem mesmo a causa de um partido, mas a causa da França, da França moderna, que permanecerá fiel às suas tradições. Acreditamos que nossa sociedade, que lutou sem se cansar contra a indiferença, contra a ignorância, contra o desdém, contra a própria hostilidade, não fez uma obra vã, nem no domínio da ciência, nem no da ação. Acreditamos

Combates pela Revolução Francesa

que nossas pesquisas independentes, que nossos combates de ideias preparam o surgimento dessa nova República, que tantos corações sinceros já conclamam com suas esperanças. Uma democracia invencível porque será justa e fraterna. Essa cidade de igualdade pela qual Robespierre e Saint-Just morreram. Essa cidade de Liberdade pela qual tantos milhões de heróis obscuros derramaram seu sangue generoso." Essa proclamação envelheceu tanto assim, a ponto de não podermos retomá-la?

Poderíamos também, seguindo Jean Bruhat, distinguir – não estou certo de que essa distinção não comporte um pouco de artifício – Robespierre e o robespierrismo: dando-nos o conselho em 1958 de deixarmos Robespierre ao seu tempo, de abordá-lo com a admiração que nós lhe devemos, mas também com clara consciência dos limites de seu enraizamento histórico, conservando-nos atentos ao que permanece e seria bem isso o robespierrismo, essa espécie de mensagem, essa chama que queima ainda. Cito aqui Bruhat: "O robespierrismo, essa espécie de mensagem recolhida por Buonarotti e Baboeuf, que nos foi transmitida por gerações revolucionárias. Dessa mensagem, rejeitemos as fórmulas antigas, os programas ultrapassados, rejeitemos o que a história queimou em sua marcha inexorável, mas sob as cinzas assim acumuladas reencontremos essa chama que queima ainda e que pode iluminar a estrada do futuro".

Poderia me contentar de inscrever meus passos nessa herança, nesse discurso dos que nos precederam e que pregaram com o próprio exemplo.

Devo dizer, apesar de tudo, para concluir, a razão pela qual finalmente fiquei feliz em estar hoje aqui com vocês para trazer este testemunho: podemos nos perguntar "somos os últimos robespierristas?" Somos essa última geração, o último grupo dos robespierristas envergonhados a resistir antes da derrota, que ousam ainda, mas com algum constrangimento, afirmar essa qualidade de fidelidade e, mais ainda, essa qualidade de esperança? Não acredito nisso, em absoluto, e é precisamente essa esperança que encontro hoje nesta assembleia.

10 de agosto a 21 de setembro: da queda da monarquia ao nascimento da República[1]

No dia 10 de agosto celebraremos o bicentenário da queda da monarquia, no dia 21 de setembro o estabelecimento da Primeira República. Deveríamos, ao menos, festejar esse duplo aniversário, na tradição republicana, pois nada indica que isso se fará, e o silêncio das mídias sobre esse ponto é exemplar. Podemos confiar no *Front National*,[2] nos integristas de todo tipo e nos facciosos de todo gênero que vão aproveitar do dia 15 de agosto[3] para reafirmar seu desprezo em relação à herança da Revolução. No outro campo, como se dizia, não faz muito tempo, a mobilização será modesta: algumas cerimônias oficiais no dia 21 de setembro, nas Tulherias; nos Arquivos nacionais, a inauguração de uma exposição; na Sorbonne, a abertura de um colóquio internacional de uma semana sobre "República e Revolução: a exceção francesa" (organizado pelo Instituto de história da

---

1 Publicado originalmente em *L'Humanité*, 10 abr. 1992.
2 Frente nacional, partido político francês de extrema direita. (N. T.)
3 Feriado que comemora a assunção da Virgem Maria. (N. T.)

Revolução); na província, diversas iniciativas, do Norte ao Sul. A data de 21 de setembro não será, portanto, esquecida, embora a celebração seja discreta. Já não se pagou a dívida em bloco, em 1989, quitando de uma vez só o tributo de reconhecimento devido à Grande Revolução? Haveria certo mau gosto em despertar, no detalhe, ao longo dos aniversários, algumas lembranças importunas. Ainda mais que as urgências do momento comandam. Dia 21 de setembro virá logo depois do referendo sobre a Europa; de que serve mexer nessa memória escondida? Se isso vale para o dia 21 de setembro, o que dizer do dia 10 de agosto? Na verdade, ninguém, ou quase, pensou nisso. Não seria uma ofensa ao bom gosto comemorar uma data sangrenta, triunfo de uma subversão revolucionária organizada, enlutada pelo massacre dos suíços, em eco, é verdade, à morte de centenas de parisienses, federados e *sans-culottes* armados que chegaram, nesse dia, a atacar a monarquia até no seu palácio das Tulherias? Antes de acusar nossa época de ingratidão ou de esquecimento seletivo, reconheçamos que o fato não é completamente novo. De certo, a Primeira República, até brumário, tinha integrado no ciclo de suas festas comemorativas o dia 10 de agosto e os dias 21-22 de setembro, que corresponde à data inicial do ano novo segundo o calendário republicano. Providencial encontro do equinócio e do movimento da história: o Ser Supremo tinha arranjado bem as coisas. Decerto, igualmente, a Terceira República, no fim do século passado, ficou atenta em celebrar o dia 21 de setembro, data inicial do ciclo republicano do qual ela tirava sua legitimidade... A ponto de chegar eventualmente a um lapso significativo em sua graça burlesca como aquele que assinala Maurice Agulhon, desses munícipes de Andernos (Gironde) que gravaram ao pé de seu monumento à República, a data do dia 21 de setembro... de 1789! Tanto lhes parecia evidente que, para eles, a Revolução de 1789 era a República.

Mas, ao inverso, devemos também lembrar que, no próprio momento, em setembro de 1792, a Proclamação da República se fez quase às escondidas, de maneira furtiva, como já se disse, em uma convenção reunida pela primeira vez, que parece hesitar em proclamar o novo estado das coisas, nascido da queda da monarquia no dia 10 de agosto. Foi preciso esperar o fim da sessão do dia 21 de junho para que Collot d'Herbois subisse à tribuna e proclamasse que havia uma declaração solene que não poderia ser adiada, a da abolição da realeza. Se o entusiasmo, dizem, foi "geral e espontâneo", suscitou poucos comentários, a não ser aquele do abade Grégoire (que a reação nunca lhe perdoará) para dizer que "os reis são, na ordem moral, o que os monstros são na ordem física" e que a história dos reis é o martirológio das nações. E a palavra República só é oficializada, de fato, no dia 22, quando Billaud-Varennes fez votar a decisão de datar os atos públicos do primeiro ano da República.

Qual a causa dessa discrição paradoxal que chega quase ao constrangimento? Às próprias condições políticas do momento, como àquelas nas quais avançou a ideia da República desde os inícios da Revolução e, sobretudo, depois de 1791. Nesse verão de 1792, se o movimento republicano é muito acentuado em Paris, em secções como na comuna insurrecional nascida dia 10 de agosto, na província em que encontrou seus propagandistas mais ardentes desde o mês de julho (Marselha), encontra, no entanto, adesões nuançadas entre os revolucionários levados à convenção pelas eleições: que República, perguntam-se os girondinos, então os mais influentes, eles, que estão nas origens da ideia assim como da propaganda republicana desde 1791 pelo menos, na pessoa de Brissot, de Condorcet..., mas se encontram confrontados, como diz Jaurès em uma página admirável, a uma república que não desejaram, nascida da subversão popular? Que República, podem também se perguntar os montanheses, cujo grupo toma forma: foram acusados de terem chegado tardiamente à ideia republicana, assim Robespierre, muito tempo indeciso pois para ele a realidade da democracia importava mais do que a forma republicana ou não. Mas agora o assédio estava feito, sabem que República querem, e são suficientemente convincentes para fazer decretar, no dia 25 de setembro, que ela é "una e indivisível". Se não nos obcecamos a respeito do dia um pouco decepcionante para os amadores do espetacular, do 21 de setembro, eu ficaria tentado em dizer que a verdadeira fundação da Primeira República se organiza em uma trilogia de três sequências maiores: no dia 10 de agosto, o povo parisiense põe abaixo a monarquia, tomando as Tulherias, "covil" do absolutismo real, no dia 21 de setembro a classe política confere a essa virada maior sua sanção institucional, no dia 21 de janeiro de 1793, no final do processo do rei Luís XVI, ela lhe imprime o caráter de uma ruptura sem retorno, pela execução do soberano. E é então que o sentimento de ter verdadeiramente fundado a República toma consistência; assim, em Robespierre, "o grande ato de justiça consternou a aristocracia, aniquilou a superstição real e fundou a República", como o entusiasmo ainda contido em setembro pode surgir em atores tão diversos como Marat: "Aportamos enfim na ilha da Liberdade e queimamos o navio que nos conduziu ali", ou Cambon: "Quebramos todos os vidros do templo, e o povo viu claro por todos os lados, a luz entrou em todos os lugares".

Se nos mantivermos nesse esquema simples, compreenderemos as razões que temos em comemorar essas datas fundadoras. O dia 10 de agosto de 1792 faz mais do que sancionar o fracasso do compromisso burguês de monarquia constitucional, sonhado pelas elites censitárias e experimentado pela constituição de 1791, apesar das reticências, da desaprovação, da própria traição do monarca. É mais do que a última etapa na degradação-dessacralização de uma pessoa real que perdeu todos os seus prestígios em alguns anos. É a entrada das massas populares parisienses, organizadas e politizadas, apoiadas por uma província da qual os federados marselheses ou bretões são o símbolo, no palco de uma conquista do poder político. Em suas assembleias seccionais, como na comuna insurrecional, o movimento revolucionário dos *sans-culottes* torna-se um ator por inteiro, com seus objetivos e suas intenções de guerra. Desde a queda da Bastilha no dia 14 de julho de 1789, a multidão mudou de natureza, ela sabe melhor o que quer agora e para onde vai: todo o caráter específico da Revolução Francesa vai tomar a inflexão por essa virada da intrusão heroica dos grupos populares ou semipopulares.

Começando pelo sentido novo que toma, por isso, a Proclamação da República no dia 21 de setembro. Se a ideia não era desconhecida em 1789, e se os filósofos haviam discorrido sobre ela, não era forçosamente conotada de maneira positiva – pensava-se em Veneza, nas províncias unidas e suas oligarquias... Decerto, os primeiros anos da Revolução tinham visto se afirmar uma corrente de ideias republicanas, conduzido por teóricos dentre os quais mais de um se encontrará no partido girondino ou em seu entorno: Brissot, Roland Lanthenas, Condorcet, Thomas Paine... retransmitidas por instâncias como o Círculo Social. Essa corrente se tinha confundido, por uma parte, com aquela mais democrática em seu recrutamento – que encontrava no clube dos *cordeliers* seu público no seio do movimento revolucionário parisiense. Em seguida à fuga de Varennes, na primavera de 1791, o movimento republicano, sob diversos componentes, havia conhecido a esperança, depois o fracasso ultrajante, sancionado pelo massacre dos peticionários republicanos no Campo de Marte, no dia 17 de julho de 1791.

1792 é mais do que a revanche do momento republicano fracassado de 1791: em um contexto contínuo, e trágico em mais de um aspecto, a invasão das fronteiras, a traição real, logo a guerra civil, sanciona e cimenta através do movimento popular o que faz a originalidade da herança democrática da França: sua associação com a ideia da República, estabelecida por via revolucionária, reforçada pelo peso do engajamento patriótico do qual a vitória de Valmy, conquistada dia 20 de setembro, às vésperas da proclamação da República, ia tornar-se, muito rapidamente, o símbolo.

É isso, em relação à história, que constitui para mim o que se tornou banal de chamar, em nossos dias, de "a exceção francesa", entendamos o caminho específico pelo qual se operou a aprendizagem da democracia, assentou as bases de uma cultura política e de uma tradição republicana. Essa herança não constitui uma curiosidade, uma lembrança obsoleta, uma espécie de exotismo à francesa, entre outros povos que teriam escolhido os caminhos mais sábios do reformismo e das monarquias constitucionais: faz parte integrante de um patrimônio que temos o dever de defender, e que é legítimo comemorar com orgulho.

A morte do rei[1]

Assim, a celebração do aniversário de duzentos anos da morte do rei tomará o aspecto de um acontecimento nacional. Quem decidiu isso foram nostálgicos com saudades da realeza, integristas precisando de integridade, publicitários precisando de publicidade. Encantados com a ocasião, a mídia seguiu o exemplo, rádios e televisões estão à espreita, quotidianos e semanários se mobilizam, o congestionamento é tanto que um rouba a manchete do outro, para formular a única questão do dia: "Era preciso matar Luís XVI?" Surpreso, o Estado republicano mantém... seu silêncio. Prudência elementar. A opinião aguenta o golpe, resignada. Na Europa dos doze, seis soberanos nos observam.

Desse microacontecimento midiático, seria tão imprudente subestimar a importância quanto transformá-lo em uma suntuosa refeição – nem que fosse a tradicional cabeça de vitelo que os republicanos do século passado comiam no dia 21 de janeiro.

---

1 Publicado originalmente em *L'Humanité*, 21 jan. 1993.

Nada é insignificante nunca, no nível simbólico, em uma França que celebrou muito modestamente o bicentenário da República, há quatro meses.

Os republicanos de 1993 não celebrarão a morte do rei. Não há razão para que eles se fechem no silêncio morno de uma vergonha mal dissimulada.

A morte do rei foi um acontecimento importante no tempo curto da década revolucionária, ela o permaneceu no tempo longo de nossa história republicana, pois Jaurès escreveu: "Os reis voltarão..." – entre 1815 e 1848 – "Eles não passarão de fantasmas".

Uma virada na Revolução? A cesura maior que representa o processo e a morte do rei, por seu caráter espetacular, não deve levar a dissociá-la dos acontecimentos que a esclarecem, explicam e prolongam: um drama em três atos – e talvez, mesmo, quatro... No dia 10 de agosto de 1792, o povo parisiense em armas, secundado pelos federais da província, já haviam dado seu veredito, tomando as Tulherias, "covil" do poder monárquico; no dia 21 de setembro, o corpo político originado das eleições para a convenção, primeira experiência, mesmo imperfeita, do sufrágio universal, sancionou essa "segunda revolução" do dia 10 de agosto, proclamando a República. No verão de 1793 – e este seria bem o quarto ato –, a convenção votará a constituição do ano I e sua nova Declaração dos direitos – expressão insuperável até a época mais contemporânea da experiência democrática. Esse aniversário, que corre o risco de ficar no esquecimento como aconteceu com o 10 de agosto, seremos alguns a não nos esquecermos dele. Inserir a morte do rei no contexto que lhe confere sua significação não é, em absoluto, minimizar sua importância: mas, para dizer a verdade, convém relativizar, pois trazemos essa revelação sem pretender exclusividade, no dia 21 de janeiro de 1793, Luís XVI já estava morto. E, acrescentamos: várias vezes.

Estava morto – esse soberano de direito divino – no verão de 1789 quando Jefferson, testemunha apaixonada, o tinha visto vir reconhecer seus erros no dia 17 de julho, diante dos parisienses,

Combates pela Revolução Francesa

logo depois da tomada da Bastilha. A burguesia constituinte lhe dera uma chance: o que ele fizera dela, sua fuga para Varennes em junho de 1791, o tinha revelado. O retorno do rei e de sua família, acolhidos pelo silêncio gelado dos parisienses, foi um cortejo fúnebre. De volta ao trono por uma classe política que não conseguia ficar sem ele, mas desconsiderado na opinião que confere ao sucessor de Henrique IV os traços bestializados do rei-porco, Luís XVI, traidor da nação que lhe conservou poderes, será tomado, na primavera de 1792, pela crise da guerra estrangeira, que ele próprio havia desejado, e contribuído a fomentar por baixo do pano.

Seríamos, portanto, tentados a ver, nos últimos episódios que evocamos, apenas uma conclusão, inexoravelmente preparada pelos anos precedentes. Mas respeitaremos as especificações: como os historiadores – de Michelet a Louis Blanc, a Jaurès, aos contemporâneos enfim – que se confrontaram com essa passagem obrigatória, diríamos, como os próprios convencionais, não esquivaremos o problema, o encadeamento das questões que nos formulam: esse processo era legítimo, os procedimentos foram normais, o veredito merecido, a execução oportuna.

Era legítimo julgar o rei, detido na prisão do Temple desde o dia 10 de agosto? O gesto era sem dúvida sacrílego para todos os monarquistas fiéis à imagem do soberano de direito divino, como para as potências coalizadas, desafiadas na própria instituição real. Para uma parte da classe política ainda no poder – para os girondinos que tinham sofrido e acompanhado o 10 de agosto mais do que haviam desejado, o argumento da inviolabilidade reconhecida ao chefe do poder executivo, pela constituição de 1791, não era negligenciável. E todos os fatos anteriores a 1792 não tinham sido anistiados? Era esquecer que, precisamente, a queda da monarquia tinha criado uma situação completamente nova, propriamente revolucionária, tornando caduca toda referência às instituições da véspera. Revoltando-se, o povo havia retomado sua soberania para delegá-la à convenção, encarregada de assentar as bases do novo regime.

Processo sacrílego para uns, inútil para outros, entre os oradores mais escutados, como para o movimento popular parisiense, tal como ele se exprimia na comuna e nas secções. A traição, portanto, a culpabilidade, não se tinha verificado? O rei não havia mandado os guardas suíços atirarem sobre o povo? Luís XVI não deve ser julgado, mas tratado como inimigo: aquele, dentre vós, "que vos causou mais mal": é o que disseram, na convenção, Robespierre e um recém-chegado, um rapaz bem jovem, Saint-Just: "Digo que o rei deve ser julgado como inimigo, temos menos que julgá-lo do que o combater... Não se pode reinar inocentemente. Todo rei é um rebelde e um usurpador". E Robespierre acrescenta: "Os povos não julgam como as cortes judiciais, não dão uma sentença, eles lançam o raio. Eles não condenam os reis, eles os devolvem ao nada".

Convém assinalar – o que muitos desejam esquecer – que essa linha não foi adotada. O próprio Marat – tantas vezes apresentado como um demagogo sanguinário – defendeu o princípio de um processo, exposição e demonstração dos crimes do rei. Esse solitário exprimia por uma vez a opinião compartilhada pela grande maioria dos convencionais.

O dossiê era esmagador: a conduta do rei até o dia 10 de agosto fornecia a ilustração. As provas tangíveis – testemunhos escritos, correspondências – faltavam no início, ou permaneciam incertas: a descoberta do armário de ferro nas Tulherias, em que Luís XVI tinha fechado uma parte de sua correspondência secreta, forneceu importantes evidências, revelando, por ricochete, a corrupção mantida pelo soberano em uma parte da classe política – de Mirabeau a Barnave... e alguns outros. Os defensores póstumos de Luís XVI, na historiografia conservadora, objetam que os convencionais não possuíam peças decisivas: no caso, a correspondência secreta mantida com os soberanos estrangeiros, os complôs urdidos por intermediário de Fersen, o amigo da rainha. Coisas conhecidas desde aí, e que são da ordem da traição confessa. Estranho argumento que, para recusar o julgamento, se encontra obrigado a produzir essas provas

Combates pela Revolução Francesa

esmagadoras. Mas provas e presunções eram suficientemente maciças para concluir com a culpabilidade do rei: e, nesse ponto, a convenção foi quase unânime.

O outro argumento invocado para afirmar a ilegitimidade do procedimento repousa no caráter excepcional, fora das formas legais da instância levada a decidir: por que, se se rejeitava até o ponto da inviolabilidade, não ter recorrido aos tribunais ordinários, às novas garantias que a reforma da justiça acabava de instalar desde 1791 – o duplo júri de acusação e de julgamento? É o que objetaram os advogados do rei, era o papel deles. Mas a resposta se impunha ainda aí, com força. O soberano decaído não podia ser julgado em um contexto em que o exercício ordinário da justiça havia sido suspenso, a não ser pelo povo soberano que, na pessoa dos representantes que ele acabara de eleger na convenção, transformada em uma espécie de alta corte de justiça. Negar sua representatividade significava negar a própria legitimidade da Revolução e de seus princípios. De resto, sabemos, teve-se a preocupação de se apoiar nas formas e garantias. Luís XVI foi assistido por três advogados: Tronchet, seu velho chanceler Malesherbes, que tinha oferecido seus serviços, e o jovem De Sèze, que teve o encargo do discurso da defesa. A instrução foi apressada, não desleixada, as provas foram produzidas e examinadas no processo, embora o rei se obstinasse, contra toda evidência, a recusar reconhecer sua assinatura naquelas que lhe eram apresentadas.

Que não nos falem então de "antepassado dos processos estalinistas": ele se desenvolveu segundo um procedimento inédito, mas solene, quando dos dois comparecimentos do rei – humilhado, decerto, por ser chamado de "Luís", mas sem afronta à sua dignidade pessoal, que ele conservou do começo ao fim. Quando foi preciso passar aos votos decisivos, os deputados deram sua opinião um por um, em voz alta: cuidado de transparência que corresponde ao que se esperava deles. Não se furtaram a isso, conscientes de sua responsabilidade, e a insinuação constante, na outra historiografia, de votos dados sob influência – das tribunas, da rua – não resiste ao exame dos testemunhos, nem à realidade

499

dos escrutínios apertados, em que cada um teve de determinar com sua consciência.

Sabe-se que o debate sobre a legitimidade do procedimento não se limitou à questão prévia da competência da convenção: os girondinos, em um combate em marcha a ré para salvar a vida do rei, multiplicaram as propostas destinadas a evitar o veredito, com um fundo de segundas intenções políticas, em que o conflito com a montanha e com o movimento popular parisiense ocupava um lugar essencial. Reclamaram – foi uma das peripécias essenciais do debate – que o julgamento ou, pelo menos, sua ratificação, fosse submetida aos franceses, em suas assembleias primárias, das quais esperavam mais indulgência, ou a uma espécie de procedimento referendário. Astúcia que deixa indignado, entre outros, Jaurès em sua *História Socialista*: sob uma aparência de respeito a uma democracia direta significava, para a convenção, abdicar de seu papel de representante do povo soberano, tomar de antemão o risco de fazer contestar seu veredito, pior ainda, de se desincumbir covardemente sobre um povo que não tinha em mãos os elementos do dossiê a respeito de uma responsabilidade que lhes cabia assumir. Em sua maioria, a convenção teve a coragem de recusar esse procedimento capaz de levar o país à anarquia.

Faltava tomar a responsabilidade do veredito, e é aqui que a questão da oportunidade se coloca: uma vez a culpa do rei admitida, que castigo aplicar a ele? É nesse plano que se desdobrou toda a série de contrafogos girondinos. A gironda se inclinava para a indulgência. Soube encontrar acentos eloquentes, pela voz de Vergniaud, mas também de outros porta-vozes – Buzot, Pétion, Brissot. Se as considerações da luta política pelo poder com a qual se defronta a montanha são aqui essenciais, não podemos suspeitar da sinceridade de uma abordagem que foi mal servida pela pequeneza dos meios avançados para atrasar: a detenção, o exílio e, ainda, quase *in extremis*, o adiamento.

O argumentário girondino se alimentava com considerações de política interior – a morte do rei não desencadearia a guerra

Combates pela Revolução Francesa

civil –, assim como de política exterior – não era tomar o risco de reforçar a coalizão das potências monárquicas, contra as quais eles tinham, um ano antes, tão vivamente exortado à guerra?

A contra-argumentação montanhesa revirava os dados do debate: não era, ao contrário, atiçar a guerra civil e estrangeira conservar em vida esse refém incômodo, e incitar a que tudo fosse empreendido para libertá-lo? De resto, o raciocínio não se limitava a essa consideração de circunstância. Para os montanheses, a morte do rei representava o único meio de fundar a República, de ancorá-la em uma aventura sem volta. Souberam aliar a suas posições os deputados da planície, e pode-se dizer que uma virada decisiva foi marcada pelo discurso de Barère, porta-voz desses deputados do centro, quando opinou em favor da pena capital como um "ato de providência nacional".

Fazendo virar a parte hesitante da convenção, tal intervenção contribui para esclarecer o veredito definitivo tal como foi dado, como resultado da chamada nominal sobre as questões propostas aos deputados, um veredito contestável diante do próprio exame dos escrutínios? A tradição conservadora, se não contrarrevolucionária, longamente polemicou a respeito da análise dos votos: a maioria exigida sendo de 361, a morte foi votada por 387 representantes dos quais 361 – a conta é essa, apesar do que puderam dizer – para a morte pura e simples, 26 para a morte sob condição que o adiamento fosse considerado, 334 quiseram evitar a morte propondo a reclusão ou o exílio.

Escrutínio apertado, mas não contestável, refletindo o caso de consciência diante do qual os deputados foram confrontados: eles o exprimiram por fórmulas, frequentemente belas, sempre dignas... "Abordamos a ilha da Liberdade e queimamos as naves que nos trouxeram aqui."

A conduta do rei, diante de sua execução no dia 21 de janeiro, merece, ela também, o respeito; morte como cristão, daquele que não tinha sabido, nem querido compreender a História. Fechado no sentimento de sua legitimidade e de seu direito, sem dúvida não foi aflorado pelo sentimento de uma culpabilidade, mesmo de uma responsabilidade, e é em completa caridade cristã que ele podia perdoar àqueles que o executavam.

"Os tempos mudaram, mudarão ainda", escreverá Robespierre. Os tempos mudaram: nossa sensibilidade atual não é sem dúvida a dos contemporâneos da Revolução, e vemos a pena de morte com outros olhos. A maioria dos franceses permanece, ainda hoje, hostil à pena capital, sem se deixar levar pela reação de medo dos norte-americanos, que a redescobrem nas últimas décadas. Se nossos publicitários atuais decidissem fazer uma pesquisa um pouco mais sofisticada do que de hábito, cruzando duas questões – você é pelo reestabelecimento da pena de morte? – você aprova a morte de Luís XVI? –, pergunto-me se a resposta previsível não reuniria, paradoxalmente, muitos daqueles que choram o filho de são Luís, mas não recuam hoje diante do último meio de salvaguardar a ordem da qual eles são os defensores, porque é verdade que as mentalidades são coisas bem estranhas...

Nós não celebramos a condenação de Luís XVI, assim como não a deploramos. Podemos, pelo menos, compreendê-la, e assumir essa herança histórica, como podemos prestar – como o fizeram Michelet ou Jaurès – um tributo de estima àqueles que tomaram essa responsabilidade diante da História.

É talvez presunçoso, para não dizer abusivo, pedir a bons burgueses franceses de hoje que façam um esforço de compreensão em relação a seus antepassados que comeram, talvez, a cabeça de vitelo no dia 21 de janeiro, no século passado. Enquanto isso, nada os impede de se deleitarem com as aventuras das atuais famílias reinantes para preencher suas eventuais nostalgias, se é verdade que em cada francês há um monarquista latente.

SOBRE O LIVRO

Formato: 13,7 x 21 cm
Mancha: 23 x 39,7 paicas
Tipologia: Iowan Old Style 10/14
Papel: Off-white 80 g/m² (miolo)
          Cartão Supremo 250 g/m² (capa)

1ª edição Editora Unesp: 2022

EQUIPE DE REALIZAÇÃO

Edição de texto
Richard Sanches (Copidesque)
Jennifer Rangel de França (Revisão)

Capa
Marcelo Girard

Editoração eletrônica
Sergio Gzeschnik

Assistência editorial
Alberto Bononi
Gabriel Joppert

Rua Xavier Curado, 388 • Ipiranga - SP • 04210 100
Tel.: (11) 2063 7000 • Fax: (11) 2061 8709
rettec@rettec.com.br • www.rettec.com.br